上海市美国问题研究所
全球反恐研究论丛

全球反恐战争问题新论

A New Theory on the Global War on Terrorism

王 震◎著

时事出版社
北京

目录
Contents

导　论　(001)

第一章　全球反恐战争与跨国圣战运动　(012)

第一节　“跨国圣战”的相关概念、内涵与分期　(013)
一、“跨国圣战”的定义　(014)
二、“跨国圣战”运动的分期　(015)
第二节　跨国圣战运动的滥觞：阿富汗抗苏战争　(018)
一、阿富汗战争的时代背景　(019)
二、阿卜杜拉·阿扎姆与阿富汗“圣战”　(022)
三、美国的角色　(024)
四、阿富汗战争的影响　(029)
第三节　跨国圣战运动的异化：从“阿富汗毕业生”到“基地”组织　(031)
一、“基地”组织的诞生与转向　(032)
二、“基地”组织的创新与发展　(034)
第四节　第三波跨国圣战运动：全球化时代的怪胎——“伊斯兰国”　(038)
一、“伊斯兰国”组织诞生　(039)
二、“伊斯兰国”崛起的成因　(040)
三、“伊斯兰国”与“基地”组织的分歧　(045)
四、“伊斯兰国”的衰亡　(047)
五、“伊斯兰国”引发的两难　(051)

第五节　后“伊斯兰国”时代的跨国圣战与全球反恐 (055)
一、“伊斯兰国”组织的未来走向 (056)
二、“伊斯兰国”溃败对全球圣战的影响 (059)
三、“伊斯兰国”溃败对伊叙周边地区反恐的影响 (061)
四、“伊斯兰国”对欧美恐怖活动的影响 (065)
第六节　余论：全球反恐何为 (068)

第二章　全球反恐战争的困境与根源 (071)

第一节　全球反恐战略困境的含义 (072)
一、“越反越恐”的含义 (072)
二、关于“伊斯兰国”的争论 (075)
三、“伊斯兰国”的本质 (077)
第二节　技术根源：远程交通与信息革命 (080)
一、武器技术 (080)
二、远程交通与通讯技术 (085)
三、计算机与网络技术 (089)
四、新媒体技术 (095)
第三节　意识形态根源：“圣战”思想的全球化 (100)
一、恐怖主义意识形态的演进 (101)
二、“圣战”意识形态的全球化 (109)
第四节　霸权政治根源：美国全球反恐战争的迷失 (111)
一、反恐战争扩大化 (112)
二、过分依赖军事手段 (116)
三、先发制人与单边主义 (119)
第五节　世界经济根源：全球化带来的冲突与鸿沟 (124)
一、“全球化”的含义 (124)
二、全球化的消极影响 (126)
三、全球化与恐怖主义 (131)
第六节　国际制度根源：国际反恐合作机制的缺陷 (134)
一、国际反恐合作的渠道 (134)

二、国际反恐合作的领域 (138)
三、国际反恐合作的困境 (141)
四、国际反恐合作评估 (144)
第七节　国际秩序根源：国际格局转型与局部失序 (149)
一、“国际格局”与“国际秩序”的含义 (151)
二、国际格局转型 (153)
三、国际格局转型与恐怖主义 (157)
第八节　余论：全球反恐的未来 (159)
一、共性与差异，一种多元化的阐释 (160)
二、第五次恐怖主义浪潮? (161)
三、全球反恐的出路 (166)

第三章　全球反恐战争转型与中国 (168)

第一节　美国全球反恐战略调整 (169)
一、小布什政府全球反恐战略 (170)
二、奥巴马政府全球反恐战略 (173)
三、特朗普政府全球反恐战略 (177)
第二节　跨国恐怖活动升级与反恐战争的教训 (181)
一、国际恐怖活动的快速升级与扩散 (181)
二、反恐战争的经验教训 (184)
第三节　全球反恐战争转型的表现 (187)
一、反恐理念与认识的深化 (188)
二、反恐领域的拓展 (190)
三、联合国反恐功能的强化 (192)
四、多边主义的回归 (195)
五、国际反恐机制的常态化 (197)
第四节　全球反恐战争转型对中国的影响 (198)
一、全球反恐战争转型对中国的挑战 (198)
二、全球反恐战争转型带给中国的机遇 (204)
三、全球反恐战争转型：中国何为? (206)

第五节　余论：全球反恐战争转型的前景 （209）

附　录 （212）

附录一　布热津斯基致卡特总统的备忘录“关于苏联入侵阿富汗的思考” （212）
附录二　第166号国家安全决策指令：美国在阿富汗的项目、政策与战略 （216）
附录三　第277号国家安全决策指令：低烈度冲突战略与国家政策（U） （219）
附录四　打击恐怖主义国家战略（2003） （224）
附录五　全球反恐战争进展报告（2003） （252）
附录六　打击恐怖主义国家战略（2006） （278）
附录七　国家反恐战略（2011） （299）

参考文献（征引文献） （326）

一、英文专著 （326）
二、英文论文及报告等 （330）
三、中文专著和译著 （335）
四、中文论文或媒体文章 （339）

后　记 （343）

导　论

“反恐战争”（War on Terror）是美国政府在“9·11”事件之后提出的一个重要概念，在时任总统小布什的讲话以及“9·11”事件后不久出台的《美国国家安全战略》和《打击恐怖主义国家战略》等文献中多次被提及。“9·11”事件后，被彻底激怒的美国小布什政府立即将其定义为一场“战争”，并带领盟友在全球范围内发动了一场声势浩大的“全球反恐战争”（Global War on Terror，GWT）。

在“反恐战争”的名义下，美国和盟友在全球范围内不遗余力地对以“基地”组织为首的跨国圣战武装进行追剿，推翻了庇护“基地”组织的阿富汗塔利班政权，并击毙了包括本·拉登在内的一批恐怖组织头目。同样是在“反恐战争”的名义下，阿富汗战争硝烟未散，美国即对伊拉克萨达姆·侯赛因政权实施了“政权更迭”。这两场以“反恐战争”名义进行的战争带来了完全令人意想不到的后果。它在全球穆斯林当中激起了强烈的反美主义情绪，使西方国家深深地陷入了与伊斯兰世界的直接对抗；它打破了中东地区本就脆弱不堪的地缘政治平衡，在中东地区引发了剧烈的内部政治动荡和地缘政治格局变动；它触发了全球伊斯兰极端主义的强烈反弹，在全球范围内催生了一波前所未有的跨国圣战浪潮；它促使美国调整了战略重心，将大量战略资源用于“反恐战争”而无暇他顾，造成自身相对实力快速下降，加速了新一轮国际格局的转型进程。

若干年后，也许我们在回顾历史时会发现，冷战结束以来的美国全球霸权或许并不是完全因为“9·11”事件后的全球反恐战争而走向了瓦解，但其全球霸权的衰退进程无疑和这场旷日持久的反恐战争密不可分，至少“9·11”事件和其后的全球反恐战争是美国霸权走向没落的一个历史转折点。从这个意义上说，把“9·11”事件当作冷战后世界历史的一个重要里程碑并不为过。更为重要的是，这场反恐战争带来的各种后果至今仍在渐次显现，而战争本身仍未有穷期。

在阿富汗，这场被称为战后美国“持续时间最长”的战争至今远未终结，塔利班卷土重来的威胁和局势失控的风险使得美军始终无法从阿富汗完全撤军。在伊拉克，美军在2011年底的快速撤离引发了“伊斯兰国”组织的快速崛起。到目前为止，虽然伊拉克和叙利亚境内的“伊斯兰国”武装已被基本打垮，但其庞大的残余势力正在全球范围内快速扩散，其未来前景和影响仍存有悬念；在欧洲，从布鲁塞尔到巴黎，再到伦敦和柏林，各种匪夷所思的恐怖袭击事件接二连三，积极参与反恐战争的欧洲各国正面临着“9·11”事件以来最为猛烈的恐怖活动浪潮；在非洲、中东、东南亚、南亚等地区的其他发展中国家，受全球反恐战争“示范效应”和“洼地效应”的影响，正面临着跨国恐怖活动快速扩散，以及国内极端势力、分裂势力等走向“塔利班化”的风险。即便是在美国本土，虽然“9·11”事件后各种反恐防范空前加强，但仍无法阻止本土恐怖主义和“独狼型”恐怖主义的袭击。“9·11”事件后，美国民众最大的疑问是“这些伊斯兰极端分子为什么如此恨我们?”如今，国际社会面临的最大问题却是“我们为何无法阻止恐怖分子?”

“9·11”事件发生后，小布什政府及其高官一再称其为“战争”行为，并据此发动了“全球反恐战争”。小布什政府将“反恐”提升至“战争”层面究竟是一种心血来潮，还是为了利用这一契机推行其全球霸权而深思熟虑后推出的概念，我们目前仍不得而知。早在里根政府时期，美国为介入阿富汗抗苏战争而提出并发展了“低烈度冲突”的概念。美国军方将“低烈度冲突”界定为“从恐怖主义、革命、反革命到有限的小规模战争的冲突，这些冲突通常由政治组织进行，旨在实现推翻现存制度并代之以新的领导人或社会政治秩序的目标”。[①] 1987年6月，里根政府在根据第277号国家安全决策指令制订的《关于“低烈度冲突”的国家战略与政

---

① Army FM 100－30, *Low Intensity Conflict*, Washington, DC: Department of the Army, 1981, p. 24.

策》中，进一步将其界定为“竞争中的国家或组织之间的政治和军事对抗，其程度低于传统战争，高于国家间的常规和平竞争。它涉及竞争原则和意识形态领域的长期斗争，其范围从颠覆活动到武力的使用”。① 如今，时过境迁，谁也不曾想到曾经处心积虑地倡导这一战略的美国却成了此类“低烈度冲突”的主要受害者。对于在小布什政府中权倾一时的美国新保守派来说，“低烈度冲突”的概念显然已经不再适用，必须要寻找一个全新的概念来表达。这个新的概念，正是“全球反恐战争”。

在“9·11”事件之前，以首倡“文明冲突论”而著称的美国学者塞缪尔·亨廷顿提出：1979 年伊朗革命之后，西方和伊斯兰之间已经展开了一场文明之间的“准战争”，但是“准战争仍然是战争”。他认为，“如果穆斯林宣称西方对伊斯兰开战，如果西方人宣称伊斯兰集团对西方开战，那么似乎就有理由认为某种非常类似于战争的活动正在进行”。② 不过，这场文明之间的“准战争”却并不是以“文明”的方式进行的。亨廷顿自己也指出，这场“准战争”在很大程度上“是一场恐怖主义对空军的战争”。1980—1995 年间，美国在中东地区参与了 17 次军事行动，其目标全部是穆斯林。相比之下，“美国没有对任何属于其他文明的人民采取过类似形式的军事行动”。③

然而，关于这场所谓“战争”的性质，实在是一个见仁见智却又始终无解的话题。根据克劳塞维茨关于战争的界定，“战争是迫使敌人服从我们意志的一种暴力行为”。与此同时，战争还是一种政治行为，“是政治交往通过另一种手段的实现”。④ 如果单从政治性这一角度来衡量的话，无论是本·拉登发动的“9·11”恐怖袭击，还是小布什政府在“9·11”事件后所采取的报复性军事行动，无疑都可归入“战争”的范畴，因为双方都

① The White House, National Security Decision Directive Number 277: *National Policy and Strategy for Low Intensity Conflict (U)*, Washington, June 15, 1987.

② ［美］塞缪尔·亨廷顿著：《文明的冲突与世界秩序的重建》，周琪等译，北京：新华出版社，2002 年版，第 239 – 240 页。

③ 同上，第 240 – 241 页。

④ ［德］克劳塞维茨著：《战争论》第一卷，中国人民解放军军事科学院译，北京：商务印书馆，1995 年版，第 23 – 47 页；［法］雷蒙·阿隆著：《战争与和平：国际关系理论》，朱孔彦译，北京：中央编译出版社，2013 年版，第 21 – 25 页。

试图以自己的意志强加给对方。但是，这样的“战争”又和此前我们所见到的人类历史上的其他所有战争形式有着明显不同。不仅敌我双方的力量对比如此悬殊，双方对于对方的政治诉求事实上也是模糊不清的。换言之，在彻底消灭对手之前，似乎谁也无法改变对方。

保罗·吉尔伯特将“反恐战争”称之为“新式战争”，并指出了它与“旧式战争”的一些不同。比如，反恐战争并不是直接的“国家之间的战争”，因为战争中的一方是非国家行为体；在旧式战争中，“报复必须有一个合理的军事目的，而在新式战争中，报复仅仅用来平衡日益加深的不公平感”。此外，战争的政治目标和战争效果之间没有明显的联系，也没有一种达到目标和效果的确定方式。“正如罪犯永远不会停息，警察永远不会停止工作一样，恐怖战争的任何一方都没有明确的结束战争的迹象；因为双方都感觉不公正仍将继续，所以战争将会超越公正这一领域。”①

中国学者王逸舟则认为，恐怖主义是“不宣而战的特殊战争”，尽管二者都是具有政治性的暴力活动，但却有着明显区别：其一，在使用暴力的主体上，常规战争的主要进行者是训练有素的正规武装部队，而恐怖活动的主要参与者是“非正规的但经过一定训练的”有组织人员；其二，在打击目标上，战争打击的对象主要是敌方军事人员和军事设施，而恐怖活动主要伤害非武装人员；其三，在对抗手段上，战争是敌对双方的公开交战，而恐怖活动则往往采取匿名的突袭方式进行。②

上述观点代表了学者们对于恐怖主义和“反恐战争”性质的一些思考，它们从不同的侧面和角度了反映了这场暴力冲突与以往历史上所发生的常规战争之间的区别。事实上，如果我们把打击恐怖主义的斗争视为一场“战争”的话，那么这场战争的道义追求、作战实体、力量对比、攻击对象、作战方式、战争目标等和以往都有着很大不同。因为此类暴力冲突从一开始就是在非常规战争条件下发生的，其所要追求的战争目标与常规战争也迥然有别。正如詹姆斯·伯兰德所言：“对‘基地’组织而言，由于美国及其盟友在军事上太过强大，进行常规战争是不可能的。美国在军

---

① ［英］保罗·吉尔伯特著：《新恐怖与新战争》，王易、傅强等译，北京：中国人民大学出版社，2010 年版，第 2－18 页。

② 王逸舟主编：《全球化时代的国际安全》，上海：上海人民出版社，1999 年版，第 252 页。

事和经济上的能力促使‘基地’组织寻求支持国际恐怖主义、反叛运动、游击战，以及民族解放战争等，以此作为常规战争的替代性选择。”①

需要说明的是，迄今为止，只有美国、法国等将这场对恐怖主义的斗争明确地定性为“战争”。奥巴马执政以来，美国官方已在事实上放弃了关于“反恐战争”的表述，开始更多地采用“打击暴力极端主义”（CVE）的概念。本书认为，尽管其他国家并未明确地将对恐怖主义的斗争定义为“战争”，但“反恐战争”和“全球反恐战争”的表述已经具有某种约定俗成的含义，故而仍采用“全球反恐战争”的表述。② 但这并不表明作者完全认同美国小布什政府对于这一概念的定义，本书中所指称的“全球反恐战争”（GWT）既是指“9·11”事件以来美国在全球范围内所开展的各种反恐行动，同时还应包括整个国际社会在“9·11”事件后所进行的种种反恐斗争和努力。

鉴于全球反恐战争的复杂性，本书并未试图就这一现象进行全面梳理，或是尝试建构一个系统的分析框架，而是选取了三个极为典型的侧面进行剖析，旨在通过回答三个与全球反恐战争密切相关的问题，为读者勾画出全球反恐战争的不同切面，使读者能够更好地理解和把握当前仍在进行当中的这场全球反恐战争。需要说明的是，书中的一些观点作为阶段性成果已经在有关学术刊物、学术会议或媒体上公开发表，这些成果和观点在发表后所引起的反响和争议，促使笔者进一步深化了对有关问题的思考和认识。至于笔者在本书中的观点和立论是否成立，相信读者诸君会自有评判。笔者在书中尽可能地介绍了国内外学者的不同观点和看法，但这并非鹦鹉学舌地照搬国外的理论与假说，或是简单地加以引介或评判，而是希望通过全面汇集各种资料信息，勾画出基本的事实脉络，进而形成中国学者对于这些问题的独立认识和理解。尽管恐怖主义和反恐研究在“9·11”事件后已成为中国学界炙手可热的话题，但和国外同行相比，我

---

① James M. Poland, *Understanding Terrorism: Groups, Strategies, and Responses* (2nd Edition), Boston, New York and London, Prentice Hall, 2011, pp. 260 - 261.

② 关于“全球反恐战争”问题的更多讨论，可参见 Hans KÖchler edited, *The "Global War on Terror" and the Question of World Order*, Vienna: International Progress Organization, 2008; Robert M. Cassidy, *Counterinsurgency and the Global War on Terror: Military Culture and Irregular War*, Stanford, California: Stanford University Press, 2008.

们的有关研究起步较晚，仍然存在着很多有待开垦的新领域。加之反恐战争形势发展一日千里，同样需要我们及时进行跟踪和研究。希望本书能够引起人们对于全球反恐战争问题的更多思考，深化我们对于相关问题的理解和认识。

本书内容共分为三个部分，分别回答了三个与全球反恐战争密切相关的问题，进而就全球反恐战争的不同侧面和现象进行了深入剖析。第一章“全球反恐战争与跨国圣战运动”主要回答了当代跨国恐怖主义“从哪里来”的问题。本章从全球跨国圣战运动的视角，探讨了当前恐怖主义浪潮的历史渊源和演进过程，以及未来全球反恐战争的前景。正如马克思在《路易·波拿巴的雾月十八日》一文中指出：“人们自己创造自己的历史，但是他们并不是随心所欲地创造，并不是在他们选定的条件下创造，而是在直接碰到的、既定的、从过去继承下来的条件下创造。”[①] 尽管当今许多恐怖组织公然打着“圣战”的旗号，甚至引经据典地借助伊斯兰教经典《古兰经》来宣传其极端、残暴的思想和意识形态，然而，这和伊斯兰教创教早期的“圣战”思想和传统已经不可同日而语。质言之，当代跨国圣战运动的兴起，既源于少数激进的当代伊斯兰教法学家对圣战思想的诠释，更与20世纪70年代末以来的阿富汗抗苏战争实践密不可分。

从历史上来看，当代跨国圣战运动经历了三次发展高潮。这三次高潮恰好发生在戴维·拉波波特所说的第四次国际恐怖主义浪潮，也即“宗教性恐怖主义浪潮”期间。根据拉波波特的划分，第四波国际恐怖主义浪潮始于1979年的伊朗伊斯兰革命，至今仍然没有结束的迹象。[②] 就其意识形态本质而言，阿富汗战争以来的三次跨国圣战运动浪潮仍然属于宗教性意识形态的范畴，故而也可视为拉波波特所说的第四次国际恐怖主义浪潮中的三次高潮。尽管新一轮跨国圣战运动所驱动下的国际恐怖主义与以往有着明显不同，但其主要源于宗教意识形态的驱动这一点并未发生根本性变

① 卡尔·马克思：“路易·波拿巴的雾月十八日”，《马克思恩格斯选集》，北京：人民出版社，2012年版，第669页。

② 拉波波特认为，前三次国际恐怖主义浪潮分别为19世纪晚期的无政府主义恐怖浪潮，第一次世界大战后的“反殖民主义”恐怖浪潮和20世纪60—70年代的“新左派”恐怖主义浪潮，参见本书第二章第三节“意识形态根源：‘圣战’思想的全球化”。

化，现在就断言“第五次国际恐怖主义浪潮”已经来临似乎为时尚早。

其中，第一次跨国圣战运动浪潮发生在20世纪80年代阿富汗抗苏战争时期，西方和伊斯兰世界支持下的阿富汗圣战开启了当代全球跨国圣战运动的源头。正是在这场以冷战为背景的武装冲突中，毛杜迪、库特卜等人的圣战思想被付诸于实践，并由阿卜杜拉·阿扎姆等人进一步发展完善成为“全球圣战”思想，为日后全球跨国圣战运动的兴起提供了重要的理论基础和思想来源。来自世界各地的激进分子在阿富汗接受了战火锤炼，他们不仅在此过程中获得了必要的军事技能，也结下了深厚友谊，并形成了一个庞大的跨国网络，为全球跨国圣战运动的进一步发展提供了必要的人力资源和组织基础。第二次跨国圣战运动浪潮主要发生在冷战结束后，以“基地”组织为代表的“阿富汗毕业生”在世界各地掀起了一波国际恐怖主义的浪潮，“9·11”事件则是这一波恐怖浪潮的巅峰之作。第三次跨国圣战运动浪潮始于2003年美国入侵伊拉克，它以2014年“伊斯兰国”组织在伊拉克和叙利亚宣布建立“哈里发”为高潮。随着2017年底以来“伊斯兰国”组织在叙利亚和伊拉克的军事失败，全球跨国圣战运动已经进入了后“伊斯兰国”时代。尽管跨国圣战运动并不等同于国际恐怖主义，但它却在客观上为当今国际恐怖活动的发展提供了重要的思想来源和组织基础。从历次跨国圣战运动的发展来看，每一次跨国圣战运动都会伴随着更为激进的“圣战”思想阐释，更大规模的跨国动员，以及更为残忍、血腥的恐怖活动浪潮。

本书第二章“全球反恐战争的困境与根源”主要回答了当前全球反恐战争何以成效不彰的问题，也即造成“越反越恐”现象背后的“为什么”问题。如前所述，2001年以来美国主导下的全球战争并未取得预期成果，反而陷入了意想不到的困境，造成了当前“越反越恐”的局面。根据美国国务院年度反恐报告提供的数据，2001年全球范围内的恐怖袭击事件仅为348起，造成的全部伤亡人数为4655人。2016年全球恐怖袭击事件数量为1.1072万起，共造成2.56万人死亡，3.38万人受伤，另有超过1.55万人被绑架或劫持为人质。换言之，2016年全球平均每月发生恐怖袭击事件927起，是2001年全年恐怖事件数量的将近3倍。不仅恐怖案件数量和伤亡程度急剧攀升，恐怖分子与恐怖组织也像癌细胞一样迅速在全球蔓延和扩散。与此同时，恐怖组织的战术水平、行动能力及其致命程度等也迅速提升，甚至出现了像“伊斯兰国”这样的攻城掠池、割据一方的超级怪胎。造成当前全球反恐战争困境的根源是多方面的，其中既有技术发展和全球化等客观性因素，也有圣战意识形态扩散、美国反恐战争失误等主观性因素，还有国际反恐机制缺陷和国际格局转型等制度性因素的影响。

在技术层面，武器技术、远程交通与通讯技术、计算机与网络技术、新媒体技术对于当前国际恐怖活动的升级可谓“功不可没”。其中，计算机网络与新媒体技术的快速发展和应用使得互联网不仅成了国际恐怖分子进行招募、筹资、学习、策划、联络的工具，还是其开展信息战、宣传战和心理战的主要平台，也是当前开展全球反恐战争的“第三维空间”。

在意识形态层面，“基地”和“伊斯兰国”等组织所倡导的“萨拉菲圣战”（Salafi Jihad）思想有着非常突出的核心地位，在某种程度上引领并推动了当前的全球圣战运动。它们虽然与库特卜等早期圣战作家的思想一脉相承，但是又存在着明显区别。这些圣战思想在新媒体技术和全球反恐战争“溢出效应”的影响下，正在全球范围内快速扩散，使得以往许多基于世俗诉求的恐怖组织也纷纷举起了圣战的旗帜，试图融入全球伊斯兰圣战运动。

在霸权政治层面，这主要源于“9·11”事件后美国在全球反恐战争中的一连串战略失误。这至少体现在三个层面：一是“反恐战争”被严重扩大化。“9·11”事件后的美国政府不仅未能给这场“战争”设定明确目标，也未能准确地对其进行定性，而且试图以“反恐战争”名义谋求巩固并扩大全球霸权，将其描绘成一场“自由”与“专制”、“民主”与“独裁”二元对立的意识形态之战。二是过于强调通过“以暴易暴”的军事手段，在肉体上消灭以“基地”组织为代表的恐怖分子，包括为之提供庇护和支持的“反美”政权，忽视了在经济、社会、思想和文化等领域的综合治理。三是主张单边主义和先发制人。其最为突出的表现莫过于在 2003 年不顾国际社会反对，无视联合国和国际法，悍然入侵伊拉克。伊拉克战争使美国在“9·11”事件后收获的国际同情和支持，以及开展全球反恐战争的正当性和道义性迅速丧失，并在全球范围内陷入了与伊斯兰极端主义直接对抗的泥沼。

从世界经济层面来看，全球化则是一个不容忽视的因素。约瑟夫·奈曾指出："全球化是一把双刃剑。"① 人类社会在分享全球化带来的一轮经济繁荣和社会发展红利的同时，也不得不面对作为全球化进程"副产品"的环境恶化、贫富分化，以及包括恐怖主义在内的跨国犯罪问题等。对于国际恐怖主义而言，冷战结束后迅速发展的全球化进程不仅催生了更多恐怖活动，也在客观上为国际恐怖主义扩散到世界各地提供了条件。全球化既是当前国际恐怖活动猖獗的一大诱因和时代背景，更是当前国际恐怖活动的重要特征之一。

在国际制度层面，尽管"9·11"事件后国际社会在各个领域加强了反恐合作，形成了从双边层面、地区层面到全球层面的一系列国际反恐合作机制，但这些现有的国际反恐合作框架尚不足以有效地消除全球"反恐洼地"。对于国际恐怖主义而言，无论一国是否"生产"国际恐怖分子，都有可能成为国际恐怖分子的活动区域或攻击对象。由于当前并不存在有效的全球反恐治理，各个主权国家基于自身利益的算计，在参加国际反恐合作过程中表现出了强烈的选择性，这就使现有国际反恐合作机制不可避免地存在先天性制度缺陷，进而在全球范围内形成了一些难以消除的"反恐洼地"。

在国际格局和国际秩序层面，近年来此起彼伏的恐怖主义浪潮既是当前国际格局转型过程中所导致的局部失序的产物，也是这一过程在微观层面上的体现。首先，在国际格局快速转型的大背景下，世界大国之间围绕反恐议题进行的地缘政治竞争有所加剧，双方通过各自代理人进行地缘政治争夺，造成一些地区冲突和热点问题久拖不决，从而为跨国恐怖分子提供了生存和发展空间。其次，国际格局转型造成了新的地缘政治真空，一些地区性大国围绕自身利益和国家安全开始了新一轮角逐，从而为某些国际恐怖主义的滋生和发展创造了前所未有的机遇。最后，美国霸权地位的动摇使其越来越无力也无意继续为全球提供公共安全产品，而其他新兴大国尚无力在安全领域提供真正有效的全球公共产品，此一差距也在客观上

① ［美］约瑟夫·S. 奈著：《美国霸权的困惑：为什么美国不能独断专行》，郑志国等译，北京：世界知识出版社，2002 年版，第 103 页。

影响了国际社会在反恐领域的全球治理，只能听任各种国际恐怖势力从战乱地区向更大范围内扩散。

需要指出的是，本书对于全球反恐战争困境根源的分析，重在探求造成当前国际恐怖活动猖獗的一般性因素，但不等于笔者无视或不承认各国境内恐怖活动发展的特殊性和差异性。事实上，每一个恐怖组织的兴起、发展、壮大和衰落，都离不开其特殊的社会政治环境。但囿于篇幅所限，本书将主要致力于探讨当前恐怖活动发展的总体性根源，以寻求较为普遍意义上的解释。

本书第三章“全球反恐战争转型与中国”主要回答了未来全球反恐战争“向何处去”的问题。本章通过分析当前全球反恐战争转型发生的背景、表现特征，进而提出了有关中国应对全球反恐战争转型的若干思考。从小布什第二任期开始，美国决策层已经认识到了全球反恐战争中存在的一些问题，并开始逐步调整其反恐政策。2009 年奥巴马入主白宫后，美国政府更是加快了其全球反恐战略调整的步伐。鉴于美国作为当今全球唯一超级大国的地位，其反恐战略调整势必会对全球反恐形势带来深远影响。美国全球反恐战略调整，加之国际恐怖活动的快速升级，以及国际社会对恐怖主义和反恐战争认识的深化，三者共同促成了全球反恐战争的缓慢转型。

全球反恐战争转型主要是指国际社会的反恐斗争从“9・11”事件初期的“应激式”反应逐渐过渡到更为理性、成熟和完善的过程。具体来说，世界各国的反恐努力正在从早期仅仅追求从肉体上消灭恐怖分子扩大到在社会、经济、文化、思想和意识形态等领域减少滋生极端主义和恐怖主义的社会土壤，从早期被动地追随美国转为更加平等自发地开展各种国际反恐协作。全球反恐战争转型的表现形式可谓多种多样，比如国际社会反恐理念的深化、反恐领域的拓展、联合国反恐功能的强化、多边主义的回归、各国反恐机制的常态化，等等。

对中国而言，全球反恐战争转型带来了一些重要的机遇。比如，可以借机推动全球反恐领域的国际治理，破解西方的话语霸权和行为霸权；加强与有关国家之间的合作，在全球范围内追击“东突”恐怖势力等。但是，这一进程也同时蕴含着潜在的挑战。“9・11”事件后，小布什政府基于全球反恐战争的需要，为了寻求与中国开展反恐合作，暂时搁置了双边关系中存在的一些分歧和矛盾。这便是不少国内学者津津乐道的所谓“十年战略机遇期”。不过，随着美国逐步调整全球反恐战略，其在全球反恐战争问题上对中国的借重和依赖正在减少。在此新形势下，中国在全球范围内面临的反恐形势将会趋于复杂化。换言之，美国全球反恐战争带给中国的“战略机遇期”已经不复存在。与此同时，中美双边关系中竞争和对抗的一面正在迅速凸显。无论是奥巴马时期的“亚太再平衡”战略，还是特朗普政府提出的“印太战略”，中国都已然成为华盛顿眼中的“对手”而非“伙伴”。尽管在阿富汗和叙利亚等全球反恐主战场上，美国仍然存在着对中国参与反恐合作的需求，但这种需求似乎并不足以成为双边关系的压舱石，更不可能阻止美国日益将中国视为战略对手的步伐。相反，未来美国以“人权”“民主”“自由”等为借口指责中国反恐政策，支持中国境外“东突”分裂活动的力度可能会进一步加大。对此，我们需要时刻保持清醒的认识。当然，在一个日益变小的地球村中，无论美国还是中国，谁都不可能在已经“全球化”了的国际恐怖主义面前独善其身，也很难想象还有谁能够并敢于承担以邻为壑的代价。就此而言，在合作中竞争，在竞争中合作，或者说以合作为主，斗而不破，恐将成为未来中美反恐合作的基调。

总而言之，面对当前全球反恐战争转型的新形势，我们的反恐工作也要努力顺势而为，使之向着有利于中国和全球反恐斗争的方向发展，为实现中华民族的伟大复兴创造良好的国内外安全环境。

第一章 全球反恐战争与跨国圣战运动

“9·11”事件后，全球反恐重心主要集中于“基地”组织和本·拉登所藏身的阿富汗—巴基斯坦边境地区，而本·拉登领导下的“基地”组织无疑是当时全球圣战运动的主要“旗手”。2014年前后，新崛起的“伊斯兰国”组织与“基地”组织正式分道扬镳，并在巴格达迪领导下迅速占领了伊拉克和叙利亚广大地区。“伊斯兰国”组织由此开始取代“基地”组织成为全球跨国圣战运动的“新旗手”，而伊拉克西北部和叙利亚东部也开始成为全球反恐战争的主战场。2017年以来，随着摩苏尔和拉卡等重要据点陆续被攻陷，“伊斯兰国”组织在叙利亚和伊拉克地区的大规模存在已经成为历史，全球反恐与跨国圣战运动也已进入后“伊斯兰国”时代。作为全球跨国圣战运动的重要组成部分，“伊斯兰国”和“基地”组织不仅代表了当代跨国圣战运动的不同历史发展阶段，也是诱发当今最为广泛的跨国恐怖暴力运动的关键所在。

由于跨国圣战运动与国际恐怖活动紧密相连，其兴衰起伏对于国际恐怖活动影响深远。尽管“跨国圣战”并不等同于国际恐怖主义，但它却在客观上为当今国际恐怖活动的发展提供了重要的思想来源和组织基础。从战后历次跨国圣战运动的历史发展来看，每一次跨国圣战运动都会伴随着更为激进的“圣战”思想阐释，更大规模的跨国动员，以及更为残忍、血腥的恐怖活动浪潮。因此，如何认识当代跨国圣战运动的发展和演进，将是我们理解未来国际安全态势和中东国际格局的关键因素。

第一节　“跨国圣战”的相关概念、内涵与分期

“圣战”（Holy War）一词源自阿拉伯语中的“吉哈德”（*Jihād*），意即“为主道而奋斗”。这是伊斯兰教经典《古兰经》中所规定的一项重要宗教义务，它要求穆斯林通过不同形式的“圣战”与异教徒或邪恶势力作斗争，捍卫并弘扬伊斯兰教。这一思想显然有其鲜明的时代特色，它与创教之初先知穆罕默德率众捍卫和传播伊斯兰教的历史密切相关。在早期穆斯林对外征服高潮过去以后，“圣战在教法中的地位显著下降”，但它并没有和念、礼、斋、课、朝“五功”一起成为全体穆斯林必须践行的一项重要义务。[①] 一般来说，“吉哈德”可以分为“大吉哈德”和“小吉哈德”两种。前者是指穆斯林用“心”的方式遵从《古兰经》教导，坚持同内心的私心杂念和人性弱点作斗争，抵制各种诱惑，净化心灵，以达到虔信真主、扬善止恶的目的；后者是指穆斯林用“剑”的方式捍卫并弘扬伊斯兰教，反击异教徒的迫害，通过军事手段和武装斗争同各种外在的敌人进行斗争。[②] 然而，在当代一些激进伊斯兰教法学家的歪曲和宣传下，“圣战”思想被简化曲解为以“真主”名义进行的武装暴力活动，成为不少极端暴力组织的重要理论工具和思想来源。而从事此类活动的人，往往被美化为“圣战士”“圣战者”“圣战分子”（Jihadis，Jihadist），或“穆贾希丁”（Mujahedeen，Mujahideen），等等。

---

① 金宜久主编：《伊斯兰教史》，南京：江苏人民出版社，2006 年版，第 68 页。

② 关于圣战思想的更多探讨，请参见 Bernard Lewis，*The Crisis of Islam*：*Holy War and Unholy Terror*，New York：Random House Trade Paperbacks，2003，pp. 29 – 46；朱威烈等著：《中东反恐怖主义研究》，北京：时事出版社，2010 年版，第 185 – 198 页；方金英：《穆斯林激进主义：历史与现实——政治伊斯兰与国际安全研究》，北京：时事出版社，2010 年版，第 66 – 81 页；刘中民：“伊斯兰的国际体系观：传统理念、当代体现及现实困境”，《世界经济与政治》2014 年第 5 期，第 21 – 30 页，等等。

一、“跨国圣战”的定义

顾名思义，所谓“跨国圣战”在行动和组织层面上首先是指超越单一民族国家主权边界的“跨界性”（trans－border）圣战活动，如组建跨国网络、进行跨国渗透、开展跨国袭击等；在思想和意识形态层面上则是指在“圣战”的思想和旗帜下，倡导开展“国际性”（international，transnational）的联合圣战，或是追求超越民族国家主权之上的国际主义目标，比如想象中的政治共同体——“乌玛”等。与之密切相关的另一词汇则是从事跨国圣战活动的武装人员，大多数文献称其为“外籍战士”“外籍武装人员”或“外国武装分子”（Foreign Fighter）等。对于包括“圣战”分子在内的“外籍战士”跨国流动现象，目前国内外研究相对较少。戴维·马雷特（David Malet）甚至认为，以往政治学文献中根本不存在描述这一现象的词汇。他认为，“外籍战士”主要是指那些“在国内冲突中参加反叛活动的非冲突国公民”。[①] 托马斯·黑格海默（Thomas Hegghammer）在马雷特的基础上进一步设立了界定“外籍战士”的四条标准：（1）曾经参与或组织过武装反叛活动；（2）缺少冲突国的国籍，并且与其所参与的作战派别没有血缘关系；（3）与官方军事机构没有任何隶属关系；（4）不领取报酬。他认为，大多数人只是笼统地将“外籍战士”称为“圣战”分子或“萨拉菲圣战分子”，并未区分“这些人到底是在交战区进行炮击还是在西方国家进行自杀性炸弹袭击”，而这一界定则可以“排除那些领取报酬的雇佣兵、听命于将军的士兵们、返乡的流亡者，以及专门针对战区外非战斗人员进行攻击的国际恐怖分子”。[②]

上述定义对于我们理解跨国圣战人员虽不无帮助，但仍未完整准确地

---

① David Malet，“Why Foreign Fighters? Historical Perspectives and Solutions”，*Orbis*，Vol. 54，No. 1（January 2010），pp. 97－114.

② 显然，托马斯·黑格海默并未将国际恐怖分子列入“外籍战士”的范畴，其区别在于前者并不在战区开展活动。在他看来，“外籍战士”问题是一个介于地方反叛势力和国际恐怖分子之间的一个角色，故而被研究内战和社会运动的学者们所忽视，而目前从恐怖主义角度进行的研究又大多聚焦于“基地”组织。参见 Thomas Hegghammer，“The Rise of Muslim Foreign Fighters：Islam and the Globalization of Jihad”，*International Security*，Vol. 35，No. 3（Winter 2010/11），pp. 54－58.

对其作出界定。当然，对于这一概念界定的困难恰恰说明“跨国圣战”现象本身的复杂性。首先，对于这些从事跨国圣战活动的武装人员来说，“圣战”意识形态往往是驱动其为之战斗和献身的最核心动机，这一特质在上述定义中并未体现。事实上，自 20 世纪 90 年代以来，在“圣战”名义下的跨国武装分子已越来越多地参与到了中东、南亚和非洲等地的暴力冲突当中。1990 年，具有“圣战”特征的武装冲突仅占 5%，到 2014 年这一比重已经上升至 40%。① 其次，“不领取报酬”这一点虽然可以将其与传统的“雇佣兵”进行区分，但是并不能绝对化，因为一些非官方的宗教组织、慈善机构或人道主义机构有时候也会对这些武装人员提供某种形式的生活资助。最后，尽管大多数“外籍战士”在激进化以后会首先选择奔赴战区作战，而不是在其母国发起袭击。但“自愿参战”往往是个人参与极端军事暴力活动的主要“敲门砖”，而“当今大多数跨国圣战组织都是外籍战士动员的伴生物”。② 此外，还有为数众多的“外籍战士”或“圣战老兵”在战争结束后返回母国，策划或参与了当地的恐怖暴力活动。由此可见，“跨国圣战分子”应当属于“外籍战士”当中的一部分，但并非所有的“外籍战士”都属于“跨国圣战分子”，只有那些具有强烈圣战诉求的“外籍战士”才是“跨国圣战分子”。在“跨国圣战分子”当中，一部分人主要是在“圣战”的名义下参加目标国的内战，还有一部分更为极端的武装群体则以所谓“圣战”的名义从事恐怖暴力活动。

二、“跨国圣战”运动的分期

关于跨国圣战运动的起源和分期，目前学界仍存在不同的看法。格伦·罗宾逊（Glenn E. Robinson）认为，全球跨国圣战运动是 20 世纪 80 年代以来更为广泛的圣战运动的一个支流，尤其是苏联入侵阿富汗的直接

① James D. Fearon, “Civil War & the Current International System”, *Daedalus*, Vol. 146, No. 4 (Fall 2017), pp. 20－21.

② Thomas Hegghammer, “The Rise of Muslim Foreign Fighters: Islam and the Globalization of Jihad”, *International Security*, Vol. 35, No. 3 (Winter 2010/11), p. 53.

产物，并据此将全球跨国圣战运动分成4个不同的阶段（参见表1－1）。[1]法瓦兹·盖杰斯（Fawaz A. Gerges）提出，当代激进的圣战主义理论家赛义德·库特卜的门徒们领导了第一次跨国圣战浪潮，其首要目标是被称为“近敌”（near enemy）的亲西方阿拉伯世俗政权，1981年埃及总统安瓦尔·萨达特遇刺则是其中最为世人瞩目的重大历史事件。1989年苏联从阿富汗撤出后，本·拉登领导下的“基地”组织推动了另一波跨国圣战运动浪潮，其关注重点开始转向被称为“远敌”（far enemy）的美国和欧洲，2001年的“9·11”事件则是这一波跨国圣战运动浪潮中最有影响也最具影响力的重大历史性事件。当前以“伊斯兰国”组织为代表的武装暴力活动则代表了新一轮跨国圣战运动浪潮。不过，就其残暴程度和规模而言，它已经远远超过了前两次圣战浪潮。[2]

表1－1　格伦·罗宾逊关于4次全球圣战浪潮的划分

浪潮	特定危机	一般危机	解决方案	主要理论家
第一次：圣战国际（1979—1990）	1979年苏联入侵阿富汗	穆斯林土地被占领	建立国际武装以解放穆斯林领土	阿卜杜拉·阿扎姆
第二次：远敌“美国优先”（1996—2001）	1997年埃及和阿尔及利亚圣战失败	叛教者政权的持久性	通过直接暴力行动将美国赶出穆斯林世界	奥萨马·本·拉登
第三次：现在就建立“哈里发”（2003—2017）	2003年美国入侵伊拉克，2011年叙利亚内战	叛教者；什叶派统治者的援助	夺取领土，实施“沙利亚”教法，宣布建立“伊斯兰国”	阿布·穆萨布·扎卡维；阿布·巴克尔·纳吉；阿布·巴克尔·巴格达迪

① Glenn E. Robinson, “The Four Waves of Global Jihad: 1979 - 2017”, *Middle East Policy*, Vol. 24, No. 3 (Fall 2017), pp. 70 - 86.

② Fawaz A. Gerges, “ISIS and the Third Wave of Jihadism”, *Current History*, December 2014, pp. 341 - 342.

续表

浪潮	特定危机	一般危机	解决方案	主要理论家
第四次：个体圣战“让希望长存”（2001至今）	2001年后塔利班在阿富汗的失败	全球圣战失败的逼近	网络化，去中心化，依托于媒体的小规模暴力	阿布·穆萨布·苏里

资料来源：Glenn E. Robinson，“The Four Waves of Global Jihad：1979－2017”，*Middle East Policy*，Vol. 24，No. 3（Fall 2017），p. 72.

本书根据发展规模、主导思想、流变特征，以及国际影响等诸方面的差异，尝试将当代全球跨国圣战运动分为四个不同发展阶段。其中，第一阶段始于1979年苏联入侵阿富汗，止于1991年苏联解体，是为当代全球性跨国圣战运动的发端和形成时期。1989年苏联撤出阿富汗后，参与阿富汗圣战的“毕业生”开始向全球各地扩散。特别是在1992年海湾战争结束后，以“基地”组织为代表的国际圣战势力开始将攻击矛头转向了美国为首的西方国家，跨国圣战运动由此进入到了以构建真正的全球性网络并以西方国家为目标的第二个发展阶段。2003年美国入侵伊拉克前后，本·拉登领导的“基地”组织等跨国圣战势力在全球反恐战争的打击下已经疲于奔命、朝不保夕。然而美国在伊拉克推行的“政权更迭”和不期而至的“阿拉伯之春”，则为全球跨国圣战势力与当地反叛武装进一步结合创造了机会。2014年6月，“伊斯兰国”组织正式宣布在伊拉克和叙利亚地区建立一个所谓的“伊斯兰国家”。与此同时，其主要头目巴格达迪也自称是全球所有穆斯林的“哈里发”（caliphate），这一举动将第三波跨国圣战运动推向了巅峰。随着2016年底以来“伊斯兰国”组织在伊拉克和叙利亚地区的不断失利，该组织所代表的跨国圣战势力也被迫开始了新一轮转型，全球跨国圣战运动以及作为其最激进势力的国际恐怖主义正在进入后“伊斯兰国”时代。下文将会就跨国圣战运动的4个不同发展阶段逐一进行分析。

第二节 跨国圣战运动的滥觞：阿富汗抗苏战争

当代全球性跨国圣战运动发端于20世纪七八十年代的阿富汗抗苏战争。从某种程度上说，它是阿富汗民族抵抗运动和美苏冷战对抗的副产品。1979年12月25日，由于对阿富汗阿明政权的“反苏”政策不满，苏联当局直接出兵喀布尔，扶植人民民主党领导人卡尔迈勒取而代之。这一事件在国际社会引起了强烈反响，伊斯兰世界和欧美各国纷纷表示强烈谴责和反对。

1980年1月23日，美国总统卡特在国情咨文讲话中指出，苏联入侵阿富汗给第二次世界大战以来的世界和平构成了“最严重的威胁”。在美国看来，苏联在当地驻军的战略意义是不言而喻的，这里拥有全球2/3以上的石油探明储量，苏军距印度洋不到300英里，邻近全球主要石油运输通道霍尔木兹海峡。为此，卡特总统向苏联发出了公开警告，要求苏联必须为其侵略行径付出代价。“外部力量企图控制波斯湾的任何尝试都将被视为是对美国切身利益的进攻。美国将使用一切必要的手段——包括军事力量在内——打退这种进攻。”① 这一声明后来被称之为“卡特主义”，被认为是美国对苏政策从以往强调“缓和”“裁军”转向了“对抗”与“竞争”，它“标志着美国对苏政策自‘尼克松主义’问世以来发生了新的转折”。② 1月底，伊斯兰国家外长在巴基斯坦首都伊斯兰堡召开紧急会议，要求苏联从阿富汗撤军，并中止了阿富汗的伊斯兰会议组织成员国资格。苏军入侵阿富汗不久，中国政府也发表公开声明，谴责苏联的霸权主义行径。

---

① President Jimmy Carter, “State of the Union”, January 23, 1980, in Barry Rubin and Judith Colp Rubin edited, *Anti – American Terrorism and the Middle East: A Documentary Reader*, Oxford and New York: Oxford University Press, 2002, pp. 110 – 111.

② 王绳祖主编：《国际关系史（1970—1979）》第十卷，北京：世界知识出版社，1995年版，第22 – 23页。

一、阿富汗战争的时代背景

阿富汗战争很快与20世纪60年代开始在中东地区逐渐盛行的“圣战”思想和“泛伊斯兰主义运动”（pan－Islamist movement）产生了共鸣，并为之提供了付诸实践的机会。

1967年6月爆发的第三次中东战争对阿拉伯伊斯兰世界的心理影响极为深远，这场战争又被称为“六日战争”或“六五战争”。在这场战争中，以色列通过先发制人的闪电式袭击，仅以微小的代价就重创了埃及、叙利亚和伊拉克等阿拉伯国家的武装力量，并抢占了包括耶路撒冷老城、约旦河西岸、加沙和西奈半岛等在内的6.5万平方千米土地。这场战争进一步巩固了以色列在军事上战无不胜的“神话”，也使阿拉伯人通过武装斗争夺取被占领土的希望更趋渺茫。与此同时，在阿以战争中屡战屡败的结局也促使越来越多的阿拉伯精英开始转而思索战败的根本原因及其出路。自此之后，泛阿拉伯民族主义趋于式微，伊斯兰主义开始崛起。这至少体现在两个方面：

其一，埃及穆斯林兄弟会著名理论家赛义德·库特卜（Sayyid Qutb）所提出的伊斯兰圣战理论开始广为流传，并为渐次兴起的政治伊斯兰运动提供了思想来源和理论指导。库特卜于1906年出生在埃及中部的阿斯尤特省，其本人早年曾是一名西方文化的追随者，甚至还曾于1948—1950年专程赴美国访问学习。然而，这段留美经历却让库特卜把对西方世界的向往变成了激烈的批评和指责，最终从一个世俗民族主义者转变成了原教旨主义者。库特卜是一位多产的理论家和政治活动家，在其一生中有大量著作和文章问世，他最大的思想成就或在于对伊斯兰“圣战”思想的发展，这一理论影响主要体现为三点：（1）关于“蒙昧状态”的划分，人类社会因为没有遵守真主的神圣律法“沙利亚”而处于伊斯兰教诞生之前的“蒙昧状态”（jahiliyyah，al－hākimīyyah），故而应予推翻；（2）“真主主权”高于世俗国家权力，故而应当通过“宣教”和“武装圣战”建立一个按照教法沙利亚来治理的“真正的伊斯兰国家”；（3）“圣战”是一个持续不断的长期过程，它具有不同的阶段性特征，既可以是“防御性的”，也可以是长期的、分阶段的，穆斯林可以在伊斯兰教允许的范围内采取各种不同形式的圣战。[①] 库特卜的理论和思想对于全球圣战运动的影响极为深远，它在很大程度上为后来的各种武装圣战活动提供了重要的理论来源。尤其是在第三次中东战争后阿拉伯民族主义逐渐式微的情况下，"库特卜主义顺理成章地成了纳赛尔主义的替代物与矫治方案，确立了其在中东乃至穆斯林世界的话语霸权地位"。它不仅为20世纪五六十年代日趋衰落的埃及穆斯林兄弟会，以及70年代埃及伊斯兰原教旨主义思想的复兴起了"关键性的承上启下作用"，还为后来的伊斯兰解放组织、赎罪与迁徙组织、伊斯兰圣战组织、伊斯兰集团等极端主义势力的崛起提供了"重要的精神支柱和行动指南"。[②]

其二，旨在唤起穆斯林民众对自身国际处境的认知并促进全球穆斯林团结的"泛伊斯兰运动"也在这一时期开始流行。19世纪以来，伊斯兰世界的一些政治家基于各种考虑开始使用"乌玛"的概念，其目的大多旨在恢复"哈利发"，或是寻求在穆斯林国家当中建立一个正式的政治联盟。但是，20世纪以来的泛伊斯兰运动则与此迥然不同。在60年代，沙特国王费萨尔所倡导的泛伊斯兰主义政策的核心在于寻求穆斯林国家之间的外交政策协调。进入70年代后，泛伊斯兰运动的主要诉求在于唤醒普通民众对于穆斯林国际地位的认知，同时寻求全球穆斯林之间的团结与合作。由于埃及、叙利亚等国对当地穆斯林兄弟会的压制，大批受到压制的"穆兄会"精英来到了沙特希贾兹地区（Hijaz）[③] 寻求发展。与此同时，一些国际性宗教机构如伊斯兰世界联盟、伊斯兰会议组织、国际伊斯兰大学等也相继建立，并在麦加—麦地那—吉达一带形成了"全球最大的伊斯兰宗教

① Mary R. Habeck, *Knowing the Enemy, Jihadist Ideology and the War on Terror*, New Haven & London: Yale University Press, 2006, pp. 35 – 38; Ahmad S. Moussalli, *Radical Islamic Fundamentalism: the Ideological and Political Discourse of Sayyid Qutb*, Beirut, American University of Beirut, 1992, pp. 205 – 208.

② 胡雨："赛义德·库特卜极端主义思想探微"，载《西亚非洲》2010年第7期，第49 – 54页；R. Hrair Dekmejian, *Islam in Revolution: Fundamentalism in the Arab World* (2nd edition), Syracuse: Syracuse University Press, 1995, pp. 84 – 85.

③ 又译为"汉志"，位于沙特西部沿海地区，辖区内因拥有伊斯兰教圣城麦加和麦地那而闻名于世。

机构聚集地”。[①] 这些泛伊斯兰主义者利用1973年全球能源危机后急剧增加的石油财富设立了各种慈善机构，并试图通过援助穆斯林世界的人道主义危机来实践其关于“泛伊斯兰团结”的政治理念，而1979年苏联入侵阿富汗则为此提供了绝好的机会。

不过，首批来到阿富汗的阿拉伯人并非“外籍战士”，而是那些以希贾兹为基地的慈善机构的人道主义工作者，他们又被称为“阿拉伯裔阿富汗人”（Arab Afghans）。据统计，在1980—1984年间，约有数百名人道主义工作者先后来到靠近阿富汗边界地区的巴基斯坦城市白沙瓦，以帮助滞留于当地的阿富汗难民。他们主要来自希贾兹地区的各种泛伊斯兰主义组织，比如伊斯兰世界联盟、国际伊斯兰大学等，这里也因此而成为“1987年之前向阿富汗提供沙特籍战士最多的地区”。[②] 与此同时，一些“令人讨厌的”暴力极端分子，乃至“以赴阿富汗参战为条件从监狱中释放的死硬犯罪分子”也从埃及、阿尔及利亚和约旦等国来到了阿富汗。阿富汗也因此而成了一个吸引全球穆斯林武装分子的“磁铁”，并为之提供了一个招募成员、进行联络，乃至构建全球性网络的机会。[③] 曾经参加过阿富汗作战行动的前苏军将领A·利亚霍夫斯基将军称，除了巴基斯坦和伊朗顾问之外，战争期间阿富汗境内的“伊斯兰恐怖主义者的数量大约为2500人”。[④] 美国学者劳伦斯·赖特也认为，“反苏战争期间来到此地（白沙瓦地区）的外乡人最多也没有超过3000人”。[⑤] 实际上，来此参战的圣战分子可能远不止此，只不过很多人还未来得及参加战斗，苏军就狼狈不堪地撤出了阿富汗。

---

① Thomas Hegghammer, “The Rise of Muslim Foreign Fighters: Islam and the Globalization of Jihad”, *International Security*, Vol. 35, No. 3 (Winter 2010/11), pp. 79 – 80.

② Ibid., p. 85.

③ H. Sidky, “War, Changing Patterns of Warfare, State Collapse, and Transnational Violence in Afghanistan: 1978 – 2001”, *Modern Asia Studies*, Vol. 41, No. 4 (2007), p. 863.

④ ［俄］A·利亚霍夫斯基：《阿富汗战争的悲剧》，刘宪平译，北京：社会科学文献出版社，2004年版，第263、508页。

⑤ ［美］劳伦斯·赖特著：《巨塔杀机：“基地”组织与“9·11”之路》，张鲲、蒋莉译，上海：上海译文出版社，2009年版，第117页。

二、阿卜杜拉·阿扎姆与阿富汗“圣战”

在这些“阿拉伯裔阿富汗人”当中，就包括了后来和本·拉登一起共同创建“基地”组织的阿卜杜拉·阿扎姆（Abdallah Yusuf Mustafa Azzam）。阿扎姆1941年出生于英国托管时期的巴勒斯坦杰宁地区，1967年战争后从巴勒斯坦西岸地区逃往约旦。他于1973年在开罗爱资哈尔大学获得伊斯兰法学博士学位，之后进入约旦大学任教，后因观点激进而被校方解雇。1981年，阿扎姆来到巴基斯坦，开始参加阿富汗圣战活动。他一方面以宗教学者的身份著书立说，进行各种宣教和圣战动员；另一方面又利用自己与希贾兹地区泛伊斯兰社团的密切联系，为阿富汗圣战活动招募人员、筹集资金。从1983年开始，阿扎姆开始在阿拉伯世界进行圣战动员。1984年底，他在巴基斯坦白沙瓦创建了专门服务于外籍战士的“服务局”。

阿扎姆进一步发展了库特卜等人的圣战思想，并将其直接用于阿富汗抗苏战争，其最为著名的口号是“只要圣战与长枪；不要谈判，不要会议，也不要对话”。[①] 阿扎姆有关“圣战”理论的阐述主要集中于三点：一是对传统教义中的“进攻性圣战”（offensive jihad）和“防御性圣战”（defensive jihad）、“集体义务”（fard kifaya）和“个人义务”（fard ayn）概念做了进一步拓展，提出在阿富汗抗击苏联入侵既是穆斯林的“集体义务”，也是全体穆斯林的“个人义务”[②]；二是大力鼓吹“殉道”（martyrdom）思想，通过援引经典和渲染所谓的“圣迹”来宣扬“以身殉道”。对于生活在贫困和屈辱中的不少阿拉伯青年来说，“以身殉道在他们鲜有回报的生活之外提供了另一种理想的选择”。因此，“召唤许多阿拉伯青年来到白沙瓦的，并不是在阿富汗战争中获胜，而是死亡”。[③] 三是号召全世

① ［美］劳伦斯·赖特著：《巨塔杀机：“基地”组织与“9·11”之路》，张鲲、蒋莉译，上海：上海译文出版社，2009年版，第105页。

② R. Kim Cragin, “Early History of Al – Qa'ida”, *The Historical Journal*, Vol. 51, No. 4 (2008), pp. 1052 – 1054.

③ ［美］劳伦斯·赖特著：《巨塔杀机：“基地”组织与“9·11”之路》，张鲲、蒋莉译，上海：上海译文出版社，2009年版，第117 – 119页。

界穆斯林团结起来，通过“圣战”夺回被异教徒占领的土地，包括巴勒斯坦和阿富汗等，最终建立一个统一的“伊斯兰国家”，他也因此而被冠以“现代全球伊斯兰圣战之父”之名。1989 年 2 月，苏军撤出阿富汗不久，阿扎姆在伊斯兰堡的一次演说中表示：“我们将会战斗，打败我们的敌人，在阿富汗这块银色的土地上建立一个伊斯兰的国家。阿富汗将会扩大，圣战将会传播，伊斯兰将会在其他地方战斗，伊斯兰将会打击巴勒斯坦的犹太人，在巴勒斯坦和其他地方建立伊斯兰国家。这些国家将会联合起来，最终建立一个伊斯兰的国家。”①

阿扎姆之所以能在传播圣战思想和进行圣战动员方面取得极大的成功，可能得益于三重因素：一是其所具有的宗教学者地位，这是其获得社会声望、被民众认可的重要资源；二是他在阿拉伯世界泛伊斯兰社团中的广泛联系；三是阿扎姆本人在传教过程中所具有的“个人魅力”。劳伦斯·赖特指出，阿扎姆在来到吉达之前，已经“以勇气和雄辩而远近闻名”。阿扎姆的布道具有很强的玄学色彩，他一再宣扬阿富汗战争得到了天使无形之手的援助。比如，圣战者的衣服虽然被子弹打穿，但人却安然无恙；殉难的烈士遗体不会腐烂，而且还散发着芳香，等等。② 这三方面因素使他在跨国圣战动员方面也取得了极大的成功。有学者曾评价说：尽管在 1985 年之前，其他人也在对外籍战士进行参战动员，但是“没有人像阿扎姆这样成功”。1986 年之前来到白沙瓦的外籍战士，要么受到了阿扎姆作品的激励和鼓舞，要么得到了其所创建的“服务局”的帮助，抑或兼而有之。简言之，如果没有阿扎姆和来自希贾兹地区的泛伊斯兰主义者支持，“外国政府对于阿富汗人的支持或许不会变化，但阿富汗外籍战士的数量肯定会大大减少，有关外籍战士思想的影响力也会大大减弱”。③

---

① Bruce Riedel, *Deadly Embrace: Pakistan, America, and the Future of the Global Jihad*, New Delhi: HarperCollins Publishers India, 2011, pp. 24, 33.

② ［美］劳伦斯·赖特著：《巨塔杀机：“基地”组织与“9·11”之路》，张鲲、蒋莉译，上海：上海译文出版社，2009 年版，第 104 - 106 页。

③ Thomas Hegghammer, “The Rise of Muslim Foreign Fighters: Islam and the Globalization of Jihad”, *International Security*, Vol. 35, No. 3 (Winter 2010/11), pp. 86 - 88.

三、美国的角色

在东西方冷战的大背景下，阿富汗抗苏战争一开始就得到了美国及其盟友的大力支持。利亚霍夫斯基甚至认为，苏联入侵阿富汗的决策乃是美国情报机构诱导所致，是后者实施战略性伪情报战的“牺牲品”。[①] 不过，一些美国学者并不认同这一看法。比如，约翰·普拉多斯（John Prados）就认为，“美国在阿富汗的秘密行动并非对苏联入侵的直接回应”，因为早在苏联入侵阿富汗之前，中情局已经开始实施其介入阿富汗内战的秘密项目了。同样，尽管苏联支持下的喀布尔政权一直未能扑灭阿富汗反叛势力的游击战争，“苏联入侵也并非是对中情局行动的回应”。[②]

从近年来陆续解密的美国官方档案来看，在苏军入侵之前，卡特总统已经接受了其国家安全事务特别助理布热津斯基的建议，即假手中情局的秘密工作为阿富汗叛军提供援助，通过少量金钱和宣传支持介入阿富汗局势。1979 年 2 月，美国驻阿富汗大使阿道夫·杜布斯（Adolph Dubs）在喀布尔街头被绑架，并在随后的营救行动中遇难，这一事件促使卡特总统开始考虑允许中情局秘密介入阿富汗局势。12 月 17 日，国家安全委员会又进一步召开了特别协调会议，进一步扩大了对阿富汗的援助。

12 月 26 日，也即苏军入侵阿富汗次日，布热津斯基向卡特总统提交了一份备忘录。在这份影响深远的备忘录中，他首先分析了苏联入侵可能带来的国内外影响，进而提出了美国的应对之道，即致力于使阿富汗成为“苏联人的越南”（Soviet Vietnam）。备忘录指出，苏联入侵阿富汗的后果在于让美国陷入了“一场地区危机”。“一旦苏联人在阿富汗获得成功，巴基斯坦也默认这一事实，莫斯科将会实现其长期以来进入印度洋的梦想”。自大英帝国时代开始，阿富汗长期充当了苏联南下印度洋的战略屏障，在

---

① ［俄］A·利亚霍夫斯基：《阿富汗战争的悲剧》，刘宪平译，北京：社会科学文献出版社，2004 年版，第 434 页。

② John Prados, “Notes on the CIA’s Secret War in Afghanistan”, *The Journal of American History*, Vol. 89, No. 2 (September 2002), pp. 466 – 467.

西南亚地缘政治平衡因伊朗危机而崩溃的情况下，“苏联人可以很快在阿拉伯海和阿曼湾边缘地区建立存在”。①

关于苏联入侵带来的影响，备忘录认为阿富汗或许可以成为一个“苏联人的越南”，但其最初影响却是“负面的”，并且在国内和国际两个层面上给美国带来了一个“极其严峻的挑战”（extremely grave challenge）。就国内影响而言，这主要体现为四点：第一，苏联入侵很可能会刺激美国国内要求在伊朗采取更多军事行动的呼吁，美国的“克制”将会更多地被视为“懦弱”；第二，美国在寻求解决伊朗问题时会变得更加困难，乃至会卷入一场与苏联人的直接对抗；第三，限制战略武器谈判（SALT）进程可能会受到“无法弥补的”损害，因为苏联的入侵是如此“赤裸裸”；第四，美国的苏联政策将会“同时遭到来自左翼和右翼的抨击”。在国际层面上，其影响主要表现为三个方面：第一，巴基斯坦很可能会在苏联的恫吓之下默认后者以某种形式主导该地区；第二，西南亚地区将不再有抵制苏联进入印度洋的坚强堡垒；第三，中国也会意识到美国无法约束苏联人在阿富汗和柬埔寨的侵略行为。②

关于苏联军事行动对美国的“有利因素”，备忘录谈到了三点：第一，世界舆论将会对苏联的入侵表示愤怒，穆斯林国家肯定会对此表示关注，美国“或许可以利用这一点”；第二，巴基斯坦境内已经滞留了30万来自阿富汗的难民，美国可以借机对苏联造成这一大规模人道主义灾难的行为进行指责。毫无疑问，难民的数字肯定还会上升，而苏联已经为其支持柬

---

① Zbigniew Brzezinski, “Memo to President Jimmy Carter on Soviet Intervention in Afghanistan”, in Barry Rubin and Judith Colp Rubin edited, *Anti-American Terrorism and the Middle East: A Documentary Reader*, Oxford and New York: Oxford University Press, 2002, pp. 108 - 110; Memorandum, White House, Zbigniew Brzezinski to the President, “Reflections on Soviet Intervention in Afghanistan”, December 26, 1979, in Svetlana Savranskaya and Malcolm Byrne edited, *National Security Archive Electronic Briefing Book No.* 396, October 13, 2012.

② 布热津斯基本人后来在接受采访时还表示，伊朗霍梅尼革命凸显了美国在波斯湾地区的“脆弱性”，使得美国不得不面对波斯湾北岸地区出现的一个敌对政权，而苏联入侵阿富汗进一步加剧了这种“脆弱性”。一旦苏联成功地占领了阿富汗，伊朗在苏联人面前也会变得脆弱不堪，因为驻扎在阿富汗的苏联战术空军可以从阿富汗基地直抵波斯湾。因此，苏联入侵阿富汗被美国视为“严重的战略威胁”。参见“interview with Dr. Zbigniew Brzezinski”, June 13, 1997, in *The National Security Archive*, Episode 17: Good Guys, Bad Guys, https://nsarchive2.gwu.edu//coldwar/interviews/episode-17/brzezinski1.html，登录时间：2017年11月20日。

埔寨的行动付出了代价；第三，美国的盟友会更加重视它们在防务方面的需求。至于阿富汗是否能成为“苏联人的越南”，他表示美国不应当“太乐观”，其原因就在于：阿富汗游击战士的组织和指挥状况非常糟糕；这些游击战士没有中央政府和有组织的军队，也没有庇护所（相比之下，当年的北越政权完全具备这些条件）；外部支持有限；苏联人可能会采取决定性的打击行动。①

基于上述分析，布热津斯基向卡特总统提出了一系列建议：第一，使阿富汗抵抗运动坚持下去很重要，这“意味着要给他们提供更多的金钱、武器和技术顾问”；第二，要实现上述目标，美国必须重新保证并鼓励巴基斯坦帮助阿富汗反对派，这需要“重新评估美国对巴基斯坦的政策，为其提供更多保证和武器援助”；第三，美国还应“鼓励中国人帮助阿富汗反对派”；第四，与伊斯兰国家开展协作，在宣传和秘密行动方面帮助反对派；第五，美国应当告诉苏联人，入侵阿富汗的行动已经使“限制战略武器谈判”岌岌可危……“如果我们不告诉苏联人（这一点），它们就不会把我们的关切当成一回事儿，就会使苏联人今后无需担心此类局部冒险是否会损害苏美长期关系”；第六，美国应当“把苏联的行动作为对世界和平的威胁提交给联合国”。②

从美国政府后来的阿富汗政策来看，布热津斯基在备忘录中所提出的建议大多数被卡特总统所采纳，它进一步扩大并强化了美国对阿富汗局势的介入，并将其进一步提升到了美国全球战略的高度。卡特政府一方面对苏联采取了一系列制裁举措，另一方面则加强了对阿富汗反对派的援助，并与有关国家加强了协调与合作。为此，布热津斯基在苏联入侵阿富汗一个月后即亲赴巴基斯坦，在援助阿富汗问题上与齐亚·哈克政府进行协调。事隔多年后，布热津斯基在接受采访时还表示“卡特总统比许多人想

① Zbigniew Brzezinski, “Memo to President Jimmy Carter on Soviet Intervention in Afghanistan”, in Barry Rubin and Judith Colp Rubin edited, *Anti-American Terrorism and the Middle East: A Documentary Reader*, Oxford and New York: Oxford University Press, 2002, pp. 108 – 110; Memorandum, White House, Zbigniew Brzezinski to the President, “Reflections on Soviet Intervention in Afghanistan”, December 26, 1979, in Svetlana Savranskaya and Malcolm Byrne edited, *National Security Archive Electronic Briefing Book No.* 396, October 13, 2012.

② Ibid.

象中要强硬许多”，其中就包括直接援助阿富汗“圣战士”抗击苏联人。在布热津斯基看来，这是一个“前所未有的历史性决定”。①

在里根当政时期，基于在冷战中对抗苏联的考虑，美国对于阿富汗的支持力度有增无减，并直接将其与美国国家安全战略进行挂钩。里根入主白宫后不久通过的《美国国家安全战略》中明确指出：美国国家安全战略的目标是“遏制并扭转苏联在全球的军事控制及军事存在的扩张，增加苏联支持并使用代理人、恐怖分子和颠覆性力量的成本”。与此同时，安全援助既是美国国家安全战略中一个“至关重要的内容”，也是美军在实现海外国家安全目标时的“一个基本补充”，更是促进美国安全的一种“最具成本效益的手段”。② 为了在阿富汗等第三世界国家对抗苏联的扩张，里根政府进一步引入了“低烈度冲突”（low - intensity conflict）概念，并将阿富汗抗苏战争包装成为具有宗教色彩的“圣战”。根据已经解密的第 177 号国家安全决策指令，所谓“低烈度冲突”是指“竞争中（contending）的国家或组织之间的政治和军事对抗，其程度低于传统战争，高于国家间的常规和平竞争。它涉及规则竞争和意识形态领域的长期斗争，其范围从颠覆活动到武力的使用”。其具体政策内容包括支持第三世界国家的政府、支持抵抗运动、直接动用美军、打击恐怖主义等。③

显然，在这一时期的美国国家安全战略当中，无论是“对外安全援助”还是实施“低烈度冲突”，阿富汗都是一个重要的政策着力点。里根总统在 1985 年签署的第 166 号国家安全委员会文件中阐明了其在阿富汗追求的目标是“让苏联军队离开阿富汗，恢复阿富汗的独立地位”。这一战略有两个主要内容：一是支持阿富汗抵抗运动的秘密行动计划；二是通过外交/政治战略增加对阿富汗抵抗武装的国际支持，进而对苏联施加压力

---

① “Interview with Dr. Zbigniew Brzezinski”, June 13, 1997, in *The National Security Archive*, Episode 17: Good Guys, Bad Guys, https: //nsarchive2. gwu. edu//coldwar/interviews/episode - 17/brzezinski1. html，登录时间：2017 年 11 月 20 日。

② The White House, National Security Decision Directive Number 32, *U. S. National Security Strategy*, May 20, 1982.

③ The White House, *National Security Decision Directive Number* 277, “National Policy and Strategy for Low Intensity Conflict (U)”, June 15, 1987.

并迫使其从阿富汗撤军。① 里根总统1987年签署的另一份国家安全委员会文件中进一步谈到，美国在阿富汗的目标是“增加苏联占领阿富汗的军事和政治成本，以此作为向苏联施压并达成一个全面政治解决方案的手段。这样的政治方案将会让苏联军队迅速、彻底、不可逆转地从阿富汗撤出，并使阿富汗人赢得真正的自决”。为此，美国将通过支持抵抗运动、开展公共外交和推进政治策略来实现上述目标。② 正是在这些政策思想主导下，美国对阿富汗的援助逐年增多。到1984年时，仅中情局每年对阿富汗的金钱资助已达2.5亿美元，1987年和1988年更是高达近4亿美元。③ 其中还包括大量价值不菲的先进武器系统，比如便携式“毒刺”防空导弹、狙击步枪等。阿富汗也因此成了美苏双方通过各自代理人进行军事对抗的全球冷战前沿。

纵观这一时期美国对于阿富汗圣战运动的支持，不难发现三个明显特征：

一是避免与苏联发生正面冲突，而是采用较为隐蔽的方式在阿富汗对抗苏联人。这也正是里根政府采取“低烈度冲突”的初衷所在，即“避免抵抗运动的‘美国化’”。④ 这一方式可以“避免对己不利的公开和宣传，以及代价不菲的大规模军事干预，而且成本低廉，也无需美国的作战承诺”。⑤ 由于援助内容主要是金钱支持和武器转让，直接在阿富汗和巴基斯坦参与其事的人甚至不到100人。时任巴基斯坦三军情报局阿富汗项目主管的穆罕默德·优素福（Mohammad Yousaf）曾谈道：“一旦武器运抵巴基斯坦，中情局的任务就完成了。随后，将会通过我们的管道和组织把中情

① The White House, *National Security Decision Directive Number* 166, “U. S. Policy, Program and Strategy in Afghanistan”, March 27, 1985.

② The White House, *National Security Decision Directive Number* 270, “Afghanistan (C)”, May 1, 1987.

③ Bruce Riedel, *Deadly Embrace: Pakistan, America, and the Future of the Global Jihad*, New Delhi: HarperCollins Publishers India, 2011, p. 27.

④ The White House, *National Security Decision Directive Number* 277, “National Policy and Strategy for Low Intensity Conflict (U)”, June 15, 1987.

⑤ H. Sidky, “War, Changing Patterns of Warfare, State Collapse, and Transnational Violence in Afghanistan: 1978 - 2001”, *Modern Asia Studies*, Vol. 41, No. 4 (2007), pp. 862 - 863.

局提供的每一颗子弹分发下去。”①

二是通过美国盟友间接地介入阿富汗事务。沙特等海湾国家一方面源源不断地提供有意慷慨赴死的激进圣战分子，另一方面给予大量金钱资助，为任何愿意前往阿富汗和巴基斯坦参战的人提供免费单程机票；巴基斯坦则利用毗邻阿富汗的地理和人员优势，对这些“外籍战士”进行战术技能训练和意识形态教育，来自美国和阿拉伯世界的军事装备和各类援助也通过巴基斯坦三军情报局发送到这些圣战分子手中。有统计表明，在1982—1992 年间，来自 43 个国家的大约 3.5 万名穆斯林和阿富汗圣战士一道接受了战火的洗礼，另有成千上万人在巴基斯坦境内的宗教学校接受了与战争有关的教育。巴基斯坦三军情报局的训练营为至少 8—9 万名阿富汗人提供了为期 10 天到 3 个月的培训。②

三是借助伊斯兰教的旗帜将阿富汗战争宣传成一场抗击外敌入侵的“圣战”。比如，里根总统不仅多次赞扬并接见参加抵抗运动的圣战士，还称其为“自由斗士”“具有美国国父一样道德的人”。这一点甚至还可以从苏联解密档案中得到证实，苏共中央宣传部和苏联科学院在当时呈递给苏共中央的报告中都曾提到，“阿富汗地下反革命的活动实际上是和泛伊斯兰敌对宣传结合在一起的”，它“把反革命说成是为伊斯兰教的自由正义和纯洁而斗争的运动”。③

四、阿富汗战争的影响

阿富汗战争结束后，曾经作为“外籍战士”的“阿拉伯裔阿富汗人”和阿富汗一起很快被国际社会所遗忘。直到“9·11”事件发生后，国际社会才重新开始聚焦于“基地”组织和本·拉登所藏身的阿富汗，并试图

① Bruce Riedel, *Deadly Embrace*: *Pakistan*, *America*, *and the Future of the Global Jihad*, New Delhi: HarperCollins Publishers India, 2011, p. 25.

② Ibid., pp. 24, 33.

③ No. 06102，“苏共中央宣传部关于敌对宣传的基本方针给苏共中央的报告”附录，1980 年 8 月 5 日；No. 06009，“苏联科学院东方学研究所关于阿富汗形势的分析报告”，1981 年 5 月，载沈志华主编：《苏联历史档案选编》，第 32 卷，北京：社会科学文献出版社，2002 年版，第 443－454、555－580 页。

重新认识和评估当年的阿富汗战争。[①] 简言之，“阿拉伯裔阿富汗人”的参战或许并未对阿富汗抗苏战争最终结果产生实质性影响，然而它们对于后世跨国圣战运动和国际恐怖活动的影响无论怎样评价也不为过。

第一，它不仅将毛杜迪、库特卜等伊斯兰圣战理论家们的思想付诸于实践，并且由阿扎姆等人进一步发展完善成为流传甚广的“全球圣战”思想，为日后全球跨国圣战运动的兴起提供了重要的理论依据和思想基础。

第二，来自中东和世界各地的穆斯林激进分子或是在阿富汗接受了战火的锤炼，或是在巴基斯坦接受了三军情报局提供的军事训练和圣战宣教。他们不仅在此过程中获得了必要的军事技能，也结下了深厚的友谊，并形成了一个庞大的跨国网络，为全球跨国圣战运动的进一步发展提供了必要的人力资源和干部组织基础。阿富汗战争结束后，留在塔利班武装力量中的“阿拉伯裔阿富汗人”大约有 0.8—1.5 万人，分别来自沙特、海湾各国和其他中东国家，其中约有 3000—5000 人效力于本·拉登麾下。[②] 巴基斯坦学者艾哈迈德·拉希德则认为，“在世界范围内，超过 10 万名极端分子和巴基斯坦政府、阿富汗战争搭上了关系”。[③]

第三，它是第一次真正意义上的跨地域性国际圣战。其动员规模、地理范围、复杂程度和国际影响等都远远超过了之前的国际圣战活动，并由此开启了全球跨国圣战运动的一个新时代。正像有学者在评论中所说：“阿富汗圣战是一场‘全球化了的’（globalized）冲突，它早在‘全球化’这一词汇风行之前即已开始。其中涉及了大量外国代理人、合作者、雇佣兵、间谍、挑唆者、军事顾问、国际军火商、医生，以及来自世界各地的

① 一些美国学者认为，美国支持阿富汗“圣战运动”与苏联入侵阿富汗并无联系，理由是美国在此之前已决定介入阿富汗事务。虽然如此，“当前国际恐怖活动显然与中情局在阿富汗的行动密切相关。奥萨玛·本·拉登作为从中情局秘密战中走出来的一名战士，其突然成为新恐怖主义的焦点这一事实即为明证。事实上，这样的人还有很多。”参见 John Prados, “Notes on the CIA's Secret War in Afghanistan”, *The Journal of American History*, Vol. 89, No. 2 (September 2002), pp. 466 – 471.

② H. Sidky, “War, Changing Patterns of Warfare, State Collapse, and Transnational Violence in Afghanistan: 1978 – 2001”, *Modern Asia Studies*, Vol. 41, No. 4 (2007), pp. 862 – 863.

③ ［巴基斯坦］艾哈迈德·拉希德著：《塔利班：宗教极端主义在阿富汗及其周边地区》，钟鹰翔译，重庆：重庆出版社，2015 年版，第 131 页。

人道主义援助工作者。”①

第四，众多“跨国圣战者”所参与的这场阿富汗战争开创了人类暴力冲突的全新范式，那就是跨国性圣战运动与民族国家内战之间的有机融合，以及战争的非军事化和私有化。由于各类非官方的武装组织和武装人员的卷入，人们已经很难区分战场和后方、士兵和罪犯、战斗人员和非战斗人员，这也使得西方军事理论家克劳塞维茨关于战争是一种“政治行为”“是政治交往通过另一种手段的实现”② 的经典论断失去了意义。在以“非军事化”（demilitarization）和私有化（privatization）为特征的所谓“新战争”形态中，平民既成了战斗人员，同时也是受害者。这些武装人员不同于等级森严、令行禁止的常规军队，他们很少接受军令军纪的约束，甚至“从未听说过国际人权法或国际人道主义法律”。这些战斗人员所采用的暴力尤为残忍，而且往往“不加区分”。③ 不幸的是，此类战争形态随后迅速开始向全球主要热点冲突地区扩散，成为冷战后国际武装冲突中的一种常见形态。

第三节　跨国圣战运动的异化：从“阿富汗毕业生”到“基地”组织

1989 年苏联撤出阿富汗后，参与阿富汗圣战的各类“跨国圣战分子”开始迅速向全球扩散。特别是 1992 年海湾战争结束后，以“基地”组织为代表的“跨国圣战”运动进入了以构建真正的全球性网络的第二个发展阶段。

---

① H. Sidky, “War, Changing Patterns of Warfare, State Collapse, and Transnational Violence in Afghanistan: 1978 – 2001”, *Modern Asia Studies*, Vol. 41, No. 4 (2007), p. 852.

② ［德］克劳塞维茨著：《战争论》第一卷，中国人民解放军军事科学院译，北京：商务印书馆，1995 年版，第 42 – 45 页。

③ H. Sidky, “War, Changing Patterns of Warfare, State Collapse, and Transnational Violence in Afghanistan: 1978 – 2001”, *Modern Asia Studies*, Vol. 41, No. 4 (2007), pp. 872 – 873.

一、“基地”组织的诞生与转向

苏军从阿富汗撤出后不久，庞大的苏联帝国也在1991年轰然倒塌。这两起影响当代历史的重大事件极大地鼓舞了来此参战的国际“圣战”分子。在他们看来，这是其“战胜一个信奉无神论的超级大国”的最好证明。[①] 换言之，“既然一场圣战就能摧毁苏联这个超级大国，他们完全可以用另一场圣战将另一个超级大国击倒在地，顺带把本国的政府一并推翻。……只要一代战士能够不畏牺牲、献出热血和生命，一个新的乌玛世界就会再次降临人间”。[②] 正是在这一“胜利”的激励下，越来越多的极端分子走上了跨国“圣战”之路。与此同时，一大批参加过阿富汗抗苏战争的圣战分子也陆续离开阿富汗，迅速向世界各地扩散。事实证明，不少拥有战术技能和“圣战”信仰的“阿富汗毕业生”在返回家乡和转场的过程中，也把打着“圣战”名义的极端暴力活动带向了世界各地，并由此开始了一个新的时代。本·拉登领导的“基地”组织正是在阿富汗抗苏战争后期建立并成长起来的跨国圣战势力中的典型代表。

1988年夏天，本·拉登带领追随者在巴基斯坦边境城市白沙瓦创建了“基地”组织。该组织成立后不久，苏军即从阿富汗撤出，其成员很快就面临着何去何从的问题。1989年2月苏军撤离阿富汗时，本·拉登领导下的武装力量约有1—2万人。其中，来自埃及、阿尔及利亚、约旦、摩洛哥、叙利亚等地的“阿拉伯裔阿富汗人”大约3000人左右，其余7000多人分别来自乌兹别克斯坦、巴基斯坦、孟加拉国、车臣、塔吉克斯坦等地。[③] 从“9·11”事件后美军在阿富汗缴获的“基地”组织档案中可以看出，在阿富汗抗苏战争结束后，“基地”组织领导层曾经就未来去向问题进行过一系列争论。其中，有的人试图去“解放”印控克什米尔地区，

---

① H. Sidky, “War, Changing Patterns of Warfare, State Collapse, and Transnational Violence in Afghanistan: 1978 – 2001”, *Modern Asia Studies*, Vol. 41, No. 4 (2007), p. 867.

② [巴基斯坦] 艾哈迈德·拉希德著:《塔利班：宗教极端主义在阿富汗及其周边地区》，钟鹰翔译，重庆：重庆出版社，2015年版，第131 – 132页。

③ Federal Research Division, Library of Congress, *The Sociology and Psychology of Terrorism: Who Becomes a Terrorist and Why?* San Bernardina, CA, April 17, 2015, pp. 116 – 117.

有的人准备去中东地区打击“异教徒”阿拉伯政权。比如，对本·拉登影响甚大的艾曼·扎瓦希里就一直强调推翻阿拉伯世界“腐败政权”和“叛教政权”的重要性。这说明直到20世纪80年代末，“阿富汗圣战士们仍未将其斗争矛头转向美国”，大多数人“也未被说服去推翻腐败的阿拉伯政权，而是继续聚焦于解放被占领的穆斯林土地”。①

1990年8月2日，萨达姆·侯赛因领导下的伊拉克以10余万重兵悍然入侵科威特，并于当日宣布成立“自由科威特临时政府”。伊拉克的侵略行径在阿拉伯世界和整个国际社会引起了巨大震惊，联合国安理会多次召开紧急会议并通过了要求伊拉克撤军的决议。身披阿富汗战争荣光的本·拉登也在此时向沙特王室建议，由他来召集“圣战士”，通过发动“圣战”帮助科威特收复失地。但是，这一建议被沙特当局断然拒绝。随后，沙特当局一方面加入了美国领导下的多国部队，允许美军使用其境内的军事基地开展代号为“沙漠风暴”的军事行动，另一方面开始对本·拉登进行各种限制，包括没收其护照、冻结银行资产、取消公民身份等。1991年4月，也即海湾战争停火后不久，本·拉登在一名沙特王室成员帮助下，以赴巴基斯坦参加一个伊斯兰会议为名逃离了沙特。② 这一事件不仅造成其本人和沙特王室之间的关系决裂，也彻底改变了本·拉登对美国为首的西方国家的看法。

根据本·拉登的公开声明，美国在沙特驻军是“美国十字军及其盟友的军队对两大圣地——伊斯兰教奠基之所、启示之地、圣训之源，以及全体穆斯林祈祷之地的入侵”。③ 这一声明既是“基地”组织面对抗苏战争结束后新形势所做出的选择和回应，也是本·拉登等人“圣战”意识形态进一步演化的产物。就现实而言，大多数“基地”组织成员在阿富汗战争结束后即面临严峻的现实困境：首先是圣战者何去何从的问题。“这些阿拉

① R. Kim Cragin, “Early History of Al－Qa’ida”, *The Historical Journal*, Vol. 51, No. 4 (2008), pp. 1056－1057.

② 美国“9·11”独立调查委员会著：《9/11委员会报告》，史禺等译，北京：世界知识出版社，2005年版，第80－81页。

③ Usama Bin Ladin, “Declaration of War”, August, 1996, in Barry Rubin and Judith Colp Rubin edited, *Anti－American Terrorism and the Middle East: A Documentary Reader*, Oxford and New York: Oxford University Press, 2002, p. 137.

伯人大都不受故国的欢迎：他们还没去阿富汗的时候，就已经被国家视为格格不入者与极端分子。”尽管这些阿拉伯国家政府鼓励并资助他们前往阿富汗参战，但并未指望他们会在战争结束后回归故土。一些国家拒绝这些圣战者回国，当年支持“圣战”活动最为卖力的沙特当局通常会把这些圣战者投入监狱，或是进行为期两三天的审讯。巴基斯坦也不再欢迎他们，于是“他们成了一帮没有国家、漂泊无定的宗教雇佣兵”。① 其次是战争结束后圣战者面临的“身份转换”问题。在抗苏战争过程中，这些圣战者无不身披荣光，他们曾被阿拉伯世界和西方媒体誉为“穆斯林勇士”和“自由斗士”。然而，他们在战争中的付出和曾经作为“英雄”的神话在战争结束后旋即变得毫无意义，巨大的落差让不少人心理上无法接受。最后是这些圣战者在战后所面临的生活来源问题。随着阿富汗抗苏战争宣告结束，无论是来自欧美国家还是阿拉伯世界的援助都随之大幅减少，甚至连本·拉登自身的经济来源也开始捉襟见肘。

二、“基地”组织的创新与发展

在阿富汗抗苏战争过程中诞生的“基地”组织从一开始就展现出了与以往极端暴力武装截然不同的新特征，正是这些特征为其后来推动国际恐怖活动的快速升级创造了条件。

第一，在意识形态层面，“基地”组织虽然继承了赛义德·库特卜和阿卜杜拉·阿扎姆等人关于“圣战”的思想理论，但又和后者存在着一些明显的分歧。特别是后来本·拉登在以扎瓦希里为首的“埃及伊斯兰圣战”组织的影响下，将“圣战”思想进一步激进化、扩大化。比如，阿扎姆强调支持阿富汗人的圣战，而扎瓦希里则主张组建独立的阿拉伯武装，而不是混迹于阿富汗内战派系当中。又如，阿扎姆反对违反伊斯兰教义，针对平民发动武装袭击，而扎瓦希里则倡导针对敌人采取“无差别攻击”（indiscriminate attack）。简言之，“基地”组织所倡导的“圣战”思想主要

---

① ［美］劳伦斯·赖特：《巨塔杀机：“基地”组织与“9·11”之路》，张鲲、蒋莉译，上海译文出版社，2009 年版，第 185 页。

有三个特征：其一，以打击“十字军和犹太复国主义者同盟”的名义，号召发动针对西方的全球性圣战，而非关注于阿拉伯国家内部的腐败政权或是迫切地建立一个“乌玛”。1998 年 2 月，本·拉登和扎瓦希里等人在以“世界伊斯兰阵线”名义发布的声明和教令（fatwa）中指出：美国在中东发起战争并驻军的做法不过是为了转移人们对“屠杀穆斯林并占领耶路撒冷”的关注，“……（通过圣战）从他们的手中解放阿克萨清真寺和神圣的麦加清真寺，使他们的军队离开伊斯兰的土地，打败他们，使之无法威胁任何一位穆斯林”。[①] 扎瓦希里在其《先知旗下的勇士们》一书中也表示：“西方势力仇恨伊斯兰，它们明确界定了自己的敌人，称其为‘伊斯兰原教旨主义’。……这些西方势力通过联合国、穆斯林世界的友好统治者、跨国公司、国际新闻媒体、国际救济机构、信息技术和数据交换技术等与穆斯林世界为敌。……面对这一联盟，一个原教旨主义的联合也已经出现。它由伊斯兰世界各地的圣战运动组成，包括在圣战名义下获得解放的两个国家——阿富汗和车臣在内。”[②] 其二，任意曲解并滥用发布“圣战”的权力，“使‘圣战’成为国际恐怖主义最重要的工具”。历史上的“圣战”通常是由国家元首或众望所归的宗教领袖发布命令，本·拉登既非宗教领袖，也不是合法的政治权威，却随意“以伊斯兰的名义，发布教令，任意宣布和发起‘圣战’”。[③] 其三，曲解伊斯兰教教义，将“防御性圣战”的概念随意扩大为全体穆斯林的宗教义务，并将“圣战”对象扩大到了无辜的平民群体。在前述声明中，本·拉登和扎瓦希里等人声称：“伊斯兰教历史上的乌勒玛都会同意，一旦敌人摧毁了穆斯林的国家，圣战就是一项个人义务。……任何穆斯林，无论身在何处，只要存在可能，

---

① World Islam Front, “Statement: Jihad against Jews and Crusaders”, February 23, 1998, in Barry Rubin and Judith Colp Rubin edited, *Anti – American Terrorism and the Middle East: A Documentary Reader*, Oxford and New York: Oxford University Press, 2002, p. 150.

② Ayman Al – Zawahiri, “Why attack America”, January 2002, in Barry Rubin and Judith Colp Rubin edited, *Anti – American Terrorism and the Middle East: A Documentary Reader*, Oxford and New York: Oxford University Press, 2002, pp. 131 – 133.

③ 刘中民、俞海杰：“‘伊斯兰国’的极端主义意识形态探析”，载《西亚非洲》2016 年第 3 期，第 47 页；或参见吴冰冰：“圣战观念与当代伊斯兰恐怖主义”，《阿拉伯世界研究》2006 年第 1 期，第 35 – 41 页。

就应杀死美国人和他们的盟友，无论其为平民还是士兵，这是一项个人义务。”① 如果说阿富汗战争中的所谓“圣战”主要是通过“不对称的”游击战方式袭击苏联军队以抗击外敌入侵的话，“基地”组织则完全突破了常规战争和游击战争的规则，沦为一个在“圣战”名义下不择手段、不加区分地使用武装暴力手段的国际恐怖组织。

第二，在活动策略和袭击战术方面，对于前述圣战思想的最广泛应用便是“无差别袭击”，尤其是自杀性攻击手段的大量使用。在历史上，“自杀性恐怖主义”（suicide terrorism）和“自杀性攻击”（suicide missions）并非新事物，近代俄国的“民意党人”和二战时期臭名昭著的日军“神风”特攻队员都曾采用过这一战术。罗伯特·佩普指出，自杀性恐怖主义的战略逻辑在于进行“政治胁迫”（political coercion）。绝大多数自杀性恐怖袭击并非狂热分子孤立的随机行为，而是一个有组织团体“为实现其特定政治目标而开展的一系列活动的一部分”。② 直到80年代之前，这一做法在世界各地的恐怖袭击当中并不盛行。1981年12月15日，伊拉克什叶派极端分子利用汽车炸弹袭击了伊拉克驻贝鲁特大使馆，造成包括大使在内的61人死亡，110人受伤。1983年10月23日，一个自称“伊斯兰圣战”的组织使用两辆汽车炸弹袭击了位于黎巴嫩的国际维和部队营地，造成241名美国士兵和58名法国伞兵遇难，整个营地被毁，美国和法国的维和部队最终不得不撤出了黎巴嫩。

这两起自杀性袭击的巨大影响和惨烈后果对后续恐怖活动影响深远，它在某种意义上开启了一个自杀性恐怖袭击的时代，采用此手段的极端组织、袭击数量、受袭目标等随后开始迅速增长。据统计，1980—1993年的恐怖袭击数量一般每年不超过7起，只有1985年高达22起。1991—2000年，从事自杀性恐怖袭击的暴力团体增加了3倍，平均每年约有4.5个极端组织采用此一战术。2000年后，这一数字更是迅速攀升。2001—2007年

---

① World Islam Front, “Statement: Jihad against Jews and Crusaders”, February 23, 1998, in Barry Rubin and Judith Colp Rubin edited, *Anti-American Terrorism and the Middle East: A Documentary Reader*, Oxford and New York: Oxford University Press, 2002, pp. 149-151.

② Robert A. Pape, *Dying to Win, The Strategic Logic of Suicide Terrorism*, New York: Random House, 2005, p. 21.

4月，平均每年有12.3个恐怖组织采用这一战术。[①] 在此过程中，“基地”组织所鼓吹的“萨拉菲圣战”思想无疑起到了推波助澜的重要作用。因为“萨拉菲圣战思想更像是意识形态而非宗教”，它不仅唤起了穆斯林对于其当前国际处境的危机感，同时构建了一种作为“乌玛”共同体成员的认同，并提出了解决当前困境的出路，即开展“武装圣战”。肖尔·夏伊对自杀性人体炸弹的研究也表明：在从事自杀性攻击的人体炸弹当中，经济状况并不是决定性因素，其主要动机首先是激进的宗教思想和信仰，其次才是经济与社会因素。[②] 正因为如此，一些学者认为，与“巴解”组织、“猛虎”组织所采取的传统自杀性袭击相比，此类萨拉菲圣战组织所发动的自杀性袭击代表了一种自杀袭击的新模式，即“殉道”的全球化。[③]

不过，需要指出的是，关于宗教因素在自杀性恐怖袭击过程中的角色，也有学者持有不同看法。比如，罗伯特·佩普就认为自杀性恐怖袭击“首先是民族性，而非宗教性，也并非特指伊斯兰教”。他认为，促成自杀性恐怖袭击的因素既源于恐怖分子对收益和成本的算计，也来自于其历史经验、个人奉献和社会荣誉感，以及对外国占领的回应等。[④]

最后，在组织管理和行动运营层面，“基地”组织成功地开创了一个全新的跨国运营模式。其核心成员大约有3000人，主要由“阿拉伯裔阿富汗人”组成。在决策层面，设有“舒拉委员会”作为其最高决策咨询机构；在管理层面，主要通过军事委员会（负责军购和军训）、资金和商业委员会（负责公司运营和筹资）、新闻委员会（负责出版圣战杂志和对外宣传）等机构来执行。此外，“基地”组织还通过提供资金、装备、训练，派出顾问等方式支持全球其他地区的恐怖活动，极大地增强了其在世界各地的影响力。1992—1996年，本·拉登共建立并装备了23个训练营，受

① Assaf Moghadam, *The Globalization of Martyrdom: Al Qaeda, Salafi Jihad, and the Diffusion of Suicide Attacks*, Baltimore: The John Hopkins University Press, 2008, pp. 38 – 40.

② Shaul Shay, *The Shahids: Islam and Suicide Attacks*, New Brunswick and London, Transaction Publishers, 2004, p. 84.

③ Assaf Moghadam, *The Globalization of Martyrdom: Al Qaeda, Salafi Jihad, and the Diffusion of Suicide Attacks*, Baltimore: The John Hopkins University Press, 2008, pp. 26, 46 – 49.

④ Robert A. Pape, *Dying to Win, The Strategic Logic of Suicide Terrorism*, New York: Random House, 2005, pp. 21 – 24.

其支持或资助恐怖主义组织涵盖了中东、非洲、东南亚、中亚乃至欧美的广大地区。这些分支组织“犹如‘基地’组织的连锁店一样，只要按公司的配方进行生产就可以了。他们的行动不需要征求总部意见，且事实上可能也从未联系过，就能够生产恐怖活动产品”。① 通过采用现代跨国公司的管理运营方式，借助圣战意识形态为纽带的松散跨国结盟，本·拉登领导下的“基地”组织不仅将触角伸向了全球各地，也开启了国际恐怖主义的新时代。正如美国“9·11”独立调查委员会在其最终报告中所说，“一个真正意义上的全球恐怖主义网络的基础就此奠定”。② 至此，这个依旧打着“圣战”旗号的伊斯兰激进主义武装组织，已经彻底背离了真正的伊斯兰教信条和传统，异化为一个彻头彻尾的跨国恐怖势力。

第四节　第三波跨国圣战运动：全球化时代的怪胎——“伊斯兰国”

2001 年“9·11”事件后，在全球反恐战争的打击下，以“基地”组织等为代表的一批国际恐怖势力遭受重创，其残余势力已经朝不保夕、命悬一线。白宫在 2003 年 9 月公布的《全球反恐战争进展报告》中指出，“近三分之二的‘基地’组织成员已被拘捕或被击毙”，美国针对该组织头目的反恐行动严重削弱了其领导层，给“基地”组织造成了“至今尚未填补的空缺”，降低了其策划并实施袭击的能力。③ 然而，美国在伊拉克推行的“政权更迭”和不期而至的“阿拉伯之春”则为这些跨国“圣战”势力与当地反叛武装进一步结合创造了机会。2014 年 6 月，“伊斯兰国”的正式建立和巴格达迪自称“哈里发”的举动将第三波“跨国圣战”运动推

① 汪毓玮著：《恐怖主义威胁及反恐政策与作为》（上册），台北：元照出版有限公司，2016 年版，第 125 – 126 页。

② 美国“9·11”独立调查委员会著：《“9·11”委员会报告》，史禺译，北京：世界知识出版社，2005 年版，第 82 页。

③ The White House, *Progress Report on the Global War on Terrorism*, September 2003, p. 3.

向了巅峰。

一、“伊斯兰国”组织诞生

伊拉克“伊斯兰国”也被称为“伊拉克和利凡特伊斯兰国”（ISIL）或“伊拉克沙姆伊斯兰国”（ISIS），是2003年美国推翻伊拉克萨达姆政权后，阿布·穆萨布·扎卡维等人于2004年成立的一个具有强烈“圣战”色彩的恐怖组织。虽然该组织当时命名为“两河流域‘基地’组织”，但除了二者都宣称要进行“圣战”这一意识形态共性外，它与本·拉登创建的“基地”组织还存在着诸多矛盾和冲突。双方不仅在圣战目标、活动方式等方面存在分歧，而且还互相争夺全球“圣战”运动的领导权。① 2006年6月，扎卡维等人被美军击毙。几个月后，由“伊拉克‘基地’组织”、“伊斯兰圣战旅”等组成的“圣战士舒拉委员会”宣布成立“伊拉克伊斯兰国”，该组织主要致力于在伊拉克建立一个“伊斯兰国家”。它的建立“意在表现一种质变”，即“由叛乱组织转变成为负责统治一片领土的军事政治参与者”。②“阿拉伯之春”爆发后，其势力进一步扩展到叙利亚地区，并于2013年4月更名为“伊拉克和利凡特伊斯兰国”。2014年6月底，该组织又正式宣布建立“伊斯兰国”，并宣称其领导人阿布·贝克尔·巴格达迪是所有穆斯林的“哈利发”（Caliph Ibrahim）。③

从2013年底开始，在不到一年时间里，“伊斯兰国”就攻占了从叙利亚阿勒颇到伊拉克北部的广大地区，一度逼近巴格达近郊。到2014年，该组织已经夺取了叙利亚境内的阿勒颇、拉卡、戴尔祖尔和伊拉克境内的安巴尔、尼尼微、迪亚拉等广大地区。“伊斯兰国”在其鼎盛时期控制着约

---

① Aymenn Jawad Al – Tamimi, “ISIS and al – Qaeda compete for supremacy in global jihad”, *Al – Monitor*, February 11, 2014; Aaron Y. Zelin, “The War between ISIS and al – Qaeda for Supremacy of the Global Jihadist Movement”, The Washington Institute for Near East Policy *Research Note* No. 20, June 2014.

② ［英］查尔斯·利斯特著：《“伊斯兰国”简论》，姜奕晖译，北京：中信出版社，2016年版，第38页。

③ Mohamed Nawab Mohamed Osman, “ISIS’ Caliphate Utopia”, *RSIS Commentary*, No. 143, July 16, 2014.

500 平方千米土地，辖下人口约 600 多万，规模差不多与约旦相当。路透社在 2014 年 10 月的一份评估中指出：该组织控制区的资产超过了 2 万亿美元，每年的收入约为 29 亿美元。[①] 2014 年 6 月底，巴格达迪在宣布“建国”并自称“哈里发”的同时，还建立起了较为完备的治理架构。巴格达迪下面由两名副手阿布·阿里·安巴里（Abu Ali al – Anbari）和阿布·穆斯利姆·土库曼尼（Abu Muslim al – Turkmani）分别掌管叙利亚和伊拉克事务，并有一个 7 人组成的“舒拉委员会”提供决策咨询。其下是内阁层级的委员会，包括财政委员会、军事委员会、内务委员会、沙利亚委员会，以及情报机构和媒体中心。

二、“伊斯兰国”崛起的成因

“伊斯兰国”从一个只有上千人的普通圣战恐怖组织起家，何以在极短时间内发展到能够攻城掠池、与伊拉克政府军相抗衡的地步？这其中既有全球和地区反恐形势变迁的大背景，也与叙利亚和伊拉克两国的一些国内形势密切相关。

第一，从全球范围来看，受“9·11”事件后国际恐怖活动“洼地效应”和“示范效应”的影响，国际恐怖活动近年来出现了向发展中国家快速转移和扩散的趋势。通常来说，国际恐怖活动往往具有明显的“洼地效应”，总是在一定区域内向防范力量薄弱、社会基础雄厚、便于藏匿并发动攻击的“洼地”流动。“9·11”事件以来，由于西方国家纷纷加强了防范，一些宗教思想浓厚、社会经济发展滞后、国家治理能力比较弱的发展中国家开始成为国际恐怖活动的“重灾区”。国际恐怖活动的另一消极影响便是“示范效应”，即媒体对于恐怖暴力活动连篇累牍的报道会潜移默化地诱使一些潜在的高危群体进行学习和模仿。对于不少发展中国家来说，在恐怖活动“示范效应”的影响下，其自身在社会发展和转型过程中积累的各种内部矛盾，比如社会冲突、部族仇恨、教派纷争等都有可能通

---

① Jean – Charles Brisard and Damien Martinez, *Islamic States: the Economy – based Terrorism Funding*, Thomson Reuters, October 2014, p. 3.

过恐怖暴力的形式进行释放。从中东地区近年来恐怖活动的发展特征来看，上述两种现象在中东地区都有体现。

第二，2011 年“阿拉伯之春”爆发以来中东地区的社会政治动荡为活跃于该地区的国际恐怖势力提供了前所未有的发展机遇。一方面，“阿拉伯之春”后该地区积极反恐的世俗政权大都不同程度地受到了冲击，在反恐问题上或力不从心、无暇他顾，或为了维护政权而明哲保身，对境内的恐怖活动视而不见，从而使活跃于这些地区的圣战恐怖组织获得了前所未有的喘息和发展机会。如前所述，来自世界各地的圣战恐怖分子也乘势来到中东地区，加入所谓的“全球圣战联盟”。另一方面，2011 年后与伊拉克接壤的叙利亚陷入了长期内战，而叙利亚境内靠近伊拉克一侧又生活着大量的阿拉伯逊尼派穆斯林，这就为逊尼派武装反叛势力与圣战恐怖势力的发展提供了广泛的活动空间。

第三，美国全球反恐战略调整也在客观上助推了新一轮中东恐怖活动的回潮。小布什政府在“9·11”事件后推行的反恐政策在中东地区激起了非常强烈的反美主义情绪，并打破了中东地区原有的教缘和地缘均势格局。奥巴马总统上台后，逐步开始调整美国的全球反恐战略，包括从全球两大反恐主战场——伊拉克和阿富汗逐步撤出。从伊拉克和阿富汗撤军既是奥巴马在竞选过程中做出的一大承诺，也是美国为实现“亚太再平衡”战略而在中东地区进行战略收缩的重要举措。但是，由于美伊双方都没有真正做好撤军后的准备，这种一走了之的“甩包袱式”撤军造成了严重后果，诚所谓“欲速则不达”。其一，美军的快速撤离造成伊拉克反恐能力在短期内急剧下降，再加上马利基政权对于前萨达姆势力和逊尼派武装的猜忌，在伊拉克北部地区出现了真空地带，其境内的恐怖活动随之开始出现大面积反弹；其二，由于失去了美军对伊拉克执政当局的制约，马利基政权开始放手调整其国内政策，包括对国内逊尼派力量的打压，从而削弱了其执政的社会和政治基础；其三，美国从伊拉克撤军所释放的战略收缩信号造成区域内一些国家在反恐问题上开始三心二意，或明或暗地支持一些激进武装力量，增加了中东地区反恐形势的复杂性。从表面上看，美军仓促撤离是因为当时执政的马利基政府拒绝签署《美国驻军地位协议》，实则与奥巴马政府进行中东战略调整的大背景密切相关，至少奥巴马政府并未就驻军问题进行更多努力。当时一些海湾国家，包括美国政府内部和军方都曾建议美军逐步撤离，至少要继续留一部分军队协助维持当地秩序，但这些建议并未被奥巴马政府采纳。

第四，伊拉克马利基政权的一系列政策失误严重削弱了其执政的政治与社会基础，为“伊斯兰国”组织快速崛起创造了有利条件。来自什叶派的马利基上台后对外积极向伊朗靠拢，对内则排斥异己、独断专行，极力打压逊尼派穆斯林。美军撤离伊拉克后，马利基政权先是在2011年违背承诺，解散了美国人推动组建的10万名逊尼派民兵武装“萨赫瓦”（Sahwa），并且没有对这些武装人员进行妥善安置，造成不少武装人员在被遣散时心怀怨愤。[①] 不久，马利基政府又以“从事恐怖主义活动”的罪名迫使逊尼派出身的伊拉克副总统塔里克·哈希米流亡境外，并在2012年以缺席审判的形式判处其绞刑。这些做法无疑使来自逊尼派的军事和政治精英心灰意冷，以至于不少媒体称马利基为“什叶派的萨达姆”或“美国支持下的萨达姆”。[②] 正是出于对马利基政权的愤懑和不满，当反叛武装攻下摩苏尔时，甚至出现了一些民众“夹道欢迎”的场面。尽管“伊斯兰国”的不少做法非常偏激，也极为血腥和暴力，但它确实代表了一部分伊拉克逊尼派穆斯林的利益和诉求。正因为如此，一些学者提出笼统地称其为“恐怖势力”并不准确，因为这一武装冲突实际上带有强烈的教派冲突或内战冲突的色彩。[③]

“伊斯兰国”组织在伊拉克和叙利亚的快速崛起，除了其借助前述有利时机外，还得益于其成功的军事策略和国际动员。在军事层面，“伊斯兰国”组织的军事力量和军事策略超过了以往所有的跨国圣战武装。关于“伊斯兰国”组织溃败前的真实军事力量，各方根据不同信息来源，给出了不同的评估数据。中情局估计约为2—3.1万人；叙利亚人权观察人士认为，仅叙利亚境内就高达5万人；俄罗斯总参谋长认为大约为7万人；巴

① “How did it come to this?” *The Economist*, June 21, 2014.

② Damien McElroy, “Iraq's Nouri al-Maliki ‘copies Saddam Hussein’”, *The Telegraph*, September 28, 2007; Dahr Jamail: “Nouri al-Maliki, A Shia Saddam?” *Al-Jazeera*, December 28, 2011; Faisal J. Abbas, “Maliki is a new Saddam, and its America's fault”, *Al Arabiya*, June 23, 2014.

③ 参见拙文“‘伊斯兰国’的崛起与伊利克乱局”，《社会观察》2014年第9期。

格达安全专家希沙姆·哈希米（Hisham al – Hashimi）认为总数大约为10万人；而库尔德军事领导人则认为总数大约为20万人。[①] 如此庞大的武装力量，足以让历史上出现的其他跨国武装势力相形见绌。与此同时，“伊斯兰国”组织通过吸纳前萨达姆时期的1000多名复兴党军事精英，并夺取伊拉克政府军遗弃的军事装备，完全具备了开展常规地面作战的能力。与此同时，它还能娴熟地开展旷日持久的游击战，或是开展无差别的自杀性袭击。统计表明，从2014年6月到2017年2月，“伊斯兰国”组织在全球29个国家内发动了143起恐怖袭击，共造成2000多人死亡。[②] 正像有学者所说：尽管这些战术已为“基地”组织、塔利班等所用，“但是没有哪个极端势力能像执行总体战略规划那样，采取如此广泛的军事战术”。[③] 在“伊斯兰国”组织庞大的武装力量当中，还有着为数众多来自世界各地的“外籍战士”和“国际圣战分子”。根据美国苏凡集团（The Soufan Group）2015年12月发布的评估报告，约有2.7—3.1万人参加了叙利亚和伊拉克“伊斯兰国”组织，它们来自全球至少86个国家。[④] 2017年10月，该机构发布的最新报告中指出，从2014年6月“伊斯兰国”宣布建立哈里发前后至今，已有超过110个国家的4万人参加了“伊斯兰国”组织在伊拉克和叙利亚的战斗。根据土耳其当局公布的数据，截至2017年6月，由于担心本国居民经土耳其入境叙利亚和伊拉克参战，共有146个国家向土耳其当局提交了请求监控出入境的名单，总人数高达5.37万人。[⑤] 尽管各国提交给土耳其名单的依据各不相同，但这一举动本身即足以反映各国对此问题的关注和重视。从历史上看，如此规模庞大的跨国动员，在战后世界历史上是绝无仅有的。无论是在人员数量还是在多样性和复杂性方面，它都

① Malcolm Nance, *Defeating ISIS: Who They Are, How They Fight, What They Believe*, New York: Skyhorse Publishing, 2016, pp. 42 – 44.

② Richard Barrett, *Beyond the Calphate: Foreign Fighters and the Threat of Returnees*, The Soufan Center (TSC), October 2017, p. 14.

③ ［英］查尔斯·利斯特著：《“伊斯兰国”简论》，姜奕晖译，北京：中信出版社，2016年版，第10页。

④ The Soufan Center (TSC), *Foreign Fighters: An Updated Assessment of the Flow of Foreign Fighters into Syria and Iraq*, December 2015, p. 4.

⑤ Richard Barrett, *Beyond the Calphate: Foreign Fighters and the Threat of Returnees*, The Soufan Center (TSC), October 2017, pp. 7 – 16.

已远远超过了当年的阿富汗战争、波黑战争和科索沃战争。(参见表1－2)这一方面得益于“伊斯兰国”组织成功的国际化宣传和跨国运营，更得益于信息技术的快速发展以及社交媒体网络的大规模应用，另一方面也得益于美国入侵伊拉克后所造成的普遍的反美情绪，以及全球化所带来的国际交流便利和反全球化、反西方情绪。①

表1－2　1945—2010年穆斯林世界部分冲突地区外籍战士流动情况

地区	时间	冲突方	到来时间	数量	来源
以色列	1967年	阿拉伯联盟 VS 以色列	1968年	<100	苏丹、叙利亚、埃及、也门
阿富汗	1978—1992年	圣战分子（游击战士）VS 苏联、喀布尔政权	1980—1992年	5000—20000	大多数阿拉伯国家、土耳其、巴基斯坦、孟加拉国、印尼、菲律宾、欧美国家
	1992—2001年	塔利班 VS. 北方联盟；马苏德 VS. 希克马蒂亚尔	1996—2001年	1000—1500	大多数阿拉伯国家、中亚国家、巴基斯坦、土耳其、欧美国家
	2001年	塔利班 VS. 美国、北约、喀布尔政权	2001年—	1000—1500	大多数阿拉伯国家、美欧国家
波斯尼亚	1992—1995年	波斯尼亚人 VS. 塞族、克族	1992—1995年	1000—2000	大多数阿拉伯国家、欧美国家
车臣	1994年—	车臣 VS. 俄罗斯人	1995—2001年	200—300	大多数阿拉伯国家、土耳其、欧美国家
科索沃	1998—1999年	阿尔巴尼亚人 VS. 科索沃人	1999年	20—100	一些阿拉伯国家，欧美国家

① 参见拙文“‘9·11’以来全球反恐战略困境探析”，《社会科学》2017年第9期，第16－28页。

续表

地区	时间	冲突方	到来时间	数量	来源
伊拉克	2003—2010 年	逊尼派穆斯林与美国、叙利亚和伊拉克的什叶派政权	2003 年	4000—5000 人	大多数阿拉伯国家、美欧国家、土耳其
索马里	2006 年	青年党 VS. 过渡政府、埃塞俄比亚	2006 年—	200—400	一些阿拉伯国家、欧美国家
伊拉克和叙利亚	2013—2017 年	逊尼派穆斯林与美国、叙利亚和伊拉克的什叶派政权等	2013 年以来	2.7 万—4 万人	邻近中东国家、前苏联地区、欧美国家、南亚、东南亚国家等

资料来源：本表中有关伊拉克和叙利亚部分最新数据为作者所增补，数据主要来源于美国苏凡集团 2015 年 12 月和 2017 年 10 月发布的评估报告，其余资料主要来源于 Thomas Hegghammer, "The Rise of Muslim Foreign Fighters: Islam and the Globalization of Jihad", *International Security*, Vol. 35, No. 3 (Winter 2010/11), p. 61.

三、"伊斯兰国"与"基地"组织的分歧

早在宣布"建国"之前，"伊斯兰国"组织就因发展目标、权力分配和行动方式等开始与"基地"组织产生龃龉。巴格达迪宣布建立"伊斯兰国"并自称"哈利发"的行为，更是彰显了双方在意识形态领域的巨大分歧。美国学者丹尼尔·拜曼指出，"伊斯兰国"和"基地"组织不只是在竞争全球圣战运动的领导权，而是在"争夺圣战运动的灵魂"（soul）。①

第一，尽管双方都以建立"哈利发国家"作为目标，但在实现这一目标的紧迫性上明显不同。在理论上，"基地"组织同样支持建立一个"哈里发国家"，但本·拉登和扎瓦希里把这视为一个长期目标。尽管他们在公开场合表示支持伊拉克"基地"组织，但并不赞成在伊拉克宣布建立伊

① Daniel Byman and Jennifer Williams, "Jihadism's Global Civil War", *National Interest*, March - April 2015.

斯兰国家，也从未对控制领土表现出多大兴趣。① 与此相反，扎卡维和巴格达迪一开始就把建立“伊斯兰国家”作为其圣战的目标，巴格达迪在2012 年 7 月的讲话中表示：“我们将不再悖逆真主，宣布建立伊斯兰国，坚持这一信仰和道路，这一点从未也永远不会被取代或放弃。”②

第二，双方对于圣战目标的选定也有着明显不同。“基地”组织坚持以打击“远敌”为核心目标的全球圣战战略，将其首要敌人锁定为美国，认为后者对于中东地区“腐败的独裁者”的经济和军事支持才是所有问题的根源。如果以美国为袭击目标，就会迫使其撤出对这些政权的支持，从而为最终建立一个统一的“伊斯兰国家”奠定基础。③ 相比之下，“伊斯兰国”主要关注在本地区的武装斗争，其首要目标是作为“近敌”的伊斯兰世界“叛教者”（apostates），特别是叙利亚阿萨德政权和伊拉克什叶派政权。因此，该组织对于攻击西方目标毫无兴趣。它“并不倡导对抗西方的战略战争，也不是西方主要城市‘9・11’式恐怖袭击的已知策划者。”④

第三，双方对待什叶派穆斯林的态度也大相径庭。“基地”组织同样把什叶派穆斯林当成是“叛教者”，但并不主张将其杀死，认为这种极端做法将会损害更广泛的圣战运动，分散对于美国的注意力，并造成“穆斯林残杀穆斯林”的恶劣影响。然而“伊斯兰国”组织不仅把什叶派穆斯林视为“叛教者”，还将其作为必欲置之死地而后快的首要目标。扎卡维甚至认为，什叶派对于逊尼派的历史仇恨不可能克服，“来自什叶派的危险要大于美国人，它们对于伊斯兰国家的损害和破坏性也更甚”。⑤ “伊斯兰国”刻意挑动教派矛盾的做法既来自其在意识形态领域的仇恨和偏见，也

---

① Daniel L. Byman and Jennifer R. Williams, “ISIS vs. Al Qaeda: Jihadism's global civil war”, February 24, 2015. https://www.brookings.edu/articles/isis-vs-al-qaeda-jihadisms-global-civil-war/, 登录时间：2017 年 11 月 20 日。

② Cole Bunzel, “From Paper State to Caliphate: The Ideology of the Islamic State”, The Brookings Project on U. S. Relations with the Islamic World Analysis Paper, No. 19, March 2015, p. 7.

③ Daniel Byman and Jennifer Williams, “Jihadism's Global Civil War”, *National Interest*, March-April 2015.

④ ［英］查尔斯・利斯特著：《“伊斯兰国”简论》，姜奕晖译，北京：中信出版社，2016 年版，第 10 页。

⑤ Cole Bunzel, “From Paper State to Caliphate: The Ideology of the Islamic State”, The Brookings Project on U. S. Relations with the Islamic World Analysis Paper, No. 19, March 2015, p. 14.

源自其谋求全球逊尼派穆斯林支持的现实需要，客观上却加剧了两大教派之间的对立和冲突。

从某种意义上说，“伊斯兰国”在意识形态、运作方式、国际影响等方面已经完全超越了“基地”组织，它既代表了新一轮全球“跨国圣战”运动的顶峰，也是这场“跨国圣战”运动中所产生的“超级怪物”，其本质是宗教极端主义与国际恐怖主义的糅合。由于其理论建构能力和跨国动员能力已经远远超过了“基地”组织，它对整个国际安全的危害和影响也远非“基地”组织所能比拟。面对“伊斯兰国”所展现的这些特征，以至于有学者认为传统的恐怖主义定义或许已经不再适用于该组织。[①] 对此，美国学者奥黛丽·克罗宁曾评价说：“‘伊斯兰国’不是‘基地’组织。它既不是旧的激进伊斯兰组织的衍生物，也不是它的一部分，更不是其演变的下一个阶段。……而是代表着‘后基地’时代的圣战威胁。”尽管该组织使用了恐怖主义战术，但它并非真正意义上的恐怖组织，而是“一个由常规军队领导下的‘伪国家’（pseudo - state）”。[②] 美国中情局前副局长迈克尔·莫雷尔也指出，“伊斯兰国”组织是一个“我们从未遇到过的对手”，它“既是一个恐怖组织，又是一个准政权，同时还是一个革命性的政治运动”。[③]

四、“伊斯兰国”的衰亡

2016 年 10 月 17 日，由伊拉克政府军、什叶派民兵、库尔德武装等组成的 10 万大军兵临摩苏尔城下，开始对“伊斯兰国”组织在伊拉克境内最重要的据点发起了攻城之战。尽管攻占摩苏尔花费的时间远远超出了各方想象，但它却标志着“伊斯兰国”组织在战略层面已经进入了颓势。2017 年 10 月 17 日，以库尔德人为主的“叙利亚民主军”收复了“伊斯兰

① 关于“伊斯兰国”性质的探讨，可参见拙文“政治和解与军事打击同样重要”，载《社会科学报》2016 年 9 月 29 日；廉长刚主编：《反恐理论与务实研究》，北京：中国人民公安大学出版社，2016 年版。

② Audrey Kurth Cronin，“ISIS Is Not a Terrorist Group：Why Counterterrorism Won’t Stop the Latest Jihadist Threat”，*Foreign Affairs*，March/April 2015，pp. 87 – 88.

③ Michael Morell，“ISIS Will Strike America”，*Time*，November 30 – December 7，2015，p. 60.

国”组织在叙利亚境内的“首都”拉卡。在此之前，该组织在伊拉克境内的重要据点摩苏尔已在7月被攻下，据称其最高领袖巴格达迪也在摩苏尔之战中遇袭身亡。12月9日，伊拉克总理阿巴迪通过电视讲话宣称：已经彻底清除了“伊斯兰国”组织在伊拉克境内的存在。11日，俄罗斯总统普京在视察驻叙空军基地时也表示，鉴于主要作战任务已经完成，俄军将会分批从叙利亚撤离。显然，“伊斯兰国”在叙利亚和伊拉克境内的大规模军事存在和持续扩张已经结束，全球反恐已经进入了后“伊斯兰国”时代。纵观“伊斯兰国”组织在伊叙两地的兴衰，诚可谓“其兴也勃焉，其亡也忽焉”。如果考虑到“伊斯兰国”组织的极端残忍性和嗜血性，它的覆亡似乎有着某种内在的必然性。然而，就其近年发展历程来看，2016年以来该组织的迅速失败或许与以下几方面因素有关。

首先，俄美两国密集的空中军事打击极大地压缩了其战略活动空间。2015年9月30日，俄罗斯出人意料地直接出兵叙利亚，帮助阿萨德政权打击包括“伊斯兰国”组织在内的极端势力和反对派，使叙利亚政府军逐步反败为胜，最终度过了难关，从而压缩了该组织在叙利亚境内的活动空间。与此同时，2016年以来，奥巴马政府出于美国总统大选和平息国内外批评的需要，一方面加强了对伊拉克“伊斯兰国”控制区的空中轰炸；另一方面，在武器装备、军事训练和作战顾问等方面加大了对于库尔德武装和伊拉克阿巴迪政权的支持。对奥巴马政府来说，采取空中轰炸的政策实在是不得已而为之。一方面，2011年底才从伊拉克撤军的奥巴马政府既不愿放弃这一核心外交遗产，重新向伊拉克增兵，也担心美军会在伊拉克大漠中陷入游击战的泥沼而不能自拔；另一方面，面对国内外要求美国为2012年伊拉克危机承担责任的批评和呼声又不能无所作为，承担失去伊拉克这一重要反恐战争遗产的责任。于是，奥巴马政府采取了较为折中的“空中打击”政策。这一政策同样饱受批评，而且在打击“伊斯兰国”方面的成效并不理想。2016年底，奥巴马政府为了减少政治对手和民众对民主党伊拉克政策的批评，加大了对该组织的空中打击力度，同时也派遣了更多地面军事顾问人员。2017年入主白宫的特朗普总统基于大选期间的承诺，也为了与俄罗斯在叙利亚进行竞争，获取叙利亚战后的政治筹码，延续了这一政策。简言之，美俄两国虽然在此问题上分歧重重，但是这些军事努力客观上从东西两个方向压缩了“伊斯兰国”组织在这一地区的战略空间。

其次，作为叙利亚重要邻国的土耳其在2016年调整其反恐政策后，切断了“伊斯兰国”组织最为重要的外部战略物资补给来源。2015年下半年以来，尤其是2016年7月15日土耳其发生未遂军事政变后，埃尔多安当局逐步调整了土耳其的叙利亚政策。在对外战略层面，土耳其不再“一边倒”地追随西方寻求推翻叙利亚阿萨德政权，而是寻求与俄罗斯合作维护其与叙利亚边界地区的稳定；在反恐政策层面，土耳其也开始从先前试图借助“伊斯兰国”组织等极端势力推翻阿萨德政权，转为与伊朗、阿萨德政权等合作共同打击其边境地区的库尔德武装，以及活跃于此的极端圣战分子。为此，埃尔多安政府加强了对土叙边境通道的控制，切断了“伊斯兰国”组织最为重要的外部战略补给通道。众所周知，土叙之间有着长达822千米的边界。叙利亚内战初期，埃尔多安当局为了推翻阿萨德政权，对于国际社会的呼吁一直阳奉阴违、置若罔闻。一方面默许乃至纵容一些极端分子从其边境地区进入叙利亚，甚至不愿将“伊斯兰国”成员视为“恐怖分子”或“极端分子”，辩称自己很难鉴别来土耳其旅行的宗教人士和试图参加“圣战”的穆斯林；另一方面，默许并暗中利用其边境通道进行石油走私和违禁品贸易。据称，高峰时期土耳其每天从“伊斯兰国”组织进口4000吨石油，使其每月可以从中获得数千万美元的财政收入。[①] 于是，来自世界各地的大量极端分子、战略物资和金钱源源不断地经过土叙边境到达“伊斯兰国”组织手中，成为其人员、装备和物资补给的最重要外部来源。随着埃尔多安政府逐渐调整政策，“伊斯兰国”组织获取外部战略资源和人员补给的通道被切断，其在战略层面的失败已经变成了一个

---

① 参见拙文“土耳其：玩火自焚还是引火烧身?”，载《世界知识》2015年第21期；Staff writer，“Iraq：ISIS smuggles majority of oil via Turkey”，*Al Arabiya*，December 07，2015. http：//english. alarabiya. net/en/News/middle – east/2015/12/07/Iraq – PM – says – ISIS – smuggles – majority – of – oil – via – Turkey. html，登录时间：2016年8月5日；Sophia Jones，“All It Takes To Cross From Turkey To ISIS – Held Syria Is ＄25”，*Huffington Post*，February 26，2017. https：//www. huffington-post. com/2015/02/26/turkey – syriasmuggling_n_6758672. html，登录时间：2017年11月15日；Ahmad Abd al – Haqq，“The New Market on the Turkish – Syrian Border”，Atlantic Council，July 7，2017. http：//www. atlanticcouncil. org/blogs/syriasource/the – new – market – on – the – turkish – syrian – border，登录时间：2017年11月15日。

时间问题。根据土耳其当局公布的数据，截至2017年6月，由于担心本国居民经土耳其进入叙利亚和伊拉克参战，共有146个国家向土耳其当局提交了请求监控出入其境内的人员名单，总人数高达53781人，其中在土叙边境地区被截获者约有数千人。①

再次，在国际社会针对性的军事打击下，“伊斯兰国”组织最初赖以取胜的军事战术越来越难以奏效。“伊斯兰国”组织早期的军事战术主要融合了常规地面作战、游击战和“无差别的”恐怖袭击三种策略。这一军事策略是其早期获得军事成功的重要法宝。正如有学者所说：“伊斯兰国”组织“精通三种形式的战斗，没有任何一支阿拉伯军队或其他极端组织可与之匹敌”。尽管这些战术已为“基地”组织、塔利班等所用，“但是没有哪个极端势力能像执行总体战略规划那样，采取如此广泛的军事战术”。②前已述及，奥巴马政府组建的国际联军因担心陷入游击战的泥沼而不愿在伊拉克境内进行地面作战，也不愿放弃被其视为核心外交遗产的撤军政策，于是仅仅依靠单一的空中打击来展示其政治姿态，其效果可想而知。腐败孱弱的伊拉克政府军不仅无力在常规地面作战中与之抗衡，在北部逊尼派地区应对“伊斯兰国”组织的游击战时也毫无主场优势，屡屡捉襟见肘；叙利亚阿萨德政权在反对派武装的攻击下岌岌可危，根本无力也不愿对“伊斯兰国”组织开展军事打击。

2016年后，形势开始逐渐发生逆转。其一，美俄持续的密集空中打击使“伊斯兰国”组织开展常规地面作战的能力受到遏制；其二，土叙边境通道被切断后，其获得外部战略物资补给的难度大幅增加，在消耗巨大的现代战争面前也变得举步维艰；其三，美国和西方国家支持下的库尔德武装，伊朗和伊拉克政府支持下的什叶派民兵，以及伊拉克政府军通过步步为营、稳扎稳打的策略，一步步地压缩了“伊斯兰国”开展游击战的活动空间；其四，虽然国际社会对于2016年以来“伊斯兰国”组织不断增加的“无差别”恐怖袭击尚无良策，但是该组织在战场外围地区的恐怖袭击

---

① Richard Barrett, *Beyond the Calphate: Foreign Fighters and the Threat of Returnees*, The Soufan Center (TSC), October 2017, pp. 7 – 16.

② ［英］查尔斯·利斯特著：《“伊斯兰国”简论》，姜奕晖译，北京：中信出版社，2016年版，第12–13页。

除了坚定国际社会对其进行打击的信心和力度之外，并不能对其在叙利亚和伊拉克的战场起到任何支持作用。

最后，“伊斯兰国”组织利用网络平台所进行的宣传战和网络战也开始面临世界各国的猛烈反击，其利用新技术平台所取得的作战成效已经大幅递减。比如，在网络战和宣传战层面，美国政府从奥巴马当政后开始不惜花费巨资，通过国务院、国防部、中情局等官方机构设立各种平台，通过公共外交、社交媒体、“超播”电台等各种形式对特定的恐怖组织和关键受众群体实施有针对性的定向战略传播。2016 年 3 月，美国总统奥巴马签署了 13721 号行政令，授权时任国务卿克里设立“全球接触中心”（Global Engagement Center），由长期负责美军特种作战和低烈度冲突的助理国防部长迈克尔·伦普金担任负责人，以揭穿包括“伊斯兰国”组织和“基地”组织等在内的暴力极端组织所宣扬的不实之词，进而压制这些暴力极端组织的国际影响，减少其潜在的支持者和追随者。①

此外，“伊斯兰国”组织过于激进、嗜血的极端暴力行为，不仅引起了其控制区内逊尼派民众的反对和抵制，也造成了“萨拉菲圣战”武装派系内部的不满和斗争，外部逊尼派社团的支持和同情也日趋下降。与此同时，其刻意挑动教派矛盾的做法也引起了什叶派穆斯林的强烈反抗。这些都在客观上加速了其在叙利亚和伊拉克地区的失败进程。

五、“伊斯兰国”引发的两难

美军从伊拉克撤离不足三年，伊拉克便爆发了严重的政治与安全危机，其变化之快恐怕超出了任何一位白宫决策者的想象。事实上，当初小布什政府满怀憧憬地入侵伊拉克又何尝不是打错了算盘，白宫决策者本以为伊拉克民众会手捧鲜花夹道欢迎美军的到来，事实却是政权更迭后无尽的混乱和暴力。当年小布什政府以“反恐战争”名义草率地发动伊拉克战

① Executive Office of the President, The White House, “Developing an Integrated Global Engagement Center To Support Government - wide Counterterrorism Communications Activities Directed Abroad and Revoking Executive Order 13584”, E. O. 13721, March 14, 2016, https://federalregister.gov/a/2016-06250，登录时间：2016 年 6 月 22 日。

争，打破了中东地区脆弱不堪的战略均势，为后来的伊拉克危机和“伊斯兰国”组织崛起埋下了伏笔，这一点已经被国内外学术界所公认。即便是一再为自己当年出兵伊拉克进行辩护的英国前首相托尼·布莱尔在2014年也不得不承认，今日的伊拉克局势“带有11年前推翻萨达姆·侯赛因所留下的印记”，否认这一点是“荒谬的”。① 从伊拉克撤出之前，奥巴马政府本以为美军撤出伊拉克就可以万事大吉，事实上撤军不仅未能平息国内的指责和争论，反而酿成了一场严重的国际危机。对美国政府而言，它不仅面临着如何稳定并控制伊拉克和叙利亚局势的难题，还包括一系列由此产生的“困境”。

第一，美国国内民众在中东政策上的严重分歧。2003年，小布什政府在伊拉克进行政权更迭时，美国上下一片喝彩，可谓同仇敌忾、举国同心。然而，美国民众很快就在所谓的“国际反恐”问题上出现了分歧，越来越多的美国人开始反思以“反恐战争”和“反扩散”为借口发动这场战争是否有必要。美国著名学者约翰·J. 米尔斯海默、斯蒂芬·M. 沃尔特还共同出版了专著《以色列游说集团与美国对外政策》，两人在书中指出伊拉克战争对美国而言是“战略上的灾难”。在两位作者看来，美国所面临的恐怖威胁在很大程度上来自其不公正的外交政策，因为它“激起了反美恐怖分子的愤怒”。② 这本书出版后在美国国内引起了一场声势浩大的政策辩论。从某种意义上说，这种理性的反思和辩论不仅促使盛极一时的“新保守派”渐渐失宠，也为美国中东政策和反恐政策的调整创造了较为有利的社会环境。2014年伊拉克危机爆发后，美国国内关于中东政策的辩论再度升温，各方的立场和政策分歧也更为明显。③ 一方面，对于奥巴马政府在叙利亚、伊拉克、巴以冲突等问题上不作为、不干预政策的批评一直不绝于耳。比如，美国参议院对外关系委员会的鲍勃·考克参议员就曾批评说，奥巴马总统在中东问题上一直“口惠而实不至”，这种脱离实际

---

① Tony Blair, “Removing Saddam Hussein did not cause this crisis”, *Financial Times*, June 22, 2014.

② ［美］约翰·J. 米尔斯海默、斯蒂芬·M. 沃尔特著：《以色列游说集团与美国对外政策》，王传兴译，上海：世纪出版集团，2009年版，第4、83页。

③ Paul R. Pillar, “Messy Realities and the Unhelpful Debate on U. S. Foreign Policy”, *The National Interest*, August 11, 2014.

的夸夸其谈“严重损害了美国在盟友中的信誉”。[①] 另一方面，反对美国继续介入中东事务的声音也同样居高不下。日裔美国政治学家福山就认为，虽然“伊斯兰国”组织的武装力量可以攻城掠池、势如破竹，但对美国的核心利益来说，恐怖主义其实只是这些挑战中“最无足轻重的一个”。在他看来，“即便在15万美军占领伊拉克时，我们也捂不住宗派仇恨，很难看出美国现在能够采取什么果断行动”。[②]

第二，美国在中东危机和全球反恐领域面临的一系列“困境”。在伊拉克、叙利亚等中东热点问题上，如果美国坐视不管的话，“伊斯兰国”组织的势力很可能会威胁到伊拉克新政权的生存，乃至危及伊拉克周边地区美国盟友（如约旦、以色列等）的安全。如果伊拉克被拱手让给“伊斯兰国”的话，那么美国人以上万亿美元花费、4000多名士兵阵亡为代价换来的反恐战争“成果”也势必会付诸东流。但是，如果美国以军事手段重新大规模介入伊拉克的话，不仅会给外界造成美国2011年从伊拉克撤军是一个“战略性错误”的印象，也会给以“伊斯兰国”组织为首的国际圣战势力以更大口实，那就是作为“十字军”的美国人和作为“第五纵队”的伊拉克什叶派政权正在联手对付逊尼派穆斯林，这将会使“伊斯兰国”组织在当地逊尼派民众中获得更多的同情和支持。从这个意义上说，奥巴马和特朗普政府选择通过有限军事手段——空中打击“伊斯兰国”组织的做法其实只是一种“两难”之下的折衷政策。此外，伊拉克危机还促使美国政府不得不重新思考其叙利亚政策：既然推翻萨达姆政权后，拥有多数选票的什叶派执政当局并未给伊拉克带来秩序与繁荣，那么谁又能保证推翻阿萨德政权后，叙利亚就会顺利实现和平的西方民主呢？

第三，就全球战略而言，伊拉克危机也给美国提出了一个全新的挑战。在奥巴马总统任内，其对外战略的重点便是积极推动“重返亚太”或“亚太再平衡”，这也是美国主动从阿富汗和伊拉克撤军并在全球进行战略收缩的一个根本动因。然而“伊斯兰国”组织的崛起却迫使美国重新加强了中东和全球反恐问题的关注和投入，无论是为了维护美国在前期反恐战

① Bob Corker, “Obama is an unreliable ally”, *The Washington Post*, August 5, 2014.

② Francis Fukuyama, “Isis risks distracting US from more menacing foes”, *Financial Times*, June 25, 2014.

争中取得的成果，还是为了应对伊拉克、阿富汗局势所带来的国内压力，美国都需要加强对当地局势的关注和投入，而这势必会影响到其对外战略调整。事实上，对于寄希望于把撤出伊拉克和阿富汗作为主要外交遗产的奥巴马政府来说，它还会面临另一个层面的尴尬：如果美国从伊拉克撤军的决策是正确的，那么伊拉克何以会在撤军后不到三年的时间里发生如此严重的安全与政治危机？如果美国从伊拉克撤军的决策被证明是失败的，那么美国接下来还要不要继续从阿富汗撤军？如果美国无法从全球反恐主战场继续抽身的话，那么美国全球战略调整是否还能够按计划推进下去？这一悖论如今仍在困扰着特朗普政府，只不过当前这一困境更多地体现在美国的阿富汗政策而非伊拉克政策当中。尽管特朗普对奥巴马的反恐政策颇多微词，一直希望美国撤出反恐战场，聚焦于国内经济发展，“让美国再次伟大”，然而美国并不能从伊拉克或阿富汗完全抽身。

最后是“9·11”以来美国鼓吹的反恐理念及其实践所面临的困境。简单地说，“9·11”以来的美国全球反恐战争主要依赖于两个途径：一是通过军事手段直接消灭恐怖分子。我们不能否认美国在通过军事手段消除恐怖分子方面所取得的成效，但同样需要承认的是：美国的军事反恐行动也促使恐怖分子在更大范围内扩散，并借助国际恐怖活动的“洼地效应”和“示范效应”形成了全球性的圣战暴力运动；二是通过所谓的“民主化改造”消除滋生极端暴力的社会土壤。事实上，无论是美国在“9·11”后推行的“大中东计划”，还是奥巴马在“阿拉伯之春”爆发后对于阿拉伯国家政治反对派的支持，从根本上都基于通过民主化改造来消除中东地区激进主义思潮这一核心的反恐理念。“伊斯兰国”的崛起则充分表明：“9·11”后以美国为首的西方国家在中东地区大力推广的“选举式民主”存在着严重的“水土不服”现象。简言之，“选票民主”无法解决当地长期存在的教派矛盾和部族冲突。由于这些地方还没有完全建立现代社会，民众对于政治的忠诚不是依照政党和政治立场进行划线，而是根据传统的教派、种族和部族等来进行分野。通过“一人一票”的选举形式无法形成足够的政治共识，这就会导致失势的一方，也即政治少数派的诉求很难通过选票来实现。当这些群体的利益得不到有效保护，其正当诉求无法在体制内获得满足时，就只能通过制度外的途径——军事反叛乃至恐怖暴力来解决，这就会使整个国家陷入无休止的暴力、冲突和动荡之中。①

第五节　后“伊斯兰国”时代的跨国圣战与全球反恐

随着“伊斯兰国”组织在伊拉克和叙利亚出现溃败，越来越多的国内外媒体开始广泛地使用后“伊斯兰国”时代这一概念。② 不过，迄今为止，大多数学者和媒体对于这一概念的使用主要局限于时间维度，并未就后“伊斯兰国”时代的内涵进行深入探讨。本书认为，所谓后“伊斯兰国”时代，并不意味着“伊斯兰国”组织及其影响已经彻底消亡，或是其所代表的全球跨国圣战运动已经偃旗息鼓，而是指其作为一个超大型跨国军事政治实体的存在已经终结，短期内想要重现昔日攻城掠地、开疆拓土的举动已不复可能。就国际反恐角度而言，后“伊斯兰国”时代则意味着近年来以“伊斯兰国”组织为主要打击目标的全球反恐战争已经进入到了一个新的阶段。在未来的新阶段中，“伊斯兰国”组织或将不再是全球反恐战争的核心目标，伊拉克与叙利亚地区也将不再是国际反恐战争的核心战场。对全球反恐而言，未来国际社会不仅要面临恐怖势力在更大范围内的扩散，还包括恐怖手段的快速升级、打击对象的分散化、圣战思想的激进化等一系列全新的挑战。

---

① 王震：“从‘伊拉克危机’看当前美国全球反恐战略困境”，载上海市社会科学界联合会编：《全面深化改革与现代国家治理》，上海：上海人民出版社，2014 年版，第 491 – 500 页。

② 王谦、梁陶：“‘后伊斯兰国’时代的美国反恐之路”，《环球军事》2017 年第 7 期，第 30 – 33 页；张红：“‘后伊斯兰国’时代，警钟再响”，《人民日报》海外版 2017 年 11 月 28 日；孙华：“后‘伊斯兰国’时代的博弈”，《文汇报》2016 年 10 月 24 日；王晋：“‘后伊斯兰国’时代的大国较量”，《凤凰周刊》第 636 期，2017 年 12 月 15 日；Sami Moubayed，“Post – Daesh：Biggest winners and losers”，*Gulf News*，October 18，2017. http：//gulfnews. com/news/mena/syria/post – daesh – biggest – winners – and – losers – 1. 2108232，登录时间：2017 年 12 月 25 日；Pepe Escobar，“And the winners in the post – Daesh era are …”，*Asia Times*，August 18，2017. http：//www. atimes. com/article/winners – post – daesh – era/，登录时间：2017 年 12 月 25 日。

一、"伊斯兰国"组织的未来走向

就目前情势来看，未来"伊斯兰国"组织及其追随者的发展前景不外以下几种可能：

第一，通过改变"效忠"（baya）加入其他圣战组织。一旦该组织所谓的"哈里发"巴格达迪被证实死亡，一些成员和海外组织将会改变效忠，转而投奔诸如"基地"之类的其他国际圣战组织。一些观察家认为，如果更具魅力的本·拉登之子哈姆扎取代曾经驱逐过巴格达迪的扎瓦希里的话，投奔"基地"组织的人可能会更多。①

第二，转型为地下组织，转变成更为广泛的抵抗运动的一部分。在丧失控制区后，留在当地的残余势力极有可能会化整为零，转入地下秘密活动。据英国《泰晤士报》网站报道，叙利亚当地军情人员认为，数千名来自西方的"伊斯兰国"战士在最后的战役中逃脱了围剿，他们或是逃到了土耳其，或是"藏身于偏远的沙漠地区"。报道还援引一些专家的话指出："无论这些外籍圣战分子去向如何，'伊斯兰国'组织允许他们离开叙利亚和伊拉克……标志着该组织进行了旨在确保长期生存的战略调整。"② 如果巴格达迪被确认已经死亡，该组织也可能会推举出新的"哈里发"，也可能会因为权力斗争陷入内讧当中。但不管怎样，"即便是领土被压缩，无法继续公开存在，该组织领导层肯定会寻求海外支持者，包括已经返乡的老兵们的支持，以维系'伊斯兰国'组织的名号"。③ 就目前而言，随着其控制区的彻底丧失，未来其开展游击战和常规地面作战的可能性将会不复存在，转而借助恐怖手段来彰显其存在和实力的可能性正在日益上升。

第三，寻求与其他内战势力结合，利用某些混乱局势重新崛起。"伊斯兰国"组织在伊拉克和叙利亚的崛起正是利用了两国的内战和混乱局

---

① Richard Barrett, *Beyond the Caliphate: Foreign Fighters and the Threat of Returnees*, The Soufan Center (TSC), October 2017, pp. 7 – 10.

② Anthony Loyd, "Foreign jihadists hide in deserts of Syria and Iraq to evade justice", *The Times*, December 27, 2017.

③ Richard Barrett, *Beyond the Caliphate: Foreign Fighters and the Threat of Returnees*, The Soufan Center (TSC), October 2017, p. 15.

面，尤其是利用了伊拉克国内的逊尼派反叛力量。随着其在战场上的失利，该组织一方面号召其追随者在世界各地发起袭击，以求缓解其核心战场的颓势；另一方面开始在全球寻找新的战场，尤其是处于内战混乱局面的国家，试图通过参与支持有关内战派系或挑动教派矛盾而从中渔利。利比亚、也门、阿富汗、索马里等国内局势不稳地区或那些所谓的“失败国家”都是其努力渗透的重要目标。就目前而言，这一努力似乎效果有限。这不仅是因为在经历了伊拉克和叙利亚“伊斯兰国”肆虐之后，国际社会对其发展动向极为警惕，还因为其试图在其他地区内战中浑水摸鱼的做法遭到了当地敌对势力的警惕和反对。比如，在阿富汗境内，尽管“乌伊运”（IMU）等恐怖组织已宣誓对其效忠，但“基地”组织、塔利班和政府军等对“伊斯兰国”势力的渗透都非常警惕，不遗余力地抵制其在当地生根。目前来看，“伊斯兰国”组织这两大策略都算不上成功。显然，要想在短期内重新恢复其在伊拉克和叙利亚境内的“辉煌”，殊非易事。

第四，通过跨国网络向全球范围内大面积扩散。美国时任联邦调查局局长詹姆斯·科米 2016 年 9 月在参议院国土安全委员会作证时指出：所谓的“哈里发”将会被击垮，但是将会由此产生成百上千的危险人群，他们不可能都在叙利亚和伊拉克的战场上完蛋，“未来 2—5 年内将会出现一个前所未有的恐怖分子流散浪潮”。[①] 根据美国苏凡集团发布的最新报告，截至 2017 年 10 月，已有至少 33 个国家的 5600 名“伊斯兰国”圣战老兵返回故土（参见表 1－3）。如果考虑到许多参战人员是通过非法的秘密渠道出入境，其实际数字应当更高一些。俄罗斯总统普京 2017 年 2 月表示，在来自前苏联地区的 9000 名“外籍战士”当中，返乡者约为 10%。欧洲“激进化意识网络”（RAN）在其评估中也指出，约有 30% 来自欧洲的“外籍战士”已经返乡。其中，来自英国、丹麦和瑞典的返乡老兵可能已接近 50%。[②]

尽管国际社会对于这些返乡的“外籍士兵”是否会对自己的母国和藏

---

① David Choi，“FBI director：ISIS’ loss will create a ‘terrorist diaspora’ like we’ ve never seen before”，*Business Insider*，September 27，2016. http：//www. businessinsider. com/isis－terrorist－diaspora－2016－9，登录时间：2017 年 11 月 10 日。

② Richard Barrett，*Beyond the Caliphate：Foreign Fighters and the Threat of Returnees*，The Soufan Center（TSC），October 2017，pp. 7－10.

身之地构成威胁一事存在争论，但其中一些人肯定会继续在穆斯林世界或其他地区从事“基地”和“伊斯兰国”组织所宣扬的“暴力圣战”活动，这一点早已在阿富汗“圣战毕业生”身上得到了证实。事实上，过去两年来，伊拉克和叙利亚周边的中东国家，以及邻近的欧洲国家正在成为“伊斯兰国”组织进行渗透和发动外围袭击的“重灾区”。联合国反恐办公室（UNOCT）在2017年7月的一份研究报告中也指出，由于在数量上远远超过此前的阿富汗战争和波黑内战，来源地又极为广泛，外籍恐怖分子（FTF）已成为“我们这个时代最紧迫的跨国安全问题”。这些前往叙利亚战区的个体可能会进一步激进化，或是接受战斗技能训练，被灌输极端思想，建立社会关系网，形成共同的忠诚，进而形成“未来自主性跨国恐怖组织细胞的基础”。①

表1－3　叙利亚和伊拉克外籍战士主要来源地及返乡情况

国家	外籍战士人数	被阻止人数/请求土耳其截获名单人数	剩余人数	返乡人数
俄罗斯	3417	804/4128	—	400
沙特	3244	141/7523	—	760
约旦	约3000	—	约900	>250
突尼斯	2926	—/4605	—	>800
法国	1910	254/2622	约700	271
摩洛哥	1623	183/2831	500	198
乌兹别克斯坦	>1500	—	——	——
土耳其	约1500	<7240	—	约900
塔吉克斯坦	1300	308/2651	>700	147
德国	>915	133/657	约450	约300
阿塞拜疆	>900	252/1677	—	——

资料来源：The Soufan Center (TSC), *Beyond the Caliphate: Foreign Fighters and the Threat of Returnees*, October, 2017, pp. 12－13.

① United Nations Office of Counter－Terrorism, *Enhancing the Understanding of the Foreign: Terrorist Fighters Phenomenon in Syria*, July 2017. http://www.un.org/en/counterterrorism/assets/img/Report_Final_20170727.pdf，登录时间：2017年11月10日。

二、“伊斯兰国”溃败对全球圣战的影响

与“伊斯兰国”组织残余势力及其圣战老兵的“有形存在”相比，另一个更为深远的影响或在于其所宣扬的“萨拉菲圣战”意识形态的全球扩散，及其在伊拉克和叙利亚所取得的军事成就的激励作用。这种无形的潜在影响并不会因为其军事失败或领导人的死亡而迅速烟消云散。

第一，“伊斯兰国”组织所鼓吹的通过圣战萨拉菲主义运动以“建立横跨整个世界的帝国”思想及其实践，不仅超越了“阿富汗圣战”和“基地”组织的理论想象和阐释，也是对全球激进圣战势力的极大鼓舞。一方面，“在建国的理论和实践上，‘伊斯兰国’遥遥领先于其他组织”。[①]；另一方面，“伊斯兰国”倡导通过萨拉菲圣战建立一个“哈里发帝国”，也即现实中的“人间天堂”，而不是单纯地以自杀性“殉道”换取身后进入天堂的入场券。这一思想及其实践，无论是对于其他跨国圣战组织，还是对于世界各地的激进分子而言，都有着较强的感召力。

第二，就军事层面而言，“伊斯兰国”组织将常规军事战争、游击战和恐怖袭击三种方式融为一体的军事策略，不仅超越了战区与非战区的地理限制，也打破了士兵和平民、和平与战争的传统分野，大大超出了以往军事家们对于武装冲突的传统认知和想象。这种类似于“超限战”的战略战术及其实践，势必会被今后包括武装内战、跨国圣战、国际恐怖组织等在内的其他暴力团体所效尤，并将加剧未来国际暴力冲突的烈度和广度。

第三，“伊斯兰国”组织以“跨国公司”加“准政府”的管理运作模式，以社交网络作为跨国活动空间和宣传战平台等做法，充分发挥了全球化和信息化所带来的各种便利，并使其获得了与自身实力无法匹配的成就和影响力。就此而言，“伊斯兰国”组织在此领域的实践和经验，同样会为其他跨国犯罪集团所借鉴和仿效，只不过这些影响需要较长的时间才能

① ［英］查尔斯·利斯特著：《“伊斯兰国”简论》前言，姜奕晖译，北京：中信出版社，2016年版，第11页。

慢慢体现出来。

“伊斯兰国”组织在伊拉克和叙利亚的军事失败，无疑会削弱其在萨拉菲圣战运动中的影响力，全球跨国圣战运动也将会面临新一轮洗牌。近年来，扎瓦希里领导下的“基地”组织与巴格达迪领导下的“伊斯兰国”组织不断互相攻讦，激烈竞逐全球“萨拉菲圣战”运动的领导权。在“后‘伊斯兰国’时代”，“伊斯兰国”残余实力和“基地”组织及其追随者之间围绕全球萨拉菲圣战运动领导权的争夺仍将继续下去。尽管“基地”组织在意识形态和跨国网络方面仍有其强大的基础，但这并不意味着“基地”组织可以马上取而代之，轻易地重新获得跨国圣战运动的领导权。这部分是因为在“9·11”以来的全球反恐战争中，“基地”组织的核心架构和指挥层已经遭受重创，部分是因为在西方国家强势的战略传播和反恐话语塑造过程中，“基地”组织作为反西方先锋的形象已经被严重削弱。加之“基地”组织在网络空间和信息技术应用，以及对外信息传播方面都远逊于“伊斯兰国”，其未来能否重新获得全球圣战运动领导权还存在一些未知因素。

就全球反恐形势而言，“伊斯兰国”溃败对于全球反恐形势的影响主要体现在四个不同层面：一是对未来全球范围内“萨拉菲圣战”运动的影响，近年来“伊斯兰国”组织与“基地”组织互相竞争全球“萨拉菲圣战”运动领导权的局面或会暂时告一段落；二是对叙利亚和伊拉克周边地区的影响，随着“伊斯兰国”组织残余势力在其他中东国家的扩散，未来伊叙周边国家和中东动荡地区的恐怖活动仍将居高不下；三是对全球其他地区，比如非洲、中亚、南亚、东南亚地区的影响。这些地区未来不仅会面临新一波的圣战老兵回流问题，“伊斯兰国”组织的某些发展策略和袭击战术也会对当地恐怖活动带来强大的“示范效应”，推动当地内战活动和圣战暴力的快速升级，这一后果将会在未来数年里陆续显现。四是对欧美各国的影响。随着近年来欧美国家民粹主义的抬头和政治渐趋保守化，拥有大量外来移民的欧美国家未来或将面临更多宗教极端主义和种族恐怖主义威胁。值得一提的是，虽然外来恐怖势力对美国境内进行渗透的难度越来越大，但美国本土恐怖势力造成的威胁却在不断上升。由于特朗普总统在种族、移民和宗教问题上所采取的激进立场，未来美国境内受国际恐怖活动“示范效应”刺激下的自发性恐怖活动和个人极端暴力活动或会进一步上升。

三、“伊斯兰国”溃败对伊叙周边地区反恐的影响

从全球反恐的角度来看，随着伊拉克和叙利亚战事逐渐平息，二者在全球反恐中的地位和关注度将会有所下降，但其周边地区的中东国家仍将是全球反恐的重点关注所在。

第一，伊拉克和叙利亚周边地区不仅是“外籍战士”和“跨国圣战分子”的主要来源，也是近年来“伊斯兰国”组织着力渗透的重点区域。随着战事结束，越来越多的圣战老兵开始返回故土，其对当地安全局势的影响也会随之增加。2017 年 4 月 9 日，埃及坦塔市和亚历山大市各发生一起针对科普特教堂的恐怖袭击，共造成 45 人死亡、100 余人受伤，两起袭击均为极端组织“伊斯兰国”所为。11 月 25 日，“伊斯兰国”组织西奈分支在埃及北西奈省的一座苏菲派清真寺内制造了恐怖袭击，造成 305 人死亡，128 人受伤。[①] 12 月 29 日，开罗南部一处教堂再次遭到“伊斯兰国”组织极端分子袭击，造成至少 10 人死亡、多人受伤，埃及塞西政府不得不为此一再延长国内紧急状态。埃及境内次第发生的恐怖袭击足以表明，虽然该组织在伊拉克和叙利亚战场已经面临溃败，但其各地分支仍有能力发起协调一致的大规模恐怖袭击。

第二，“阿拉伯之春”爆发以来，阿拉伯世界各国大多处于政治、经济和社会发展的转型时期，不少国家还未从政治与社会震荡中恢复。除了“伊斯兰国”组织肆虐的伊拉克和叙利亚外，也门、利比亚、突尼斯等国也面临着非常严峻的暴力冲突局面。无论是经济发展迟缓、民生凋敝，还是国内政治动荡、暴力活动频发，都将继续为跨国圣战势力提供非常有利的生存环境。

第三，除了中东阿拉伯各国国内政治和社会经济转型的影响之外，整

---

① 郑凯伦：“突遭重大空袭，埃及反恐形势再起波澜”，新华社开罗 2017 年 11 月 25 日电。

个中东地区目前还处在地缘政治均势和地区秩序同步瓦解后的重建时期。[①] 一方面，美国因相对实力下降后干预中东事务的能力和意愿开始同步下降，其在中东反恐和其他热点事务中表现得越来越心有余而力不足；另一方面，中东地区各国为了维护自身利益，并在新一轮地缘政治格局变动中获得相对优势，其参与塑造中东地缘政治格局的意愿也明显增强，这也是当前中东地区的代理人战争、教派冲突和跨国圣战活动愈演愈烈的重要原因。

除了邻近叙利亚和伊拉克地区的中东周边各国外，非洲、中亚、南亚、东南亚地区同样面临着非常严峻的圣战老兵回归问题。根据前述苏凡集团的评估，来自非洲马格里布地区的“伊斯兰国”外籍战士为 5319 人，仅次于前苏联地区（8717 人）、中东地区（7054 人）和西欧各国（5718 人），来自南亚和东南亚地区的“伊斯兰国”外籍战士为 1568 人。[②] 随着“伊斯兰国”组织在伊拉克和叙利亚战场上失利，大批“伊斯兰国”组织成员正在寻求返回母国。由于“伊斯兰国”组织在此之前已经通过金钱援助和技术支持在当地建立了网络，也即对其宣誓效忠的各种“海外省”，这些返乡的老兵能够轻易地在这些地方建立各种存在。与此同时，由于非洲、东南亚、南亚原本就存在着诸多的圣战暴力组织或内战冲突，一方面“伊斯兰国”势力可以轻而易举地借助战乱混迹其中，或是直接利用当地社会矛盾和管理漏洞参与其事；另一方面，还可通过恐怖活动的“示范效应”，乃至直接为某些极端暴力组织提供技术支持和指导，推动当地暴力恐怖活动的快速升级。

比如在巴基斯坦地区，新成立不久的“伊斯兰国”组织呼罗珊分支目前已成为巴基斯坦境内除“哈卡尼网络”和俾路支省各分裂主义恐怖武装之外的第三大恐怖主义势力。2014 年底，巴基斯坦塔利班内部发生分裂，哈菲兹·赛义德·汗（Hafiz Saeed Khan）等人向巴格达迪宣誓效忠，从而

---

① 一些国内学者称其为“三期叠加”现象，即地区政治秩序崩溃后的重建期、地缘政治力量均衡的重构期和国家政治经济社会的转型期发生了重合。参见李绍先：“‘三期叠加’的中东大乱局”，新华网 2015 年 12 月 23 日，http：//news. xinhuanet. com/world/2015 – 12/23/c_128559614. htm，登录时间：2017 年 12 月 25 日。

② Richard Barrett, *Beyond the Caliphate: Foreign Fighters and the Threat of Returnees*, The Soufan Center (TSC), October 2017, pp. 10 – 11.

使“伊斯兰国”组织迅速在南亚地区扎根。据不完全统计，2015 年该组织共发动了 12 起恐怖袭击。2016 年“伊斯兰国”呼罗珊分支发动的大型恐怖袭击至少在 14 起以上，其中近半数发生在巴基斯坦境内，可以被初步证实由该组织实施的恐怖袭击包括：2016 年 8 月 8 日，巴基斯坦奎达市一家官方医院附近发生自杀性恐怖袭击，造成 94 人死亡，130 人受伤；10 月 24 日，一名巴基斯坦情报官员在查沙达（Charsadda）遇袭身亡；同一天，3 名武装分子袭击了巴基斯坦奎达市的警察培训学校，造成 61 人死亡，160 人受伤；11 月 12 日，巴基斯坦库兹达镇（Khuzdar）遭遇汽车炸弹袭击，共造成 50 多人死亡，100 多人受伤，其中包括妇女和儿童；12 月 10 日，巴基斯坦白沙瓦地区一名反恐警察遇袭身亡，其儿子受伤。① 2017 年以来，该组织实施的几次重大恐怖袭击包括：2 月 16 日，巴基斯坦南部信德省塞赫万地区一处宗教场所发生自杀性爆炸，导致 81 人死亡、200 多人受伤；5 月 12 日，巴基斯坦国会参议院副主席茂拉纳的车队在俾路支省马斯通地区遭遇炸弹袭击，造成至少 25 人死亡，另有包括茂拉纳在内的 30 人受伤；12 月 17 日，巴基斯坦奎达地区一座教堂发生自杀性爆炸，造成至少 9 人死亡，50 多人受伤。“伊斯兰国”组织事后宣称对前述恐怖袭击事件负责。根据南亚恐怖主义监测门户网站（SATP）统计，2014—2017 年巴基斯坦境内因恐怖袭击而造成的死亡人数分别为 5496 人、3682 人、1803 人和 1260 人。② 尽管伤亡人数略有下降，但依然处于一个相对高发的态势，巴基斯坦仍然被认为是“恐怖主义的天堂”。在 2016 年和 2017 年全球恐怖主义指数排名中，巴基斯坦分别以 8.6 和 8.4 的得分名列全球第四名和第五名，仍属全球恐怖活动频发的最危险国家之一。③

---

① “Islamic State of Iraq and the Levant – Khorasan Province”, https：//en. wikipedia. org/wiki/Islamic_State_of_Iraq_and_the_Levant_%E2%80%93_Khorasan_Province，登录时间：2017 年 12 月 10 日。

② SATP，“Fatalities in Terrorist Violence in Pakistan 2003 – 2017”, Data till December 31, 2017. http：//www. satp. org/satporgtp/countries/pakistan/database/casualties. htm，登录时间：2017 年 12 月 5 日。

③ The Institute for Economics and Peace（IEP）, *Global Terrorism Index*, November 2017. http：//www. visionofhumanity. org/app/uploads/2017/11/Global – Terrorism – Index – 2017. pdf，登录时间：2017 年 12 月 5 日；The Institute for Economics and Peace（IEP）, *Global Terrorism Index*, November 2016. http：//economicsandpeace. org/wp – content/uploads/2016/11/Global – Terrorism – Index – 2016. 2. pdf，登录时间：2017 年 12 月 5 日。

在阿富汗地区，“伊斯兰国”组织积极挑动当地什叶派和逊尼派之间的矛盾，频频针对什叶派目标发动袭击。2016 年，阿富汗境内发生了 4 起针对什叶派清真寺的恐怖袭击，该组织宣称对其中的两起案件负责。其中，当年 7 月针对喀布尔什叶派哈扎拉人示威人群的袭击共造成 80 多人死亡，231 人受伤，成为 2001 年以来“阿富汗死伤人数最多的炸弹袭击事件”。[①] 同时，“伊斯兰国”组织还积极向阿富汗境内渗透，不断指责塔利班和加尼政府为“叛教者”，试图借助阿富汗内战蚕食后者的控制区，以寻求在此立足。根据俄罗斯媒体报道，目前该组织在阿富汗境内的人数已经上万。[②]“伊斯兰国”组织对阿富汗南部地区各省的渗透较为成功，其成员主要以普什图人为主。在阿富汗北部地区，其成员相对较少，主要以乌兹别克人、吉尔吉斯人、车臣人等为主。

在菲律宾地区，“伊斯兰国”组织曾试图通过与活跃在棉兰老岛的分裂武装“阿布·沙耶夫”组织和“穆特”组织等联手建立新的海外省，后者在此之前已宣誓效忠“伊斯兰国”。2017 年，菲律宾政府在美国、中国等外部力量的支持下，对其盘踞的南部城市马拉维进行了长达 5 个多月的围剿，以牺牲 162 名士兵和警察及数十位平民为代价取得了最后胜利。在围攻马拉维市的过程中，警方发现了当地分裂武装与“伊斯兰国”组织进行勾连的证据，包括数十名来自印尼、马来西亚、印度、沙特、车臣和摩洛哥等地的“伊斯兰国”组织极端分子参加了战斗。[③]

---

① 郑思远：“阿富汗遇 15 年来最惨重恐怖袭击 300 多人伤亡”，新华社 2016 年 7 月 25 日。

② “10，000 + Daesh militants present in Afghanistan：Russia”，Dec 24，2017. http：//www. presstv. com/Detail/2017/12/24/546653/Russia – Zamir – Kabulov – Daesh – Afghanistan，登录时间：2017 年 12 月 10 日；Tasnim，“Daesh Declares War on Taliban in Afghanistan”，June，25，2017. https：//www. tasnimnews. com/en/news/2017/06/25/1446759/daesh – declares – war – on – taliban – in – afghanistan，登录时间：2017 年 12 月 10 日。

③ “武装分子图控制马拉维市，成立伊斯兰国分化菲律宾”，《联合早报》网 2017 年 6 月 8 日，http：//www. zaobao. com/news/sea/story20170608 – 769323，登录时间：2017 年 12 月 10 日；郭倩：“菲军方：‘伊斯兰国’在菲头目或已逃离马拉维”，新华网 2017 年 6 月 26 日，http：//news. xinhuanet. com/world/2017 – 06/26/c_129640286. htm，登录时间：2017 年 12 月 10 日。

四、“伊斯兰国”对欧美恐怖活动的影响

在后“伊斯兰国”时代，美国和欧洲地区同样是叙利亚内战及全球跨国圣战运动快速扩散的受害者。“9·11”事件后，通过建立一整套系统的反恐防范体系，外部恐怖组织对美国本土进行渗透和袭击的难度已经越来越大。但是，近年来美国境内“土生土长”（homegrown）的恐怖活动威胁反而开始迅速上升。美国著名反恐专家布鲁斯·霍夫曼、皮特·伯根等人早在2010年即已指出，“9·11”事件后美国面临的恐怖威胁已经发生了很大改变，其一是美国公民或居民参与“基地”组织等的人数有所上升，在其中所扮演的角色也在增加；其二是以美国为基地的圣战武装分子的类型日趋多样化。① 美国国会研究服务部在2016年发布的一份研究报告也指出，从2001—2013年，至少有63名本土圣战分子在美国计划或实施了恐怖袭击。② 乔治·华盛顿大学与海牙国际反恐中心（ICCT）近期的一项研究也表明：自2014年6月“伊斯兰国”组织宣布建立“哈利发”到2017年6月，欧洲和北美地区共发生了51起成功的恐怖袭击。这些恐怖袭击共造成395人死亡，1549人受伤。在这些案件当中，“伊斯兰国”等圣战组织宣称对其中38%的恐怖袭击负责。就发动袭击的恐怖分子而言，其中73%为所在国公民，14%为合法居留者或来自邻国的合法旅行者，5%为难民，6%为非法居留者。与此同时，63%的袭击者在案发前或作案时对圣战组织（主要是“伊斯兰国”组织）宣誓效忠，42%的袭击者与圣战组织存在联系。③

---

①　不过，也有学者对此持不同看法，具体请参见 Risa A. Brooks, “Muslim ‘Homegrown’ Terrorism in the United States, How Serious Is the Threat?” *International Security*, Vol. 36, No. 2 (Fall 2011), pp. 7 – 47; Peter Bergen and Bruce Hoffman, *Assessing the Terrorist Threat: A Report of the Bipartisan Policy Center's National Security Preparedness Group*, September 10, 2010, p. 1; Dina Temple – Raston, “Homegrown Terrorists Pose Biggest Threat, Report Says”, September 10, 20107. https://www.npr.org/templates/story/story.php?storyId=129760267，登录时间：2017年12月10日。

②　小苏：“美国面临本土恐怖袭击威胁”，环球网2016年6月15日，http://world.huanqiu.com/exclusive/2016-06/9044102.html，登录时间：2017年12月10日。

③　Lorenzo Vidino, Francesco Marone, Eva Entenmann, *Fear Thy Neighbor Radicalization and Jihadist Attacks in the West*, Milano: Ledizioni LediPublishing, 2017, pp. 15 – 17.

事实上，除了恐怖活动数量增加之外，此类恐怖活动造成的危害性也在不断上升。2016 年 6 月 12 日凌晨，佛罗里达州奥兰多市一家夜总会遭遇恐怖袭击，造成 50 人死亡、53 人受伤，美国媒体称其为“美国历史上造成死亡人数最多的枪击案”。警方事后查明，枪手奥马尔·马丁为生活在佛罗里达州的阿富汗裔美国人，此前曾宣称效忠“伊斯兰国”组织。① 2017 年 10 月 31 日，一名卡车司机驾车在纽约曼哈顿区西南部向自行车道上的行人进行碾压，造成 8 人死亡，12 人受伤。凶手为 2010 年从乌兹别克斯坦移民到美国的塞福罗·塞波夫，此人在车子内留下字条，自称以“伊斯兰国”组织的名义发起了袭击。② 12 月 11 日，纽约曼哈顿一地铁也发生爆炸，造成 4 人受伤，多条线路停运。12 月 27 日，“伊斯兰国”组织更是在其网站上发布视频，呼吁追随者利用美国控枪政策的漏洞“扫射那些异教徒”。除此之外，2016 年以来拉斯维加斯、德州南部威尔森县等地也发生了极其惨烈的枪击案。目前国内外对于这些恶性暴力案件的关注大多聚焦于控枪问题，忽视了国际恐怖暴力活动的隐性影响，尽管这一点很难被完全证实。

从某种程度上说，无论这些案件是否与“伊斯兰国”组织存在直接联系，它们至少可以表明三点：一是美国本土并不能在全球恐怖主义袭击浪潮中独善其身，包括未来“伊斯兰国”在内的跨国圣战势力的全球扩散同样会波及美国本土。柯林·克拉克和丹尼尔·拜曼等美国反恐专家近日也指出，“伊斯兰国”组织对美国本土的威胁是“真实而可控的”（real but manageable）。③ 二是“9·11”以来的全球反恐战争和跨国恐怖活动所带来的“示范效应”正在美国境内快速发酵，其后续影响仍会进一步显现；三是特朗普在移民问题、种族问题和中东热点问题上所采取的激进政策或民粹主义立场，或将在短期内进一步激化其境内的宗教极端主义和狭隘种

① “美国奥兰多枪击案造成 50 人死亡”，新华社华盛顿 2016 年 6 月 12 日电。

② 王文：“美国纽约发生卡车撞人恐怖袭击已致 8 死，1 名嫌犯被拘捕”，新华社纽约 2017 年 10 月 31 日电。

③ “The Terrorist Diaspora: After the Fall of the Caliphate”, Testimony of Colin Clarke The RAND Corporation Before the Committee on Homeland Security Task Force on Denying Terrorists Entry into the United States, United States House of Representatives, July 13, 2017. https://www.rand.org/content/dam/rand/pubs/testimonies/CT400/CT480/RAND_CT480.pdf，登录时间：2017 年 12 月 10 日。

族主义暴力活动。

自2015年以来，欧洲地区开始面临"'9·11'以来的新一轮恐怖袭击浪潮"。[①] 在当前这一轮恐怖袭击当中，"伊斯兰国"已经取代"基地"组织成了新主角。欧洲之所以会成为新一轮恐怖袭击的牺牲品，往远处说是2003年伊拉克战争造成的连带性后果。虽然当时一度被视为"老欧洲"的法、德等国也曾极力反对美国入侵伊拉克，但终究没能阻止英美联军的铁骑踏平巴格达。这场战争在推翻萨达姆政权的同时，也释放出了中东伊斯兰教内部逊尼派和什叶派之间教派斗争的恶魔，为后来"伊斯兰国"组织的诞生和肆虐提供了温床。从近处看，欧洲正在吞食其在"阿拉伯之春"过程中不负责任、率性而为的政策恶果。"阿拉伯之春"爆发后，欧洲国家草率地将其贴上了"民主"与"专制"、"进步"与"落后"的标签，在叙利亚大力扶植各种反对派，必欲将阿萨德政权除之而后快。然而，欧洲各国怀揣美好愿望种下的"龙种"，最后却长成了一个个"跳蚤"。叙利亚内战更是催生了一个双向的人员流动网络：一方面大量叙利亚难民源源不断地通过土耳其、希腊进入欧洲各国境内，如今总数早已超过130万；另一方面，众多欧洲极端分子在"伊斯兰国"组织的激励下慷慨赴死，相继来到叙利亚参战。根据苏凡集团估计，截至2016年4月，从欧盟地区前来参加"伊斯兰国"的极端分子至少在5000人以上，其中法、英、德、比利时四国占70%以上，分别为1910人、850人、915人和478人，参战后重新返回欧洲的"圣战老兵"数量也已高达1200人左右。[②] 与此同时，和中东动荡源隔着地中海相望的欧洲地区仍是"9·11"后国际社会的一块反恐"洼地"，不仅拥有大量尚未完全融入当地社会的激进群体，其反恐防范能力也远低于美国和以色列等。据媒体报道，2016年英国脱欧公投宣布之后，种族仇恨犯罪在一个月内增加了40%。[③]

---

① 参见拙文："欧洲或面临新一轮恐怖袭击浪潮"，中美聚焦网站2016年4月7日，http://cn.chinausfocus.com/peace-security/20160407/4699.html，登录时间：2017年12月10日。

② Richard Barrett, *Beyond the Caliphate: Foreign Fighters and the Threat of Returnees*, The Soufan Center (TSC), October 2017, pp. 12–13.

③ Weimeng Yeo, "Four trends in global terrorism threats in 2017", *The Straits Times*, Jan 10, 2017.

第六节　余论：全球反恐何为

我们对于恐怖活动的思考并不能局限于恐怖活动现象本身，而是要在更为宏大的国际背景和历史视野下来认识这一问题。全球跨国圣战运动正是我们理解当今国际恐怖活动的一个关键所在。概而言之，当代跨国圣战运动经历了三次浪潮：第一次浪潮发生在20世纪80年代阿富汗抗苏战争时期，西方支持下的阿富汗圣战开启了当代全球跨国圣战运动的源头；第二次浪潮主要发生在冷战结束后，以“基地”组织为代表的“阿富汗毕业生”在世界各地掀起了一波国际恐怖主义的浪潮，“9·11”事件则是这一波恐怖浪潮的高峰；第三次浪潮始于2003年美国入侵伊拉克，它以2014年“伊斯兰国”组织在伊拉克和叙利亚宣布建立“哈里发”为最高潮。随着“伊斯兰国”在叙利亚和伊拉克的军事失败，全球跨国圣战运动已经进入了后“伊斯兰国”时代。由于跨国圣战运动与国际恐怖活动紧密相连，其兴衰起伏对于国际恐怖活动影响深远。因此，分析当代跨国圣战运动的发展脉络与规律，对于我们认识后“伊斯兰国”时代全球反恐形势有着不容忽视的重要意义。

尽管“跨国圣战”并不等同于国际恐怖主义，但它却在客观上为当今国际恐怖活动的发展提供了重要的思想来源和组织基础。从战后历次跨国圣战运动的历史发展来看，每一次跨国圣战运动都伴随着更为激进的“圣战”思想阐释，更大规模的跨国动员，以及更为残忍、血腥的恐怖活动浪潮。随着当前全球跨国圣战运动进入后“伊斯兰国”时代，未来的反恐形势或将更为严峻。一方面，失去常规作战能力和固定控制区的“伊斯兰国”残余势力或会更多地采取恐怖主义手段，大量曾经在此参战的“圣战”老兵也正在像“阿富汗毕业生”一样向全球快速扩散；另一方面，受其“建国”成就激励的全球各种恐怖势力、追随者和模仿者仍会信守其激进的圣战信条，采取其惯用的恐怖手段开展活动。这将意味着除了传统恐怖活动之外，未来国际社会或将出现更多孤立的、无组织的“独狼”恐怖活动。

应对后“伊斯兰国”时代的国际恐怖活动，首先需要正确地认识国际恐怖主义现象以及造成这一现象的根源，进而采取科学的应对之道。面对跨国圣战运动所激发的国际恐怖主义，首先要在意识形态层面开展针锋相对的斗争。一方面利用正确的教义阐释与科学理论逐一揭露并批驳极端主义圣战理论的荒谬性；另一方面，在全球化大背景下，还要通过深入的对话与交流化解不同宗教与文化之间的误读与隔阂。正像卡恩斯·洛德所说：“从长远看，不摧毁激进伊斯兰主义，或至少瓦解其关键机构和政治力量的其他来源，是不可能在反恐战争中取得决定性胜利的。”① 事实上，已经有越来越多的国家认识到了这一点，并开始了这方面的努力和尝试。比如，英国政府在2009年6月公布的《英国国家安全战略》中指出：“我们当前反恐战略的一项重要内容是应对‘基地’组织背后的意识形态，正是这些意识形态激发了暴力恐怖主义。”② 为此，英国政府已将阻止“激进化”作为其反恐政策的四大支柱之一。

其次，加强反恐领域的国际合作，建立一个高效、广泛的跨国反恐合作机制。在全球化背景下，一方面，无论是国际恐怖活动还是跨国圣战运动，都具有明显的“洼地效应”，总是会流向社会治理能力低下、安全防范薄弱、极端思想浓厚、同情者和支持者较多的“反恐洼地”；另一方面，部分民族国家、非国家行为体对于跨国圣战和国际恐怖势力的工具性利用与支持也是其能够不断发展的重要原因。兰德公司的一项研究表明：在后冷战时代，国家或非国家行为体的支持对于反叛势力至关重要。1990—2001年，约有73%的恐怖势力在其他国家而非目标国开展活动。③ 对大多数现代主权国家而言，在自己领土上打击恐怖犯罪活动是国际法赋予本国政府的基本权利，但对于超越自己边界的恐怖活动却往往无能为力。当代国际恐怖势力正是利用了这一点，以境外为基地开展活动，从而使自己免

① ［美］奥德丽·库尔思·克罗宁、詹姆斯·M. 卢德斯等：《反恐大战略：美国如何打击恐怖主义》，胡溦、李莎、耿凌楠译，北京：新华出版社，2015年版，第188－189页。

② Cabinet Office, *The National Security Strategy of the United Kingdom: Update 2009 – Security for the Next Generation*, June 2009, p. 78.

③ Daniel Byman, Peter Chalk, et al., *Trends in Outside Support for Insurgent Movements*, Santa Monica, RAND, 2001, pp. 9 – 17.

于被受害国报复的风险。对此，国际社会不仅要深化对于国际恐怖主义危害的认识，摒弃以邻为壑的侥幸心态，更要加强国际合作，构建一个最广泛的国际反恐合作阵线，最大限度地减少国际反恐中的“洼地”，使恐怖势力最终无处遁形。

最后，以全球反恐战争为契机，在新一轮国际格局转型过程中建立一个平等、公正、合理的国际政治经济新秩序。揆诸历史，当代跨国圣战运动的不断高涨，以及与之如影随形的国际恐怖主义的猖獗，无不与某些超级大国的霸权主义和黩武主义有关。2003 年以来的新一轮跨国圣战运动浪潮，同样与美国的单边主义和“政权更迭”政策密不可分。从这个意义上说，未来的国际反恐合作首先要摒弃一些超级大国长期奉行的“双重标准”和单边主义政策，尤其是西方国家在“9・11”事件后以“反恐战争”名义所建立的话语霸权和行为霸权。与此同时，还要在反恐合作、打击暴力极端主义等国际事务中充分尊重广大发展中国家的意愿和诉求，承担起帮助发展中国家构建并提升反恐能力的国际责任，以调动更多发展中国家参与国际反恐合作的积极性。简言之，通过深化全球反恐合作，在新一轮国际格局转型过程中建立一个更为平等、公正、合理的国际政治经济新秩序，进而消除造成跨国圣战运动和滋生恐怖主义的国际土壤。这种努力既是在国际反恐领域实现全球治理的重要组成部分，也是未来建立公正、合理的国际安全新秩序，推动世界多极化发展的应有之义。①

① 参见本书第三章或拙文：“关于全球反恐战争转型问题的再认识”，载《阿拉伯世界研究》2016 年第 5 期，第 47 – 48 页。

第二章

全球反恐战争的困境与根源

“9·11”事件后，小布什领导下的美国政府在全球发动了一场轰轰烈烈的反恐战争。迄今为止，这场反恐战争已经过去了17个年头。然而，无论我们从哪个角度来评价，这场战争似乎都未能取得预期效果。尽管世界各国在反恐领域的关注和投入始终居高不下，尽管政治家们一再标榜其反恐战果如何辉煌，国际恐怖活动却并未因此而减弱。在世界许多地方，恐怖活动甚至出现了愈演愈烈的势头，我们生存的世界也并没有因为反恐战争变得更加安全与祥和，这便是不少媒体和学者所谓的“越反越恐”现象。

从某种意义上说，“越反越恐”既是媒体和公众对于2001年以来全球反恐战争成效的一种直接认识和评价，也是当前我们所面临的国际恐怖活动威胁的一个重要特征。一方面，“9·11”以来的全球反恐战争并未取得预期效果，国际恐怖势力并未得到有效遏制；另一方面，在各种因素作用下，国际恐怖势力出现了快速变异与扩散。以至于不少学者断言，人类社会已经进入了新一轮的国际恐怖活动高发时期。面对肆虐不止的国际恐怖活动，尤其是国际恐怖主义的快速转型与升级，任何一位从事相关研究的学者都不能不思考：为什么在世界各国轰轰烈烈地开展反恐战争十几年之后，反而出现了“越反越恐”现象？这一困境背后的根源究竟是什么，这些问题都需要我们进行深入探讨。

造成当前“越反越恐”现象的原因无疑是多方面的，并非某个单一因素可以解释。如何科学、全面地解读这一现象，不仅涉及我们对于恐怖主义发展及其特征的规律性认识，还涉及对于以往反恐战略成效的评估，以及对于这些战略和政策本身的反思。为此，本章将尝试分别从意识形态、技术进步、霸权政治、世界经济、国际制度与国际秩序等不同维度进行分析，以探讨造成全球反恐战略困境的各种内在根源，从而更好地理解我们当前面临的国际恐怖活动威胁与反恐形势。

第一节　全球反恐战略困境的含义

2001年“9·11”事件无疑是冷战后世界历史的一个重要转折点。它不仅直接引发了新世纪以来的两场重要战争——阿富汗战争和伊拉克战争，而且使恐怖主义问题从一个普通的非传统安全议题逐渐升级为大多数国家安全战略中的重大议题。为应对国际恐怖活动带来的威胁和挑战，不少国家在反恐领域的投入已经达到了史无前例的程度。然而，十几年来国际社会的反恐努力不仅未能有效消除恐怖活动带来的威胁，近年来国际恐怖活动反而出现了日渐猖獗的局面，成为当前全球反恐过程中面临的巨大悖论和困境，不少媒体和学者称其为“越反越恐”现象。①

一、“越反越恐”的含义

对于“越反越恐”现象，不同学者有着不同的理解，可以说是见仁见智。从最直观的层面来看，这一现象至少体现在以下三个方面：

第一，与“9·11”事件发生后初期相比，国际恐怖活动的案发频率和伤亡人数出现了大幅攀升。根据美国国务院发布的年度报告，即便在发生“9·11”事件的2001年，全球范围内的恐怖袭击事件仅为348起，造成的全部伤亡人数为4655人。② 由于国际社会的反恐努力，“9·11”事件

① 有关这一现象的更多探讨，可参见沈骥如：“‘越反越恐’，原因何在?”，载《现代国际关系》2006年第9期，第24－26页；刘强：“‘越反越恐’：反恐理念和方式的缺失”，载《国际观察》2006年第5期，第27－34页；李伟：“反恐为何越反越恐”，载《人民日报》2010年10月12日；王震：“全球反恐形势解读：越反越恐?”，载《社会观察》2015年第4期，等等。

② United States Department of State, *Patterns of Global Terrorism* 2001, May 2002, http://www.state.gov/documents/organization/10319.pdf，登录时间：2016年5月20日。

发生次年（2002 年），全球范围内的恐怖袭击数量还一度大幅下降。统计显示，2002 年全球恐怖袭击案件仅为 199 起，共造成 725 人死亡，2283 人受伤。① 然而，出人意料的是，“9·11”事件发生 10 年之后，全球恐怖事件却出现了几何级的倍增。2011 年全球范围内的恐怖袭击数量飙升到了 1.0283 万起，因恐怖袭击而丧生的人数为 1.2533 万人，受伤人数为 2.5903 万人，被绑架者为 5554 人。② 到 2015 年，全球恐怖袭击案件进一步增至 1.1774 万起，共造成 2.83 万人死亡，3.53 万人受伤，另有 1.21 万人被绑架或劫持为人质。③ 2016 年全球恐怖袭击事件数量略有下降，但仍高达 1.1072 万起，共造成 2.56 万人死亡，3.38 万多人受伤。此外，另有超过 1.15 万人被绑架或劫持为人质。④ 换言之，2015 年和 2016 年全球平均每月发生的恐怖事件分别为 981 起和 927 起，案发频率和造成的伤亡程度都已大大超过了“9·11”事件之前。

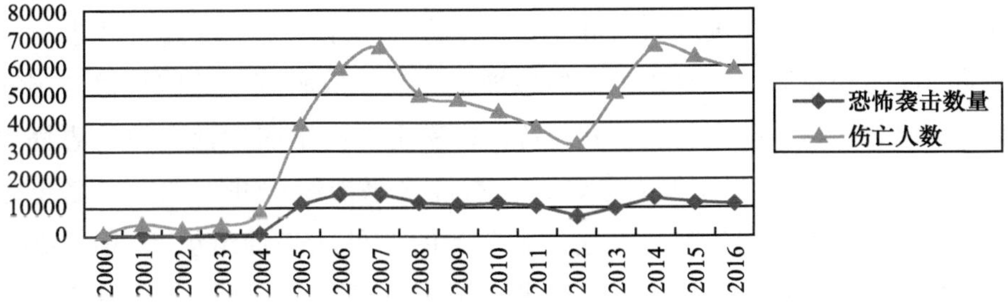

图 2-1　全球恐怖袭击及其伤亡统计（2000—2016）

资料来源：本图数据主要来自美国国务院公布的年度反恐报告，具体请参见美国国务院网站 https：//www.state.gov/j/ct/rls/crt/

① United States Department of State, *Patterns of Global Terrorism* 2002, April 30, 2003, https：//www.state.gov/j/ct/rls/crt/2002/html/index.htm，登录时间：2016 年 5 月 20 日。

② Bureau of Counterterrorism, United States Department of State Publication, *Country Reports on Terrorism* 2011, April 2012. https：//www.state.gov/documents/organization/195768.pdf，登录时间：2016 年 12 月 20 日。

③ United States Department of State and Bureau of Counterterrorism and Countering Violent Extremism, *Country Reports on Terrorism* 2015, June 2, 2016, http：//www.state.gov/documents/organization/258249.pdf，登录时间：2017 年 4 月 20 日。

④ United States Department of State and Bureau of Counterterrorism and Countering Violent Extremism, *Country Reports on Terrorism* 2016, July 2017, https：//www.state.gov/documents/organization/272488.pdf，登录时间：2018 年 1 月 20 日。

第二，全球各地的恐怖组织数量如雨后春笋般急剧增加，恐怖活动也开始在全球更大范围内进一步扩散。举例来说，“9·11”事件之前，美国国务院认定的“外国恐怖组织”（FTO）为29个，2001年和2002年分别为33个和36个。此后，这一数字便开始稳步上升。2011年美国政府认定的“外国恐怖组织”已经达到49个，2012年和2013年分别为51个和54个，2014年达到59个。2015年的新名单虽然移除了“11月17日革命组织”和“利比亚伊斯兰战斗集团”两个组织，但新增了伊拉克逊尼派复兴党武装“纳格什班底军”（Jaysh Rijal Al – Tariq Al – Naqshabandi，JNTR）。2016年又新认定“伊斯兰国”呼罗珊分支、利比亚分支和印度次大陆“基地”组织为“外国恐怖组织”。

美国国务院制订“外国恐怖组织”名单的主要法律依据为《移民和国籍法》（INA）第219条，以及经过修正的《反恐与有效死刑法案》等，其划定“外国恐怖组织”的具体标准有三：一是该组织必须为“外国的”组织；二是从事了美国政府所界定的“恐怖主义活动”，或具备从事恐怖活动的能力和意图；三是该组织的恐怖主义活动威胁到了美国公民与国家安全，比如国防、外交与经济利益等。事实上，由于国际社会在“恐怖主义”的定义问题上存在很大争议，仍有许多恐怖组织并不在这一名单之上。即便是被美国国务院列入这一名单上的“外国恐怖组织”，也未必就会被其他国家所认可。比如，在许多阿拉伯国家看来，活跃于巴勒斯坦的哈马斯和黎巴嫩地区的真主党似乎并不能简单地划入“恐怖组织”之列。但不管怎样，我们仍能透过这一名单看到近年来国际恐怖组织不断增多和衍生的总体发展趋势。

第三，伴随恐怖组织数量快速增长的同时，恐怖活动的范围也开始在全球范围内大面积扩散。比如，在“9·11”事件发生前后的2000年和2001年，全球每年遭遇恐怖袭击的国家大约为30—40个，2015年全球有92个国家遭遇了恐怖袭击，2016年全球遭受恐怖袭击的国家数量进一步增加到102个。其中，中东、南亚、中亚、东南亚和非洲等“破碎地带”和许多所谓“失败国家”更是全球恐怖活动的“重灾区”。统计表明，55%以上的恐怖袭击发生在伊拉克、阿富汗、印度、巴基斯坦和菲律宾五国。在因恐怖袭击而致死的人数当中，75%发生在伊拉克、阿富汗、叙利亚、尼日利亚和巴基斯坦5个国家。[①] 根据英国简氏恐怖主义与叛乱情报中心（JTIC）统计，2016年全球大约18%的恐怖案件系“伊斯兰国”组织所为，全球45%以上的武装暴力事件发生在伊拉克和叙利亚地区。[②]

二、关于“伊斯兰国”的争论

除了国际恐怖活动的“井喷式”爆发、伤亡程度的急剧攀升，以及恐怖组织数量不断激增之外，国际恐怖活动在规模、形态和袭击手段等方面也出现了快速升级。特别是近年来还出现了像“伊斯兰国”这样既有别于“基地”组织、“爱尔兰共和军”“乌兹别克伊斯兰运动”（IMU）等传统恐怖组织，又不同于传统武装割据势力的“超级怪胎”。“伊斯兰国”诞生之初，大多数学者认为它是一个源于“基地”组织的圣战恐怖组织。但是随着近几年来对于“伊斯兰国”组织研究的逐步深入，国际学术界对于前述定性的质疑也越来越多。目前，较有代表性的观点主要有以下几个：

1. “第三波国际圣战”说。伦敦政治经济学院法瓦兹·格杰斯（Fawaz A. Gerges）教授认为，尽管“伊斯兰国”组织在意识形态和世界观方面延续了以往的全球圣战运动，但其社会起源却与伊拉克和叙利亚密切相关。“基地”组织的领导人本·拉登和扎瓦希里反对挑起教派冲突，反对不加区分地攻击什叶派，而是主张专门攻击西方国家的军队和平民，然而“伊斯兰国”却不断通过攻击什叶派来挑起教派冲突。在二战以来的全球圣战运动当中，萨义德·库特卜所倡导的针对亲西方的世俗阿拉伯政权等“近处敌人”的圣战是第一波伊斯兰圣战运动高潮，苏联撤出阿富汗后本·拉登和扎瓦希里领导下的针对欧美西方国家等“远处敌人”的袭击

---

① United States Department of State and Bureau of Counterterrorism and Countering Violent Extremism, *Country Reports on Terrorism* 2016, July 2017, https://www.state.gov/documents/organization/272488.pdf，登录时间：2018年1月20日。

② 由于国际社会在“恐怖主义”定义问题上远未形成共识，有关国际恐怖活动的统计及跨国恐怖组织认定问题目前在国内外均存在较大争议。不同的统计标准就会产生不同的统计数据，本书在使用这些数据时均已注明出处，但并不表明作者已完全认同统计方对此问题的界定。此处数据可参见 JTIC，“Global Militancy on the Rise, IHS Markit Says”，January 24, 2017. http://news.ihsmarkit.com/press-release/aerospace-defense-security/global-militancy-rise-ihs-markit-says，登录时间：2017年6月20日。

是第二波伊斯兰圣战运动高潮，而巴格达迪领导下的“伊斯兰国”组织则是第三波伊斯兰圣战运动高潮。但是就其残忍性来说，“伊斯兰国”组织无论是在规模还是在强度方面都远远超过了前两次跨国圣战运动。① 值得一提的是，一些国内学者也持有与此相近的观点。比如，许涛教授就提出以“伊斯兰国”组织为代表的“萨拉菲全球圣战运动”是冷战后的“第三次极端主义浪潮”。②

2. “准国家”（quasi - state）或“伪国家”（pseudo - state）说。乔治·梅森大学反恐专家奥黛丽·库尔特·克罗宁（Audrey Kurth Cronin）等认为，将“伊斯兰国”等同于恐怖组织是“错误的”。尽管该组织使用了恐怖主义策略，但它不同于从事传统恐怖活动的“基地”组织，原因主要有如下几点：（1）“伊斯兰国”在武装规模、作战方式及拥有领土方式等方面与“基地”组织不同；（2）二者形成和发展的历史不同，形成于萨达姆倒台后的“伊斯兰国”吸收了大量对什叶派政权不满的反叛力量；（3）二者的政治追求和抱负不同，“伊斯兰国”并不是为了简单地反对美国和西方，而是寻求在其控制领土上建立一个按照伊斯兰教法“沙利亚”进行治理的国家，最终要成为一个全球穆斯林的政治、宗教和军事权威；（4）二者的组织管理与活动方式存在较大差别，“伊斯兰国”组织头目和武装力量主要在城镇开展活动，与平民社会实现了有机融合，拥有完善的社会管理体系和独立的财政收入来源。因此，“伊斯兰国”组织充其量只能算是一个在常规军事力量领导下的“伪国家”。③

3. “革命国家”（revolutionary state）说。哈佛大学教授斯蒂芬·沃尔特（Stephen M. Walt）指出，“伊斯兰国”组织不同于对控制领土毫无兴趣的“基地”组织，而是试图在其领土上建立一个真正的国家。这种野心勃勃地将暴力倾向和领土控制结合起来的极端运动在历史上并非绝无仅有，因为它和历史上的法国大革命、沙皇时期的俄国革命、伊朗霍梅尼革

---

① Fawaz A. Gerges, “ISIS and the Third Wave of Jihadism”, *Current History*, December 2014.

② 许涛：“对冷战后第三次极端主义浪潮兴起的反思”，载《新疆社会科学》2015 年第 1 期。

③ Audrey Kurth Cronin, “ISIS Is Not a Terrorist Group: Why Counterterrorism Won’t Stop the Latest Jihadist Threat?” *Foreign Affairs*, March/April 2015.

命等具有一系列共同特征。比如，将反对派描述成“邪恶、敌对且无力改革的政权”；宣称胜利是“不可避免的”，以便使追随者能够坚定地服从；运动的领导人通常认为其革命模式具有普遍适用性。就此而言，“伊斯兰国”不过是一个“规模不大且资源有限的革命运动，除了不幸处在其控制之下的民众外，它弱小到无法造成一个重大的威胁”。①

4. “三位一体说”。持此观点的人认为，“伊斯兰国”组织兼具了恐怖组织、革命运动和准政权的三重属性，是一个全新的事物。比如，美国中央情报局前副局长迈克尔·莫雷尔（Michael Morell）2015 年底在《时代》杂志上撰文指出，“伊斯兰国”组织是一个我们从未遇到过的对手，“它既是一个恐怖组织，又是一个国家，同时还是一个革命性政治运动”。②

三、“伊斯兰国”的本质

媒体和学术界之所以在“伊斯兰国”属性问题上出现分歧，主要源于该组织诞生以来所形成的一系列独一无二的特征，而这些特征已经无法被传统的恐怖主义定义所涵盖：第一，“伊斯兰国”虽然具有强烈的政治诉求，但其快速崛起本身并非因为这种政治性，而是因为伊拉克马利基执政时期急剧恶化的逊尼派和什叶派矛盾。事实上，“伊斯兰国”和“基地”组织等所鼓吹的“武装圣战”思想多年来一直存在于中东地区，但响应者寥寥，即便在萨达姆政权倒台初期也未能获得多少支持。然而，马利基政权狭隘的国内政策迅速让伊拉克中央政府失去了境内部分逊尼派民众支持，一大批萨达姆时期的复兴党成员，尤其是政治、军事和宗教精英转而加入了反叛武装，成为“伊斯兰国”迅速崛起并节节胜利的重要原因，这就决定了其从一开始就具有强烈的内战和教派冲突色彩。

第二，“伊斯兰国”的支持者和追随者不只是一小撮拥有狂热意识形态的极端分子，其在当地乃至穆斯林世界不乏同情者和支持者。“伊斯兰国”攻下费卢杰和摩苏尔等城镇时，不少伊拉克逊尼派民众曾夹道欢迎。

---

① Stephen M. Walt, “ISIS as Revolutionary State: New Twist on an Old Story”, *Foreign Affairs*, November/December 2015.

② Michael Morell, “ISIS Will Strike America”, *Time*, November 30 – December 7, 2015, p. 60.

尽管绝大多数穆斯林并不认同“伊斯兰国”组织的极端暴力行为，但仍有一些穆斯林群体对其表现出了某种同情。根据卡塔尔阿拉伯政策研究中心（ACRPS）发布的《2015 年阿拉伯舆论指数》研究报告，2014 年阿拉伯民众当中对“伊斯兰国”持有“正面看法”或“一定程度的正面看法”的人约为 11%；虽然国际社会在 2015 年对“伊斯兰国”组织发动了强大的舆论攻势，持有类似立场的阿拉伯民众仍然达到了 7%。此外，在“伊斯兰国”崛起根源的认识问题上，38% 的受访者认为它是阿拉伯地区和有关国家内部冲突的产物，高达 50% 的受访者认为这是外部大国造成的。[①] 另根据德国统计公司 statista 和英国《独立报》2015 年的联合调查，在以穆斯林为主体的巴基斯坦、马来西亚、尼日利亚和土耳其，虽然反对“伊斯兰国”的人分别占 28%、60%、66% 和 73%，但是其支持者也分别达到了 9%、11%、14% 和 8%，而不愿就此表态的受访者分别为 62%、29%、20% 和 19%。[②]

第三，“伊斯兰国”的军事能力、治理模式和行为方式更像是一个尚未被任何国际社会成员承认的“草创政权”，而非一般意义上的有组织犯罪集团。在军事上，“伊斯兰国”不仅拥有轻型武器，而且拥有除海空军以外的大量重型装备，可以进行一定规模的常规地面作战，包括开展游击战、网络战、信息战和心理战等；在经济上，“伊斯兰国”除了绑架、勒索和黑市贸易等非法收入外，还拥有较为稳定的征税收入和石油出口收入，可以保证其军政机器的正常运转，这种极其庞大的资金获取能力远非一般犯罪集团所能企及；在社会治理层面，“伊斯兰国”不仅拥有面积广大的辖区和人口，而且在所辖领土上采取了较为有效的社会治理，基本上维持了整个社会的正常运作。

第四，“伊斯兰国”具有前所未有的国际化水平。位于伦敦的政治暴力与极端化国际研究中心（ICSR）在其 2015 年初发布的报告中指出，来到叙利亚和伊拉克的外国战士多达 2.073 万人，这一数字已经超过了 20 世

---

① Arab Center For Research & Policy Studies，“The 2015 Arab Opinion Index：Results in Brief”，Dec 21，2015. http：//english. dohainstitute. org/content/cb12264b – 1eca – 402b – 926a – 5d068ac60011，登录时间：2018 年 4 月 20 日。

② Niall McCarthy：“How the Muslim world views ISIS”，November 20，2015. https：//www. statista. com/chart/4042/how – the – muslim – world – views – isis/，登录时间：2018 年 1 月 20 日。

纪 80 年代阿富汗战争中的外国武装人员数量，成为“1945 年后在穆斯林为主体的国家中的最大规模的外国战士动员”。[①] 位于纽约的战略咨询公司苏凡集团（TSG）在 2017 年底发布的评估报告中称，从“伊斯兰国”宣布建立“哈里发”前后到2017 年为止，已有来自全球110 多个国家的4 万多名外籍战士来到伊拉克和叙利亚为其效力。[②] 诚然，国际化特征本身并不能构成“伊斯兰国”的合法性或为其进行定性的根本性依据，但是如此大规模的国际化水平足以反映其背后所代表的令人难以忽视的社会力量，也是其有别于以往我们熟知的其他所有犯罪集团的一个重要标志。

国际主流媒体和各国政府之所以将“伊斯兰国”定性为“恐怖组织”，一方面源自各国对“伊斯兰国”极端暴力行为的不认同，另一方面则含有为阻止“伊斯兰国”继续坐大而寄希望通过“恐怖组织”这一贬义定性来消除其合法性的考虑。对美国而言，否认“伊斯兰国”组织的合法性同时还含有不承认伊拉克和叙利亚现状并推卸其背后责任的考虑。众所周知，“伊斯兰国”的快速崛起既源于两国的动荡和混乱，更与美国 2003 年对伊拉克的粗暴军事干预密不可分。有关“伊斯兰国”属性的讨论并不是一个纯粹的学术问题，它很大程度上还与国际社会应对该组织的策略密切相关。只有对症下药，方能药到病除，打击“伊斯兰国”同样如此。几年来，国际社会通过各种军事手段打击该组织的策略并未取得预期效果，或可在一定程度上说明以往对于“伊斯兰国”认识的局限性。从某种意义上说，“伊斯兰国”组织更像是一种“内战化”的政治和教派冲突，只是其过于激进、残忍的政策与政治抱负无法见容于整个国际社会。换言之，它更像是一个使用了恐怖暴力手段的“政治性反叛”或“极端暴力组织”，而不是一个传统意义上的“恐怖组织”。[③]

---

① Peter R. Neumann, “Foreign fighter total in Syria/Iraq now exceeds 20, 000; surpasses Afghanistan conflict in the 1980s”, January 26, 2015 http://icsr. info/2015/01/foreign - fighter - total - syriairaq - now - exceeds - 20000 - surpasses - afghanistan - conflict - 1980s/，登录时间：2017 年 4 月 20 日。

② Richard Barrett, *Beyond the Caliphate: Foreign Fighters and the Threat of Returnees*, The Soufan Center (TSC), October 2017, pp. 7 – 10.

③ 关于“伊斯兰国”性质的探讨，请参见拙文“政治和解与军事打击同样重要”，《社会科学报》2016 年 9 月 30 日；廉长刚主编：《反恐理论与实务研究》，北京：中国人民公安大学出版社，2016 年版。

随着2017年底以来“伊斯兰国”组织在伊拉克和叙利亚的军事溃败，该组织作为大型军事政治实体的存在或许已经彻底终结。然而，“伊斯兰国”组织作为“9·11”以来全球反恐战争中的一个“超级怪胎”留给我们的思索还远未结束。无论是这一现象本身，还是它在全球跨国圣战运动、国际恐怖主义、低烈度冲突和非对称性武装冲突等领域中所展现出的种种特征，乃至其所带来的各种有形和无形影响，都需要我们进行更多深入的探索。

第二节　技术根源：远程交通与信息革命

布雷特·金指出：“今天，科技以人类历史上从未有过的速度改变着我们。”① 科技发展在给人类生产和生活带来便利的同时，也会带来一些潜在风险，增加人类社会的脆弱性。科学技术进步及其大规模商业应用极大地增强了国际恐怖活动的能量和威力，使跨国恐怖组织的运营模式、袭击战术、活动地域，以及传播路径和影响范围等发生了根本性变化。然而，以往对于跨国恐怖活动根源的探讨在很大程度上忽视了科学技术发展在推动跨国恐怖活动扩散和升级过程中所扮演的独特角色。事实上，由于当代科学技术迅速发展和大规模商业化应用在许多领域所产生的“颠覆性”后果，科学技术对国际恐怖活动的影响比以往任何时候都要明显。本节将会从对当前国际恐怖活动影响最为深远的武器技术、远程交通与通讯技术、网络与信息技术、新媒体技术入手，分析造成当前国际恐怖活动猖獗的科学技术根源，以便更好地理解我们所面临的国际恐怖主义与反恐形势。

一、武器技术

武器技术是恐怖分子开展恐怖袭击的工具和手段，它直接决定着恐怖

① ［美］布雷特·金著：《智能浪潮：增强时代来临》，刘林德、冯斌等译，中信出版社，2017年版，第10页。

活动的袭击方式、杀伤后果与社会影响。回溯恐怖主义的发展史，我们不难看到武器技术发展对于恐怖活动的深远影响。在冷兵器时代，恐怖分子只能使用匕首、刀、剑等发动袭击，其杀伤半径和杀伤效能较为有限。直到19世纪以前，各种刀具利刃一直是大多数中外恐怖分子所热衷的武器。进入热兵器时代后，随着炸药、枪械等热兵器的出现，特别是半自动、自动武器，定时炸弹、高爆炸药等出现，武器技术的杀伤距离和杀伤效能等得以大幅提高，恐怖分子的袭击战术也随之发生了重大改变。不过，赫伯特·蒂勒玛认为，武器技术进步和恐怖分子袭击手段的升级之间存在着一个因“滞后效应”所造成的时间差，其原因就在于“恐怖分子偏好熟悉而简单的武器”。[①] 造成这一现象的原因可能是多方面的，首先是老式武器容易获取、价格低廉、性能可靠，且往往便于拆解、搬运和操作；其次是武器技术作为国家安全和专政手段的重要依靠，大多被严格控制在各国政府和军方手中，其在社会上的扩散往往需要一段时间。比如，手枪、来复枪和全自动武器出现相当长一段时间之后才开始被恐怖分子所使用。1866年诺贝尔发明了炸药，并且很快将其用于军事和商业领域。然而直到20世纪初，炸药才开始成为恐怖分子广泛使用的武器，其他较为先进的高爆炸药和自动武器等也都经历了一个类似的滞后过程。直到今天，许多恐怖分子还在使用早已“过时”的技术，比如简易的化肥炸弹、廉价刀具等。

武器技术发展对于国际恐怖活动的影响主要体现在三个层面：

第一，武器技术进步和扩散极大地增强了国际恐怖活动的杀伤效能和致命程度。统计表明，1981—1986年全球平均每起恐怖事件造成的死亡人数分别为0.34人、0.26人、1.28人、0.55人、1.29人和0.98人，在恐怖事件中受伤的人数分别为1.64人/起、1.55人/起、2.54人/起、1.71人/起、1.91人/起、2.8人/起；2011—2016年全球平均每起恐怖事件造成的死亡人数分别为1.21人、1.63人、1.86人、2.57人、2.53人和2.44人，因此受伤的人数分别为2.51人/起、3.19人/起、3.45人/起、2.86

① Herbert K. Tillema, “A Brief History of Terrorism and Technology”, Tushar K. Ghosh, Mark A. Prelas, et al, edited, *Science and Technology of Terrorism and Counter - terrorism*, New York & Basel: Marcel Dekker Inc., 2002, p. 23.

人/起、3.3/3.4 人/起和 3.32 人/起。[①] 从这两个不同时间段的对比可以看出，单个恐怖事件的致命程度正在快速上升。造成恐怖活动伤亡程度增加的因素有两点：一是冷战后自动或半自动小型武器在全球范围内的快速扩散，特别是美苏双方在阿富汗战场上所投放的大量小型轻武器（SALW）的扩散。由于携带方便、性能优良，加上使用寿命长达40 多年，这些武器很快开始在一些跨国武装势力当中流转。有学者指出，在后冷战时期，“小型轻武器已经成为全球安全的一个重要威胁”。[②] 二是 80 年代后借助简易爆炸装置（IED）的自杀性攻击的快速扩散。利用各种爆炸物制成的简易爆炸装置如今已成为许多恐怖组织发动重大恐怖袭击的致命武器，一些媒体甚至称其为“仅次于核武器的历史上最凶恶武器”。[③] 一般来说，简易爆炸装置是对各种自制的非专业性炸弹，比如汽车炸弹、土地雷、自制爆炸物的统称，这些自制爆炸物同样具备点火装置、电源、引信和主炸药等构件。它们制作成本低廉、工艺简陋，但是往往隐蔽性强，杀伤力大。据联合国索马里援助团2018 年发表的一份声明，过去 3 年内简易爆炸装置在当地共造成约 3000 人死亡或受伤。2017 年 10 月 14 日，在索马里首都摩加迪沙市区发生的一次汽车炸弹袭击中，共有 500 多人死亡、300 人受伤。[④] 在伊拉克，半数以上的美军伤亡来自简易爆炸装置。为了增强其杀伤力，极端暴力武装往往会在这些自制炸弹中加入钢珠、钉子等。这些简易爆炸装置起初大多采用无线电遥控起爆技术，随着美军增配了电子干扰器后，更为先进的激光遥控起爆、红外起爆和光敏起爆技术也开始出现。[⑤]

第二，武器技术发展改变了恐怖分子的袭击手段和偏好，并推动了恐怖袭击方式及其战术的升级。硝甘炸药、硝铵炸药、明胶炸药，以及 TNT、

---

① 此处数据来自美国国务院恐怖主义年度报告，除 2014 年、2015 年和 2016 年平均伤亡比例数据外，其余数据系作者自行统计所得。

② H. Sidky, “War, Changing Patterns of Warfare, State Collapse, and Transnational Violence in Afghanistan: 1978 – 2001”, *Modern Asia Studies*, Vol. 41, No. 4 (2007), pp. 860 – 861.

③ 徐志伟：“土得掉渣的 IED：简易爆炸装置面面观”，载《坦克装甲车辆》2018 年第 2 期，第 62 – 67。

④ 王小鹏：“联合国说过去 3 年简易爆炸装置致 3000 名索马里人死伤”，新华社内罗毕 2018 年 4 月 4 日电。

⑤ 吴桑、王亚伟：“简易爆炸装置：驻伊美军的心腹之患”，载《现代军事》2006 年第 1 期，第 49 – 51 页。

C-4和“太恩”等高爆炸药领域的进步在很大程度上改变了传统恐怖袭击模式。早期恐怖分子主要使用可以进行远距离破坏的邮包炸弹。比如，1977—1983年全球23个国家境内共发生了84起有案可查的邮包炸弹事件。著名“炸弹客”西奥多·卡钦斯基在1975—1995年间共制造了16起邮包炸弹事件，最终被判处四次终身监禁。[①] 从20世纪80年代初开始，以汽车炸弹或人体炸弹为手段的自杀性攻击战术开始出现并迅速蔓延。1983年底，在不到两周时间里，几辆自杀性汽车炸弹先后在黎巴嫩境内的美国海军陆战队营地、法国国际维和部队营地及以色列国防军营地引爆，造成359名美国、法国和以色列士兵丧生。汽车炸弹的巨大威力不仅引起了国际社会的广泛关注，也使众多恐怖分子竞相效尤。据马里兰大学全球恐怖主义数据库（GTD）统计，爆炸袭击案件占1970—2015年全球恐怖袭击案的48.4%以上。[②] 另据美国国务院有关报告显示，从2000年到2008年，全球60%以上有案可查的恐怖事件为恐怖爆炸。[③] 在2015年和2016年发生的全球恐怖袭击案中，爆炸袭击案件的比例也分别达到了52%和54%。[④]

第三，除了常规武器技术领域的进步外，化学、生物、放射性与核（CBRN）知识的扩散使得人们对于相关威胁的担忧也与日俱增。美国蒙特雷研究院的一份报告显示，1960—1999年全球共发生415次与CBRN相关的可疑事件，其中151起可以被确定为“恐怖事件”。全球恐怖主义数据库的统计还表明，1970—2010年全球共有219起涉及生、化和放射性物质

---

① James M. Poland, *Understanding Terrorism: Groups, Strategies, and Responses* (2nd Edition), Boston, New York and London, Prentice Hall, 2011, pp. 185-186.

② 此处数据来自全球恐怖主义数据库（GTD）网站的统计和分析，具体可参见Knoema, “Global Terrorism Database 1970-2015, Attack Type”, June 14, 2017. https://knoema.com/mmqoxhe/global-terrorism-database-1970-2015，登录时间：2017年6月20日。

③ U. S. Department of State, *Terrorist Bombings* (Washington, DC: U. S. Government Printing Office, 2002), p. 1.

④ National Consortium for the Study of Terrorism and Responses to Terrorism, *Annex of Statistical Information: Country Reports on Terrorism* 2015, College Park, MD, June 2016, p. 14; National Consortium for the Study of Terrorism and Responses to Terrorism, *Annex of Statistical Information: Country Reports on Terrorism* 2016, College Park, MD, July 2017, p. 16.

的恐怖事件，约占恐怖事件总量的0.2%。[①] 虽然此类恐怖袭击总体上比较罕见，但是由于其隐蔽性强、危害性大、持续时间长、手段多种多样，加上民众对之缺乏了解和心理准备，故而更容易在社会上引起大面积恐慌。一些学者认为，“即是只是恐怖分子可能使用CBRN武器的潜在效应，也可能导致类似恐怖分子成功实施行动的效应”。[②] 2001年9月，供职于美国马里兰州德特里克堡军方实验室的微生物学家布鲁斯·埃文斯（Bruce Ivins）将含有炭疽杆菌的信件寄给多家媒体和两名民主党参议员，最终造成5人死亡，17人被感染，这一事件一度在美国引起了“白色粉末恐惧症”。一些国会例行会议被迫取消，参议院和最高法院被疏散，许多民众担心打开邮件。由于炭疽热袭击的复杂性，一般认为只有具备官方背景的炭疽热项目才可生产此类高危物质。最终，联邦调查局锁定了布鲁斯·埃文斯。其所在的实验室是美国炭疽热武器化试验的一部分，埃文斯本人已经在此工作了28年。在接受大陪审团庭审之前，埃文斯自杀身亡，其发动袭击的动因至今仍不得而知。除此之外，近年来类似案件在其他国家也屡屡出现。比如，2014年11月，多件标注着装有埃博拉病毒样本的包裹被寄往新西兰议会机构。在此之前，捷克政府也遭遇了有关散布埃博拉病毒的邮件勒索。

哈佛大学课题组在2004年完成的一份研究报告中指出：无论是偷盗一枚核武器还是通过盗取核材料制成简易核装置（IND），此类核恐怖袭击都是最难实施的恐怖活动，但此类恐怖活动的危险是“真实的”。[③] 更为重要的是，由于缺少可以报复的目标和对象，加上一些恐怖组织对死亡问题的特殊认知，造成适用于主权国家之间的“核威慑”与“核报复”政策在慑

① 刘杨钺、刘戟锋、吴承富：“武器化视角下国际生化安全态势分析”，载《南京政治学院学报》2016年第1期，第63－69页。

② ［德］Andre Richardt, Birgit Hülseweh, Bernd Niemeyer and Frank Sabath，《CBRN防护—化学生物放射性和器威胁的管理》，裴承新、夏治强、刁海玲译，北京：国防工业出版社，2014年版，第419页。

③ Matthew Bunn and Anthony Wier, *Securing the Bomb: An Agenda for Action*, Nuclear Threat Initiative and the Project on Managing the Atom, Harvard University, May 2004, p. vii.

止恐怖组织使用核武器或放射性武器方面毫无意义可言。[①] 不过，也有专家认为，虽然恐怖分子引爆核装置的场景非常可怕，但“核武器在CBRN武器中是最难获取的”，一方面，“拥有核武器的国家谁也不会将自己的核武器交给他们完全无法控制的恐怖组织”，根据核武器特定的爆炸特性，即便是向其他国家转让核武器或核材料也会“伴随与此相关的所有政治后果”；另一方面，作为有核国家的最高安全机密，恐怖分子偷盗核武器的成功几率比较有限。“核武器通常防守严密，即使恐怖分子能够偷盗核武器，他们仍然无法引爆，因为核装置中的防护机制能确保无法成功实施未经授权的爆炸。”[②] 相比之下，恐怖分子通过黑市交易、偷盗等获取核材料并制造具有放射性的“脏弹”，或是针对核设施发动袭击的风险更高一些。据报道，在“9·11”之前，本·拉登领导下的“基地”组织为了获得核、生、化与放射性武器，曾经专门与俄罗斯的有组织犯罪集团、巴基斯坦核科学家及伊斯兰圣战分子们会面。[③] 但是，目前还没有证据表明“基地”组织曾经在此领域取得过真正的进展。

二、远程交通与通讯技术

从历史上看，恐怖活动一开始往往具有很大的地域性，其影响力也总是局限在一个狭小的地域范围内。这种地域性首先源于前工业时代远程交通工具的局限。在工业革命之前，依靠徒步或以马、驴、骡等畜力代步是最为重要的交通方式，这使得人类活动范围被局限在非常有限的地域空间内，恐怖分子自然也不例外。其次是受制于当时较为落后、缓慢的信息传递技术，在现代远程通讯技术出现之前，即便发生了重大恐怖事件，也不

① 中国国际战略研究基金会主编：《应对核恐怖主义：非国家行为体的核扩散与核安全》，北京：社会科学文献出版社，2012年版，第16页；［德］Andre Richardt，Birgit Hülseweh，Bernd Niemeyer and Frank Sabath，《CBRN防护—化学生物放射性和器威胁的管理》，裴承新、夏治强、习海玲译，北京：国防工业出版社，2014年版，第420页。

② ［德］Andre Richardt，Birgit Hülseweh，Bernd Niemeyer and Frank Sabath，《CBRN防护—化学生物放射性和器威胁的管理》，裴承新、夏治强、习海玲译，北京：国防工业出版社，2014年版，第432页。

③ Brian Michael Jenkins，*Will Terrorists go Nuclear*，Amherst，New York：Prometheus Books，2008，p. 87.

可能在短时间内得到广泛传播。

现代远程交通技术进步对于恐怖活动的影响主要体现在两个层面：

其一，现代交通运输领域的发展拓展了恐怖分子所能到达的地理范围和活动空间。有学者指出："一个当代恐怖分子可以在一天之内到达目标，完成任务后又以同样的速度返回。这只是在最近才成为可能。"① 以航空业为例，在20世纪30年代，被认为"具有划时代意义"的波音237载客不过10人，航程只有766千米。如今的空客A380载客超过500人，航程超过15000千米。1946年，全球空运旅客仅为1800万人次，2017年全球航空旅客已达到40亿人次。根据国际航空运输协会（IATA）预测，2036年全球航空客运量将达到78亿人次。② 快速、便捷的交通工具在推动冷战后世界经济一体化快速发展的同时，也为恐怖分子实现跨国流动创造了前所未有的便利。对当代国际恐怖组织的运营方式而言，"国际化"或"跨国化"是一种具有颠覆性的变化。根据《威斯特伐利亚条约》所确立的现代国际体系，任何主权国家都拥有"使用武力平息国内动乱和根据军事上的必要性决定是否进行战争的垄断权"。③ 然而，对于活动在其境外的恐怖分子，主权国家使用武力的权限将会受到很大限制，因为针对这些恐怖组织的武装袭击往往会被东道国视为入侵行为。这就为各种恐怖分子提供了可以免于被报复的安全庇护所，使其能够在免于被报复的情况下针对目标国发动袭击。兰德公司的一项研究表明，1990—2001年发生的恐怖袭击中，约有73%的恐怖袭击是来自其他国家境内的恐怖分子。而且，由于远程交通、通讯和信息技术的发展，"恐怖分子走向国际化的成本已经大幅下降了"。④

其二，远程交通工具的发展还在某种程度上激发了恐怖势力进行战术

---

① Herbert K. Tillema: "A Brief Theory of Terrorism and Technology", Tushar K. Ghosh, Mark A. Prelas, Dabir S. Viswanath and Sudarshan K. Loyalka edited, *Science and Technology of Terrorism and Counterterrorism* , New York and Basel, 2002, p. 24.

② 奥博佳传播："国际航协：2036年全球航空客运量几近翻倍，增至78亿人次"，《空运商务》2017年第11期，第29－30页。

③ ［美］詹姆斯·多尔蒂，小罗伯特·普法尔茨格拉夫著：《争论中的国际关系理论》（第五版），阎学通、陈寒溪等译，北京：世界知识出版社，2003年版，第418页。

④ Navin A. Bapat, "The Internationalization of Terrorist Campaigns", *Conflict Management and Peace Science* (September 2007), Vol. 24, No. 4, pp. 265－266.

创新的动力，并充当了恐怖分子创新作案工具的角色。20 世纪 80 年代以来，利用汽车改装而来的汽车炸弹已经成为恐怖分子手中威力巨大的武器。2000 年 10 月，“基地”组织利用满载炸药的橡皮艇突袭正在也门亚丁港进行燃油补给的“科尔号”驱逐舰，造成 17 名美国海军陆战队员死亡，38 人受伤，军舰受损严重。在 2001 年的“9·11”事件中，“基地”组织成员利用民航飞机及其携带的航空燃油为武器，使长期作为纽约地标建筑的世贸中心双子塔毁于一旦。2016 年 7 月 14 日晚，恐怖分子驾驶一辆 18 吨的卡车，以“Z”字形路线冲入正在法国南部旅游城市尼斯参观国庆节烟火表演的人群，造成 84 人遇难，200 余人受伤。12 月 19 日，另一名恐怖分子驾驶卡车冲入柏林西部的圣诞集市，造成 12 人死亡，近 50 人受伤。类似的恐怖袭击方式近年来在欧洲较为常见，以至于简林恩·尤基（Janelynn Njuki）提出此类以“冲撞碾压和刀刺”（Ramming and Stabbing）战术为特征的恐怖活动是近代以来的第五次恐怖主义浪潮。①

远程通讯技术是影响当代国际恐怖活动的又一重要领域。在电话、电报、传真、电子邮件、手机等出现之前，人类社会的远程通讯主要依赖于口口相传和书信往来，其传输距离、传输内容和时效都非常有限，而现代通讯技术的发展则带来了颠覆性的变化。远程通讯技术对当代国际恐怖活动的影响至少体现在以下四个层面：首先，现代通讯技术使恐怖分子之间开展远距离沟通和复杂的多层次协调成为可能。对恐怖分子而言，如果离开现代通讯技术，要想开展远距离跨境协调，不仅困难重重，还会增加被警方破获的风险。其次，现代信息技术革命为恐怖分子开展宣传、制造社会恐慌等创造了前所未有的有利条件。借助发达的通讯技术，可以实现通过以往口口相传或传统邮件无法完成的工作。比如，有关恐怖活动的信息、图片、声音和影像可以在瞬间传遍全球，从而使恐怖分子和恐怖组织获得前所未有的影响力。再次，现代通讯技术大大提高了恐怖组织开展协调和信息交流的速度，进而增强了其开展恐怖活动的效能。通过传统通讯方式需要数天乃至数月才能完成的信息交流，如今都可以在瞬间完成，恐

① 至于“冲撞碾压和刀刺”是否构成第五次国际恐怖主义浪潮或许值得商榷，但尤基无疑敏锐地看到了当前恐怖活动中的一些新战术特征。参见 Janelynn Njuki，“Ramming and Stabbing: The 5th Wave of Modern Terrorism?” *API Research Notes*, Issue 20, August 2017.

怖分子之间进行交流和协调的节奏与效能都大大加快。最后，远程通讯技术的快速普及降低了恐怖组织开展跨国活动的经济成本，尤其是廉价便捷的电子邮件、移动电话和社交媒体等出现后，极大地降低了恐怖分子开展协调和运营的经济成本。正像小约瑟夫·奈所说：信息革命的主要特征是信息传输费用的大幅降低，“人们花费很少的费用就可以组织起跨国界的非政府行为体。”①

值得一提的是，作为传统制造业和信息技术产业相结合的新事物，无人机（UAV）技术正在推动一场军事领域的“无人机革命”。根据美国国防部统计，2001年美军只有数十架无人机，2013年美军的无人机数量已经达到11000架，操作人员也从2005年的2100人增至目前的近万人。② 无人机在全球反恐战争中的突出表现，及其在商业领域的快速普及已经引起了越来越多恐怖势力和有组织犯罪集团的关注，成为全球安全领域的一大隐患。早在2014年，“伊斯兰国”组织就已在伊拉克费卢杰地区使用了无人机。2015年4月，“伊斯兰国”发布的录像显示其正在伊拉克拜伊吉炼油厂地区使用无人机进行侦查和协调。随后不久，库尔德武装击落了一架“伊斯兰国”组织操纵的无人机。③ 2018年1月6日，10余架无人机被发现试图接近俄罗斯驻叙利亚军事设施，随后被俄军方控制或击落。

除此之外，因无人机“黑飞”或操作失误造成的安全事件更是不胜枚举。2014年9月，德国总理安吉拉·默克尔在参加基督教民主联盟竞选活动时，一架微型无人机在其身旁坠毁。2015年初，一名男子在美国华盛顿操控一架多旋翼无人机飞行时失控，无人机最后坠入白宫，引起了不小的惊慌。④ 在法国，无人机也已经带来了一系列安全隐患。比如，2014年10月，法国10余座核电站上空先后遭遇“神秘”的无人机“入侵”。2015年

① ［美］小约瑟夫·奈著：《理解国际冲突：理论与历史》，张小明译，上海人民出版社，2002年版，第303页。

② Avery Plaw, Matthew S. Fricker and Carlos Colon, *The Drone Debate: A Primer on the U. S. Use of Unmanned Aircraft Outside Conventional Battlefields*, London, Rowman & Littlefield Publishers, 2015, pp. 13 – 14.

③ Chris Abbott, Matthew Clarke, Steve Hathorn and Scott Hickie, *Hostile Drones: the Hostile Use of Drones by Non – State Actors Against British Targets*, Remote Control Project Oxford Research Group, January 2016, p. 11.

④ 刘园园：“无人机飞行不能‘任性’”，《科技日报》北京2015年4月14日电。

初，“身份不明”的无人机多次出现在巴黎上空，所到之处包括法国总统府爱丽舍宫、美国驻法国大使馆等敏感区域。就连属于民用无人机“禁区”的机场也未能幸免，仅2015年法国宪兵队就收到了8起有关无人机非法进入戴高乐机场附近空域的报警。[①] 伦敦警方表示，从2013年1月到2015年8月，伦敦地区发生了20起与无人机有关的案件，其中60%的案件涉嫌违反航空管制条例。[②] 面对无人机技术被滥用所带来的安全隐患，国际社会已经纷纷表示了忧虑，并出台了一系列相应的安全管理措施。[③] 但是，无人机带来的挑战显然不会就此止步。

三、计算机与网络技术

著名未来学家阿尔文·托夫勒曾经指出，当前人类社会正在经历着历史性转变，从以农业和工业为基础的社会转向一个新的体系——后工业和信息时代，也即所谓的“第三次浪潮”。在信息技术革命影响下，一方面信息技术将会成为未来数字化战场上的主导力量，另一方面大量跨越国界的电子网络将形成新的空间关系，开辟新的冲突领域。[④] 如今，这一预言早已成为现实。以计算机网络、数字传输、移动终端等为代表的信息革命已在很大程度上改变了现代人的生产和生活方式。1994年之前，互联网技术仍处于起步和科研阶段，1995年全球网民数量只有1600万，不到全球人口总数的0.4%。2015年后，互联网技术开始进入即时化阶段，随着移动终端应用的迅速发展和普及，建立在计算机网络基础上的移动终端更是成了人们生活中必不可少的新活动平台。根据中国信息通信研究院发布的

---

① 郑昊宁：“国外如何为无人机‘立规矩’”，《北京晚报》2017年5月21日。

② Chris Abbott, Matthew Clarke, Steve Hathorn and Scott Hickie, *Hostile Drones: the Hostile Use of Drones by Non – State Actors Against British Targets*, Remote Control Project Oxford Research Group, January 2016, p. 11.

③ Matthew Weaver, “UK should prepare for use of drones in terrorist attacks, says Think – tank”, *The Guardian*, January 11, 2016; Sean Higgins, “FBI: Terrorists expected to use aerial drones ‘imminently’”, *Washington Examiner*, September 27, 2017; Wim Zwijnenburg, “Terrorist Drone Attacks Are Not a Matter of ‘If’ but ‘When’”, *Newsweek*, April 29, 2016.

④ Alvin and Heidi Toffler, *War and Anti – War: Survival at the Dawn of the Twenty – first Century*, Boston: Little, Brown and Company, 1993, pp. 18 – 25.

报告，截至2017年6月，全球互联网用户渗透率由2016年底的47.1%快速升至48%，总数已达到35.83亿。另据互联网咨询公司eMarketer预测，2019年全球互联网普及率将会超过50%，届时全球将有38.2亿网民，占全球总人口的50.6%。[①] 正像布雷特·金所说，“50年之后，当我们回顾所发生的所有变化的时候，我们肯定会发现互联网就是最大的科技推动者。”[②]

表2－1　互联网发展阶段特征变化

阶段	史前阶段	第一阶段（web1.0）	第二阶段（web2.0）	第三阶段	第四阶段
大致时间	1994年之前	1994—2001	2001—2008	2009—2015	2016—
阶段特性	科研阶段	商业化阶段	社会化阶段	即时化阶段	空间化阶段
突出特性	学术属性	媒体属性	社交特性	即时属性	空间属性
全球网民数临界点	0.4%（1600万，1995年）	8.6%（5.73亿，2002年）	23.9%（15.87亿，2008年）	40%（30亿，2015年）	65%（50亿，2024年）
商业创新	邮件	门户、B2C	博客、视频、SNS	微博、微信	变革各行各业
主流形态	局域网、试验网	PC端门户网站	PC端社交软件	移动端应用	物联网

资料来源：鲁世宗：“网络恐怖主义的演化及治理”，《新闻知识》2016年第12期，第8页。

信息技术革命及其大规模商业应用在给人们生活带来诸多便利的同时，也为恐怖分子突破现实世界中的地理和物理屏障创造了条件。这种影响至少体现在三个层面：

第一，网络与信息技术不仅深刻地改变了每一个人的生活，还对现存社会治理模式和国际秩序带来了冲击，并使国际恐怖组织第一次获得了超越民族国家主权边界的动员和组织能力。在传统社会治理模式中，信息是一种极易被垄断的重要资源，而信息革命造成了社会权力的快速分散。在

① 中国信息通信研究院：《互联网发展趋势报告（2017—2018年）》，北京，2017年12月，第2页。

② ［美］布雷特·金著：《智能浪潮：增强时代来临》，刘林德、冯斌译，北京，中信出版社，2017年版，第34页。

国际层面上，它一方面使“大国的权力减少”，“小国的权力增大”；另一方面，“权力分散的组织和虚拟的共同体随着互联网的出现而产生，它们超越领土管辖权并形成自己的管理模式”。[①] 在国内层面，信息革命同样形成了对国内政治权威和社会秩序的冲击。在信息化时代，每个公民的话语权都可能会通过网络被放大，每个人都可能会通过网络空间找到自己的同情者、支持者乃至同道者。比如，从2014年6月“伊斯兰国”宣布建立“哈里发”前后到2017年年底为止，已有超过110个国家的4万名“外籍战士”加入了该组织。[②] 在这些“外籍战士”当中，既有来自中东伊斯兰国家的圣战分子，也不乏大量来自欧美国家的极端分子。显然，离开发达的现代交通和网络技术，要想在非官方层面实现如此大规模的国际动员几乎是不可能的。

第二，它打破了近代以来基于民族国家之上的传统国家间战争形态。信息技术革命赋予一些中小国家和非政府组织以更大能量，第一次使之获得了可与某些大国相抗衡的“非对称性”手段。军事科技史专家马克斯·布特认为，信息革命等技术变革正在“重塑战争”，因为它们可以使“小国和亚国家组织获得重创强大民族国家的能力”。[③] 世界经济论坛创始人克劳斯·施瓦布也指出：“（在网络时代）不但战争的门槛降低了，战争与和平的界限也模糊了，因为任何网络或互联设备，从军事系统到民用设施，如能源、电网、医疗、交通管控和供水系统等，都会成为网络入侵和攻击的对象。对手的概念也发生了变化。与过去不同的是，你可能不知道受到了谁的攻击，更有甚者，你有可能根本觉察不到被袭击了。在过去，国防、军队和国家安全战略主要集中对付有限数量的传统敌对国家。但现在，难以分辨的黑客、恐怖分子、激进分子、罪犯以及其他潜在对手不计

---

① ［美］小约瑟夫·奈著：《理解国际冲突：理论与历史》，张小明译，上海：上海人民出版社，2002年版，第303－306页。

② Richard Barrett, *Beyond the Calphate*: *Foreign Fighters and the Threat of Returnees*, The Soufan Center (TSC), October 2017, p. 7.

③ ［美］马克斯·布特著：《战争改变历史：1500年以来的军事技术、战争及历史进程》，石祥译，上海：上海科学技术文献出版社，2011年版，第456页。

其数。"[1] 换言之，在信息技术革命的推动下，20 世纪 80 年代阿富汗战争中出现的武装冲突非国家化和战争私有化进程进一步加快，战场与后方、士兵与平民，乃至战争与和平之间的界限已经变得日益模糊。由于作战主体、攻击对象、战争方式和战争目标出现了根本性变化，使得西方军事理论家克劳塞维茨关于战争是政治的继续，"是政治交往通过另一种手段的实现"[2] 的经典论断也开始面临挑战。

第三，信息革命在人类沟通方式、社会心理及组织架构等领域所引起的变化又催生了恐怖袭击战术及其运营模式的变化。对置身于互联网当中的每一位个体而言，一方面每个人都可以通过网络与外部世界保持着密切联系，自由地获取信息并表达其诉求，另一方面网络的匿名性又使每一位个体被"孤立地"置身于数字围墙之内，无需进行面对面的社会交流。[3] 这一特征不仅意味着极端分子可以通过网络实现自我激进化，包括接受各种极端思想、学习各种恐怖活动技能、召唤臭味相投的同道中人等，还可以借助网络成为与国际恐怖组织毫无联系的"独狼"恐怖分子，开展"无领导"（leaderless）的跨国恐怖活动。1992 年，美国白人种族主义者路易·毕姆（Louis Beam）第一次提出了"无领导抵抗"的概念。但这一思想最初在实践中并无多大进展，直到"9·11"事件后这一概念和行为模式才开始引起人们关注。其原因不外两点：其一，在美国主导的全球反恐战争打击下，原来的许多传统国际恐怖组织被迫化整为零，以应对全球反恐战争所带来的生存压力；其次，计算机网络技术和移动终端技术的快速发展与大规模商业化应用为其提供了前所未有的便利条件，成为近年来包括欧美西方国家在内的全球"独狼"恐怖活动迅速增长的重要原因。杰弗里·西蒙（Jeffrey D. Simon）甚至认为，互联网是推动当前"独狼"恐怖主义浪潮的最重要事物。它使信息的收集、处理、分配，以及人类的交流方式和社会网络构建方式等实现了革命性突破，包括"独狼"在内的任何

---

① ［德］克劳斯·施瓦布著：《第四次工业革命：转型的力量》，李菁译，北京：中信出版社，2016 年版，第 87 页。

② ［德］克劳塞维茨著：《战争论》第一卷，中国人民解放军军事科学院译，北京：商务印书馆，1995 年版，第 23 – 47 页。

③ Jeffrey D. Simon, *Lone Wolf Terrorism*: *Understanding the Growing Threat*, New York: Prometheus Books, 2013, pp. 33 – 34.

人都可以通过互联网学习如何使用武器、研究袭击战术，获取被袭目标信息而成为“大玩家”。①

第四，计算机网络及其应用技术的发展正在改变传统上对于“网络恐怖主义”的定义。以往人们对于“网络恐怖主义”的定义主要聚焦于其是否具有政治目标，比如美国国防部将其定义为“利用计算机和电信能力实施的犯罪行为，以造成暴力和对公共设施的毁灭或破坏来制造恐慌和社会不稳定，旨在影响政府或社会，实现其特定的政治、宗教或意识形态目标。”② 换言之，网络恐怖主义和黑客的主要区别仅仅在于其是否具有政治目的、是否造成恐怖效果。但是，随着恐怖分子对于网络空间的渗透和利用，这一定义已经无法涵盖更多与网络有关的恐怖主义行为。基于此，国际社会日益倾向于将其定义从以网络为目标（黑客型/目标型恐怖主义）的恐怖主义进一步拓展至包括以网络为工具的恐怖主义（工具型恐怖主义）。③ 比如，联合国反恐工作组（CTITF）在2009年的报告中将“以恐怖主义为目的”而应用网络的犯罪类型分为四种：利用互联网远程改变计算机信息或干扰计算机之间的数据通讯；为恐怖活动目的而将互联网作为信息资源使用；将互联网作为散布恐怖活动信息的手段；以互联网为工具，支持那些致力于恐怖主义活动的社团或网络。④ 2012年，联合国反恐工作组又将这一定义具体化为宣传（招募、煽动、激进化）；资助；训练；策划（秘密通信、公开敏感信息等）；执行；网络攻击。⑤

简言之，当前国际恐怖组织对于网络及其相关技术的利用，或者说网

① Jeffrey D. Simon, *Lone Wolf Terrorism: Understanding the Growing Threat*, New York: Prometheus Books, 2013, pp. 29 – 31.

② ［新西兰］Lech J. Janczewski，［美］Andrew M. Colarik 等著，《赛博战与赛博恐怖主义》，北京：电子工业出版社，2013年版，第11 – 14页。

③ 鲁世宗：“网络恐怖主义的演化及治理”，《新闻知识》2016年第12期，第7 – 12页；王志祥、刘婷：“网络恐怖主义犯罪及其法律规制”，《国家检察官学院学报》2016年第5期，第6 – 21页。

④ Counter – Terrorism Implementation Task Force (CTITF), UN, *Report of the Working Group on Countering the Use of the Internet for Terrorist Purposes*, February 2009, p. 8.

⑤ United Nations Office on Drugs and Crime, United Nations Counter – Terrorism Implementation Task Force, *The Use of the Internet for Terrorist Purposes*, Vienna & New York, 2012, pp. 3 – 12.

络为代表的信息技术在当前国际恐怖活动中的角色集中体现在以下几个方面[①]：

第一，利用网络发动信息战。实施信息战的主要目的在于制造声势、扩大自身影响，获得更多的支持者和追随者，同时号召其追随者在全球范围内发起“独狼式”攻击等。如今，无论是“基地”组织，还是“伊斯兰国”等国际恐怖组织，都借助互联网建立了庞大的跨国性恐怖活动网络，并专门设立了从事信息战和宣传战的职能机构，通过有选择、有计划地对外发布信息来实现其战略目标。“伊斯兰国”及其追随者一度在全球建立了24个分支机构，经营着30多家媒体中心。这些媒体中心平均每天至少发布18条信息，内容包括各种图片、视频、新闻报道、广播、演讲等，这些内容主要通过社交媒体、圣战论坛、博客、微博，视频共享网站等进行发布，所使用语言绝大多数为阿拉伯语，其次是英语、俄语、库尔德语、法语和乌尔都语。“伊斯兰国”宣传机构在其巅峰时期直接控制的媒体中心共有5家，其余为地方性媒体中心。

第二，利用网络实施心理战。对于恐怖组织来说，其制造恐怖活动的目的更多是为了制造恐慌效应，使自身政治诉求得到更为广泛的传播，心理战无疑是实现这一目标的重要手段之一。“伊斯兰国”所实施的心理战包括两个层面：对内（控制区）主要通过实施严厉的“沙利亚”教法，压制不同政见者，清除内部颠覆活动，迫使普通民众保持顺从；对外主要是借助社交媒体，通过发布网络视频和出版物（比如杂志、新闻、旗帜符号等）传播对自己有利的信息，在道义上削弱对手的正当性，同时打击对方士气。比如，该组织曾多次在网络上公布针对西方人质的斩首视频，宣布“暗杀名单”等。2015年春，“伊斯兰国”在社交媒体上公布了100多名参与反恐作战的美军士兵的个人资料，包括姓名、住址、照片和家属信息等，并煽动其在美国的追随者对其发动袭击。这一做法的目的即在于震慑对手和民众，使之担心可能会成为下一个恐怖袭击的目标。

第三，通过网络直接发起攻击，实施网络恐怖活动。比如，“伊斯兰

---

① 参见拙文“‘以网络打败网络’：信息化时代的反恐困境”，《世界知识》2016年第14期，第53－54页。

国”拥有一支专业“黑客”团队，能够利用木马程序和恶意软件等攻击敌方网络系统。2015 年，该组织一度入侵了《阿尔伯克基日报》官方网站和推特账户，并攻击了马里兰 WBOC 第十六电视台频道的网站和推特账户。2015 年 4 月 9 日，该组织对法国国际电视台发动袭击，造成当天 11 个电视频道的节目信号传输被中断。不过，迄今为止，该组织只能进行比较有限的网络攻击，比如破坏网址、篡改网页，实施阻断服务式攻击等。

第四，利用网络作为生存和发展的依托，比如利用社交媒体网络招募新人、寻求资助、获取情报，在恐怖组织内部策划活动、开展协调、传递指令等。网络社交媒体等为恐怖分子躲开监管部门的追捕，跨越国界进行宣传、招募、融资、策划、联络等提供了无限可能。比如，“伊斯兰国”与世界各地分支机构之间的联络，包括与仿效者和那些返回母国的圣战分子之间的联系，主要是通过网络进行的。2009 年 11 月，造成 13 人死亡的胡德堡基地枪击案中，案犯尼德尔·马利基·哈桑（Nidal Malik Hasan）就使用了互联网和远在也门的激进神职人员进行联络。网络俨然成了这些极端暴力组织生存、扩张并实施暴力恐怖袭击的最主要平台。正是有效地借助了网络平台，“伊斯兰国”组织才能卓有成效地吸引全球数以万计的极端分子前赴后继、源源不断地奔赴叙利亚和伊拉克战场，并成功地避开了各国边防和执法部门的监管与拦截。

四、新媒体技术

媒体和恐怖主义是一对孪生兄弟。如果缺少媒体关注与传播，恐怖分子的杀戮就难以产生大面积社会恐慌，其恐怖活动也会因此而失去意义。布鲁斯·霍夫曼指出：“恐怖主义或可被视为一种专门为吸引注意而设计的暴力行为，然后通过其制造的宣传后果来传达信息。”[①] 他认为，早期恐怖活动主要依赖于三种渠道进行宣传和交流，即秘密地下电台；较为隐蔽的地下出版物，如报纸、海报、传单等；传统的大众媒体，如电视、广播和出版社等。在 20 世纪 90 年代，一些新媒体技术的发展为恐怖分子打破

① Bruce Homan, *Inside Terrorism*, New York: Columbia University Press, 2006, pp. 173 - 174.

传统主流媒体的垄断提供了条件，其中影响最大的分别是互联网、廉价可靠的光盘刻录技术，以及私营电视台的出现。①

进入21世纪后，数字传输技术、可视性媒体、自媒体，以及个体化的社交媒体平台等迅速发展，更是为恐怖分子提供了前所未有的活动空间和运营平台，并使之产生了与自身实力不相匹配的能量与影响力。简言之，新媒体技术发展对当前国际恐怖活动的影响主要体现在三个方面：

一是利用自媒体突破传统媒体封锁，并以之作为开展宣传战和信息战的平台。新媒体技术出现以前，恐怖分子只能依赖传统媒体被动地、无意识地传播有限的信息，这些传统媒体大多掌握在官方手里，而且还往往面临着各国安全部门的严格审查。新媒体技术出现后，国际传播领域的话语权开始分散化。国际恐怖组织能够轻易地突破传统主流媒体的限制，随心所欲地开展信息传播。“9·11”事件前后，卡塔尔半岛电视台一度成了“基地”组织对外发布信息的主要平台。“9·11”事件后，半岛电视台在国际社会的压力下不得不减少了对“基地”组织有关信息的报道。然而，“基地”组织借助新媒体技术，通过创建其自身的新媒体平台同样可以向外界发布信息。如今，几乎所有的国际恐怖组织都设有专门的宣传部门，创建有独立的信息传播平台，如多语种网站、电子期刊杂志、视频发布中心等，通过有选择、有计划地对外发布信息来实现其战略目标。巴格达迪领导下的“伊斯兰国”组织就认为，媒体是“非常有效的武器”，其影响力可以超过最具威力的原子弹，进行宣传甚至“比开展军事行动和恐怖活动还重要”。为此，该组织曾号召利用“媒体武器”，发动所谓的“媒体圣战”和“进攻性信息战”。②

二是以社交媒体作为开展恐怖活动的重要平台，进行招募、筹资、联络、策划、宣传等活动。比如，在2015年11月13日造成129人死亡的法国巴黎恐怖袭击案件中，恐怖分子就使用了社交媒体发布信息，并利用手机APP软件进行交流与协作。根据美国布鲁金斯学会的一项研究，“伊斯兰国”组织一度拥有46000个“推特”账户，其中极度活跃的账户约为

---

① Bruce Homan, *Inside Terrorism*, New York: Columbia University Press, 2006, pp. 199 – 201.

② Charlie Winter, *Media Jihad: The Islamic State's Doctrine for Information Warfare*, ICSR, London, February 2017, pp. 17 – 18.

500—2000 个，每个账户每天可以发布 545—2000 个帖子。这些帖子大多用阿拉伯语发送，只有约 1/5 的内容使用英语。[①] 即便是其中一些账户被执法部门查封后，它仍可以通过“脸谱”（facebook）、“优兔”（YouTube）、“图享”（Instagram）等其他社交媒体迅速开设新账户，利用不断更新的海量社交媒体账户躲避监管部门追踪。

三是利用媒体平台有意或无意的宣传报道，制造强大的“示范效应”。媒体在报道恐怖事件时所带来的“示范效应”不仅影响深远，也极为复杂。首先，许多国际恐怖组织和恐怖分子正是通过新媒体平台提供的信息和知识实现了升级换代，大量“孤狼”恐怖分子在媒体网络的帮助和激励下完成了“在线孵化”，接受了新的恐怖袭击战术和恐怖活动技能。[②] 其次，各类新媒体平台所提供的饱和信息在帮助恐怖分子增加成就感的同时，也激励了更多潜在的恐怖分子和极端分子进行仿效，进而投身于全球跨国圣战运动中去。最后，媒体在报道恐怖事件的同时，往往会有意或无意地传达出恐怖分子的政治诉求，为这些恐怖分子提供最为廉价的免费宣传，而这正是绝大多数恐怖组织梦寐以求的社会效果。这将使更多潜在的激进分子为了宣扬自身诉求，或是仅仅为了猎奇、报复和扬名去铤而走险。从近年来的全球反恐战争实践来看，无论是在发达国家还是在发展中国家，媒体对于恐怖事件连篇累牍的报道都会激励一些潜在的极端分子铤而走险，采用恐怖主义战术或是直接发起恐怖袭击。这也是“9·11”事件后西方国家内部源于宗教、种族或社会仇恨的个人极端暴力事件和“独狼”恐怖袭击事件不断上升的重要原因。在发展中国家，恐怖活动“示范效应”不仅体现为个人极端暴力事件和“独狼”恐怖事件的增多，还体现在其内部社会矛盾的“恐怖主义化”和暴力冲突的“塔利班化”倾向，也即其内部反叛势力开始仿效其他国际恐怖组织，越来越多地采用“恐怖主义”袭击战术。这一点在“伊斯兰国”“博客圣地”等具有一定内战色彩的恐怖组织身上有着非常突出的表现。

---

① Renee Lewis, “ISIL’s social media success from core group of Twitter users, study finds”, *Al Jazeera*, March 6, 2015.

② 翟海晓、刘玉书：“‘独狼’恐怖主义研究：基于犯罪特征及新媒体传播的双面视角”，《中国刑警学院学报》2017 年第 3 期，第 31－33 页。

表2-2　关于媒体审查制度与恐怖主义的争论

支持审查制度的观点	反对审查制度的观点
反叛性恐怖分子会利用媒体作为平台进行政治宣传，这有助于其招募新成员。	如果媒体在恐怖分子的暴行面前保持沉默，公众或许会认为作恶者并没有那么坏。
对恐怖分子来说，知名度非常重要，有时候还是对恐怖活动的特殊奖励，而审查制度将会使恐怖活动变得不那么有效。	对于患有精神疾病的恐怖分子来说，公开性是一种暴力的替代；没有媒体的关注，这一威胁或许会变成事实。
媒体对于恐怖事件的详尽报道为潜在的恐怖分子提供了范例，这会增加其未来作案时的成功几率。	媒体对于政治性恐怖分子的抵制或许会促使其升级暴力，直到媒体开始报道其事迹。
恐怖事件进程中的信息播报对恐怖分子非常有用。	如果媒体不报道恐怖主义，谣言就会四处传播，这会导致比媒体报道更加糟糕的结果。
劫持人质事件中的媒体报道可能会危及人质安全。	在人质被围困期间，媒体介入可以促使警方避免采取冒险战术，减少恐怖分子和人质的不必要伤亡。
对恐怖事件的报道可能会导致模仿行为。	如果用沉默来对待恐怖主义，政府就能够将政治歧见人士的非恐怖活动或亚恐怖活动贴上“恐怖主义”的标签，进而导致政府行为失去约束。
在绑架和劫持人质事件中，媒体报道可能会造成绑架者的恐慌，进而导致其杀害人质。	如果在恐怖主义问题上审查媒体，公众将会怀疑媒体对其他事件的报道是否也经过了审查，媒体的可信度就会下降。
像恐怖分子那样无视别人生命的人，不能仅仅因为他们使用了暴力就可以强制公众关注。	在恐怖主义问题上压制媒体新闻将会使民众在安全问题上产生错觉，使他们在直接面对恐怖活动时因缺乏心理准备而不知所措。
报道恐怖事件或许会激活民众当中的一些虐待狂。	对特定恐怖活动公共意识的缺失会让民众无法全面理解政治形势。

续表

支持审查制度的观点	反对审查制度的观点
媒体对恐怖分子的报道或会引发愤怒，进而导致针对恐怖分子所代言群体的私刑和无法控制的报复行为。	关键信息被剥夺、掩盖的感觉会让公众失去对政府当局的信任。
负面新闻会让民众士气低落，而“好的新闻会让我们感觉良好”。	如果媒体自由被冻结，反叛性恐怖分子所宣称的“民主国家并非真正自由”的观点将会被进一步强化。

资料来源：James M. Poland, *Understanding Terrorism: Groups, Strategies, and Responses* (2nd Edition), Boston, New York and London, Prentice Hall, 2011, pp. 67–68.

值得一提的是，目前国内外学术界在媒体如何报道恐怖主义事件问题上还存在着较大分歧（参见表2–2），部分学者倾向于为了民众安全而对媒体报道进行适当的审查和限制，另一部分学者则更为强调民众对于恐怖事件的知情权和言论自由。不过，在大多数学者看来，媒体在报道恐怖事件过程中所产生的负面影响是不容忽视的。诚如温卡特·艾伊尔所言，媒体对于恐怖事件的夸大报道会在民众当中产生一些“不必要的恐慌”，同时又给恐怖分子“平添了很多不应属于他们的成就感”，由此产生了两个不好的后果：或者政府在压力之下满足恐怖分子的要求；或者反应过于激烈，采取了强硬立场和镇压手段，“以至于在很长时间里对合法民众产生不良影响”。① 事实上，即便是在当今一些所谓的“言论自由”国家，其主流媒体对于恐怖事件的报道也决不是绝对的完全自由。这种限制或是来自于其媒体的自律传统，或是关于人道、人性和道义的道德文化，也可能是来自于其国内法律、法规对于暴力事件传播的硬性约束。不过，在当今由新媒体技术所塑造的自媒体生态中，此类约束正在迅速失去其固有的影响力。

当然，需要指出的是，科学技术本身或许并不是造成国际恐怖活动的根本性因素。但是，在当代国际恐怖活动快速扩张和升级过程中，科学技

① 温卡特·艾伊尔著：“恐怖主义与媒体：自律是解决之道吗？”，载［印度］S. 温卡塔拉曼主编：《媒体与恐怖主义》，赵雪波主译，中国传媒大学出版社，2006年版，第169–171页。

术却发挥了极为重要的加速器和催化剂功能。人类社会在享受科技发展带来的进步和便利的同时，也不得不承受科技发展所带来的负面后果，包括一些科技进步沦为恐怖分子手中利器的事实。就此而言，我们在欢呼无人机技术、大数据技术、生物技术和人工智能技术等在造福人类（包括被用于反恐战争）的同时，也不能不担忧这些现代高科技进步对于未来国际恐怖活动的潜在影响。尽管武器技术发展与恐怖活动手段升级之间存在着赫伯特·蒂勒玛所谓的“滞后效应”，但是这种“滞后效应”如今正在迅速减弱。一方面，人类社会已经进入“不同寻常的加速度时代”，由于世界互联程度不断增强，“新科技在广阔的市场范围中得以推广，而且推广的速度比过去最快的时候还要快很多”。[①] 另一方面，在和恐怖分子进行技术赛跑的过程中，我们未必总是赢家。布鲁斯·霍夫曼早已指出，恐怖分子的成功取决于其能否“领先于当局和反恐技术的能力”，也即突破政府的安全防范措施。[②] 因此，如何在日新月异的变化中把握当代科技发展的趋势与规律，最大限度地防止其为成为当代国际恐怖组织手中的利器依然是摆在我们面前的时代难题。

第三节　意识形态根源：“圣战”思想的全球化

恐怖主义和其他犯罪活动最大的区别即在于其政治性，而这种政治性背后往往又源于其激进的意识形态。罗汉·古纳拉特纳指出：“通过意识形态，当代圣战组织可以从各个社会阶层，穷人、富人、受教育者和未受教育者当中招募追随者。”[③] 从历史上看，不同社会意识形态思潮会催生不同的恐怖活动浪潮。尽管有一些特定诉求（比如民族主义）会一直存在，

---

① ［美］布雷特·金著：《智能浪潮：增强时代来临》，刘林德、冯斌译，北京：中信出版社，2017年版，第8－9页。

② Bruce Homan, *Inside Terrorism*, New York: Columbia University Press, 2006, pp. 252－253.

③ Rohan Gunaratna, “Ideology in Terrorism and Counter Terrorism: Lessons from Al Qaeda”, in Anne Aldis and Graeme P. Herd edited, *The Ideological War on Terror*, London & New York: Routledge, 2007, p. 21.

但在某些特定历史时段内，总会有一些主导性因素发挥着更大的作用。从20世纪70年代末开始，宗教意识形态驱动下的恐怖活动开始逐渐上升。“9·11”事件后，在各种因素综合影响下，以“萨拉菲圣战”为核心的意识形态更是被许多恐怖组织奉为圭臬，在当前新一轮国际恐怖活动浪潮中扮演了重要推手的角色。

一、恐怖主义意识形态的演进

美国加州大学洛杉矶分校政治学教授戴维·拉波波特提出，现代恐怖主义经历了四次发展浪潮，即无政府主义浪潮、反殖民主义浪潮、新左派浪潮和宗教性恐怖主义浪潮。[①] 这一理论自提出以来，学术界质疑之声从未停止。比如，汤姆·帕克和尼克·西特尔认为，拉波波特所谓的“浪潮”（wave）实际上不过是“类型”（strain）而已。[②] 2016年，《恐怖主义与政治暴力》杂志甚至专门发表了有关“第四次恐怖主义浪潮”的讨论专刊，足见这一理论在学界引起的影响之大，受到的关注之多。可以说，迄今为止学术界关于恐怖主义浪潮的讨论基本上都未能脱离拉波波特所提出的理论窠臼。

拉波波特关于恐怖主义活动浪潮理论的核心在于三点：其一是从意识形态的角度进行划分，不管是“无政府主义”“反殖民主义”“新左派”，还是“宗教性恐怖主义”，都是当时各种纷繁复杂的意识形态潮流当中对恐怖活动发展影响较大的一种；其二是强调恐怖活动和恐怖组织的国际层面，即其所观察的是一种超出单一国家界限或具有国际意义的恐怖主义现象，而非某一国家内部的孤立的恐怖主义；其三是采用长时段的分析和观察，这样的分析视野使其可以避免单一恐怖事件或恐怖组织的局限，更容易看到国际恐怖主义的宏观发展走向。简言之，它为我们从宏观的中长期

---

① David C. Rapoport, “Four Waves of Modern Terrorism”, in Audrey Kurth Cronin & James M. Ludes edited, *Attacking Terrorism: Elements of a Grand Strategy*, Washington, DC: Georgetown University Press, 2004, p. 47; David C. Rapoport, “The Four Waves of Rebel Terror and September 11”, *Anthropoetics*, Vol. Ⅷ, No. 1, Spring/ Summer 2002.

② Tom Parker & Nick Sitter, “The Four Horsemen of Terrorism: It's Not Waves, It's Strains”, *Terrorism and Political Violence* (2016), Vol. 28, No. 2, pp. 197 – 216.

视角观察恐怖主义现象提供了一个较为适用的理论分析框架。目前，国内外学者关于恐怖主义发展阶段的探讨，大多基于这一框架和理论假设。本章也将沿用拉波波特的分析框架，探讨恐怖主义意识形态的演进。

拉波波特认为，所谓“浪潮”是指“在一个特定时期内具有扩张期和收缩期的循环性活动”。通常来说，每一个浪潮背后都有一种不同的推动力量。① 其中，无政府主义浪潮发生在19世纪晚期，以沙皇俄国民意党人为代表的无政府主义者开启了第一波恐怖主义活动浪潮。推动这一时期恐怖活动高涨的因素主要有两点：一是技术领域的进步，尤其是远程交通、通信和武器技术方面的进展。民意党被认为是第一个大规模使用炸药的恐怖组织，“风行一时的自制炸弹不仅非常有效，也非常危险”。二是导致恐怖主义的思想理念和意识形态开始出现，从而为许多恐怖组织开展活动提供了理论指导和道义基础。比如，在民意党人的意识形态当中，由于沙皇政权腐败无能，并且关闭了所有和平改革通道，他们才被迫开始暗杀活动。但是，这些暗杀活动都经过了精心策划，以避免伤及无辜。民意党人最常说的一句话就是：他们不会让“一滴不必要的血”流出。被袭击者通常都是对民众负有罪行的人，比如贪污腐败，或是行为残暴的官员。在当时，涅恰耶夫、克鲁泡特金等无政府主义理论家的作品风靡一时，而这种意识形态正是民意党和其他普通犯罪组织的重要区别所在。詹姆斯·伯兰德指出：“这一时期的俄国恐怖分子，包括民意党在内，都尊崇涅恰耶夫在《革命者教义问答》中的说教。……涅恰耶夫的作品，尤其是《革命者教义问答》一书激励了当代的革命理论家，比如德布雷和切·格瓦拉。”②

第二次恐怖活动浪潮始于第一次世界大战后，《凡尔赛和约》的签订催生了第二波恐怖活动浪潮。“无论这些战胜国是否完全理解其决定的涵义，这一事实都破坏了帝国自身的合法性。”第一次世界大战后，战胜国对于战败国的肢解以及《凡尔赛和约》所强调的“民族自决”（self - de-

① David C. Rapoport, “Four Waves of Modern Terrorism”, in Audrey Kurth Cronin & James M. Ludes edited, *Attacking Terrorism: Elements of a Grand Strategy*, Washington, DC: Georgetown University Press, 2004, p. 47; David C. Rapoport, “The Four Waves of Rebel Terror and September 11”, *Anthropoetics*, Vol. Ⅷ, No. 1, Spring/ Summer 2002.

② James M. Poland, *Understanding Terrorism: Groups, Strategies, and Responses* (2nd Edition), Boston, New York and London, Prentice Hall, 2011, pp. 28 - 29.

termination）原则引发了一轮民族国家独立和反殖民主义（anti - colonial）浪潮，这一势头在第二次世界大战后得到进一步强化。爱尔兰、巴勒斯坦、塞浦路斯、阿尔及利亚、菲律宾、突尼斯等地的反殖民武装斗争如火如荼，一大批亚非拉发展中国家也纷纷以各种方式赢得了民族独立。在这一波浪潮中，暗杀行动已经大幅减少，但是并未消失。与此同时，暴力活动开始呈现出更多的跨国性特征。有关恐怖主义的概念在这一时期也开始发生变化。一方面，在复杂而多元的反殖民主义和民族解放运动当中，许多武装斗争已经很难被归入“恐怖主义”之列。比如，“美国主要报纸通常把同一批人称为恐怖主义者、游击队员、战士”。[①] 另一方面，“恐怖主义”这一词汇因为具有“太多负面含义”而被许多人拒绝，参与其事的组织或个人则往往自称“自由斗士”或“解放者”。

第三次恐怖活动浪潮与越南战争中西方国家出现的“新左派”运动有关。拉波波特认为，这场战争引起了“西方国家青年对于西方价值体系的强烈怀疑”。[②] 于是，一大批具有强烈左翼色彩的极端暴力组织在世界各地竞相建立。比如，美国的“革命武装力量”“地下气象员组织”“黑色解放军”，联邦德国的“红军派”，意大利的“红色旅”，日本的“赤军”，法国的“直接行动”，以及土耳其的“库尔德工人党”和巴勒斯坦地区的“巴勒斯坦解放阵线”等。在东西方冷战的大背景下，苏联为其中一些极端暴力活动提供了精神和物质上的支持。到80年代中期，“新左派”影响下的暴力恐怖活动逐渐归于平息。一方面，在国际社会的打击下，“这些左翼活动的支持者要么失踪，要么被投入监狱”；另一方面，苏联解体后，“左翼势力失去了一贯的意识形态基础”，开始走下坡路了。[③]

第四次恐怖活动浪潮始于20世纪70年代末，受伊朗“伊斯兰革命”成功和苏联入侵阿富汗的影响，“宗教性”恐怖主义活动在这一时期开始

① David C. Rapoport, “Four Waves of Modern Terrorism”, in Audrey Kurth Cronin & James M. Ludes edited, *Attacking Terrorism: Elements of a Grand Strategy*, Washington, DC: Georgetown University Press, 2004, pp. 53 – 54; David C. Rapoport, “The Four Waves of Rebel Terror and September 11”, *Anthropoetics*, Vol. Ⅷ, No. 1, Spring/ Summer 2002.

② Ibid.

③ James M. Poland, *Understanding Terrorism: Groups, Strategies, and Responses* (2nd Edition), Boston, New York and London, Prentice Hall, 2011, p. 37.

快速上升。1994 年，只有 1/3 的国际恐怖组织可以被归为宗教性恐怖组织之列；1995 年，将近一半的国际恐怖组织开始具有明显的宗教性特征。2004 年，宗教性恐怖组织仍占 46%，左翼恐怖组织和种族/民族恐怖组织分别占 28% 和 21%。曾经在 20 世纪下半叶“名噪一时”的西班牙“埃塔”组织、爱尔兰共和军、斯里兰卡泰米尔“猛虎”组织、土耳其“库尔德工人党”等世俗性民族分裂组织如今都已逐步放弃了暴力活动。布鲁斯·霍夫曼认为，造成种族/民族恐怖主义退潮，宗教性恐怖主义增多的原因还在于苏联解体后共产主义意识形态在全球范围内陷入了低谷，其吸引力大为减退。与此同时，一些民族国家在赢得独立和国际承认后，也逐步放弃了对于国际恐怖主义的支持和认同。① 已故的美国政治学家塞缪尔·亨廷顿则认为，1979 年伊朗革命之后，伊斯兰世界和西方开展了一场“准战争”。从军事角度看，“它在很大程度上是一场恐怖主义对空军的战争。奋勇的伊斯兰斗士利用西方的开放社会，向所选择的目标放置汽车炸弹；西方的职业军人则利用伊斯兰国家的开放天空，向所选择的目标投放高精度的炸弹。伊斯兰参战者阴谋暗杀杰出的西方领导人，美国则谋划推翻极端主义的伊斯兰政权。②

与世俗恐怖主义相比，宗教性恐怖组织除了具有明显的宗教特征或宗教诉求外，其对于恐怖暴力的认识和态度也截然不同。由于宗教意识形态往往会对恐怖暴力进行“合理化”阐释，并赋予其某种形式的“正当性”，宗教驱动下的恐怖主义通常会更为激进、更为残忍和血腥，其社会动员能力也更为强大。简言之，“对宗教性恐怖分子而言，暴力是根据一些神学要求而执行的最重要的神圣义务。……世俗性恐怖分子哪怕具备这种能力，也很少会尝试进行大规模的无差别杀戮。因为此类行为与其所宣扬的政治目标不合，即便并非不道德行为，也会被认为是负面的。宗教性

---

① Bruce Homan, *Inside Terrorism*, New York: Columbia University Press, 2006, pp. 85 – 86.

② 塞缪尔·亨廷顿认为，“如果穆斯林宣称西方对伊斯兰开战，如果西方人宣称伊斯兰集团对西方开战，那么就似乎有理由认为某种非常类似于战争的活动正在进行。”之所以称其为“准战争”，原因有三点：首先，它并非整个伊斯兰世界与西方的争斗；其次，除了 1990—1991 年的海湾战争外，它们之间的争斗主要是通过有限手段进行的；最后，它是断断续续的斗争。不过，“准战争仍然是战争”。参见［美］塞缪尔·亨廷顿著：《文明的冲突与世界秩序的重建》，周琪等译，北京：新华出版社，2002 年版，第 239 – 241 页。

表2－3　武装暴力及恐怖活动类型

组织性质	攻击方式	攻击目标	标志性目标	宣称的社会基础	行动队构成	组织		原因（目标、意识形态）
						小	大	
意大利左翼恐怖分子	暗杀、绑架、敲诈勒索	司法人员、警察与政党领导人	北约、资本主义、法西斯分子	无产阶级、共产主义者	学生、共产党，工团主义者	地下组织	红色旅	彻底革命、司法正义、解放第三世界
意大利右翼恐怖分子	爆炸、暗杀	旁观者、共产主义者、司法人员	共产主义国家、外国影响	意大利精英、西方文化	老法西斯分子的后裔、社会运动党人	地下组织	意大利社会运动党、新秩序党	毁灭现代社会、抵制苏联共产主义和美国资本主义
德国左翼恐怖分子	暗杀、绑架、爆炸、敲诈	社团领袖、政治人物、美国官员、司法人员	资本主义国家、美国或北约、帝国主义	世界革命大众、第三世界	无政府主义者、激进分子、妇女	地下组织	红军派（RAF）、6月2日组织、革命组织	彻底革命、共产主义、没有压迫的社会
德国右翼恐怖分子	爆炸，殴斗	外国人、旁观者、警察	民主、国家、苏联与美国统治者	德意志民族、某些民族解放运动	老纳粹分子的后裔	准军事组织	国家民主党（NPD）、青年国家民主党（JN）、其他组织	德国是德意志人的国家、泛德意志国家、环境保护、某些民族革命
拉美城市游击队	绑架、暗杀、敲诈、爆炸	外国领袖、政府要人、外交官	法西斯国家、帝国主义、资本主义	无产阶级大众、第三世界	学生、技术工人	地下组织	国家解放运动（Tupamaros）等	反帝革命、司法正义、第三世界解放

续表

组织性质		攻击方式	攻击目标	标志性目标	宣称的社会基础	行动队构成	组织		原因（目标、意识形态）
							小	大	
拉美乡村游击队		游击战、暗杀、爆炸	地主、军警人员、地方官员	帝国主义，国家（无论选举与否）	乡村大众、村民、印第安人、农民	学生、农民、教士、技术工人	游击组织	游击队	土地再分配、农地改革、共产主义
民族分裂主义恐怖主义	西班牙巴斯克人	暗杀、绑架、爆炸	西班牙政府领导人、军警人员、卫队、民众	西班牙政府、帝国主义	所有巴斯克人	学生、底层中产阶级、工人	地下组织	埃塔、巴斯克公民党、巴斯克民族党	巴斯克独立与统一、毁灭西班牙国家与帝国主义、民族主义
	土耳其库尔德人	暗杀、爆炸、游击战	土耳其政府、军警机构、叛徒、不合作者、西方游客	土耳其政府的压迫和统治、旁观者	所有库尔德人	某些社会集团中的青年	游击司令部	库尔德工人党、库尔德民主党	建立独立的库尔德人国家、伊朗、土耳其、伊拉克境内库尔德人的联合
	法国科西嘉人	暗杀、爆炸、勒索	法国政府	法国政府、殖民主义	所有科西嘉人	激进青年	地下组织	科西嘉民族解放阵线	承认科西嘉民族权利、实现民族独立与自决
	斯里兰卡泰米尔人	爆炸、暗杀、破坏性游击战	政府、外国军事目标、基础设施、温和派	僧伽罗人统治、政府镇压力量	所有泰米尔人	学生、普通民众	游击组织	泰米尔“猛虎”组织	建立独立的泰米尔人国家

续表

组织性质		攻击方式	攻击目标	标志性目标	宣称的社会基础	行动队构成	组织		原因（目标、意识形态）
							小	大	
民族冲突型恐怖主义	北爱尔兰民族主义	爆炸、暗杀、屠戮	政界要人、军事目标、重要设施	政府统治、经济稳定	北爱尔兰地区的天主教徒	普通民众	游击组织	爱尔兰共和军	建立独立的爱尔兰人国家，实现爱尔兰统一
	犹太民族主义	爆炸、游击战袭击	英国、联合国长官、阿拉伯人	英国在巴勒斯坦权力机关、阿拉伯抵抗运动	全世界犹太人	城市下层中产阶级	地下组织	“伊尔贡”等锡安主义组织	建立一个犹太家园、一个免于种族与宗教迫害的犹太国
	阿拉伯民族主义	爆炸、暗杀、绑架、游击战	犹太复国主义者、内部温和派	主体民族、主体民族的政府、旁观者	全体巴勒斯坦人，整个阿拉伯和伊斯兰世界	宗教人士、下层民众、激进的青年	游击司令部	“阿克萨”烈士旅、真主党等	建立独立的巴勒斯坦国，把犹太人赶出巴勒斯坦地区
宗教恐怖主义		圣战、绑架、暗杀、爆炸、破坏等	异教徒、魔鬼	消灭异教徒、捍卫圣地与宗教	整个信教人士	宗教人士、学生、下层信徒	地下组织、游击组织	杰哈德、“基地”组织、伊斯兰解放党、“伊斯兰国”、“乌伊运”、犹太防卫联盟等	实现宗教目标，如净化宗教、弘扬宗教、建立宗教国家等

续表

组织性质	攻击方式	攻击目标	标志性目标	宣称的社会基础	行动队构成	组织		原因（目标、意识形态）
						小	大	
邪教恐怖主义	暗杀、集体自杀、爆炸等	异教徒、蒙昧的信徒、叛教者	现存社会秩序	全人类与地球	部分精英、中产阶级与贫困的下层民众	地下组织	奥姆真理教、“人民圣殿”教等	世界末日与宗教救赎

资料来源：本表中1990s以后的新内容为本书作者所添加，在此之前的内容主要来自“Collective Purposes and Individual Motives”, edited by Petere H. Merkl, *Political Violence and Terror: Motifs and Motivations*, Berkely, Los Angeles, London, 1986, pp. 342 – 343.

恐怖分子通常会寻求根除其定义宽泛的敌人，不仅会认为此种大规模暴力具有道义正当性，而且将其视为达成目标的必要组成部分。”①

二、“圣战”意识形态的全球化

在具有强烈宗教色彩的第四次恐怖活动浪潮中，“基地”组织、“伊斯兰国”等所鼓吹的“萨拉菲圣战”思想有着非常突出的核心地位，它在某种程度上引领并推动了当前的全球圣战运动。关于“圣战”概念的内涵及其演变特征，本书其他章节已有分析，此处不再赘述。阿萨夫·穆格哈达姆（Assaf Moghadam）认为，尽管“萨拉菲圣战”思想“更像是现代政治意识形态而非一个宗教，但它却不同于大多数现代意识形态”。它并非世俗性的，而是借助于宗教并代表宗教行事。因此，它更多地是一种“宗教性意识形态”。② 和其他政治性意识形态一样，“萨拉菲圣战”作为意识形态的功能主要体现在四个层面：首先，唤醒全体穆斯林对于其当前困境的认识；其次，将穆斯林当前面临的困难归结为所谓“十字军、犹太复国主义者和叛教者同盟”的挑战与打击；再次，通过强调全球性社团——“乌玛”（Umma）的概念为其追随者提供一个超越民族国家的身份认同；最后，以“圣战”作为摆脱当前穆斯林社会困境的一个行动方案，而“殉道”则是实现圣战的必由之路。通过这一信仰，其追随者和不信奉这一思想的人会被截然区分开来。比如，非穆斯林往往会被称为“异教徒”，而温和的穆斯林则会被视为“叛教者”。对于极端分子而言，凡是拒绝“萨拉菲圣战”信条的人都等同于“异教徒”，因此应当被处死。③

显然，无论是作为一种意识形态，还是作为一个宗教思想分支，“萨拉菲圣战”思想都具有很强的迷惑性和感召力。尽管这种理论说教没有任何事实基础，也经不起任何推敲。但这种披着宗教外衣的极端思想往往更

① Bruce Homan, *Inside Terrorism*, New York: Columbia University Press, 2006, pp. 88 – 89.

② Assaf Moghadam, *The Globalization of Martyrdom: Al – Qaeda, Salafi Jihad, and the Diffusion of Suicide Attacks*, Baltimore: The John Hopkins University Press, 2008, p. 46.

③ Ibid., pp. 47 – 48.

能蛊惑人心，在信教群体当中更具吸引力，也更容易让恐怖组织的暴力行为“合法化”。如今，无论是“基地”组织、“伊斯兰国”，还是“博科圣地”和索马里“青年党”等恐怖组织，抑或是叙利亚、也门、利比亚、伊拉克、阿富汗等地内战中的部分政治武装派别，包括以往许多世俗性恐怖组织，乃至西方国家内部滋生的“独狼”恐怖分子，都纷纷祭起了“圣战”旗帜。

这些极端暴力组织对于宗教的工具性利用主要体现在三个层面：首先，以宗教性用语来称呼自己（如“圣战者”“穆罕默德军”“哈里发”“伊斯兰军”）和敌人（如“异教徒”“叛教者”“十字军”等）；其次，将其所从事的恐怖活动描述成一种宗教行为。比如，以“圣战”和“殉道”等来指称某些民族国家中的内战、教派内讧或自杀性袭击；最后，断章取义地援引《古兰经》中的经文片段来为其恐怖活动寻求合法性和正当性。① 比如，奥马尔·巴克里·穆罕默德和阿布·哈姆扎·马斯里等人通过区分因个人原因而进行的自杀行为和为真主事业而进行的“殉道”行为，打破了传统伊斯兰教法中禁止剥夺他人性命的禁忌，以便为其滥杀无辜的自杀性袭击行为寻求法理依据。埃及伊斯兰神学家穆罕默德·阿卜杜·法拉叶不仅反对“大吉哈德”，而且公开将“武装圣战”列为所有穆斯林必修的“第六功”。

阿萨夫认为，“基地”组织在推动“萨拉菲圣战”思想全球化过程中扮演了一个核心角色，其原因在于三点：一是在“基地”组织指导思想当中，包含了汇集全球穆斯林战士以打败异教徒侵略并推翻叛教者统治的思想；二是在阿富汗战争后，包括“基地”组织成员在内的“圣战老兵”开启了跨国圣战的全球化进程；三是“基地”组织在1995—1996年经过激烈争论后，开始把袭击目标从“近敌”（被视为“叛教者”的阿拉伯国家）转向了“远敌”（被视为“异教徒”的西方国家），这一战略性转变带来了全球影响。②

---

① Assaf Moghadam, *The Globalization of Martyrdom: Al-Qaeda, Salafi Jihad, and the Diffusion of Suicide Attacks*, Baltimore: The John Hopkins University Press, 2008, p. 49.

② Ibid.

罗汉·古纳拉特纳则认为，由于“基地”组织袭击了美国最具标志性的地标——纽约世贸中心，这一激励使其自身所造成的威胁已经被包括“基地”和其他组织在内的一场更大规模的“全球圣战运动”所盖过。在他看来，“9·11”事件后出现的全球跨国圣战运动主要包含了四个部分或四个层面：一是已经衰弱的“基地”组织核心成员，以及它所倡导的圣战意识形态；二是活跃于中东和其他亚非地区的大约30—40个“基地”组织网络分支，包括其他关联组织；三是在行动上并无关联，但在意识形态上具有隶属关系的圣战组织，也即“基地”组织的支持者；四是坚定不移地倡导暴力的或非暴力的全球圣战，但是行动上与“基地”组织毫无联系，甚至还对其进行批评的其他圣战组织。比如，“伊斯兰解放党”“圣战勇士”（Laskar Jihad）、“伊斯兰捍卫者阵线”（FPI）等。①

事实上，造成“9·11”后全球“跨国圣战”运动快速兴起的原因是多方面的，并非“基地”组织这一单一因素所能解释，尽管本·拉登领导下的“基地”组织也在其中发挥了不容忽视的作用。除此之外，我们在上节谈到的技术进步，以及美国全球反恐战争的迷失、国际反恐机制的缺陷等都发挥了重要作用，我们接下来将会就此做进一步探讨。

第四节　霸权政治根源：美国全球反恐战争的迷失

“9·11”事件后，美国时任总统乔治·布什公开将这一事件定义为一场“战争”，并随之发动了一场声势浩大的“全球反恐战争”（GWOT）。毫无疑问，美国是“9·11”事件的主要受害者，也是“9·11”事件后全球反恐战争的主要领导者和推动者。然而，这场战争从一开始就偏离了方向，不仅未能实现其预定的反恐目标，还在一定程度上加速了国际恐怖活

① Rohan Gunaratna, “Ideology in Terrorism and Counter Terrorism: Lessons from Al Qaeda”, in Anne Aldis and Graeme P. Herd edited, *The Ideological War on Terror*, London & New York: Routledge, 2007, pp. 22－23.

动在全球范围内的快速升级和扩散。

我们固然不能否定美国在“9・11”事件后全球反恐战争中做出的成绩和贡献，也不能简单地将当前“越反越恐”现象完全归结于美国的反恐政策，但是美国在“9・11”事件后所采取的反恐政策，或者说美国政府以“反恐战争”名义所推行的一系列对外政策对于当前国际恐怖活动的扩散与高涨又有着不可推卸的责任。美国在“9・11”事件后全球反恐战争中的迷失是多方面的，国内外学界对此已多有探讨，笔者此前也曾撰文对此进行过一些粗浅的分析。[①] 简言之，美国反恐战争对于全球反恐形势的消极影响至少可以归为三点，即反恐战争扩大化、过分依赖军事手段、先发制人和单边主义，下文将逐一对此进行分析。

一、反恐战争扩大化

“9・11”事件后美国全球反恐战争的一个首要失误即在于将反恐战争严重扩大化。不仅对于反恐战争的性质和目标定义模糊，而且将其与美国全球霸权战略、地区改造战略结合起来，使得这场战争最终变成了一场旷日持久且最终目标含糊不清的武装对抗。具体而言，这至少体现在以下三个方面。

首先是没有为这场战争设定政治、军事或经济目标，造成战场投入失去了控制。小布什政府虽然将“9・11”恐怖袭击定义为一场“战争”，但是对于这场战争的性质并没有非常准确的定位，也没有为战争设定具体的政治、军事或经济目标。比如，国防部长拉姆斯菲尔德在“9・11”事件后不久公布的《四年防务评估报告》中表示：“这是一场反对美国和美国生活方式的战争，这是一场反对美国所珍视的一切的战争。这是一场反对自由本身的战争。”[②] 2003 年发布的《打击恐怖主义国家战略》中提出，

---

① 参见拙文：“美国全球反恐战争中的六大迷失”，《社会科学报》2016 年 3 月 3 日；或参见“美国全球反恐战争偏离航向”，中美聚焦网站 2016 年 1 月 12 日，http：//cn. chinausfocus. com/peace－security/20160112/3394. html，登录时间：2018 年 1 月 20 日。

② U. S. Department of Defense, forward of *Quadrennial Defense Review Report*, September 30, 2001, p. III.

"我们将运用价值观的力量塑造一个自由和更加繁荣的世界"。① 同一时期的美国《国家安全战略》也认为，美国正在和全球的恐怖分子进行一场战争，这场战争的敌人并非"某个单一的政权、个人、宗教或是某个意识形态"。② 正是对于反恐战争的模糊认识和错误定位，使得战争机器开启后便失去控制，并且很快背离了其初衷。以美军在阿富汗的经历为例，2001 年美军进入阿富汗时，中央情报局估计塔利班武装分子的人数为 4.5 万人。2001 年 10 月进入阿富汗之后，美国和盟国并没有关于阿富汗境内塔利班、"基地"组织和"哈卡尼网络"等组织被击毙人数的可靠统计数据。不过，美军在 2014 年的一份评估报告中认为，美国与盟国军队在阿富汗击毙了约 2 万名塔利班成员。2016 年 3 月，美国中央司令部约瑟夫·沃特尔（Joseph L. Votel）将军估计，包括塔利班、"基地"组织和"伊斯兰国"成员在内的阿富汗反对派武装力量大约为 2—4 万人。③ 显然，在这场将近 20 年之久的反恐战争中，美国既没有打败塔利班，也未能消除藏匿于此的"基地"组织和其他跨国恐怖势力，更没有实现阿富汗的政治和解与社会重建，反而陷入了欲打不能、欲罢不甘的进退维谷当中。于是，撤军计划只好被一再推迟。迄今为止，这场被称为"美国历史上最长的战争"仍未有结束的迹象。

其次，通过"反恐战争"名义谋求全球霸权，造成全球反恐战争的目标和范围被严重扩大化。"9·11"事件之前，美国战略界在完成"新军事变革"基础上，已经开始酝酿进行"战略转型"。"9·11"事件后不久发布的《四年防务评估报告》指出，要把以往"基于威胁"（threat - based）的模式转变为"基于能力"（capabilities - based）的模式，因为"只筹划遥远战区的大规模常规战争是不够的"。"这种基于能力的模式更多地着眼于可能如何作战，而不是对手具体是谁或者战争可能在哪里发生。……美国必须确定威慑和击败对手所需要的能力，对手将依靠突袭、欺骗和非对

① The White House, *National Strategy for Combating Terrorism*, February, 2003, p. 2.

② The White House, *The National Security Strategy of the United States of American*, September 2002, p. 5.

③ Neta C. Crawford, *US Budgetary Costs of Post - 9/11 Wars Through FY2018*: $5.6 *Trillion*, Costs of War, Brown University, November 2017, pp. 4 - 5.

称性作战来达到它们的目标。”① 有学者指出：“如果说‘新军事革命’是一场由军事技术革命而引发的整个军事变革的话，那么它的意义主要还是在军事上，即打造一支具有更强实力的美国军队。‘国防转型’的意义就不同了，它的提出一开始就不只是为提升美国的军力，而是出于战略上的考虑：如何针对未来所有可能的威胁，打造一个能够战胜一切对手和可能威胁的军事力量。在这个目标背后，一个更深层次的目标是：用军事力量作为主要手段，维持美国在世界上作为不可挑战的帝国的地位。用国际政治的语言来说，就是要建立一超独霸的新世界格局。”② 不期而至的“9·11”事件不仅为美国的国防转型注入了全新动力，也为美国调整对外战略并进一步谋求世界霸权提供了难得的借口和契机，鼓吹美国称霸全球的“帝国论”在美国甚嚣尘上。2002 年的《美国国家安全战略》开篇即提出：“美国在世界上拥有前所未有且无可匹敌的力量和影响力。这一地位因信仰自由原则、自由社会的价值而得以持续，它同时伴随着空前的责任、义务和机会。美国的巨大实力必须被用以促进有利于自由的力量均衡。……美国国家安全战略将建立在与众不同的美国国际主义基础之上，以体现我们的价值观和国家利益的统一。这一战略的目标不仅是为了让世界更安全，还要使之更加美好。”③ 2003 年发布的《打击恐怖主义国家战略》更是明确指出：“我们正在重塑新的国际关系，并对现有国际关系进行重新定义，以适应 21 世纪的跨国挑战。”④ 正是在谋求全球霸权思想的指导下，美国在以“反恐战争”名义报复“基地”组织的同时，也实现了在中亚地区长期以来梦寐以求的军事存在，并开启了对中东等地进行民主化改造的进程。

美国全球反恐战争扩大化的最后一个表现便是将反恐战争描绘成一场“自由”与“专制”、“民主”与“独裁”二元对立的意识形态之战，进而

---

① U. S. Department of Defense, forward of *Quadrennial Defense Review Report*, September 30, 2001, p. Ⅳ.

② 周建明主编：《美国的国防转型及其对中国的影响》，济南：山东人民出版社，2006 年版，第 307 – 308 页。

③ The White House, *The National Security Strategy of the United States of American*, September 2002, p. 1.

④ The White House, *National Strategy for Combating Terrorism*, February, 2003, p. 2.

通过“反恐战争”谋求改造伊斯兰世界和中东地区。小布什总统2003年11月在美国民主基金会（NED）成立20周年的讲话中指出：“六十年来，西方国家迁就和适应中东缺乏民主的做法并未带来安全。追求稳定并不能以牺牲自由为代价。只要中东依旧缺乏民主，它就仍然是一个输出落后、怨愤和暴力的地区。”① 2006年春发布的《美国国家安全战略》也指出：“美国的政策是寻求并支持每个国家和每一种文化当中的民主运动和民主制度，其最终目标是终结世界上的暴政。”② 为此，美国政府在“9·11”事件后不遗余力地向中东地区兜售所谓的“大中东计划”，幻想通过一厢情愿的“民主化改造”来消除中东地区滋生恐怖主义的社会土壤，甚至不惜使用武力进行“政权更迭”。美国在“9·11”事件后以“反恐战争”名义发起的军事行动中，也往往会冠以“自由”的名义，比如“持久自由行动”“伊拉克自由行动”等。国际原子能机构前总干事巴拉迪在回忆录中一针见血地指出：“伊拉克战争是一场意识形态的战争，其背后动机就是要将伊拉克打造为一个民主的绿洲，从而改变整个中东的地缘政治格局。”③ 基辛格也曾就此评价说：“在伊拉克军事行动的独特之处，在于美国决定把在伊拉克的强制行动当成传播自由和民主工程的一项内容。”④

美国对于中东和伊斯兰世界的民主化改造使其在“9·11”事件后领导全球反恐战争的道义性和正当性迅速丧失，并产生了意想不到的严重后果。其一，这一政策在2003年伊拉克战争后激发了广泛的反美主义情绪，它不仅为“基地”等激进圣战组织的反美说教提供了活生生的反面教材，也为极端暴力主义的滋生提供了温床。其二，它使美国为首的西方国家及其所代表的文化体系陷入了与伊斯兰世界之间的直接对抗。对此，阿克巴·艾哈迈德（Akbar Ahmed）更是不无忧虑地指出：“由于缺少军事和政

---

① “Remarks by the president George W. Bush at the 20th Anniversary of the National Endowment for Democracy”, Washington, United States Chamber of Commerce, http://georgewbush - whitehouse. archives. gov/news/release/200311/20031106 - 2. html，登录时间，2012年3月6日。

② The White House, *The National Security Strategy of the United States of American*, March 2006, p. 1.

③ ［埃及］穆罕默德·巴拉迪著：《谎言与交锋：解密全球核较量的真实世界》，蒋宗强译，北京：中信出版社，2011年版，第64页。

④ ［美］亨利·基辛格著：《世界秩序》，胡利平等译，北京：中信出版社，2015年版，第423页。

治目标，加上在当地执行了缺乏深思熟虑的策略，以及组成了变幻无常的反恐联盟，美国领导下的反恐战争很快让世界边缘地区陷入了无政府状态。……显而易见的是，在不知不觉当中，美国的反恐战争已经变成了一场针对部落伊斯兰的全球战争。”① 其三，它打破了中东地区本已脆弱不堪的地缘政治平衡，使整个地区局势陷入了空前的混乱和动荡，为极端暴力组织的喘息、藏匿和发展创造了条件。在很多发展中国家和欠发达地区，人们对于民主政治的理解和西方世界迥然有异。换言之，民众的政治认同和立场往往并非基于政治理念和政策本身，而是与天然的部落、种族和教派等紧密相连，这就造成西方民主政治中的执政轮替和权力制衡现象往往难以出现，或是发生严重变异。这就会迫使利益受损的一方退出政治游戏，并寻求通过激进手段来维护其政治利益。

作为中东阿拉伯国家内部政治平衡和外部地缘政治均势同时失衡的后果，一方面，那些曾经积极开展反恐斗争的威权主义政权（如利比亚、埃及、也门、突尼斯、叙利亚等）濒于瓦解或不复存在，从而使以往对于恐怖势力的强大压制力量迅速消失，为一些国际恐怖势力苟延残喘和东山再起创造了千载难逢的机会；另一方面，地区政治秩序崩解后又在当地形成了巨大的地缘政治真空，促使区域内各种政治力量竞相粉墨登场，通过支持各自的代理人明争暗斗，一些极端暴力组织也因此而成为某些国家或政治力量所借重的政策工具。近年来中东地区的社会剧变不仅未能消除造成国际恐怖主义的种种根源，反而为新一轮国际恐怖活动回潮提供了契机，令国际社会头疼不已的“伊斯兰国”组织、“努斯拉阵线”等正是在此背景下迅速崛起的。

二、过分依赖军事手段

“9·11”事件后，小布什政府发动的全球反恐战争具有明显的应激性特征，其政策核心是以美国超强的军事手段在肉体上消灭以“基地”组织

① Akbar Ahmed, *The Thistle and the Drone: How America's War on Terror Became a Global War on Tribal Islam*, Washington, D. C., Brookings Institution Press, 2013, p. 260.

为代表的恐怖分子，包括为之提供庇护和支持的反美政权。为此，美国用于反恐战争的预算几乎连年攀升，反恐战场也一再扩大。根据美国国防部统计，截至2018年4月，美国在阿富汗和伊拉克战争中的阵亡人数分别高达2216人和4411人。在2001—2018年，美国用于阿富汗和伊拉克的战争花费分别高达7529.58亿美元和7697.47亿美元，平均每位纳税人需为这两场战争支付7740美元。[①] 美国布朗大学“战争支出”项目组的研究认为，除了前述国防部的军事开支以外，如果把国务院、国土安全部和退役军人事务部的相关开支包括在内的话，截至2018财年，美国用于阿富汗、伊拉克、巴基斯坦和叙利亚的费用已经达到5.6万亿美元，远高于国防部统计的1.52万亿美元。如果按人均计算的话，“9·11”事件以来平均每位美国纳税人用于反恐战争的花费为2.3386万美元。[②] 与此同时，由于过分迷信美国超强军事实力在全球反恐中的作用，过于倚重“以暴易暴”式的军事反恐政策，反而在很大程度上促成了恐怖暴力的快速升级。

首先，军事手段虽然可以在短期内比较快速地消灭从事恐怖活动的个体和组织，但对于铲除恐怖活动赖以生存的经济基础、社会土壤和意识形态几无成效，反而会引发新的仇恨和恐怖暴力手段升级。近年来，美国军方不顾国内外各种批评声音，在境外反恐行动中大量使用无人机进行所谓的“定点清除”和“外科手术”式打击。已有媒体和学者指出，使用无人机进行境外反恐的做法不仅突破了传统战争和国际法的界限，而且造成了大量无辜平民伤亡，在当地民众中激起了更为强烈的反美情绪。这种连带性伤亡促使更多当地民众同情并支持恐怖势力，这一做法“增加而非减少

---

① U. S. Department of Defense, “Estimated Cost to Each U. S. Taxpayer of Each of the Wars in Afghanistan, Iraq and Syria”, July 2017. http://comptroller.defense.gov/Portals/45/Documents/defbudget/fy2018/Section_1090_FY17_NDAA_Cost_of_Wars_to_Per_Taxpayer - July_2017.pdf，登录时间：2017年12月25日；“Operation Enduring Freedom (OEF) U. S. Casualty Status”, Fatalities as of April 18, 2018, www.defense.gov/casualty.pdf，登录时间：2018年5月30日。

② Neta C. Crawford, “US Budgetary Costs of Post - 9/11 Wars Through FY2018: $5.6 Trillion”, *Costs of War*, Brown University, November 2017, pp. 1 - 2.

了”美国遭受恐怖袭击的风险。[①] 有学者指出，美国的反恐战争计划本质上是要通过军事手段打败所有“激进伊斯兰分子”，然而击毙的极端武装分子越多，“加入这些激进组织的人也就越多”。[②]

表 2－4　2001—2008 年美国国防部关于阿富汗、伊拉克战争支出的估算

财年	阿富汗支出（亿美元）	伊拉克支出（亿美元）	合计支出（亿美元）	人均支出（美元）
2018	459. 2	130. 26	589. 46	281
2017	460. 81	139. 42	600. 23	289
2016	378. 47	38. 48	416. 95	204
2015	466. 63	66. 97	533. 6	263
2014	595. 14	11. 85	606. 99	302
2013	776. 67	32. 87	809. 63	405
2012	975. 33	157. 11	1132. 44	568
2011	965. 88	452. 16	1418. 05	719
2010	770. 03	724. 98	1495. 01	767
2009	472. 6	899. 56	1372. 15	694
2008	319. 53	1303. 35	1622. 88	771
2007	201. 46	1190. 76	1392. 22	725
2006	141. 89	834. 26	976. 15	524
2005	115. 79	719. 78	835. 57	449
2004	102. 59	571. 51	674. 1	367
2003	123. 37	424. 15	547. 52	300

① Glenn Greenwald, “New Stanford/NYU study documents the civilian terror from Obama's drones”, *The Guardian*, September 25, 2012; Anna Mulrine, “Drone warfare: top 3 reasons it could be dangerous for US”, *The Christian Science Monitor*, October 2, 2012, https://www.csmonitor.com/USA/Military/2012/1002/Drone－warfare－top－3－reasons－it－could－be－dangerous－for－US/Copy－cat－attacks，登录时间：2017 年 6 月 15 日；International Human Rights and Conflict Resolution Clinic, Stanford Law School and Global Justice Clinic in NYU School of Law, *Living Under Drones Death, Injury, and Trauma to Civilians From US Drone Practices in Pakistan*, September, 2012, p. 125, https://www－cdn.law.stanford.edu/wp－content/uploads/2015/07/Stanford－NYU－Living－Under－Drones.pdf，登录时间：2017 年 5 月 10 日。

② Neta C. Crawford, *US Budgetary Costs of Post－9/11 Wars Through FY2018: $5.6 Trillion*, Costs of War, Brown University, November 2017, p. 4.

续表

财年	阿富汗支出（亿美元）	伊拉克支出（亿美元）	合计支出（亿美元）	人均支出（美元）
2002	199.48	—	199.48	109
2001	4.61	—	4.61	3
累计支出	7529.58	7697.47	15227.05	7740

数据来源：2018 年数据为笔者所添加，其余数据来自 U. S. Department of Defense，"Estimated Cost to Each U. S. Taxpayer of Each of the Wars in Afghanistan，Iraq and Syria"，July 2017.

其次，在国际媒体连篇累牍的报道下，这种以"反恐暴力"应对"恐怖暴力"的做法还在国际社会形成了强大的"示范效应"。在很多发展中国家，尤其是一些西方媒体所谓的"失败国家"，由于其社会经济发展严重滞后，内部社会问题和各种矛盾纷繁丛生，国家治理能力极端低下，而且没有成熟完善的社会保障与矛盾疏解机制。于是，在国际恐怖活动与反恐暴力的双重"示范效应"影响下，此类国家内部的社会转型矛盾和冲突极易通过恐怖暴力方式进行释放，成为"9・11"事件后推动国际恐怖活动向全球发展中国家和落后地区快速转移并持续扩散的重要原因。

最后，美国及其反恐盟友凭借超强的军事实力和反恐能力强化了其本土安全防范，但却在国际社会形成了极其强大的"挤压效应"和"洼地效应"，从而迫使国际恐怖势力开始向其他反恐能力较弱的"反恐洼地"流动，乃至与一些地区性的内战反叛势力和有组织跨国犯罪集团进行合流。这正是近年来国际恐怖活动不断向发展中国家和国际热点冲突地区扩散，并越来越多地呈现出国际化与本土化并行发展的一个重要根源。

三、先发制人与单边主义

"9・11"事件后美国全球反恐战争的另一个突出特征是单边主义，即强调对恐怖分子及其庇护者采取"先发制人"的军事打击。比如，小布什总统在"9・11"事件后多次宣称：在反对恐怖主义的战争中，世界各国

“要么和我们在一起，要么就是我们的敌人”。[1] 2003 年《打击恐怖主义国家战略》中指出：“美国将在打击共同敌人的斗争中不断争取国际社会的支持。但是，如有必要，我们将会毫不犹豫地单独行动以行使自卫权，包括先发制人地打击恐怖分子，防止其伤害美国民众和国家安全。”[2] 美国先发制人和单边主义反恐政策的最典型表现便是在 2003 年 3 月一意孤行地入侵伊拉克。

2003 年春，美国联合部分盟友以莫须有的“大规模杀伤性武器”等为借口，对伊拉克萨达姆政府实施“政权更迭”。凭借着作为冷战后全球唯一超级大国的超强军事实力，美国在这场军事行动中绕开了联合国的授权，甚至也没有借助作为战后国际安全支柱的北约。小布什政府还依据欧洲国家对伊拉克战争的态度将其粗暴地划分为“新欧洲”和“老欧洲”，从而引起了法国、德国等欧洲传统盟友的强烈不满。最重要的是，小布什政府发动这场战争的法理依据和现实借口都是无法成立的。无论利用何种借口进行辩解，在未经联合国授权的情况下对一个现代主权国家发动军事行动的做法都为当今国际法所不容。而且，迄今为止，美国及其盟友并未在伊拉克发现任何大规模杀伤性武器的证据，也缺少有关萨达姆政权支持“基地”组织等国际恐怖势力的直接证据。即便如此，到目前为止，并未有人对此承担任何责任，哪怕是给伊拉克人民一句廉价的解释或道歉。

关于美国及其西方盟友开战的理由，埃及学者萨米尔·阿明指出：“原因很简单，伊拉克的地下埋藏着很大一部分地球上最好的石油。此外，伊拉克此前已经成功培养了大量的科技干部，由于他们数量相当庞大，所以能够支撑起充满凝聚力的国家大业。这个‘危险’必须要通过一场‘预防性战争’加以消除，美国认为它有权在自己决定的时间和地点发动这样的战争，对国际法则完全无需顾及。”[3] 曾经负责伊拉克大规模杀伤性武器核查工作的时任国际原子能机构总干事巴拉迪也指出：“萨达姆并没有重

---

① “You're either with us or against us in the fight against terror”, *CNN*, November 6, 2001. http://edition.cnn.com/2001/US/11/06/gen.attack.on.terror/, 登录时间：2017 年 3 月 25 日。

② The White House, *National Strategy for Combating Terrorism*, February, 2003, p. 2.

③ ［埃及］萨米尔·阿明著：《人民的春天：阿拉伯革命的未来》，嵇飞译，北京：社会科学文献出版社，2017 年版，第 122 页。

启大规模杀伤性武器的发展计划"，"所谓的应对大规模杀伤性武器的威胁，也不是英美发动侵略的真正动机。……发动战争的决定早在核查工作开始之前就已经敲定了。"① 事实上，萨达姆作为一名主张世俗化的坚定的伊拉克民族主义者，其本身也不具备支持"基地"等圣战恐怖组织的动机。

随后的发展态势证明，2003 年美国入侵伊拉克的行动造成了"意想不到"的后果：一方面，它不仅打破了中东地区原有的地缘政治和教缘政治平衡，还在伊斯兰世界强化了长期以来"基地"组织宣称的美国作为"十字军入侵者"的形象，使伊斯兰世界与西方国家之间的矛盾迅速激化。与此同时，全球范围内的反美主义情绪也开始快速上升，成为"9·11"事件后极端暴力主义大面积滋生的社会土壤。美国入侵伊拉克之后不久，全球恐怖活动就出现了大幅增长，使用恐怖手段的各种极端暴力组织在 2003 年后纷纷应运而生。对此，阿卜杜勒·拉希德－莫滕（Abdul Rashid Moten）教授指出，"9·11"事件后全球圣战分子的主要反应是"明确拒绝'基地'组织和圣战国际化"，然而美国入侵伊拉克后它们的普遍共识是"美国已经变成了不共戴天的敌人"。② 著名金融大亨乔治·索罗斯更是直言不讳地批评道："侵略伊拉克是错误的，这可能是美国外交政策中最严重的失误，……和'基地'组织袭击美国时相比，人们更加缺乏安全感，世界局势也变得更加动荡。"③ 另一方面，它还让美国在"9·11"事件后所获得的国际同情，乃至进行反恐战争的"合法性"与国际支持大为减弱，国际反恐联盟也一度濒临崩溃边缘。这是因为，"'9·11'事件后短暂的大国合作幻想很快就被 2003 年的伊拉克战争击毁"。"人们从这场以反恐为名打响的战争中看到的，是小布什公报私仇，以及美国携大国合作的有利态势，实现其清除异己、控制能源、主导中东的战略企图。更有甚

---

① ［埃及］穆罕默德·巴拉迪著：《谎言与交锋：解密全球核较量的真实世界》前言，蒋宗强译，北京：中信出版社，2011 年版，第 X 页。

② Abdul Rashid Moten, "The Consequences of Illegal Wars: Invasion and Occupation of Afghanistan and Iraq", Hans Köchler edited, *The "Global War on Terror" and the Question of World Order*, Vienna: International Progress Organization, 2008, p. 102.

③ ［美］乔治·索罗斯著：《这个时代的无知与傲慢：索罗斯给开放社会的建言》，欧阳卉译，北京：中信出版社，2012 年版，第 109－115 页。

者，小布什将反恐的清单越拉越长，从恐怖分子到恐怖主义到极端伊斯兰主义，再到所谓的邪恶轴心、暴政前哨、恐怖主义庇护国……于是乎，反恐战争已经被异化为美国称霸世界的手段。”①

中国学者周建明对此也曾有过一段精彩的评论，我们不妨录之如下：

“如果说‘9·11’事件使美国获得了极大的同情的话，那么随着美国对伊拉克战争的展开，美国持军事实力而无视国际秩序、无视盟国的立场、一意孤行的行为，立刻在国际社会中，也在美国传统的盟友中引起了强烈的反弹。美国从领导者变为争论中的一方。其权威地位已大幅下降。

进一步的转折点是美国虐待俘虏事件被披露。它不仅在阿拉伯世界中引起强烈的愤怒，而且在美国的传统盟国当中也引起了一片讨伐声。这是一个标榜‘自由’和‘人权’的国家，并不时用人权的大棒敲打其他国家的霸权。但是，在侵犯人权上，这个国家做了世界上其他国家都不会做，也难以想象的事。虐待俘虏不只是个别美国军人的问题；它所反映的是这个国家从发动战争到对待俘虏，已完全不受道义的约束，在国际上代表的不是善，而是恶。特别是在伊斯兰国家，美国激起了他们的极大仇恨。”②

美国单边主义反恐的另一表现是奉行“双重标准”政策，即根据自身利益和敌我分野来作为是非曲直的评判标准。一方面，在美国所认定的“外国恐怖组织”或“资助恐怖主义的国家”名单之中，是否对美国利益构成威胁是一个极其重要的判断标准。所谓的“资助恐怖主义”国家名单不仅是为了反恐战争的需要，更是美国对别国施加压力、推行其全球霸权的重要手段和筹码。萨米尔·阿明不无愤慨地指出：“今天，美国正在系统推行，而它的欧洲和日本盟友则赞同它实行国家恐怖主义。美国在越南发动的战争生动反映了华盛顿虚伪而残忍的选择，与它的的化学轰炸相比，萨达姆·侯赛因类似的罪行不过是小儿科而已。而我们什么时候才能看到美国最高当局为其所犯下的反人类罪行受到绞死的惩罚？……今天的

---

① 袁鹏著：《四百年未有之变局：中国、美国与世界新秩序》，北京：中信出版社，2016 年版，第 9 – 10 页。

② 周建明主编：《美国的国防转型及其对中国的影响》，济南：山东人民出版社，2006 年版，第 291 – 292 页。

美国无疑是头号流氓国家。”[①] 另一方面，“9·11”事件后美国政府在以“反恐战争”名义追求其地缘政治利益和全球霸权的同时，却动辄对俄罗斯、中国、埃及、土耳其、巴基斯坦等国的反恐政策采取“双重标准”政策。这种无视别国安全和利益的政策，自然会使后者参与美国主导下的国际反恐合作的意愿日渐消退。

不过，也有学者认为，尽管美国进行的反恐战争和入侵伊拉克存在种种弊端，国际社会的批评之声也不绝于耳，然而这场战争对美国自身却不乏积极意义。这是因为“战争与美国历史的发展息息相关，反恐战争有可能成为美国全方位转型的助推器”。尤其是反恐战争的深入与伊拉克战争的推进恰恰与美国国内经济的缓慢复苏同步发生，让人们再次看到了“战争经济在美国历史发展中所起到的独特作用”。[②] 如果单单就反恐战争对美国的影响来说，这一观点自然有其独到之处。“9·11”事件后的反恐战争的确让美国自身获得一系列“额外”收益。比如，实现了在中亚地区的战略性存在，重塑了全球同盟体系，强化了本土安全，刺激了国内军工复合体的发展，等等。然而，就总体而言，这场战争对于国际反恐的消极意义要远大于其所带来的积极影响，其对国际恐怖活动的刺激作用也远甚于其遏制跨国恐怖活动的效果，其对美国软实力和国际霸权的影响同样是得不偿失。这一点已经为不少国内外学者所认识。事实上，从小布什政府第二任期开始，白宫决策层似乎已经认识到了之前美国全球反恐战略中存在的严重缺陷，并开始对“9·11”后的某些偏激做法和言辞进行适当修改。2009年奥巴马入主白宫后，进一步加大了对美国全球反恐政策的调整力度。比如，开始尝试寻求与伊斯兰世界进行和解，放弃有关“反恐战争”的措辞，从全球反恐战线上进行战略收缩，更为强调多边合作与意识形态领域的反恐，等等。然而，这些努力并不能消除“9·11”事件后美国反恐战争所造成的负面影响，也无法让美国彻底丢掉历届政府在反恐战争中遗留下来的历史包袱。关于这一点，我们在本书其他章节中还会进一步探讨。

---

① ［埃及］萨米尔·阿明著：《人民的春天：阿拉伯革命的未来》，嵇飞译，北京：社会科学文献出版社，2017年版，第127页。

② 袁鹏著：《四百年未有之变局：中国、美国与世界新秩序》，北京：中信出版社，2016年版，第61－65页。

第五节 世界经济根源：全球化带来的冲突与鸿沟

冷战结束以来，世界经济一体化进程明显加快，世界各国和不同人群之间的联系与交往出现了前所未有的增长。以经济一体化为先导的全球化使人类社会生活的空间在被大大“压缩”的同时又被无限地“放大”，地球似乎越来越像一个地球村。虽然资本驱动下的经济合作是推动全球化的主要动力，但全球化对人类社会的影响却并不限于经济领域，其在政治、军事、文化、社会、国际安全、民族关系等领域的影响也渐趋突出。无论我们如何去定义全球化，也不管我们如何看待全球化带来的各种影响，全球化对于国际恐怖活动的深刻影响都已是不争的事实。换言之，国际恐怖主义活动已经成为深受全球化影响的重要国际安全议题之一。全球化对于国际恐怖主义的影响是多方面的。它一方面为国际恐怖活动提供了最直接的理由和借口；另一方面又为国际恐怖主义提供了一个前所未有的巨大展示舞台，使人类社会不得不面临“被全球化了的”恐怖主义现象。所谓恐怖主义的全球化，其最直接表现就是恐怖主义的全球性扩散以及恐怖活动的国际化发展，这是近年来国际恐怖活动中日益凸显且难以阻遏的主要特征之一。

一、“全球化”的含义

在探讨全球化对国际恐怖活动的影响之前，我们有必要对全球化的定义及其本质进行适当探讨。

“全球化”是什么？应该如何定义？这是20世纪90年代以来国内外学术界一直争议不断且见仁见智的话题。王逸舟认为，全球化是“人类走向单一社会的长时期、大规模的社会变迁过程”。“全球化是一个复杂、多维的过程，其表现形式、原因和后果都不是单一的。这样的一种过程更多的是一种‘进化’而非一场‘革命’。”[①] 蔡拓指出，“全球化”是指“当代人类社会生活跨越国家和地区界限，在全球范围内展现的全方位的沟通、联系、相互影响的客观历史进程与趋势”。[②] 就其本质而言，全球化是“一种打破和超越领土、国别、民族、领域等各种界限与边界，展示人类日益相互依存，并作为一个类主体求生存、谋发展，逐渐形成一种新的整体性文明的客观历史进程与趋势”。[③] 面对近年来出现的“逆全球化”“反全球化”等现象，人们对于全球化出现了一些误解，比如仅仅将其作为一种经济现象与过程，将其价值导向和内在理念仅仅局限于自由主义，或是将其视为资本主义全球化等。但是，全球化是一种不以人的意志为转移的客观历史进程，这一趋势并未发生根本性逆转。

关于全球化的起源，目前同样存在一些争议。比如，蔡拓认为，15 世纪之前是全球化的渊源与萌芽期，从 15 世纪到 19 世纪 70 年代是全球化的成长期，19 世纪 70 年代至 20 世纪 70 年代是全球化的成型与反复期。20 世纪 70 年代以来的全球化不仅“是全球化历史进程中最新的一轮全球化”，也是“与当代人类生活关系最为密切的全球化”。[④] 徐明棋则认为，“真正的全球化发端于 20 世纪 80 年代，前两次的全球化（18 世纪末世界市场的形成和 19 世纪初资本主义进入垄断阶段）都只是发达国家经济国际化的进程。经济全球化是国民经济在国际化过程中达到了一个全新的高级阶段的结果，是国际化不断量变导致的一个质变过程”。[⑤]

推动冷战后全球化进程迅速发展的因素是多方面的，其主要因素大致包括如下几点：（1）冷战结束后东西方对峙局面的消失。苏联解体和东欧剧变不仅打破了人为设置的阻碍东西方交往的政治藩篱，也使得“国家计划与市场竞争之间的天平决定性地向后者倾斜”，从而为新自由主义思想

① 王逸舟主编：《全球化时代的国际安全》，上海：上海人民出版社，1999 年版，第 2－17 页。

② 蔡拓：“全球化与当代国际关系”，载俞可平、黄卫平主编：《全球化的悖论》，北京：中央编译出版社，1998 年版，第 75 页。

③ 蔡拓：“被误解的全球化与异军突起的民粹主义”，载《国际政治研究》2017 年第 1 期，第 15－20 页。

④ 同上。

⑤ 徐明棋：“论经济全球化的动力、效应与趋势”，《社会科学》2017 年第 7 期，第 35 页。

和市场经济主导下的经济发展模式扫除了政治障碍。① （2）世界市场和跨国资本固有的扩张性冲动，而跨国公司则是最为重要的载体和表现。跨国公司“使全球范围内的投资、生产、销售不再成为发达国家或一些大公司的专利，而是成为越来越多的国家和公司进行国际合作和国际竞争的一种司空见惯的形式，经济全球化也因此成为一种趋势”。②（3）以信息技术为核心的新一轮科技革命的推动。正像约瑟夫·奈所言：“全球化是技术进步和政府政策结合的成果，它减少了国际交流的障碍。”其中，信息技术领域的变革则发挥了无可替代的核心角色。这是因为“信息低成本传播已大大改变了跨越国界的各种联系渠道”。③

就内容而言，全球化不仅涵盖了政治、经济、社会、文化和科技等各个领域，还对传统的国际关系、族群矛盾、国内政治等造成了前所未有的深远影响。人类社会在分享全球化带来的一轮经济繁荣和社会发展红利的同时，也不得不面对作为全球化进程“副产品”的环境恶化、贫富分化，以及包括恐怖主义在内的跨国犯罪等问题。

二、全球化的消极影响

约瑟夫·奈指出：“全球化是一把双刃剑”。④ 人类社会在享受全球化所带来的种种便利的同时，也必须承担全球化进程中所产生的种种负面后果。长期以来，全球化带来的负面后果一直被人们有意或无意地忽视了。2016年以来，在英国脱欧、特朗普当选、意大利修宪公投失败、勒庞为首的法国极右翼势力快速崛起等一系列“黑天鹅事件”影响下，人们对于全

---

① 中国国际关系学会主编：《国际关系史：1990—1999》（第十二卷），北京：世界知识出版社，2006年版，第635页。

② 徐明棋：“论经济全球化的动力、效应与趋势”，《社会科学》2017年第7期，第36页。

③ ［美］约瑟夫·S. 奈著：《美国霸权的困惑：为什么美国不能独断专行》，郑志国等译，北京：世界知识出版社，2002年版，第89页。

④ 同上，第103页。

球化负面影响的讨论开始增多，对于全球化的认识和反思也趋于深化。[①]我们不妨尝试从政治、经济和社会文化三个层面进行简单的分析。

第一，在经济领域，由于经济全球化背后的主要动力是跨国资本和自由市场，在此领域占据优势的西方国家和社会群体从中获益更多，贫富分化呈现出进一步加剧的势头。20 世纪 70 年代以来，不少发展中国家通过经济结构调整和发展转型保持了较高的经济增长，使发展中国家作为一个整体，“不仅在经济总量上缩小了同发达国家间的差距，而且在人口基数增加的前提下，人均 GDP 也缩小了与发达国家之间的鸿沟”。[②] 但是，并非所有发展中国家都能抓住全球化带来的机遇，实现赶超型发展。加之世界市场上的增长机会已经“从原料或半成品转向制成品和服务业”，尤其是更为知识密集型的行业，“这一趋势显然更有利于富国而非穷国，因为后者大多仍是知识经济领域内的边缘选手”。[③] 与此同时，在世界经济一体化所推动的全球化进程中，伴随跨国资本、自由市场和自由贸易的全球性扩张，势必会带来更为严峻的贫富分化。法国经济学家托马斯·皮凯蒂指出，目前全球最富裕的0.1%人群（约 450 万人）平均拥有财富约为 1000 万欧元，占全球财富总额的20%；最富有的1%人群（约4500 万人）所拥有的平均财富为 300 万欧元，二者掌握了全球财富总额的 50%。[④] 不过，需要指出的是，南北收入差距“并不直接导致恐怖活动，但它为这些活动得以扎根和滋生提供了条件”。[⑤] 在西方国家主导的全球化进程中，中东穆斯林世界大多成了被边缘化的失败者，进而“企图从宗教上的原教旨主义

① 当然，这并不意味着作者完全忽视了全球化给人类社会带来的种种便利。比如，全球化也使得不同地区之间的文化交流增多、出行更为便利，增加了人们的选择机会，也形成了一轮快速的经济增长，等等。但是，囿于篇幅和本书侧重点所限，此处重点探讨全球化在安全领域带给我们的挑战，不再详述其所带来的积极影响。

② 谷源祥：“从动态视角关注南北差距的变化”，《中国社会科学院院报》2008 年 7 月 8 日。

③ Bruce R. Scott, “The Great Divide in the Global Village”, *Foreign Affairs*, Vol. 80, No. 1, January/February, pp. 176 – 177.

④ ［法］托马斯·皮凯蒂著：《21 世纪资本论》，巴曙松、陈剑等译，北京：中信出版社，2014 年版，第 451 – 452 页。

⑤ 路爱国：“南北分裂与恐怖主义”，载王逸舟主编《恐怖主义溯源》，北京：社会科学文献出版社，2002 年版，第 78 页。

和军事上的侵略寻找补偿”。①

在发达国家内部，全球化同样带来了极为深刻的社会影响。首先，金融资本的嗜利特性及其垄断性优势使其成为全球化收益的主要赢家，而缺少资本或资本有限的普通民众往往难以享受到相关的社会收益。“经济全球化所带来的高速经济增长和收入增加成果绝大部分被与金融垄断资本相关的机构和群体获得。”以美国为例，1993—2015年，收入占前1%的高收入群体的收入增长了94.5%，其余99%人口的收入只增长了14.3%。美国商务部的调查也显示，前5%高收入家庭的收入占全美家庭收入的比重已经从1980年的16.5%上升到了2015年的22.13%。2004年，收入占前0.01%的美国超级富豪当中，其收入有一半来自资本收入和投资收益。②其次，全球化在推动全球贸易快速增长和国际间产业分工快速发展的同时，也造成一些传统就业机会从发达国家向部分发展中国家快速转移。在全球化条件下，生产要素将会在全球范围内自由流动，以寻求价值和利润最大化。由于环保标准和劳工标准相对较高，土地、能源和劳动力成本等也居高不下，发达国家的部分传统产业开始渐次向一些发展中国家快速转移，一些就业机会也随之不复存在。比如，正是在产业转移的影响下，曾经因制造业鼎盛而无限风光的底特律、匹兹堡、芝加哥等美国中西部大城市，如今却沦为萧条不堪的“锈带”。最后，在跨国公司和产业转移的推动下，作为生产要素的劳动力价格在全球范围内出现了趋同势头，原本基于教育、地域、文化差异而形成的劳动力价格差异如今开始趋于缩小。比如，1999—2014年美国制造业工人的工资几乎没有变动，而同期中国制造业工人的工资大约上升了5倍。③

当然，无论是国家间的贫富差距还是一国内部的贫富分化，并不必然导致国际矛盾的迅速恶化或整个社会激进化。只不过在一定条件下，比如出现经济衰退、政治动荡等，这些不平等就会诱发严重的社会问题。诚如约瑟夫·奈所言：“在不平等和政治对抗之间并无一种‘自动’的关系，

① ［美］戴维·S. 兰德斯著：《国富国穷》，门洪华等译，北京：新华出版社，2010年版，第539－540页。

② 徐明棋：“论经济全球化的动力、效应与趋势”，《社会科学》2017年第7期，第41页。

③ 同上，第40页。

但是前者可以引发后者。”①

第二，在政治领域，全球化并未改变不合理的传统国际政治秩序，甚至也未能改变基于丛林法则所形成的国际政治的本质特征。冷战结束后，一方面是非西方世界对西方国家的学习、仿效与趋同，另一方面是强势的西方国家对非西方世界的打压和改造。无论是苏联解体，还是东欧阵营的瓦解，都未能改变西方文明的“普世主义本性”。相反，“西方国家更加坚信自己意识形态和价值观的优越性，‘普世主义’得到进一步张扬，甚至认为西方将经历‘历史的终结’，即人类意识形态演进的终结点和作为人类政府最终形式的西方自由民主制度的普及。”② “9·11”事件后，美国一方面在“反恐战争”的名义下赤裸裸地对反美的伊拉克萨达姆政府进行“政权更替”和军事改造，又在“防止核扩散”的名义下对伊朗、朝鲜等国进行国际制裁和打压；另一方面通过“颜色革命”对其他发展中国家进行民主改造。2003 年发生在格鲁吉亚的“玫瑰革命”、2004 年乌克兰的“橙色革命”、2005 年吉尔吉斯坦的“郁金香革命”、2007 年缅甸的“藏红花革命”，以及 2011 年后发生在部分中东阿拉伯国家的“阿拉伯之春”等无不与此有关。

在全球化条件下，技术进步和跨国公司等非国家行为体的发展冲破了民族国家之间的传统地理界限，并由此对主权国家的内部治理形成了全新挑战。相比之下，发展中国家在此领域会面临更大的压力和挑战，而发达国家则享有极大优势。约瑟夫·奈曾指出：“全球化增强了美国的霸权”，因为美国在所有四种全球化形式中都居于中心地位。经济上，美国拥有最大的资本市场；军事上，美国是军事力量遍及全球的唯一国家；社会方面，美国是大众文化的中心；环保方面，美国是最大的污染源，对环保问题采取有效行动离不开美国的政治支持。③ 遗憾的是，这一得益于全球化的世界霸权并未被用于推进公平、有效的全球治理，反而成为其在世界各

① ［美］约瑟夫·S. 奈著：《美国霸权的困惑：为什么美国不能独断专行》，郑志国等译，北京：世界知识出版社，2002 年版，第 108 页。

② 周建明、焦世新：“从东西矛盾到西方与多元文明的矛盾：对当今世界基本矛盾的一种理解”，《世界经济与政治》2008 年第 6 期，第 23－24 页。

③ ［美］约瑟夫·S. 奈著：《美国霸权的困惑：为什么美国不能独断专行》，郑志国等译，第 96－97 页。

地推行强权政治的凭借。美国为首的西方国家不仅粗暴地将其他国家划为“资恐国家”“无赖国家”“失败国家”，还为所欲为地在世界各地进行“政权更迭”和“人道主义干预”，或是对其他国家发动各种制裁，从而引发了强烈的仇恨和不满。正如有学者所言：“发展中国家许多人的不满情绪，常常由于他们在西方国家行为中看到的不公正、对他们苦难的漠视，以及在国际上翻云覆雨、实行双重标准而得到加强，从而在形成反抗意识甚至道德观上起了很大作用。”①

第三，在社会文化领域，全球化在促进世界各国民众跨境流动和跨文化交流的同时，也造成不同族群和个体之间发生文化冲突的概率随之增多。首先，随着冷战结束后社会主义与资本主义两大阵营之间的意识形态对抗减弱，民族、宗教的对抗开始走到了历史前台。于是，“民族宗教关系的解决成为后现代的主要社会问题”。② 其次，无论我们承认与否，当前的全球化都具有明显的西方化甚至美国化特征，一些学者甚至直接称其为“美国化”“麦当劳化”或“可口可乐化”。③ 强势的西方文化不仅使文化多样性面临威胁，也使基于社会文化差异基础上的传统民族国家认同面临挑战。面对西方流行文化的强势冲击，处于弱势地位的其他发展中国家为维护自身民族文化特性，往往处于不得不接受又不得不抵制的两难困境。这也是为何在当今一些发展中国家，一方面社会上具有强烈的反美和反西方情绪，另一方面来自西方的可口可乐、麦当劳等快餐食品，以及摇滚乐、好莱坞电影等西方流行文化又大行其道的原因。最后，全球化造成了更多不同国籍和族群人口的跨界流动与移民，从而带来了更多的跨界民族问题。据统计，1980—2015 年美国接受的合法移民数量超过了 3664 万人，比前 35 年的 1038 万人增长了 3 倍多，未能获得合法身份的移民数量可能更多。据世界银行统计，1995 年全球出境旅游总人数为 6.48 亿人，2014 年为 12.2 亿人，20 年内几乎增长了一倍。1985 年以来，全球移民人数每

---

① 路爱国：“南北分裂与恐怖主义”，载王逸舟主编《恐怖主义溯源》，北京：社会科学文献出版社，2002 年出版，第 86 页。

② 曹兴著：《全球化时代的民族宗教问题》，北京：中国政法大学出版社，2011 年版，第 170 页。

③ 储昭根：“当前西方的反全球化浪潮：成因及未来走向”，《人民论坛·学术前沿》2017 年第 2 期（上），第 26 页。

年都在1亿以上，2015年更是增长至2.43亿人，全球跨国移民人数占全球人口的比重已从1980年的2.3%上升至当前的3.33%。[①] 虽然并非所有跨界民族都会演变成暴力冲突，但跨界民族快速发展的消极后果之一，便是“导致跨界民族与所在国其他民族尤其是主体民族之间形成冲突关系”。[②] 一旦此类冲突走向极端，就会引发跨国性的恐怖暴力活动。在欧美国家，近年来因仇外和排外情绪引发的极右翼恐怖主义正在迅速上升。2011年，挪威极右翼分子安德斯·布雷维克因仇视外来移民而发动恐怖袭击，造成77人死亡，数百人受伤。罪犯事后不仅毫无忏悔之意，甚至还在法庭上继续行纳粹礼。随着近年来西方国家民粹主义的抬头和政治渐趋保守化，拥有大量外来移民的欧美国家未来或将面临更多宗教极端主义和种族恐怖主义威胁。

三、全球化与恐怖主义

全球化对于国际恐怖活动的影响是复杂而多元的，其最主要的影响便是催生了全球化的国际恐怖主义。冷战结束后迅速发展的全球化进程不仅催生了更多恐怖活动，也在客观上为国际恐怖主义扩散到世界各地提供了条件。全球化既是当前国际恐怖活动猖獗的一大诱因和时代背景，更是当前国际恐怖活动的重要特征。这一特征在中东地区的跨国圣战运动当中表现得尤为典型。比如，“伊斯兰国”“努斯拉阵线”“基地”等大型国际恐怖组织一方面充分利用了全球化所提供的便利条件构建跨国网络，另一方面又充分利用了部分社会边缘群体的反全球化和反西方情绪进行圣战动员，并由此促成了一波前所未有的国际恐怖主义浪潮。简言之，全球化对于国际恐怖主义的影响主要表现在三个层面。

首先，全球化为跨国恐怖活动的滋生和发展提供了借口。这一方面体现在西方国家内部近年来对于外来移民和非同一宗教群体的宽容度下降，

① 转引自徐明棋：“论经济全球化的动力、效应与趋势”，《社会科学》2017年第7期，第38－39页。

② 曹兴著：《全球化时代的民族宗教问题》，北京：中国政法大学出版社，2011年版，第235－244页。

比如一些民粹分子、极端种族主义者和极右翼势力往往以此为借口发动"独狼"恐怖袭击；另一方面，国际圣战运动本身就具有非常强烈的反全球化色彩。比如，本·拉登在1996年的宣战声明中表示："伊斯兰教的信众遭受了犹太复国主义者——十字军联盟及其合作者所强加的侵略、不公和暴虐，他们的鲜血变得无比廉价，他们的财富也被敌人抢掠一空。……所有关于'人权'的说教和宣传都已被世界各地针对穆斯林的大屠杀所揭穿并打倒。"① 扎瓦希里在《先知旗下的勇士们》一书中也谈到："敌视伊斯兰教的西方势力早已认定了他们的敌人，并将其称为伊斯兰极端主义。……他们采取了一系列手段来对抗伊斯兰教，比如联合国、跨国公司、友好的穆斯林统治者、国际通讯与数据交换系统、国际新闻机构等。"② 对此，约瑟夫·奈也坦承："对全球化的对抗有助于激励原教旨主义的发展。"③

其次，全球化为跨国恐怖活动的兴起和发展提供了空前的技术便利。技术进步是全球化发展的主要动力和技术基础，也是推动跨国恐怖活动发展的重要前提。2003年美国《打击恐怖主义国家战略》中也指出："'基地'组织成员从一个大陆向另一个大陆流窜，就像度假或商务旅行一样轻松自如。……在一个以空前的流动性和移徙为特点的时代，无论他们走到哪里，他们都很容易融入当地社区。"④ 在全球化背景下，技术作为一种生产要素开始在全球范围内流动以寻求其自身价值和利润的最大化，从而在一定程度上加快了技术从发达国家向发展中国家的转移。信息技术、网络技术、新媒体技术、远程交通技术等快速扩散不仅为世界各国民众的生活带来了极大便利，也为恐怖分子的跨国活动创造了条件。

最后，全球化为国际恐怖势力提供了一个广阔的展示舞台和活动空

---

① Usama Bin Ladin, "Declaration of War", August, 1996, in Barry Rubin and Judith Colp Rubin edited, *Anti – American Terrorism and the Middle East: A Documentary Reader*, Oxford and New York: Oxford University Press, 2002, p. 137.

② Ayman Al – Zawahiri, "Why Attack American", January 2002, in Barry Rubin and Judith Colp Rubin edited, *Anti – American Terrorism and the Middle East: A Documentary Reader*, Oxford and New York: Oxford University Press, 2002, pp. 131 – 132.

③ ［美］约瑟夫·S. 奈著：《美国霸权的困惑：为什么美国不能独断专行》，郑志国等译，北京：世界知识出版社，2002年版，第106页。

④ The White House, *National Strategy for Combating Terrorism*, Washington, February 2003, p. 7.

间。全球化使得国际恐怖活动的运作和影响力开始超越单一主权国家的边界，更多地具备了“全球性”特征。以“伊斯兰国”组织为例，澳大利亚洛维国际政策研究所在2016年9月公布的一份报告显示，前往伊、叙两地的外国武装分子在规模和速度上都已经远远超过了以往。仅西欧地区前往伊拉克和叙利亚参战的极端分子人数就已经超过了该地区当年参加波黑内战、车臣战争和阿富汗战争人数的总和。① 美国前中央情报局局长约翰·布伦南（John Brennan）在2016年6月曾表示，“伊斯兰国”武装分子的数量已从2015年的将近3.3万人减少至1.8万—2.2万人。其中大约30%为外国武装分子，总数大约在5000—10000人之间。此外，另有一些外国圣战分子活跃在“努斯拉阵线”“叙利亚自由军”，以及主要由叙利亚库尔德人组成的“人民保卫军”等武装组织当中。② 2016年3月，美国联邦调查局时任局长詹姆斯·科米（James Comey）在众议院司法委员会作证时指出：“（IS）不会在伊拉克和叙利亚的战场上彻底完蛋，未来2—5年将会出现一次我们从未见过的恐怖分子大扩散”，其规模将会“10倍于当年的‘基地’组织”。③ 2017年4月，美国国家反恐中心战略筹划部主管迈克尔·纳加塔将军（Michael Nagata）也指出，伊拉克和叙利亚两地的外国武装分子目前已流散到全球120个国家和地区，成为迄今为止“最具种族多样性和社会多元性的非单一威胁”。④ 这些事实说明，无论是学界还是反恐情报部门，对于“伊斯兰国”组织的国际影响都不敢小觑。我们不难想象，在真正的全球化出现以前，“伊斯兰国”组织何以能具备如此巨大的国际影响力，更遑论其在全球范围内进行如此大面积的招募和运作。

当然，全球化对国际恐怖主义的影响并不是单向度的。国际恐怖主义反过来也会对全球化进程产生重要影响，它通过最为激进、暴力的方式延

---

① Lydia Khalil, Rodger Shanahan, *Foreign fighters in Syria and Iraq: The day after*, Sydney: The Lowy Institute, September 2016, p. 6.

② Ibid., p. 5.

③ David Choi, “FBI director: ISIS' loss will create a ‘terrorist diaspora’ like we've never seen before”, September 28, 2016. http://finance.yahoo.com/news/fbi - director - isis - loss - create - 190143851.html，登录时间：2017年5月22日。

④ Carlo Muñoz, “Fighters to spread terror around the globe”, *The Washington Times*, April 18, 2017.

缓全球化的发展进程。正像有学者所言："作为一种抵制或反对全球化的力量，恐怖主义反过来又会影响全球化进程，如恐怖主义的肆虐，迫使主权国家加强对人员、资本、信息、观念等要素自由流动的监管和控制，试图以此有效防范和抵御恐怖袭击，其后果是阻碍或减缓了全球化的发展进程。"①

第六节　国际制度根源：国际反恐合作机制的缺陷

当前国际恐怖主义的最大特征即在于其国际流动性，无论一国是否"生产"国际恐怖分子，都有可能成为国际恐怖分子的活动区域或攻击对象，这正是国际反恐合作的必要性所在。另一方面，由于各国政府的反恐能力和意愿不同，那些反恐能力较低、或者反恐斗争意愿较弱的国家更容易成为恐怖组织的袭击对象，这就是国际反恐合作中的"短板效应"或"洼地效应"。面对"9·11"事件后国际恐怖势力的跨界活动，国际社会虽然加强了协调与合作，并在全球、地区、大国协调和双边层面上形成了一些反恐合作机制。不过，这些合作机制各有其优劣所在。就总体而言，迄今仍未形成一种有效的国际合作机制。正是这一制度性缺陷，造成全球各地相继出现了一批"反恐洼地"，从而为国际恐怖势力的跨境流动与发展提供了空间。

一、国际反恐合作的渠道

"9·11"事件以来，世界各国纷纷加强了国际反恐合作与协调。就宏观层面而言，当前国际反恐合作主要包括如下三个层面：

1. 全球层面，主要是指在联合国、国际刑警组织、国际海事组织、国

① 曾向红："全球化、逆全球化与恐怖主义新浪潮"，《外交评论》2017 年第 3 期，第 155 页。

际民用航空组织等全球性国际组织框架内的反恐合作。

（1）联合国（UN）是当前世界上最为重要的政府间国际组织，联合国通过的决议和公约是国际社会反恐怖斗争的主要法律来源，也是各国之间进行反恐合作的主要法律依据。联合国在参与国际反恐合作方面的主要作用有：通过国际反恐公约，比如《反对劫持人质国际公约》《制止恐怖主义爆炸的国际公约》《制止向恐怖主义提供资助的国际公约》等；通过有关恐怖主义问题的决议，比如“9·11”事件发生次日联合国大会通过的56/1号决议等；建立有关国际机构推动反恐斗争，比如“9·11”事件后联合国根据1373号决议，专门成立了联合国反恐委员会（CTC），推动联合国有关决议的实施，促进各国在反恐方面的技术合作。2011年，联合国反恐中心成立。2017年6月，根据联大第71/291号决议设立了联合国反恐怖主义办公室。

（2）国际刑警组织。国际刑警组织是目前联合国之外的第二大政府间国际组织，也是全球最大的警察组织，与联合国互为观察员，拥有182个成员国。国际刑事警察组织（ICPO）是一个在世界范围内以预防、协调和打击国际刑事犯罪为目的的国际组织，负责交换犯罪信息，协调各国打击跨国犯罪。其总部设在法国里昂，各个成员国均设有国家中心局。自20世纪80年代以来，国际刑警组织先后多次召开反对恐怖主义的国际会议。“9·11”事件发生后，国际刑警组织加大了对恐怖主义问题的关注。“9·11”事件次日，美国中心局向其他国家发出求援，希望各国能够提供有关恐怖攻击方面的情报。国际刑警组织专门成立了特别行动小组，以配合美国的反恐行动。2000年，国际刑警组织通过网站公布了一批全球重大罪犯，包括臭名昭著的恐怖分子本·拉登等人。2002年，国际刑警组织建立了全球假护照和被盗护照的数据库，为各国打击恐怖主义和非法移民提供便利。2005年，国际刑警组织和联合国一道建立了有关“基地”组织和塔利班的通告制度，并成立了专门工作组负责协助成员国进行恐怖事件的调查。[①] 需要指出的是，国际刑警组织并不是专业国际反恐机构，反恐只是其工作的一个重要组成部分。

---

① 详见国际刑警组织网站，http：//www. interpol. int/

（3）联合国下属其他专业性国际组织，如国际民用航空组织、国际海事组织、国际原子能机构等在打击国际恐怖主义方面也采取了一系列举措。这些专业性国际组织的工作主要包括两个方面：

一是制订专业领域的国际性反恐法律，比如针对20世纪50年代后国际劫机事件不断增多的情况，国际民用航空组织分别于1963年、1970年、1971年通过了《关于在航空器内的犯罪和其他行为的国际公约》（东京公约）、《关于非法劫持航空器的公约》（海牙公约）、《关于制止危害民用航空安全非法行为的公约》（蒙特利尔公约）。1991年，在联合国的敦请下，国际民用航空组织又通过了《关于在可塑炸药中添加标识以便探测的公约》。2005年，第59届联大进一步通过了《制止核恐怖行为国际公约》，成为当前国际社会打击核恐怖主义的主要法律依据。

二是在全球范围内开展专业性反恐工作，“9·11”事件后这一趋势得到明显加强。比如2001年成立的联合国反恐怖主义委员会至今已对所有192个成员国的相关金融立法进行了评估，并提出了改进建议，而国际货币基金组织已在反洗钱和打击资助恐怖主义领域对58个国家进行了评估，并对158个国家提供了技术援助。自2001年以来，世界银行已经就各国执行反洗钱和打击资助恐怖主义情况进行了31次评估，并在此期间完成了275项技术援助任务。2001—2007年，联合国毒品和犯罪问题办事处已协助逾125个国家加入并执行关于预防和制止国际恐怖主义的普通文书，并为80多个国家提供了反恐立法的建议。禁止化学武器组织已对7.1万多公吨化学战剂造册登记，并加以严密保护。世界卫生组织编制了指南，以协助各国评估和改进在遭受生物、化学、放射性或核恐怖事件之后的公共卫生应急管理措施。

2. 区域合作层面，主要是指在各个层次区域合作框架内的多边反恐合作。

区域合作层面主要取决于合作机制的涵盖面及其一体化程度。它既包括涵盖范围较为广泛的跨区域合作机制，如北约（NATO）、亚太经合组织（APEC）、亚欧会议（ASEM）等，也包括涵盖范围稍小的区域性合作机制，如欧盟、美洲国家组织和上海合作组织等。“9·11”事件后，大多数区域合作组织也开始增设或加强了反恐合作方面的职能。一般而言，区域性合作框架的涵盖范围较小，地缘优势和行动能力就会越强。这是由于“全球性的合作往往因为地域跨度大，联络程序长，技术性操作复杂，合作的具体方案常常因为在实践中协调困难，而贻误战机”。① 目前较为重要的区域性反恐合作机制主要有北约、亚太经合组织、亚欧会议、欧盟（EU）、美洲国家组织、上海合作组织（SCO）、东盟（ASEAN）、独联体等。

除了上述区域合作组织外，其他一些地区性国际组织也发挥了一定的反恐合作职能，比如，2004 年南盟伊斯兰堡峰会上再次通过了《南盟打击恐怖主义公约附加议定书》。2006 年南盟内务部长会议上，各国再次强调完善地区反恐机制，推动区域内反恐合作的重要性。非洲统一组织曾于 1999 年通过了《防止和惩治恐怖主义公约》，2002 年非盟成员国会议又通过了《全非反恐行动计划》。

3. 双边合作与大国协调层面，主要是指在双边合作框架内的国际反恐合作，以及大国之间就反恐问题进行的协调与合作。双边合作通常包括两种情况：一种是双方同时受到恐怖主义威胁，在共同的威胁面前，两国往往具有合作反恐的共同愿望和动机。比如，2001 年在菲律宾的建议下，菲律宾、印尼、马来西亚三国外长共同签署了《情报交换与建立联系网络的协议》，以加强相互之间的情报交流。为应对“博客圣地”的威胁，包括尼日利亚、乍得、喀麦隆、贝宁和尼日尔在内的西非 5 国 2015 年在联合国与非盟的授权和帮助下，组建了一支 8700 人的多国联合反恐部队。另一种是双边中的一方出于强势，或是受恐怖主义危害较重，在双边反恐合作中处于相对主导或更为主动的地位。比如，“9·11”事件后，巴基斯坦、乌兹别克斯坦、哈萨克斯坦等国就是在美国的请求下才被动地参与了国际反恐合作。②

大国之间的协作也是国际反恐合作的另一重要途径。一般而言，大国之间的协作往往具有更强的针对性，但主要是在文化背景、文化传统、安全利益相近或者反恐能力相当的国家之间进行。在某种情况下，还会有一

① 马小京、璩静：“论多边主义框架下国际反恐合作的有效性”，《延安大学学报（社会科学版）》，2007 年第 2 期。

② 徐琳：“穆沙拉夫大曝料：美巴反恐联盟是被逼出来的”，［美］《华盛顿观察》2006 年第 36 期。

定的随机性和临时性。比如，早在1988年，美国、意大利等23个国家联合签署条约，要求签约国起诉或引渡那些在公海施暴的恐怖分子。2003年，在八国集团内政和司法部长巴黎会议上，与会各方决定成立一个联合专家工作组，负责反恐情报搜集和使用工作。2005年，西班牙、德国、法国、英国、意大利5国内务部长决定建立恐怖疑犯情报交流网络，建立炸药、核材料、生化武器等被窃的快速反应体系。

二、国际反恐合作的领域

通过前述各个渠道，国际社会在各个领域展开了卓有成效的反恐合作，这些合作领域主要集中在以下几个方面：

1. 政治与外交合作。政治与外交领域的合作往往属于较高层次的战略合作，其内容包括签署安全合作协定，发表有关声明，进行反恐对话与磋商，进行外交协调等。这一领域的合作包括各国在联合国框架下的协调，还包括各国在不同层次对话机制中的协调与磋商，但联合国在此领域中发挥着主导性作用。各国政府就恐怖事件所发表的谴责声明和国际会议中公布的反恐宣言，公布受到制裁的恐怖组织或恐怖分子名单，以及就有关反恐问题进行政治对话和磋商等，也是政治与外交领域国际反恐合作的重要组成部分。

2. 司法合作，包括冻结案犯财产、认定嫌犯、引渡罪犯、承认并执行国外刑事判决和司法程序合作等。一般而言，刑事管辖权通常包括属地管辖、属人管辖、保护性管辖、船旗国管辖和普遍性管辖5种。由于国际恐怖主义危害的严重性，国际社会大多倾向于普遍性管辖原则，即无论罪犯何时何地被发现，罪犯所在地国家都享有管辖权，但这又会导致“主权”和“辖权”之间的冲突。加上当前国际社会对恐怖主义的认识尚未完全达成一致，各国在国际司法领域的合作仍有很大局限性。有关国家往往会以“政治犯、死刑犯不引渡”和“人权”等为由拒绝合作。比如，长期以来，美国以政治犯为由拒绝引渡被英国指控的爱尔兰共和军武装人员。直到1985年美英缔结了《引渡补充条约》，美国将某些具有恐怖主义性质的犯罪从政治犯罪中排除，双方才彻底解决了这一问题。2003年8月，泰国警方抓捕东南亚恐怖组织“伊斯兰团”头目汉巴利之后，美国、澳大利亚、印尼、菲律宾、新加坡和马来西亚等6个国家同时提出了引渡请求。中美在“9·11”之后虽然在反恐方面开展了多项合作，美国也于2004年将“东伊运”列入了恐怖组织的名单，但是美方却以“人权”为由，拒绝向中国移交被关押在关塔那摩湾的“东突”恐怖分子。而加拿大则以中国“仍然存在死刑”等问题为由，拒绝向中国“引渡”有关犯罪。2006年3月，中国政府从乌兹别克斯坦将“东突”恐怖分子玉山江引渡回国后，加拿大方面以人权为由试图介入此案，遭到中国政府严辞拒绝。[①]

3. 情报与信息合作，主要是交换、交流有关恐怖分子和恐怖组织的情报，或是反恐经验等方面的信息共享。除了功能有限的国际刑警组织外，由于目前国际社会并没有一个全球性的情报协调机构，加上情报问题涉及各国主权安全，因而当前的反恐情报合作主要集中于大国协调、地区合作和双边合作层面。2003年前后，美国中央情报局和联邦调查局，英国军情五处、六处以及加拿大、澳大利亚、德国和法国等国的有关情报部门反恐专家共同组成了“联盟基地”。该组织不仅进行情报交流与合作，还直接参与联合反恐作战。有报道称，“联盟基地”成立后的第一年中，就成功侦破了至少12起涉及重大恐怖阴谋的案件，2006年英国破获的机场恐怖爆炸未遂案中也有其功劳。[②] 2004年3月，欧盟首脑在布鲁塞尔发表《反恐声明》，决定成立欧盟反恐情报中心，加强欧盟各国之间的情报信息交流，共同监控恐怖组织的活动。2004年夏天，美国中情局在保加利亚首都索非亚建立了“巴尔干反恐中心”，用以监控恐怖组织的活动，并向盟国和巴尔干地区国家提供有关恐怖组织活动的情报。从2001年底到2005年，法国情报部门在中情局帮助下逮捕了60多名恐怖嫌犯。2006年6月，加拿大警方在美、英等国情报部门的支持和配合下，一举抓获了17名阴谋策划恐怖活动的恐怖分子，并搜出3吨炸药及制造武器的各种器材。2006年夏天，英国警方在巴基斯坦情报部门配合下，一举抓获了20多名试图在机场发动袭击的恐怖嫌犯。

① 宋念申：“‘玉山江’案绷紧中加政治神经”，［美］《华盛顿观察》2007年第8期。

② 冀孝齐：“六国秘密打造反恐联盟基地”，《中国国防报》2006年10月5日。

4. 经济、金融领域合作，包括反洗钱、恐怖组织和人员的资金流动控制、加强国际非政府组织、慈善组织及其资金管理等方面的合作。金融领域的合作是预防和打击恐怖主义犯罪的最主要手段之一，各国在此领域的合作存在于各个层面，主要的合作框架有：国际金融行动特别工作组（FATF）、亚太反洗钱小组、埃格蒙特集团以及2004年10月中、俄、哈、塔、吉、白俄罗斯共同组建的“欧亚反洗钱与反恐融资小组”（EAG）等。2001年9月28日，安理会通过第1373号决议，要求所有国家冻结任何涉嫌从事恐怖主义行为的个人资金或切断其经济来源，并对向这些人提供任何资金或经济来源的组织进行严厉打击。2001年10月，西方七国集团制定了《打击资助恐怖主义活动的行动计划》，以增强各国金融情报机构之间的信息共享。2002年4月，由联合国大会通过的《打击向恐怖主义提供财政资助的国际公约》正式生效。

5. 联合军事行动与反恐能力建设合作。联合军事行动是国际反恐合作的最高形式，包括共同拟定打击恐怖势力的方案、联合进行反恐作战演习，共同对国际恐怖组织进行缉捕和围剿等。联合反恐行动通常包括三个层面：一是通过国际刑警组织发布通缉令，在全球范围内请求各国提供有关信息或实施共同抓捕；二是在大国协调下或在区域合作框架内进行联合行动或联合演习，这一点取决于各个合作机制的一体化程度及其主要趋向；三是针对某些具体的恐怖活动威胁而进行的双边行动与反恐演习。联合军事演习既包括盟国之间的例行军事演习，比如美国同菲律宾、新加坡等盟国之间的例行军事演习，也包括签订安全合作协议的国家和友好国家之间的联合演习。

反恐能力建设也是国际反恐合作的重要内容之一，主要包括反恐专业知识培训，经验分享、技术与装备援助等。比如在东南亚，位于马来西亚的东南亚地区反恐中心和曼谷的美泰国际执法学院为整个地区执法人员提供反恐培训。2003年，美军在进攻伊拉克之前，曾在以色列接受短期的沙漠和城市街巷反恐作战训练。位于以色列赫兹里亚的国际反恐研究所（ICT）每年都会设置应急处理和反恐培训方面的课程，为世界各国的军情部门和应急处置官员提供有偿知识培训。

6. 文化和意识形态反恐合作。前已提及，近年来国际恐怖活动的一个新趋向就是逐渐意识形态化。一些恐怖组织通过现代网络技术，以宗教文化传统等为幌子来蛊惑民众，招募、培训人员，于是文化与意识形态领域的反恐合作也开始被提上日程。2003 年底，亚欧会议框架内的亚欧 26 国联合在北京举办“亚欧文化与文明会议”。会议代表指出，在恐怖主义面前，“不同文明之间的对话与合作，是增进不同民族和国家之间相互了解、理解和包容，避免误解和冲突的有效手段之一”。① 2006 年 6 月，上海合作组织 6 国元首共同发表声明，表示要共同维护国际信息安全，并决定在上海合作组织框架内建立国际信息安全专家组。

三、国际反恐合作的困境

尽管“9・11”事件后国际社会在各个领域的反恐合作开始明显加强，然而受一系列因素影响，现有国际反恐合作并不能完全有效地消除全球“反恐洼地”。这些制约因素主要体现在以下几个方面：

首先，联合国作为当今全球最具权威性的多边国际合作机制，并未在全球反恐问题上形成足够的权威，也未能建立一个广泛有效的国际反恐合作机制。一方面，由于国际社会缺乏一个能够为各方所普遍接受的“恐怖主义”定义，各国在认定恐怖分子时就会存在分歧，从而难以在全球范围内协调行动。“9・11”事件发生后不久，联合国大会便通过了关于设立安理会“反恐委员会”的 1373（2001）号决议，并试图推动达成一个能被各国普遍接受的国际反恐公约。但是，这一努力至今仍未取得重大突破，其最大障碍便是各国在“恐怖主义”定义问题上存在严重分歧。比如，以色列和欧美各国往往将巴勒斯坦人的暴力抵抗运动视为“恐怖主义”加以谴责，阿拉伯世界和其他穆斯林国家在此问题上的看法却截然相反。大多数穆斯林国家认为，应当区分“真正的恐怖主义”和反对以色列占领巴勒斯坦的“民族解放运动”。他们坚持认为，巴勒斯坦人对以色列的攻击是“正义的”民族解放斗争，而以色列政府对巴勒斯坦人的报复则是“国家

---

① 芬子：“26 国文化部长在京倡议文化反恐”，《华夏时报》2003 年 12 月 5 日。

恐怖主义”。[①] 另一方面，联合国在反恐领域的资源较为有限，也缺少民族主权国家所具备的反恐行动能力或惩戒手段。特别是由于各成员国在恐怖主义基本定义问题上还存在着很大分歧，更遑论情报交流、经验分享、联合行动等更为敏感的高层次反恐合作了。尽管从奥巴马执政后期开始，美国政府已调整了其全球反恐战略，国际社会对于联合国在全球反恐中的职能和作用有所重视，但仍不足以形成更为有效的国际反恐合作机制。

联合国大学政策研究中心主任塞巴斯蒂安·冯·艾因西德尔（Sebastian von Einsiedel）对联合国多年来的反恐实践进行了评估，并将联合国的反恐成就归为三类：一是制订有关反恐的国际规范，比如制订反恐和打击暴力极端主义的全球战略、通过一系列国际公约、通过对成员国具有一定约束力的决议；二是帮助成员国开展能力建设，以帮助其更好地履行国际义务；三是针对恐怖组织、个人和资助恐怖主义的国家实施制裁。他认为，虽然联合国在制定国际反恐合作规范和框架方面发挥了重要作用，但联合国在反恐领域的重要贡献并未局限于反恐本身，而在于其解决国际冲突，并防止这些冲突被恐怖分子利用方面所取得的成绩。[②] 保罗·卡尼（Paul Kearney）基于对联合国反恐委员会（CTC）工作成效的评估指出，反恐委员会没有真正的执法或惩罚能力，其反恐成效受到了安理会成员国利己主义政策的制约，造成其在反恐问题上的“政治姿态多于遏止恐怖主义的努力”。[③]

其次，“9·11”事件后在美国主导下所建立的大国反恐合作机制也面临着一系列挑战。这一方面体现为美国主导下的国际反恐战争所产生的道义缺陷。比如，美国以反恐名义谋求世界霸权，动辄对其他主权国家进行“先发制人”打击或“政权更迭”；另一方面体现为2008年金融危机后美

① 参见潘光、王震：“以色列反恐战略研究”，载《现代国际关系》2007年第8期，第32－36页；或参见［英］依高·普里莫拉兹著：《恐怖主义研究：哲学上的定义》，周展、曹瑞涛等译，杭州：浙江大学出版社，2010年版，第2－3页。

② Sebastian von Einsiedel, “Assessing the UN's Efforts to Counter Terrorism”, *United Nations University Centre for Policy Research Occasional Paper* 8, October 2016, pp. 1－5.

③ Paul Kearney, “Assessment of the Counter－Terrorism Committee: Analysis of the effectiveness of the CTC and the International Regime on terrorism”, *Journal of International Affairs*, Towson University, Vol. 49, No. 1, Fall 2015, pp. 15－32.

国参与国际反恐合作的意愿明显下降，以美国为首的西方国家不愿在消除全球“反恐洼地”问题上承担起应有的国际责任。由于西方国家在“9·11”事件后纷纷加强了反恐防范措施，在全球反恐战争所带来的“挤压效应”和“示范效应”双重影响下，国际恐怖活动开始迅速向落后国家和地区扩散，尤其是那些正在经历动荡和内乱的国家或地区开始成为国际恐怖活动的“重灾区”。

当然，这并不是说西方发达国家境内面临的恐怖威胁已经消失或不复存在。事实上，美国在“9·11”事件后也多次遭受恐怖袭击，警方还破获了一大批未遂恐怖袭击案件。在叙利亚内战、难民危机和中东区域性政治动荡的冲击下，欧洲国家也正面临着“9·11”事件以来的新一轮恐怖袭击浪潮。[①] 但就总体而言，目前发展中国家遭受恐怖袭击的数量和伤亡程度远远高于发达国家。只是由于国际话语权严重缺失，发生在这些欠发达地区的国际恐怖活动往往不容易引起国际社会关注，也更容易被人们淡忘和忽视。事实上，众多发展中国家才是“9·11”事件后全球反恐战争外在成本——恐怖报复和恐怖暴力升级——的主要承担者与受害者。美国国务院反恐局发布的年度反恐报告显示：自2012年以来，伊拉克、巴基斯坦、阿富汗和印度等发展中国家境内的恐怖案件数量一直在全球名列前茅。[②] 简言之，一方面西方国家主导下的全球反恐战争造成了国际恐怖活动的快速升级、异化和扩散；另一方面，反恐能力较弱的众多发展中国家并未得到世界大国的有效援助，反而在参与美国主导的全球反恐战争过程中成了国际恐怖活动的主要受害者，被动地承担了反恐战争中的恐怖报复等成本。

最后，对于各种区域性反恐合作机制和双边反恐合作而言，也同样面临着一系列难以克服的障碍。比如，面对已经“全球化了的”国际恐怖组

---

① 参见拙文：“欧洲或面临新一轮恐怖袭击浪潮”，中美聚焦网站2016年4月7日，http://cn.chinausfocus.com/peace-security/20160407/4699.html，登录时间：2018年1月20日。

② 根据美国国务院发布的年度反恐报告等信息，2012—2016年全球遭受恐怖袭击次数前6位的国家排名如下：2012年依次为巴基斯坦、伊拉克、阿富汗、印度、尼日利亚、泰国；2013年依次为伊拉克、巴基斯坦、阿富汗、印度、菲律宾、泰国；2014年分别为伊拉克、巴基斯坦、阿富汗、印度、尼日利亚、叙利亚；2015年分别为伊拉克、阿富汗、巴基斯坦、印度、尼日利亚、埃及；2016年分别为伊拉克、阿富汗、尼日利亚、巴基斯坦、叙利亚、也门。

织，此类反恐合作无法超越传统的地理局限，也不可能有效地应对国际恐怖势力的跨国流动，更不可能消除全球反恐中的“洼地效应”。与此同时，由于各国在反恐问题上的立场和动机各不相同，造成它们对待国际反恐合作和国际恐怖活动的态度也千差万别，从而给国际恐怖分子提供了大量可乘之机。这里仅列举三点：其一，一些国家为了减少参与国际反恐战争可能带来的恐怖报复成本，或是得罪国内某些社会群体，往往拒绝就某些恐怖事件和极端组织进行公开定性或谴责。其二，某些国家为了减少恐怖事件对其国内政治或社会经济发展的影响，往往不愿承认其境内发生的一些恐怖袭击。比如，2015 年 10 月 31 日，俄航 9268 航班在埃及西奈半岛坠毁，机上 224 人全部遇难。事发后不久，各国航空公司纷纷取消了前往埃及的航班或是调整了原有航线，“伊斯兰国”组织很快宣称对此事件负责。埃及当局出于对本国旅游业前景的担心，一再否认该事件为“恐怖事件”，并希望外界不要对此“妄加揣测”。① 其三，个别民族国家为了一己之私而在恐怖主义问题上采取表里不一的“双重标准”政策，乃至或明或暗地对一些恐怖势力进行支持和鼓励。

四、国际反恐合作评估②

就目前而言，一方面国际社会在反恐问题上仍然“苦无良策”，另一方面世界各国并没有一套行之有效的反恐政策评估体系，为主权国家从事反恐斗争提供借鉴和参考。瑞士苏黎世大学布鲁诺·弗莱（Bruno S. Frey）教授通过对一些政策模型的分析，提出了时间、效力、成本、效率、法律与道德考虑等 6 项评价标准。但是弗莱教授自己也指出，没有哪一个政策可以完全达到上述要求，但这些标准可以在民主决策过程中作为重要参考。③

---

① Simon Hradecky, Crash: Metrojet A321 over Sinai on Oct 31st 2015, broke up in climb over Sinai, preliminary report states no unlawful interference, *The Aviation Herald*, Oct 31st, 2015.

② 关于国际反恐合作评估的探讨，可参见潘光、王震：“国际反恐怖合作：新态势、新发展和绩效评估”，载《社会科学》2010 年第 11 期；王震：“中亚恐怖活动新发展与反恐合作绩效评估——以上海合作组织为例”，载《外国问题研究》2012 年第 1 期。

③ Bruno S. Frey, *Dealing With Terrorism: Stick or Carrot?* Cheltenham and Northampton: Edward Elgar Pub, 2004, pp. 142 – 150.

以色列国际反恐研究所鲍阿斯·加诺教授认为，不同的反恐政策在针对不同类型的恐怖主义时会有不同的效能，比如对恐怖组织的核心成员来说，军事手段可能更有成效。但对于外围恐怖组织，军事手段可能就不是那么有效。[①] 他还指出，恐怖主义等于恐怖分子的攻击意图加上行动能力，因而一个有效的反恐政策要既能降低恐怖分子的攻击意图，还要能够降低其进行攻击的能力。美国学者辛西亚·卢姆、莱斯利·肯尼迪等提出，理想的反恐战略应当是合理、高效，而且伤亡最低，并且认为“国际社会目前根本没有对反恐战略的科学评估，现有的一些行动不仅没有减少恐怖主义，反而助长了恐怖主义或是相关的危害”。[②]

美国反恐协调员办公室在2006年恐怖主义形势报告中指出：“只有那些获得民众信任和支持，能进行负责有效的合法治理，并积极参与国际合作、构建信任网络的政府，才能极大地减少恐怖威胁。”[③] 从某种程度上说，这种判断含有对反恐政策，包括对国际反恐合作进行评价的成分，但并不能作为反恐政策的基本评价指标。“9·11”事件后，美国官方曾专门就“全球反恐战争进展”及“5年来美国反恐的成功与挑战”进行过战略评估，但这些报告并未交待其在评估过程中所参照的标准和依据，只是较为详尽地罗列出了美国在“9·11”事件后全球反恐战争中的努力与成就。[④]

作为国际反恐斗争的一个重要组成部分，国际反恐合作在评估问题上同样存在一系列难题。为研究方便，本书将尝试运用成本—收益理论，即首先寻找出一些国际反恐合作的分析指标，进而对现存的国际反恐合作体系进行概括性分析和评估。我们在这里采用合作成本、合作收益、合作意愿、合作能力与合作程度5个指标作为基本分析参照。其中合作成本包括主权让渡，即主权国家为参与国际反恐合作而出让的部分主权，如司法管

---

① Boaz Ganor, *The counter – Terrorism Puzzle: A Guide for Decision Makers*, ICT, New Brunswick and London, 2005, p. 176.

② Cynthia Lum, Lslie W. Kennedy, Alison J. Sherley, “The Effectiveness of counter – terrorism Strategy”, *Campbell Systematic Review*, January, 2006, http://www.campbellcollaboration.org/doc-pdf/Lum_Terrorism_Review.pdf，登录时间：2015年10月20日。

③ Released by the Office of the Coordinator for Counterterrorism, *Country Reports on Terrorism*, April 30, 2007, http://www.state.gov/s/ct/rls/crt/2006/，登录时间：2015年10月20日。

④ See The White House, 9/11 *Five Years Later: Successes and Challenges*, September 2006; The White House, *Progress Report on the Global War on Terrorism*, September 2003.

辖权、领空、领土使用权、涉密情报等；安全风险，即主权国家在参与国际反恐合作时需要承担的因安全信息共享而带来的额外风险等；经济支出即参与反恐合作时需要共同承担的装备、通讯、培训及军事行动和演练的开支等，运作成本则是指反恐合作机制在建立和运行过程中所需的成本；恐怖报复成本主要是因参与国际反恐合作而遭受的恐怖报复袭击，比如中东和东南亚一些穆斯林国家，在“9·11”事件后国内恐怖活动出现了明显增多的现象，其中相当一部分属于恐怖组织对国际反恐行动的报复行为。合作收益包括共享情报信息；威望与威慑力，即在参与反恐合作过程中自身国家地位的提升和对恐怖组织所产生的威慑力；遏制恐怖袭击；消除恐怖组织四个方面。另外，评估指标还包括了合作意愿、合作能力、合作程度三个相关要素。

表 2-5　合作指标及其构成

评估指标	合作成本				合作收益				合作能力	合作程度	合作意愿
构成要素	主权让渡	安全风险	经济支出、运作成本	恐怖报复	情报共享	威望与威慑力	遏制恐怖袭击	消除恐怖组织	可提供的资源	合作层次、范围、内容	合作动机、期望

各项参考指标之间具有一定的关联性。比如，合作的各项收益、合作能力是与合作程度紧密相连的；合作的程度和意愿则直接来自于各合作主体对合作成本与收益的算计。此外，同一合作内容在不同的合作框架内产生的成本和收益也存在差异。比如在使用军事手段的过程中，双边或区域层面的合作因为更具针对性，安全风险和主权让渡较为有限，收益就会相对较高。

我们通过运用上述 5 个参考指标对当前国际反恐合作的渠道和途径进行分析后会发现：

在全球层面的国际反恐合作当中，虽然合作主体面临的恐怖报复和经济支出相对较低，但是因为要承担较多的安全风险和主权让渡，一定程度上影响了有关方面的合作意愿。从合作收益来看，这一层面的合作可以实现更多的情报共享，获得更多的威望和威慑力。但这种合作往往缺乏足够的针对性和行动能力，无法有效根除或遏制恐怖袭击，因而合作的程度和意愿都处于中等水平。具体来说，联合国等国际组织因为具有全球性威望和协调能力，能够通过一系列反恐决议、国际公约，乃至制定一系列防止恐怖主义的国际准则等，一方面在全球范围内形成了强大的道义和政治力量，另一方面为一些国际合作提供了总体性规范和指导。但是这些国际组织大都没有足够的行动能力，而且往往需要主权国家给予更多的司法、情报和军事便利，所以大多数国家在参与这一层面合作的同时，也表现出了一定的选择性。

在跨区域合作层面，合作主体面临的安全风险和主权让渡会低于全球层面的合作，但经济支出和运作成本会有所上升；同时，合作产生的威望和影响力以及情报共享方面也会低于全球层面的合作。此外，这一层面的合作同样面临行动能力不足，针对性缺乏等问题。因此，现有的三个洲际性区域合作机制当中，除了北约从建立之初就是以传统安全作为首要目标的军事同盟外，亚太经合组织和亚欧会议目前只能进行有限的信息交流，预计在今后相当长一个时间内仍将停留于论坛和对话的层面。和洲际跨区域合作相比，区域层面的反恐合作不仅仅在于合作覆盖的地理范围有所降低，其面临的安全风险和主权让渡也会有所下降。不过，反恐合作的经济支出和运作成本以及报复风险也会大幅上升。但是，区域性合作因为其强大的行动能力与威慑效应，从而使各方的合作意愿大幅上升，合作程度也有所提高。现有的区域性合作框架中，欧盟、上海合作组织、东盟等内部的反恐合作已经达到了比较高的程度，甚至可以开展一定的联合行动。需要指出的是，由于区域内各国反恐能力不一，加上区域内的地缘政治竞争、领土争端、民族矛盾等，也会在一定程度上影响区域性反恐合作的效能。这方面比较明显的例子是南盟和美洲国家组织。

在双边反恐合作层面，合作主体承担的安全风险和主权让渡相对较低，但经济支出、运作成本和面临的恐怖报复会处于较高水平。就收益而言，情报共享与合作威慑可能比较有限，但是合作的行动能力，特别是在遏制恐怖袭击，消除恐怖组织方面处于较高的水平。因而，双边层面的反恐合作往往等级较高，行动能力和针对性也比较强，这也是为什么双边合作一直是国际社会最主要的反恐合作形式的原因所在。但是，由于双边反恐合作无法产生广泛的影响力和威慑力，并且活动区域也有一定局限性，因而多数情况下还需要与其他层面的合作进行协调。

在对反恐合作成本与收益的算计中，各项参考指标的权重并不相同，它们对合作主体的影响也各不相同。在合作成本方面，合作主体对安全风险和主权让渡方面的考虑要明显多于对经济支出和运行成本的考虑。在合作收益方面，合作主体虽然看重合作威慑与情报共享，但更为看重反恐合作产生的执行力，这也是为什么经济支出和运作成本相对较高的区域合作和双边合作更容易受欢迎的一个主要原因。正是在这种情况下，大多数合作主体对不同合作层面的合作内容表现出了较强的选择性。

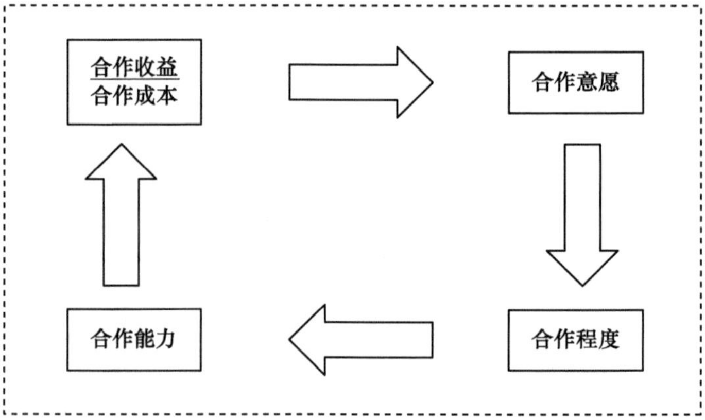

图 2－2　合作变量之间的关系

就具体合作领域而言，政治和司法领域内的合作虽然安全风险和经济支出、运行成本相对较低，并且可以获得较高的威望与威慑力以及共享信息，但由于涉及较多的主权让渡，因此各国在积极参与的同时仍会有一定保留。特别是一些中小国家，在司法和政治问题上更为谨慎。不过各国会倾向于在全球、跨区域和区域层面进行合作，以进一步降低成本，获得更大范围的收益。目前国际社会虽然在恐怖主义的界定上存在分歧，但都积极参与政治与司法领域的合作。

情报、能力建设与军事行动方面，它可能会让合作主体面临的主权让度、安全风险、经济开支和运作成本都处于较高的水平，但是因为行动能力强，在信息共享、遏制恐怖袭击、消除恐怖组织等方面的收益更高，从而为各国所青睐。不过，为规避一定的政治风险，各国往往会选择双边和区域层面的国际平台进行合作。因为大范围的情报与军事合作容易受到某些大国的主导和操纵，对小国而言，其参与反恐合作的安全风险就会大大增加。①

在经济与金融合作领域，就反恐成本而言，参与方的主权让渡和安全风险比较有限（但是经济领域会面临一定风险，比如商业机密扩散），经济支出和运作成本也相对较低；而在共享信息、威望与威慑力，以及在遏制恐怖活动方面收益较高，从而成为各国积极参与的一个反恐合作领域。但由于恐怖主义的全球性流动，各国更倾向于区域、跨区域乃至全球性的反恐合作。

基于上述分析，我们或可得出如下结论：现存国际反恐合作体系中，全球层面、跨区域和区域层面，以及双边和大国层面的反恐合作呈现出互为补充、相辅相成的关系。一般而言，各国对反恐合作成本与收益的算计决定了其参与反恐合作的偏好与政策选择，不同国家对于参与国际反恐合作的算计并不相同，历史经历、国家实力、地理位置、社会文化与族群构成等因素都会不同程度地对此产生影响。比如，在反恐合作成本当中，中小国家对主权问题、安全风险比较重视；在反恐收益方面，大国往往更加看重合作所产生的威望和影响力。但是，这一分析框架并不能绝对化，因为国际反恐合作中还存在着大量“非理性因素”。比如，各国的文化差异，领导人的决策风格，突发事件等也会影响到具体的国际反恐合作。

第七节　国际秩序根源：国际格局转型与局部失序

我们正面临着一个国际格局与国际秩序大变动的时代。环视全球，从

① 以色列学者鲍阿斯·加诺指出，情报合作会面临“暴露相互合作国家之间的情报资源”的危险，参见 Boaz Ganor, *The counter – Terrorism Puzzle: A Guide for Decision Makers*, ICT, New Brunswick and London, 2005, p. 57.

叙利亚内战、乌克兰危机、到英国脱欧，“伊斯兰国”肆虐，以及美国总统特朗普上台后国际社会出现的各种“焦虑症”，无不昭示着一个与以往截然不同的新世界。种种迹象表明：二战后所确立的国际秩序正陷入前所未有的危机，而新的国际秩序与国际格局还远未形成，从而引发了人们对于未来国际格局走向的种种疑虑和担忧。

2014 年 6 月，习近平总书记在和平共处五项原则发表 60 周年纪念大会上的讲话中表示：“当今世界正在发生深刻复杂的变化。”① 党的十九大报告进一步指出：“世界正处于大发展大变革大调整时期，和平与发展仍然是时代主题。世界多极化、经济全球化、社会信息化、文化多样化深入发展，全球治理体系和国际秩序变革加速推进……世界面临的不稳定性不确定性突出，世界经济增长动能不足，贫富分化日益严重，地区热点问题此起彼伏，恐怖主义、网络安全、重大传染性疾病、气候变化等非传统安全威胁持续蔓延，人类面临许多共同挑战。”②

特朗普上台后，西方国家对于当前国际格局变化的担忧也与日俱增。2017 年 2 月，德国慕尼黑安全会议在其年度报告中也以《后真相、后西方、后秩序?》为题目，认为当前世界面临三大挑战：一是西方面临着民粹主义和反全球化主义的挑战；二是西方世界秩序已经出现裂痕；三是一个“后秩序时代”正在来临。美国有可能从一个国际安全公共产品提供者转变为一个“奉行单边主义乃至民族主义外交的国家”。③ 换言之，西方主导下的国际秩序正在走向终结。

通常来说，国际格局转型是一个漫长的过程，也是一个非自然的过程。在此过程中，往往会伴随着局部失序和大国竞争，乃至大规模的军事对抗和武装冲突。从某种意义上说，近年来此起彼伏的恐怖主义浪潮既是当前国际格局转型过程所导致的局部失序的产物，也是这一过程在微观层面上的体现。在人类历史上，历次国际格局转型都会引发一些恐怖活动浪

① 习近平：“弘扬和平共处五项原则、建设合作共赢美好世界——在和平共处五项原则发表 60 周年纪念大会上的讲话”，新华社北京 2014 年 6 月 28 日电。

② 习近平：“决胜全面建成小康社会，夺取新时代中国特色社会主义伟大胜利——在中国共产党第十九次全国代表大会上的报告”，《人民日报》2017 年 10 月 28 日。

③ MSC, *Munich Security Report* 2017: *Post – Truth*, *Post – West*, *Post – Order*? Munich, February 13, 2017.

潮。在这一点上，当今的恐怖主义浪潮和历史上并无二致。

一、“国际格局”与“国际秩序”的含义

在国际政治研究领域，“国际格局”是一个被国内外学界广泛使用的概念，它往往与“国际秩序”（世界秩序）问题紧密相连。不过，迄今为止，学者们并未就此形成一个被普遍接受的定义。

在当代西方三大国际关系理论流派（即自由主义、现实主义和建构主义）中，比较强调国际政治权力的现实主义流派对此问题尤为重视。法国学者雷蒙·阿隆在分析国际格局时，提出了“国际体系”的概念。他认为，国际体系是“政治单元构成的政体，政治单元保持相互之间的正常关系，都有能力卷入到扩大化的战争之中”。在他看来，“国际体系的结构总是寡头垄断性质的”。在特定时期内，往往是“主要行为体决定了体系，而非体系决定了行为体”。有时候，“某一个主要国家内部政体的变化，足以改变国际关系的风格，有时也改变了国际关系的方向”。在国际体系诸多特征当中，其首要特征便是“力量关系的格局”，这种力量关系格局包括国际体系的边界，权力在不同行为体之间的分配，以及各个行为体在权力格局中的地位。①

汉斯·摩根索、肯尼斯·华尔兹等现实主义理论家也将“国际格局”称之为“国际结构”，认为它是“由关注自我的单元的共同行为形成的”。这种单元即为主权国家，它们的互动产生了国际政治结构。国际政治结构的“形成和维持都基于单元所信奉的自助原则”，这是因为“在一个国家安全无法得到保证的世界里，生存动机被视为一切行动的基础……”。② 在国际现实中，国家之间总会存在大小强弱的不同，故而“系统的结构随着系统单元能力分配的变化而变化，并且结构的变化导致对系统单元的行为

---

① ［法］雷蒙·阿隆著：《战争与和平：国际关系理论》，朱孔彦译，北京：中央编译出版社，2013 年版，第 91－96 页。

② ［美］肯尼斯·华尔兹著：《国际政治理论》，信强译，上海：上海人民出版社，2003 年版，第 122 页。

以及它们互动结果的预期也随之变化。"①

在国内学术界，"国际格局"相关研究也一直是长盛不衰的话题。黄平认为国际格局是"各种国际关系的分布状态"，是"被抽象出来的世界基本框架"，各类国际关系正是在国际格局之下展开的。换言之，国际关系既是国际格局下的"互动状态"，也是支撑国际格局的"基本素材"。②崔立如则指出，无论是"国际格局"，还是"国际秩序"，都是非常模糊不清的概念。尤其是国人常用的"国际格局"一词在很大程度上带有"中国文化色彩"，它在内涵上与"战略格局""大国关系"存在明显交叉。而我们通常所说的"国际秩序"，实际上是"在并存的不同秩序当中具有统治性或主导性地位的秩序，也就是二战以来建立在以美国为中心的西方主导的国际体系基础上的秩序，它建立在世界主要权力结构或国际格局基础之上。"③

刘建飞提出，国际格局有广义和狭义之分。其中，广义的国际格局"是指一定历史时期内国际力量的结构状态"，狭义的国际格局则是指"在一定历史时期内在国际舞台上进行博弈的主要国际战略力量相互作用所形成的相对稳定的结构状态"。一般而言，国际秩序是指"国际社会正常运行的行为规范及其保障机制"，国际格局是国际秩序存在的基础，"国际格局的变化引起国际秩序的调整，进而导致国际体系演变"。④ 徐蓝则认为，国际格局是指"在一定历史时期内，在国际关系中起到举足轻重作用的主要行为体，如国家或国家集团，所形成的一种相互关系、相互制约、相互作用的相对稳定的结构状态和局面"。构成国际格局的基本要素有三：行为体；行为体之间的互相战略关系；行为体之间具有相对稳定的关系结构。其中，"大国和大国集团的力量对比是国际格局的基本结构和基本内核，决定着国际关系的基本内容，如战争与和平、和平与发展等"。就国际格局而言，其重要性就在于它在事实上"影响并制约着一定历史时期内

---

① ［美］肯尼斯·华尔兹著：《国际政治理论》，信强译，上海：上海人民出版社，2003 年版，第 130 页。

② 黄平："国际格局正迎来变革与重塑：访中国社会科学院欧洲研究所所长黄平"，《中国社会科学报》2017 年 1 月 10 日。

③ 崔立如："国际格局演变与多极时代的秩序建构（上）"，载《现代国际关系》2016 年第 1 期。

④ 刘建飞："国际格局演进与国际秩序重塑"，载《当代世界与社会主义》2015 年第 5 期。

的国际秩序”。[①]

袁鹏则援引基辛格的话指出，所谓世界秩序、国际秩序、国际格局和国际体系等，“无外乎就是如何把握世界大势的另类表述，而不太在意严格区分这些概念之间的微言大义……”。因为“真正的世界秩序到今天并没有存在过”，所以这更多是“一种理念、一种构想、一种愿景”。[②] 不过，诚如美国学者詹姆斯·多尔蒂等人所言：“没有任何一种方法能够全面、充分和详细地解释不断发展变化的复杂的国际社会中的全部现象。”[③]

二、国际格局转型

在世界近现代史上，历次国际格局的更替往往都伴随着大国之间的刀光剑影和血肉厮杀，只有20世纪80年代末90年代初的冷战结束是一次仅有的例外。通常来说，在国际格局转型过程中，旧秩序已经“礼崩乐坏”，新秩序尚在形成当中，国际格局赖以维系的大国实力平衡和相对有效的保障机制还未成型。受此影响，全球范围内将会出现一轮政治保守主义和民族主义思潮的回归，一些极端民族主义、狭隘民族主义，乃至民粹主义也会夹杂其中，并有可能会引发新一轮的民族冲突浪潮。与此同时，一些世界大国和地区性大国则会不遗余力地寻求对自己更有利的发展环境、地缘边界和权力格局，从而在一定程度上加剧一些新老武装冲突或局部战争，包括令国际社会头痛不已的跨国恐怖主义问题。

进入21世纪以来，以美国“单极霸权”为特征的传统国际格局开始面临越来越多的挑战。以2008年金融危机为标志，传统国际秩序赖以维系的主要物质基础——西方国家的相对经济实力迅速下降，由此促使国际格局转换速度开始大大加快。简言之，当前国际格局转换的特征突出表现在以下两个方面。

---

① 徐蓝：“20世纪国际格局的演变：一种宏观论述”，载《历史教学》2013年第20期。

② 袁鹏著：《四百年未有之变局：中国、美国与世界秩序》前言，北京：中信出版社，2016年版，第XⅧ页。

③ ［美］詹姆斯·多尔蒂，小罗伯特·普法尔茨格拉夫著：《争论中的国际关系理论》，阎学通、陈寒溪等译，北京：世界知识出版社，2003年版，第7页。

第一，传统国际格局正在加速崩解，新的国际格局及其秩序远未形成，国际社会中的新一轮权力分配过程仍在进行，围绕新的国际秩序及其权力分配的竞争日趋激烈。

在越来越多的严峻挑战面前，传统国际格局及其秩序的崩解速度不断加快。在地缘战略层面，第二次世界大战后所确立的大国地缘战略边界线和全球战略平衡已经发生动摇。在欧洲地区，以美国为首的西方国家通过继续结盟和扩展部署导弹防御体系，不断紧逼俄罗斯的战略底线，遭到了后者的顽强抵制，“乌克兰危机”正是这一冲突的最直接体现；在东北亚地区，美国首次通过部署“萨德”导弹防御系统威胁本区域内长期以来所维系的战略平衡，并使朝鲜战争后所形成的停火线随时面临被改写的可能；在中东地区，二战后所确立的地缘战略边界线正在因叙利亚内战和伊拉克战争面临巨大挑战，中东地区国际秩序的重构目前仍遥遥无期；在东南亚地区，美国在二战后形成的传统势力范围也面临着我国在南海军事能力和战略存在不断增强的巨大挑战。在经济层面，随着非西方国家经济实力不断上升，一些新兴市场国家开始要求在传统的国际贸易和经济制度安排中获得更大发言权。与此同时，西方国家为维护自身优势，对于改革“布雷顿森林体系”中“三驾马车”的呼吁反应迟缓，美国和日本等对于中国提出的“一带一路”倡议并不积极，甚至还曾联合狙击中国提出的设立“亚投行”（AIIB）的倡议。在政治层面上，日本、德国、巴西和印度近年来全力推动联合国改革，试图通过扩大安理会常任理事国来修改联合国安理会中的大国协商一致原则。其中，安倍晋三领导下的日本当局正试图冲破第二次世界大战后制定的和平宪法，以便对二战后的国际秩序尤其是东亚地区秩序发起直接挑战，通过修改《和平法案》来追求成为“一个正常国家”。

近年来，世界大国和地区性大国之间围绕未来国际权力的争夺正日益加剧。此类争夺已经造成某些地区出现了秩序垮塌的迹象。比如，中东地区旧秩序的瓦解已经开始，东亚地区新旧秩序的更替也已经呼之欲出。一般来说，全球性国际秩序的垮塌往往从地区秩序、局部问题开始，最终以加速度方式完成从量变到质变的过程。无论是全球性秩序的重构，还是地区性秩序的垮塌，往往都会伴随着民族国家内部或民族国家之间的动荡、混乱、暴力和对抗。在核战争时代，核大国之间对于“确保相互摧毁”战争前景的担忧反而造成了一种相对的“恐怖平衡”。但是，有核国家之间，以及有核国家与无核国家之间的摩擦和常规军事冲突却并未减少。就此而言，未来世界大国之间爆发全面战争的可能性或许相对有限，但是民族国家之间，以及民族国家与非国家行为体之间爆发局部战争（地区性战争或非全面战争）、常规战争（非核冲突）、高技术战争（网络、电磁、空间作战）、非对称冲突（低烈度冲突或恐怖主义）的风险却在日益上升。事实上，对未来国际政治格局的担忧和地缘政治争夺正在使中东、南亚、东亚和东南亚等地的军备竞赛开始持续升温。

第二，当前国际格局中的权力分配正渐趋分散化，一方面美国“一家独大”“一超至上”的传统局面正面临内部分歧增多、吸引力下降或其他大国的严峻挑战；另一方面，非西方世界的群体性崛起和跨国公司、非政府组织，乃至跨国犯罪集团的迅速发展也开始对传统国际治理与权力分配格局提出了新的有力挑战。国际政治权力分散虽然在一定程度上有助于国际社会的民主化进程，但却在客观上加大了国际治理的成本与协调难度。

冷战结束后，美国精心打造的“北约”同盟体系并没有随着“华约集团”的消失而解散，反而得到进一步强化。如今，欧美双方围绕乌克兰问题、欧洲难民危机、叙利亚危机、伊核问题，乃至分担防务支出等问题发生严重分歧，战后牢不可破的欧美同盟体系似乎正面临着同床异梦或“大限临头各自飞”的困境。第二次世界大战结束至今，西方国家在思想和意识形态领域推崇自由平等、宣扬公民权和人权，并以此长期占据着国际伦理与道义制高点，吸引着广大非西方世界的政治和知识精英。如今，欧美各国因移民和难民问题已经在这些传统价值上发生了激烈争执和严重分裂，文化保守倾向日趋明显，社会包容性已经大不如前。在政治上，美国为首的西方国家战后以来极力向外部输出西方代议制民主，一贯自诩为“终结历史的制度”和“人类进步的灯塔”，甚至不惜以军事强权方式对非西方国家进行“政权更迭”。如今，这一民主机制不仅在中东地区遭遇了彻底失败，而且在欧美国家内部也遭遇了严重危机。经济上，战后欧美国家凭借早发优势，通过鼓吹自由贸易和市场经济对后发国家进行资源和市场掠夺。如今，随着经济相对优势逐步减少，欧美各国纷纷开始祭出贸易保护主义大旗，试图通过狭隘的贸易保护政策来维护其既得经济利益。这种短视、狭隘、自私的贸易政策将会造成其在意识形态和实际行为中的“人格分裂”，极大地削弱了其对于广大非西方世界的道义优势和吸引力，进而对现存国际秩序的政治和思想基础形成挑战。

与西方国家相对衰落形成对比的，则是非西方国家的群体性崛起。朱云汉指出，当今世界正处于一个由四重历史趋势反转所形成的百年难遇的历史分水岭，其中之一便是“西方中心世界的没落”，或者说是“非西方世界的全面崛起”。[①] 袁鹏则称其为“四百年未有之大变局”，这是因为“跟过去四百年大国兴衰单打独斗的模式不同，今天是群雄并起的时代”。[②] 这一点在经济领域尤为明显，2008 年全球金融危机爆发后，新出现的二十国集团（G20）已开始取代西方七国集团成为全球经济治理的新机制。美国前总统顾问、经济学家巴瑞·博斯沃思（Barry P. Bosworth）曾毫不讳言地指出，七国集团（G7）经济总量占世界经济比重已从 1992 年的 68% 降至 2015 年的 47%，未来“七国集团仍是工业化民主国家之间开展讨论和协调的有益平台，但它在全球经济治理中的中心角色已成为过去”。[③] 在美、俄、欧、日、中五大传统力量中心之外，韩国、巴西、印度、土耳其、南非等一批新兴经济体的影响也在迅速上升。

此外，包括跨国公司、非政府组织，乃至跨境犯罪集团等非国家行为体对国际秩序的影响和冲击也愈来愈大。它们对于现存国际秩序的影响和诉求是多重的、复杂的。总的来说，绝大部分跨国公司是当今世界自由贸易体系与经济全球化的受益者和重要推动力量，它们往往会为了寻求市场和利润去冲破传统主权国家设置的种种有形或无形边界。而代表全球化进程中弱势群体的一些非政府组织和犯罪集团既有冲破传统民族国家限制的

① 朱云汉著：《高思在云：中国兴起与全球秩序重组》，北京：中国人民大学出版社，2015 年版，第 3 -5 页。

② 袁鹏著：《四百年未有之变局：中国、美国与世界新秩序》，北京：中信出版社，2016 年版，第 12 页。

③ Barry P. Bosworth：“Not - so - great expectations：The G - 7's waning role in global economic governance”, The Brookings Institution, May 24, 2016. https：//www. brookings. edu/blog/order - from - chaos/2016/05/24/not - so - great - expectations - the - g - 7s - waning - role - in - global - economic - governance/，登录时间：2018 年 4 月 20 日。

冲动，又具有一定的反全球化和反现存国际秩序倾向。其中，最为典型的莫过于以“基地”组织和“伊斯兰国”势力为代表的国际恐怖组织。海湾战争结束后，本·拉登领导下的“基地”组织开始把矛头转向美国，并逐步构建了一个全球网络，以“十字军和犹太人”作为其首要攻击目标，其本质则是对美国主导下的国际秩序及其霸权行为的不满、仇恨和反抗。近几年来在中东地区猖獗一时的“伊斯兰国”组织更是无视现存国际秩序，宣称要超越现存主权国家边界，按照伊斯兰教法“沙利亚”建立一个横跨亚、非、欧三大洲的哈里发国家。①

三、国际格局转型与恐怖主义

从某种意义上说，当前国际恐怖活动的猖獗还与国际格局与国际秩序转型的时代大背景密切相关。换言之，国际恐怖活动的猖獗正是国际秩序转型过程中的一种间接表现和形式。

第一，由于2008年金融危机后美国相对实力快速下降，国际格局已从冷战结束以来美国“一超独霸”“一超多强”的局面进入到“多极时刻”或“无极时刻”。② 在此背景下，世界大国之间围绕反恐议题进行的地缘政治竞争有所加剧，这一点在美俄两国围绕叙利亚和乌克兰等问题的对抗中表现得尤为明显。在中东地区，俄罗斯以打击“伊斯兰国”名义在2015年9月底进入叙利亚，美国及其盟友最初以反对阿萨德“独裁统治”为名干涉他国内政，继而又以“化学武器”和“反恐”为名打击阿萨德政权。双方在叙利亚的较量早已超越了反恐战争的内涵，地缘政治争斗的色彩极为浓郁。双方通过各自代理人进行各种形式的武装冲突，造成地区热点问题久拖不决，从而为形形色色的恐怖分子和极端暴力分子提供了生存与发展空间。

---

① 王震：“从伊拉克危机看美国全球反恐战略困境”，载上海市社会科学界联合会主编《全面深化改革与现代国家治理》，上海：上海人民出版社2014年版，第490－495页。

② 关于当前国际格局演变的探讨，可参见崔立如：“国际格局转变与中国外交转型”，《国际关系研究》2014年第4期，第3－11页；何倩：“关于世界格局演变趋势与‘无极化’世界的思考与探讨”，《当代世界》2008年第12期，第53－55页，等等。

第二，国际格局转型造成了新的地缘政治真空，一些地区性大国围绕自身利益和国家安全开始了新一轮角逐，从而为某些国际恐怖主义的滋生和发展创造了前所未有的机遇。面对层出不穷的国际热点和地区冲突，美国越来越表现出心有余而力不足的窘态，其参与解决国际热点问题的能力和意愿呈现出同步下降态势，由此造成越来越多的地区性大国开始寻求“后美国时代”的替代性战略。比如，位于卡塔尔首都多哈的阿拉伯政策研究中心在2016年初的一份战略评估报告中指出：“在奥巴马任期尾声依赖美国的国家不过是自欺欺人。或许对于一些阿拉伯国家政府而言，这是一个让自己从美国的监护下解放出来的大好时机，只是要获得这种自由就必须采取必要的措施。”① 该中心2015年的民意调查还显示，对美国阿拉伯外交政策持负面看法的受访者从2014年的49%上升到了65%。“9·11”事件后一直在阿拉伯世界积极推动“民主改造”的美国被11%的受访者看作是对其国家安全的最大威胁之一，排名仅次于以色列（27%）和伊朗（12%）。② 在中东地区，一些阿拉伯国家内部政治秩序重构与中东地缘政治均势、地区国际秩序转型同步发生，地区内外各种力量围绕新的地缘政治均势，或明或暗地支持各自的代理人，在叙利亚、伊拉克、利比亚、也门等热点地区进行着激烈对抗。

第三，冷战结束以来，美国一直是国际秩序的主要维护者和全球公共产品的主要供给方，这一国际秩序也因此而被称为“美国治下的和平”(Pax Americana)。从奥巴马政府开始，美国干预外部事务的意愿和能力开始同步下降，全球安全领域的公共产品有效供给随之开始出现明显不足。这也是当前全球反恐领域面临的一个最大悖论：一方面，无论在全球还是在地区层面，国际格局和国际秩序的转型与重构都带来了极大不确定性，乃至局部性的混乱、动荡和冲突，为当前已经“全球化了的”国际恐怖主义的滋生和发展创造了有利外部条件；另一方面，在世界多极化格局下，美欧等传统世界大国为全球提供公共安全产品的意愿和能力出现了同步下

① Arab Center for Research and Policy Studies, *The Middle East in the Final Year of the Obama Administration* (Assessment Report), Policy Analysis Unit – ACRPS, Doha, Qatar, January, 2016, p. 6.

② Arab Public Opinion Program, Arab Center for Research and Policy Studies, *Arab Opinion Index 2015: Results in Brief*, Doha, Qatar, December 21, 2015, pp. 25 – 26.

降，中国、俄罗斯、印度、巴西等发展中国家或新兴市场国家尚无力在安全领域提供真正有效的全球公共产品。这一悖论造成国际社会在全球反恐合作领域长期止步不前、效率低下，只能听任各种国际恐怖势力从战乱与动荡的中心地区向更大范围内扩散。

第四，无论是受制于实力还是基于维护霸权的需要，曾经作为全球唯一超级大国的美国如今对国际秩序的建设性作用正迅速下降，其破坏性一面正在迅速上升。无论在中东、非洲，还是在南亚和东亚等地，美国的政策不仅没有带来稳定和安全，反而是造成持续的地区混乱、武装冲突、局势紧张、军备竞赛或暴力活动猖獗的根源。为了维护其全球霸权和既有利益，美国决策层正在越来越多地转向实用主义、利己主义和保守主义，乃至主动放弃本应承担的国际责任与国际道义。现在看来，冷战结束以来美国苦心经营的“世界霸权”和“全球领导者”更像是一个“失败的霸权”和“失败的领导者”，美国霸权正在从早期的“善霸”变成一个名副其实的“恶霸”。[①] 美国著名学者福山在“政治素人”特朗普2016年底赢得总统大选后撰文指出：“如今，对自由民主的最大挑战，与其说来自中国等公开实行威权主义的国家，不如说来自于自由民主世界内部。在美国、英国、欧洲以及其他许多国家，政治体制中民主的部分正在反抗自由的部分，并有可能利用其表面上的合法性来撕毁现行的一些规则，正是那些规则一直以来约束了行为，支撑起一个开放、包容的世界。”[②] 而福山本人，正是当年“历史终结论”的始作俑者。

第八节　余论：全球反恐的未来

近年来，跨国恐怖活动已成为我们这个时代面临的最为严峻的非传统

---

① 向骏：“美国从‘善霸’走向‘恶霸’”，凤凰网博客2009年8月23日。http：//blog.ifeng.com/article/3086040.html，登录时间：2017年6月12日。

② 弗朗西斯·福山：“特朗普的美国与新全球秩序”，《金融时报》中文版2016年11月21日。http：//www.ftchinese.com/story/001070227？full=y，登录时间：2017年5月25日。

安全威胁之一。当前跨国恐怖活动的规模之大、范围之广、手段之残忍、扩散速度之快都已大大超出了以往，也出乎了大多数人的想象。国际恐怖活动的前述种种发展态势，使得“9·11”以来全球反恐战争的成效黯然失色。造成这一现象背后的因素错综复杂，并非某种单一因素可以解释。本章试图在总结当前恐怖活动发展规律的基础上，探讨有关当前国际恐怖活动快速发展或造成当前全球反恐战争困境的一般性解释。在大多数情况下，本书所提出的分析框架与具体的恐怖组织发展脉络并不矛盾，但它不可能涵盖当前所有的国际恐怖活动。

在来势凶猛的国际恐怖浪潮面前，一些学者在拉波波特“国际恐怖主义浪潮”分析框架基础上，提出了一些新的阐释和理论假设。其中，最为典型的莫过于当前关于“第五次恐怖主义浪潮”的争论。无论这些理论假设是否成立，也不管我们是否认同其理论逻辑，它们都体现了人类社会对于当前国际恐怖活动认识的深化，以及人类对于摆脱国际恐怖主义困扰的各种努力和期待。

一、共性与差异，一种多元化的阐释

毫无疑问，造成当前全球反恐战争困境的根源是多方面的，没有哪一种因素可以单独解释这一现象。其中既有客观因素的影响（比如技术进步、全球化、国际格局转型等），也不乏主观因素的推动（如反恐战争失误等）。除了本书提到的圣战意识形态扩散、信息技术发展、美国反恐政策迷失、全球化造成的两极鸿沟、国际反恐合作机制缺陷与国际格局转型等一般性因素外，每一个国家境内国际恐怖活动的兴衰涨落又往往有其内在的特殊因素。本章虽然只对造成当前国际恐怖活动猖獗的一般性因素进行了分析，但不等于作者无视或不承认各国境内恐怖活动发展的特殊性和差异性。同理，我们强调各国境内恐怖活动的特殊性和差异性，也并不否定它们之间的普遍性和共同性。事实上，二者之间更多地是一种互为补充、互相依存的关系。只是囿于篇幅和侧重点所限，本书主要致力于探讨当前恐怖活动发展的总体性特征，以寻求更具普遍意义上的理论阐释。

在全球范围内，每一个国家和地区，乃至每一个恐怖组织的兴起、发展、壮大和衰落都离不开其特殊的社会政治环境，包括其所借助的较为独特的国内外发展条件和历史机遇。比如，在叙利亚、也门、利比亚和埃及等中东阿拉伯国家，2011 年“阿拉伯之春”后出现的国内政治动荡，为“基地”、“伊斯兰国”和“努斯拉阵线”等新老恐怖组织发展壮大提供了机会；在阿富汗和伊拉克，美国在“9・11”事件后的军事入侵打破了原有的政治生态平衡，促使一部分失势的传统社会精英走上了以恐怖暴力反对执政当局的道路；在巴基斯坦、土耳其等国，其执政当局在“9・11”事件后积极参与全球反恐战争的政策引起了国内外极端势力和恐怖组织的报复；在非洲索马里和尼日利亚等地，除了当地政府治理失败之外，也不乏政治派系斗争、部族与教派矛盾等因素；在欧洲，除了因追随美国参与全球反恐战争面临的恐怖报复之外，还面临着受各种极端思想蛊惑和激励的本土性恐怖势力，以及叙利亚内战外溢等所带来的恐怖活动扩散风险；在东南亚地区，印尼、菲律宾等国既面临传统的分裂主义和宗教极端主义恐怖风险，近年来还面临着“基地”“伊斯兰国”等跨境恐怖组织的渗透风险；俄罗斯和中亚地区面临的恐怖威胁更为复杂，其中既有车臣地区的传统分裂主义恐怖分子，也有因“乌克兰危机”引起的民族国家间领土争端性恐怖活动，以及其他国际恐怖组织激励下的跨国恐怖活动。显然，对于此类恐怖活动的地域性特征或类别性差异，并不存在一个简单化的通用型解释。

二、第五次恐怖主义浪潮?

针对当前跨国恐怖活动的种种新特征，许多人不免要问：我们当前是否面临着新一波的恐怖袭击浪潮？我们是否仍处于第四波国际恐怖活动浪潮的高潮阶段？

已有不少学者开始了这方面的探索，比如有学者提出“恐怖主义 2.0”“恐怖主义 3.0”之说。还有学者沿用拉波波特的分析框架，提出了“第五次恐怖主义浪潮”，乃至“第六次恐怖主义浪潮”的理论。简言之，目前较有典型性的观点主要包括如下几种。

1. 以“独狼型”恐怖主义为代表的第五次浪潮。比如，杰弗里・西蒙

（Jeffrey D. Simon）认为，无处不在的网络科技促成了当前的第五次恐怖活动浪潮，其代表性特征为“独狼型”恐怖主义的猖獗。网络为代表的信息技术是本次恐怖活动浪潮兴起的先决条件，当代恐怖分子可以利用网络实现自我学习并自我激进化，进而发起无组织的、无领导的恐怖袭击。对于此类独立行事的恐怖分子，反恐执法部门和现有反恐政策几乎防不胜防，因为很难掌握此类恐怖分子的行迹和证据。① 格雷格·奥斯汀（Greg Austin）则认为，西方在叙利亚人道主义危机面前的“精神麻痹”是造成欧美当前新一轮“独狼型”恐怖活动扩散的成因。至于美国境内的大规模枪击案，则很可能是“一种分散的恐怖主义新形式”。② 杰罗德·波斯特（Jerrold M. Post）也指出，随着通讯革命的出现，“独狼型”恐怖分子可以通过互联网找到自己归属的虚拟社区，并实现自我激进化，“新的第五次浪潮或许正在出现”。③

2. 以“千禧年恐怖主义”（millennialism, or millenarian terror）为代表的第五次浪潮。其中，尤以杰弗里·卡普兰的“新部落主义”（New Tribalism）理论最具代表性。卡普兰指出，第五次浪潮和前四次一样，始于20世纪70年代柬埔寨的红色高棉，其中以乌干达的“圣灵抵抗军”④ 最为典型。他认为，第五次恐怖活动浪潮的标准和特征共有17条，分别是：与之前的恐怖浪潮脱离并激进化；充满“希望”的极端理想主义；撤退到荒野地带活动；改元作历（千禧年）；追求彻底的纯正（种族、部落、生态等）；造成致命内斗或暴力的内部不妥协行为；相信人类的完美和幻想中的乌托邦；通过消耗旧一代来创造新的男人和女人；妇女是新一代恐怖活动浪潮的主体与客体；儿童是新浪潮的先锋；强奸是新浪潮的“招牌战

---

① Jeffrey D. Simon, “Technological and Lone Operator Terrorism: Prospects for a Fifth Wave of Global Terrorism”, Jean E. Rosenfeld, edited, *Terrorism, Identity and Legitimacy—the Four Waves Theory and Political Violence*, Oxon: Rouledge, 2011, pp. 44 –65.

② Greg Austin, “New Wave Terrorism: The Syrian Nightmare and Moral Confusion”, November 10, 2015, https://www.theglobalist.com/new-wave-terrorism-syria-extremism/，登录时间：2018年1月20日。

③ Jerrold M. Post, “Terrorism and Right-Wing Extremism: The Changing Face of Terrorism and Political Violence in the 21st Century: The Virtual Community of Hatred”, *International Journal of Group Psychotherapy* (2015), Volume 65, – No. 2, pp. 242 –271.

④ 即“Lord's Resistance Army”，也译为“圣主抵抗军”。

术”；暴力无处不在，不再仅仅是“我们存在”的宣示；强奸和杀戮具有象征性后果，可以杜绝新成员重返家园的可能；新浪潮脱胎于国际背景，但却是地方主义和特殊主义者；如果生存需要，将会建立外国盟友并流亡于此；具有威权主义性质的魅力型领袖；通过世界末日暴力运动实现千禧年梦想。①

3. 以“圣战恐怖主义”为基础的第五次恐怖活动浪潮。安东尼·N. 塞尔索（Anthony N. Celso）在杰弗里·卡普兰基础上进一步提出了“第五次圣战恐怖浪潮”的概念。他认为，卡普兰的理论略加调整即可适用于像“伊斯兰国”和“博科圣地”在内的“塔克菲理”（Takfiri）组织。第五次圣战恐怖组织的核心要素主要有 10 点：拒绝现有的社会政治秩序；神话历史的理想化；追求千年正义；青年文化；残忍对待对妇女和儿童；绑架；种族和宗派清洗；无节制的暴力；魅力型领导；建设新社会。塞尔索认为，此类圣战恐怖主义的前身即是从“基地”组织分裂而来的“‘基地’马格里布分支”和“‘基地’阿拉伯半岛分支”，它们比本·拉登领导下的“基地”组织走得更远。这些新一代恐怖组织的共性特征还包括拒绝殖民地时期留下来的领土边界、将西方社会和制度视为一种“罪恶”，并寻求将其摧毁。②

4. 以“亚国家主义或类国家型恐怖主义”为代表的第五次浪潮。奥尔·霍尼格（Or Honig）和伊都·亚海尔（Ido Yahel）认为，在中东和巴基斯坦地区正在出现一种亚国家主义/类国家型（semi – states）恐怖主义，它们在治理不善的地区控制着部分领土，并维持了一定的治理，同时仍对东道国或其他国家发动恐怖袭击。此类恐怖组织使用武力的方式包括常规军事斗争、游击战和恐怖袭击，其与东道国的武装斗争主要是为了实现分裂或民族独立的目标，与其他国家的斗争主要是为了吸引更多人参与或支持其活动，并取得本民族境外离散群体的同情和支持。如果参照拉波波特

---

① Jeffrey Kaplan, “The Fifth Wave: The New Tribalism?” *Terrorism and Political Violence* (2007), Vol. 19, No. 4, pp. 545 – 570; Jeffrey Kaplan, “Terrorism's Fifth Wave: A Theory, a Conundrum and a Dilemma”, *Perspectives on Terrorism* (2008), Volume II, Issue 2, pp. 12 – 24.

② Anthony N. Celso, “The Islamic State and Boko Haram: Fifth Wave Jihadist Terror Groups”, *Orbis*, Volume 59, Issue 2, 2015, pp. 249 – 268.

的恐怖主义浪潮划分标准，就会发现新的恐怖主义和之前有着明显不同。比如，它们更为重视夺取和控制领土、更广泛地参与了有效的社会治理（不仅仅是社会服务）、比其他圣战组织更为重视权力争夺（受害者多为同一宗教成员）、具备自筹资金并进行生存的能力、成员数量远大于以往的恐怖组织、具有本地化而非普世化的政治议程等。“索马里青年党”“博科圣地”“努斯拉阵线”和“伊斯兰国”等均属此类恐怖组织的代表。①

5. 以“冲撞碾压和刀刺”战术为特征的第五次现代恐怖主义浪潮。简林恩·尤基（Janelynn Njuki）认为，虽然持续数十年的第四次恐怖活动浪潮尚未退场，但是新的恐怖策略正在出现，其特征主要有三点：一是恐怖分子为了制造国际影响而选择任何目标；二是恐怖分子不分种族、宗教和年龄进行大规模的杀伤性攻击，伤亡较为惨重；三是恐怖分子较多地使用刀刺或碾压战术进行攻击。欧洲国家是新一轮恐怖袭击的重灾区，上述特征在伦敦、曼彻斯特、柏林、尼斯、巴黎、巴塞罗那、斯德哥尔摩等地发生的恐怖活动案件中均有体现。②

从这些观点可以看出，当前有关“第五波恐怖主义浪潮”的争论并未跳出拉波波特的理论框架。多数学者仍希望借助拉波波特所建构的理论工具对未来恐怖活动发展态势做出具有说服力的预测。这些分析从不同侧面入手，看到了当前恐怖活动与以往的种种不同或独特之处。但是，这些分析又难免有其自身的局限性所在。举例来说，杰弗里·卡普兰的“新部落主义”虽然影响较大，而且基本上沿袭了拉波波特以意识形态作为主要参照的分析思路，但其所建构的参照标准仍有其局限所在。比如，在卡普兰提出的 17 条标准当中，“强奸妇女”被认为是新浪潮的招牌战术。其原因在于，在中东和非洲一些地区，“妇女被强奸是一件非常羞耻的事情。不仅对于被强奸妇女是如此，对于其家庭、家族、部落都是如此。在部落冲突中，强奸行为还可以传递多重信息。它可以作为种族清洗的手段，或是一种便利的大屠杀形式。在第五次浪潮中，它还可被用以隔断妇女与其家

① Or Honig & Ido Yahel, “A Fifth Wave of Terrorism? The Emergence of Terrorist Semi – States”, *Terrorism and Political Violence*, Volume 29, No. 3, June 2017.

② Janelynn Njuki, “Ramming and Stabbing: The 5th Wave of Modern Terrorism?” *API Research Notes*, Issue 20, August 2017.

庭、社会和部落的纽带。在第五次浪潮中，强奸具有仪式性和实用性”。①这一特征或许适用于乌干达的“圣灵抵抗军”，因为该组织 90% 的战士来自儿童，“儿童新娘”通常是对高级军官最重要的奖赏。然而，对于“伊斯兰国”之类的组织则未必适用。它充其量只是极端暴力组织当中的一种新特征，但未必能代表意识形态主流。至于尤基所提出的“冲撞和刀刺型”恐怖主义同样有其局限性所在，其所谓的“冲撞型恐怖主义”又被称为“推土机袭击”，20 世纪 90 年代就已在中东地区出现，近年来成为欧洲地区恐怖分子的主要袭击战术。但是就全球范围而言，此一恐怖袭击手段仍然不是主流。在阿富汗、叙利亚、伊拉克、也门等国，汽车炸弹、简易爆炸装置等才是恐怖分子更为惯常使用的袭击战术。

当然，无论我们是否认同关于“第五次恐怖主义浪潮”的观点，这些分析对于我们理解当前的国际恐怖主义仍然不乏积极意义。它们从不同角度指明或验证了当前我们所面临的恐怖主义和以往有着很大不同，这一全新的发展态势需要学术界提供一种具有说服力的分析框架。笔者认为，如果我们沿用拉波波特的分析框架，断言当前已经进入“第五波恐怖主义浪潮”或许为时过早。当前恐怖主义的国际化水平确实已经达到了一个更高的阶段，也即真正意义上的全球化阶段。但就意识形态而言，推动当前国际恐怖主义的主流意识形态仍未跳出宗教范畴。尽管“基地”组织和“伊斯兰国”之间的圣战思想存在明显不同，二者为了争夺全球圣战运动的主导权互相争斗不已，但并未超越“萨拉菲圣战”意识形态之间的分野。从这个意义上说，称其为“第四次恐怖主义浪潮”中的高潮或许更贴切一些。至于“独狼”恐怖主义、“亚国家恐怖主义”等现象既非全球恐怖主义现象中的主流，也绝非当前所仅有，只是从未引起如此广泛的关注和重视而已。其中，前者更多的是信息技术和全球化相结合的产物，也可视为是 90 年代以来暴力冲突“私人化”和“去组织化”的进一步发展；后者则是恐怖主义与民族国家内战活动相结合的产物。只不过，在技术进步和全球化的推动下，这些恐怖活动获得了前所未有的巨大影响，成为我们这

---

① Jeffrey Kaplan, “Terrorism’s Fifth Wave: A Theory, a Conundrum and a Dilemma”, *Perspectives on Terrorism* (2008), Volume II, Issue 2, pp. 12 - 24.

个时代迫切需要应对的安全挑战。

三、全球反恐的出路

如果说当前来势凶猛的跨国恐怖活动是第四次恐怖主义浪潮中的高潮的话，那么这一波高潮何时才会退潮？拉波波特指出，前三次恐怖主义浪潮各自持续了一代人的时间，这恰好是一代人的生命周期，因为父辈的梦想往往会失去对下一代人的影响力。“如果历史重演，那么这一波浪潮将会在未来20年内结束。”不过，和之前的世俗恐怖主义相比，宗教恐怖主义似乎更加持久一些。无论“基地”组织如何发展，这一波恐怖主义浪潮都会继续下去。不过，拉波波特也同时指出，前几波恐怖主义浪潮的生命周期或许会误导我们。①

事实上，无论这一波恐怖活动高潮何时退潮，我们都必须面对当前国际恐怖主义带来的严峻挑战。“9·11”事件以来，国际社会已经开展了一场声势浩大的反恐斗争，以应对不断升级并快速扩散的国际恐怖活动。当前国际社会出现的反恐困境和“越反越恐”现象不仅表明了“9·11”事件以来全球反恐战争的种种局限，也反映出以往各国对于反恐战争和恐怖活动规律的认识缺陷。只有充分认识和把握造成这一现象的内在根源，才能在未来的全球反恐战争中做到有的放矢，进而提高反恐斗争的针对性和有效性。由于国际恐怖活动的发生机理较为复杂，并不存在一种可以涵盖所有恐怖现象的单一理论或解释，也没有哪一种政策可以应对所有的国际恐怖活动。换言之，造成当前全球反恐困境的许多根源并非孤立的、单一的偶然性因素，其中许多因素也不可能在短期内消失，这就从根本上决定了未来应对国际恐怖主义的战略也必须要具有综合性、长期性和针对性。

面对近年来“越反越恐”的战略困境，全球反恐战争也正在经历一轮渐进的转型过程，即从“9·11”事件初期的“应激式”反应逐渐过渡到更为理性、成熟和完善的阶段。在此过程中，国际社会对于恐怖主义和反

---

① David C. Rapoport, “Four Waves of Modern Terrorism”, in Audrey Kurth Cronin & James M. Ludes edited, Attacking Terrorism: Elements of a Grand Strategy, Washington, DC: Georgetown University Press, 2004, pp. 48, 66.

恐战争的认识正在不断深化：一方面，世界各国的反恐努力正在从早期追求从肉体上消灭恐怖分子拓展至在意识形态领域消除造成暴力极端主义的文化和思想根源，在社会经济领域减少滋生极端主义和恐怖主义的社会土壤，同时在网络空间对抗极端主义、恐怖主义的蛊惑和宣传；另一方面，国际社会的反恐合作也从早期主动或被动地追随美国变为更加平等和自发地开展各种国际反恐协作，从美国单边主义主导下的反恐战争转为以联合国等各种国际合作机制为依托，大国和主要当事国共同参与的全球性反恐斗争。全球反恐战争转型不仅会改变人们在“9・11”事件初期有关恐怖主义和反恐问题的肤浅认识，还有助于增强未来全球反恐战争的有效性和针对性，并为人类社会最终击退跨国恐怖活动浪潮带来新的希望。关于当前全球反恐战争转型问题，我们将会在本书下一章进行深入分析。

第三章

全球反恐战争转型与中国

如前所述，“9·11”事件后美国所发动的全球反恐战争并未取得预期成效，反而使美国深陷“战争”泥沼而欲罢不能。在阿富汗，美国通过反恐战争顺利地推翻了塔利班政权，但是并不能根除塔利班残余势力及其在阿富汗边远地区的影响力。美国支持下的喀布尔政权只能蜷缩于阿富汗首都及其近郊，塔利班随时都有卷土重来的风险。社会与经济重建更是遥遥无期，来自全球的“圣战”武装分子继续云集于此，境内的毒品生产和走私不降反增。在伊拉克，美国与盟友虽然毫不费力地推翻了萨达姆政权，然而政治与社会重建却举步维艰。伊拉克境内的反叛活动和教派斗争此起彼伏，局势随时面临失控危险。更为重要的是，萨达姆被推翻后，伊拉克从一个由逊尼派执政的国家转变成了一个以什叶派为主导的政权。二战后形成的中东教缘政治平衡被打破，近年来被视为中东“反美”先锋的伊朗什叶派政权在中东地区的影响力骤然上升，出现了当年战争决策者们始料未及的结局。

不期而至的2008年全球金融危机使美国面临的经济压力随之增大，战争带来的负担也日益凸显。在当年美国总统大选中，有关反恐战争的话题一直是各方关注的焦点之一。随后，主张调整美国反恐战略、收缩全球反恐战线的巴拉克·奥巴马入主白宫，美国全球反恐战略调整的力度随之开始逐步加快。鉴于美国作为当前全球唯一超级大国的地位，其对外战略的任何调整都会对全球反恐形势带来深远影响，全球反恐战争也随之进入了一个转型与调整时期。

早在2011年，国内学者袁鹏即已指出，国际反恐斗争正在进入“后反恐战争时代”。[①] 美籍华裔学者薛理泰也认为，美国从阿富汗撤军意味着“反恐战争即将转型”，一个新时代已隐然浮现。在他看来，“以美国从伊拉克、阿富汗撤军为标志，揭示了西方世界以大规模战争方式与伊斯兰极端势力进行较量的时代已经一去不复返了，也预示了西方世界与伊斯兰极端势力之间的斗争‘高潮’即将过去，接踵而来的可能就是‘低潮’阶段了”。[②] 不过，这些早期研究大多着眼于美国从阿富汗撤军可能带来的后果，并未就全球反恐战争转型这一现象和概念本身进行更多深入的学理性探讨。全球反恐战争转型不仅事关未来国际社会反恐斗争的走向，还将影响中国未来面临的反恐形势。因此，如何认识当前全球反恐战争转型，特别是从学理层面探讨全球反恐战争转型的内涵与影响更是有着不容忽视的理论与现实意义。本章将在分析“9·11”后美国全球反恐战略变化的基础上，探讨全球反恐战争转型的背景、动因和表现，及其对于中国未来反恐斗争的潜在含义。

第一节　美国全球反恐战略调整

从小布什总统“9·11”事件后发动“反恐战争”至今，已经过去了将近20年。在此期间，白宫已经三易其主，国际反恐形势变化更是日新月异。不同决策者和不断变化的恐怖威胁导致了不同的反恐政策，这些政策变化通常都是对国内外反恐形势变化的一种反映。它们既代表了美国战略界和决策层对于恐怖主义问题的最新认识，也体现了与之前有所不同的反恐政策思路，并在很大程度上代表了全球反恐战争的不同发展阶段。

① 袁鹏：“‘反恐时代’的终结及其对美国的战略意义”，载《现代国际关系》2011年第9期。

② ［美］薛理泰：“反恐战争即将转型”，载《经济观察报》2011年9月9日，或参见薛理泰著：《中国和平崛起与国家安全》，香港世纪风出版社，2013年版，第308－310页。

一、小布什政府全球反恐战略

2001 年 1 月 20 日，小布什总统在白宫宣誓就任美国第 54 届总统。9 月 11 日，作为美国地标性建筑的纽约世贸中心大厦和华盛顿国防部五角大楼就遭到了被劫持的民航飞机的撞击。纽约世贸中心的双子塔在被撞击后很快轰然倒塌，美国联邦政府国防部所在的五角大楼也被撞出了一个大窟窿。“9・11”袭击共造成 2996 人死亡，超过 6000 人受伤，造成的直接和间接经济损失更是不计其数。①

这场突如其来的恐怖袭击事件不仅震惊了世界，也让小布什政府有些措手不及。在 9 月 30 日公布的《四年防务评估报告》中，对于恐怖主义问题并未有太多着墨，只有作为时任国防部长的唐纳德・亨利・拉姆斯菲尔德在序言里提到了“9・11”事件。拉姆斯菲尔德在这篇序言里表示：“美国今天所进行的战争并不是我们选择的战争。它是被邪恶的恐怖势力残忍、粗暴地强加给美国的战争。这是一场针对美国和美国生活方式的战争，也是一场反对所有美国人的战争，更是一场反对自由本身的战争。”②拉姆斯菲尔德作为手握兵权的美国新保守派领军人物，其在美国国防界和安全战略界的地位与影响力是可想而知的，他对于“9・11”事件的“战争”定性在很大程度上确定了小布什政府全球反恐战争的未来走向。

10 月 7 日，美军开始发起代号为“持久自由”的军事行动，对“基地”组织及其在阿富汗的庇护者塔利班政权进行报复。第二年，也即“9・11”事件一周年之际，小布什总统公布了其任内第一份《国家安全战略》。这份报告以一个章节的篇幅勾画了美国反恐战略，指出“美国正在全球范围内进行一场打击恐怖分子的战争。敌人并非某个单一的政权、个人，或是某种宗教和意识形态，而是政治驱动下针对无辜者有预谋地使用暴力的恐怖主义”。报告提出，美国反恐战争的首要任务是在全球范围内

---

① “Casualties of the September 11 attacks”, https://en.wikipedia.org/wiki/Casualties_of_the_September_11_attacks，登录时间：2017 年 11 月 20 日。

② The Department of Defense, *Quadrennial Defense Review Report*, Washington, September 30, 2001, p. iii.

破坏并摧毁恐怖分子，包括其领导层、指挥、控制、通讯系统，及其背后的物质和经济支持等，削弱恐怖组织的策划和行动能力。为此，美国将寻求与盟国、区域合作伙伴共同进行反恐战争。但是，“如有必要，美国将会毫不犹豫地单独行事。通过先发制人行使自卫权，打击恐怖分子并阻止其对美国和美国人民造成伤害”。①

2003 年 2 月，小布什政府出台了任内第一份也是美国历史上第一份国家反恐战略，即《打击恐怖主义国家战略》报告。这份报告再一次宣称：“9·11”事件是针对美国及其盟友的“战争行为”。美国的敌人并不是某一个人，也不是某个单一的政权，而是恐怖主义，即那些政治驱动下的次国家组织、秘密组织针对非战斗目标实施的有预谋的暴力行为。② 美国反恐战略的目标是“制止恐怖分子对美国、美国盟友，以及世界各地的美国公民和利益发动恐怖袭击，并最终营造一个不利于恐怖分子及其支持者生存的国际环境”。为此，报告提出了“4D”战略，即：（1）通过打击恐怖分子的庇护所、领导层、指挥、控制和通信系统，以及物质和财政系统来“打败”（defeat）全球范围内的恐怖组织；（2）通过确保其他国家承担应有的责任，即对其主权领土内的国际恐怖主义威胁采取行动，以“拒止”（deny）对恐怖分子的进一步赞助、支持和庇护；（3）通过动员国际社会将工作重心和资源聚焦于风险地区，以“减少”（diminish）恐怖分子试图利用的“基本条件”；（4）通过对美国本土的主动防御，并延伸防卫阵线以尽早识别并消除威胁，以“保卫”（defend）美国本土和海外的公民与利益安全。③

这份报告是小布什政府时期最为重要的反恐战略文献，它确立了美国全球反恐战略的基本框架。当年 9 月，白宫还专门公布了这份反恐战略的执行情况报告，分别就打击国内外恐怖分子、国土安全和国际反恐合作三个层面进行了总结。④ 纵览整个《打击恐怖主义国家战略》报告，可以发

---

① The White House, *The National Security Strategy of the United States of America*, Washington, September 2002, pp. 5 – 7.

② The White House, *National Strategy for Combating Terrorism*, Washington, February 2003, p. 1.

③ Ibid., pp. 11 – 12.

④ The White House, *Progress Report on the Global War on Terrorism*, Washington, September 2003.

现几个明显特征：其一，报告继续将反恐定义为一场“战争”，但并未将战争的目标聚焦于某一个体或恐怖组织，或是某一个政权。其二，报告再一次强调了“先发制人”原则，“如有必要，美国将会毫不犹豫地单独行动以行使自卫权，通过先发制人打击恐怖分子”。其三，报告第一次提出了反恐战争的复杂性和长期性，即反恐战争“从本质上来说是不对称的”，反恐战争的胜利“不会以一个单一的、决定性的事件为标志”。其四，报告流露出了强烈的改造世界的意图。比如，报告提出“我们正在建立新的国际关系体系，并以适应21世纪跨国挑战的方式重新界定现有国际关系”。报告在结论中再一次提到，“要实现更广泛的目标，就必须在世界范围内消除恐怖主义。我们正努力构建一个国际秩序，使更多有着与美国及其盟友一样利益和价值观的国家和人民能够融入其中，这些价值观包括人的尊严、法治、尊重个人自由、开放和自由经济，以及宗教宽容等”。其五，通篇报告具有强烈的二元对立的意识形态色彩。比如，报告中屡屡提到“自由和恐惧正在进行一场战争”，“我们将利用价值观的力量来塑造一个自由的和更加繁荣的世界”，“我们永远不会忘记开展反恐斗争的目的所在，即捍卫基本的民主价值观和生活方式。”①

《打击恐怖主义国家战略》出台不久，美军即于3月20日发动了针对萨达姆政权的“伊拉克自由”行动。这场极具争议的战争很大程度上成了小布什政府2002年《国家安全战略》和2003年《打击恐怖主义国家战略》的试验场，同时也是美国全球反恐战争的转折点。面对伊拉克战争后的种种争议，同时也为了迎接2006年中期选举和2008年美国大选，小布什政府在2006年3月发布的《国家安全战略》中专门罗列了“9·11”以来美国在全球反恐战争中取得的成绩。《国家安全战略》报告第一次就全球反恐战争进行了总结，提出“反恐战争尚未结束。美国已经更为安全，但还不够安全”。报告还同时指出，“打败恐怖主义需要一个突破陈规的长期战略。……由于敌人已对我们的成功之处进行了调适，我们也必须进行

① The White House, *National Strategy for Combating Terrorism*, Washington, February 2003, pp. 1－30.

相应调整”。①

2006年9月，小布什政府同时公布了《“9·11”五年后的成功与挑战》和更新版《打击恐怖主义国家战略》。这两份报告基本上延续了2006年《国家安全战略》中的定位，在总结美国反恐战争成绩和面临挑战的同时，指出了进一步完善反恐战略的必要性。② 新版《打击恐怖主义国家战略》提出了美国反恐战争的长期战略和短期战略。其中，长期战略是“推进有效民主”，通过有效民主“促进自由和人的尊严”。短期行动战略则包括：防止恐怖分子网络的攻击；阻止流氓国家支持并庇护恐怖分子；阻止恐怖分子控制任何国家，并以其作为活动基地；阻止流氓国家与恐怖分子获取并使用大规模杀伤性武器；建立反恐所需的制度和机构。这份报告虽然不乏国内政治考量，但也在很大程度上体现了小布什政府对于反恐战争认识的深化。比如，报告把意识形态问题放在了一个比较突出的位置，认为“反恐战争既是一场武装力量之争，也是一场思想之战——一场反对恐怖分子及其杀戮意识形态的斗争”。尤其值得一提的是，这份报告第一次提到了国际恐怖组织割据而治的可能性，认为美国面临的一些敌人，特别是“基地”组织，“拥有更大的领土和地缘政治野心，它们试图建立一个从西班牙到东南亚的单一的泛伊斯兰主义专制政权”。③ 不过，随着小布什政府很快进入“跛鸭期”，这份报告的执行情况已经大不如前。

二、奥巴马政府全球反恐战略

在2008年美国总统大选期间，作为民主党总统候选人的巴拉克·奥巴马对小布什政府反恐政策曾多有批评，明确主张调整美国全球反恐战略。2009年1月，奥巴马正式主政白宫，并开始着手调整美国全球反恐战略。

奥巴马政府反恐战略的基本思路最早体现在2010年5月公布的《美国

① The White House, *The National Security Strategy of the United States of America*, Washington, March 2006, pp. 9 – 13.

② The White House, *National Strategy for Combating Terrorism*, Washington, September 2006; The White House, 9/11 *Five Years Later: Successes and Challenges*, Washington, September 2006.

③ The White House, *National Strategy for Combating Terrorism*, Washington, September 2006, p. 6.

国家安全战略》当中。这一战略为美国全球反恐政策设定的基调主要有：(1) 改变以往反恐战略中有关“战争”的定位，减少美国反恐的“战争”色彩。报告中虽然也使用了“战争”（war）一词指代针对“基地”组织的反恐活动，但已开始使用“行动/运动”（campaign）一词来指代与恐怖分子之间的斗争。(2) 将美国全球反恐的主要目标聚焦于“基地”组织，认为“我们的军队应当重新聚焦于阿富汗，以完成破坏、肢解并打败‘基地’组织及其附属组织的承诺”。(3) 寻求与穆斯林世界的和解，明确提出美国的反恐行为“并不是一场针对恐怖主义战术或伊斯兰教的全球战争”。为此，美国将致力于改善和伊斯兰世界的关系，并“努力实现以色列与其邻国之间的全面和平，包括确保以色列安全的‘两国方案’，实现巴勒斯坦人建立自己国家的合法愿望”。(4) 寻求逐步从阿富汗和伊拉克撤军，报告明确指出美国正在向伊拉克“移交主权和责任”，包括撤出军队。在阿富汗，美国将阻止其成为一个“基地”组织的安全庇护所，防止塔利班推翻政府，强化阿富汗政府和安全部队的能力，以便使后者“能够为阿富汗的未来承担起主要责任”。(5) 强调多边主义和“共同利益”，在应对“基地”组织问题上，美国“必须与其他国家合作，以保持对‘基地’组织的压力”。①

2011 年 6 月，奥巴马政府的第一份《国家反恐战略》出台，这也是“9·11”事件以来美国制订的第三份《国家反恐战略》。这份报告延续了 2010 年《国家安全战略》中的基本原则，并将其进一步具体化。其突出特征主要表现为几点：一是继续淡化对“战争”一词的使用，并将反恐目标重新聚焦于“基地”组织。报告重申：“美国有意使用‘战争’一词来形容对‘基地’组织的无情打击。然而，本届政府也清楚我们并不是在和恐怖主义战术或伊斯兰教进行作战。而是在与一个特定的组织——‘基地’组织进行战斗。”这是因为，“美国最突出的安全威胁仍然来自‘基地’组织及其附属组织和追随者”。② 二是避免将美国海外反恐战争描述成一场与伊斯兰世界之间的斗争，进一步强调“美国没有也永远不会与伊斯兰开

① The White House, *The National Security Strategy*, Washington, May 2010, pp. 4 – 5, 19 – 22.

② The White House, *The National Strategy for Counterterrorism*, Washington, June 2011, pp. 2 – 3.

战”。[①] 三是将美国本土反恐置于首要位置，在报告所提出的 8 项反恐战略目标当中，“保护美国人民、美国本土和美国利益”处于最首要地位，其次才是“破坏、瓦解并消灭‘基地’组织及其追随者”。四是开始强调使用常规军事手段以外的反恐路径。比如，报告提出美国将“关注如何打击‘基地’组织在各种媒体上传递信息的能力，挑战其思想主张和行为的合法性与准确性”，并“反对‘基地’组织的意识形态及其共鸣”。[②]

在反恐实践层面，奥巴马政府的反恐政策集中体现在以下几个方面：

一是在延续传统反恐战争的同时，积极致力于寻求与穆斯林世界达成和解。比如，为了寻求缓和与伊斯兰国家之间的关系，化解伊拉克战争后充斥于穆斯林世界的反美主义情绪，奥巴马就任总统后赴中东地区的首访破天荒地避开了被认为是美国最亲密的中东盟友——以色列，并在埃及首都开罗发表了改善同穆斯林世界关系的重要讲话。此外，奥巴马还在任内大力推动实现巴勒斯坦建国的“两国方案”，甚至不惜为此向以色列内塔尼亚胡政府施压，造成美以双边关系迅速恶化。不仅如此，奥巴马政府为淡化美国全球反恐中的“战争”色彩，避免进一步刺激穆斯林世界。其官方文件和声明中逐渐用“抗衡（或打击）暴力极端主义”（CVE）取代了“反恐战争”。[③] 根据五角大楼一位资深官员的说法：“政府倾向于避免使用‘长期战争’或‘全球反恐战争’这样的词汇。”[④] 2013 年 4 月，波士顿马拉松赛场发生爆炸后，奥巴马总统在讲话中也极力避免使用“恐怖事件”或“恐怖袭击”的说法，足见其对此问题的重视和谨慎。

二是在全球范围内收缩反恐战线，寻求从国际反恐主战场逐步撤出。2011 年 12 月，美军从伊拉克全部撤出。从 2014 年开始，美军从阿富汗逐步撤出，驻军数量从高峰时期的近 7 万人削减至奥巴马任期结束时的不足万人。然而，奥巴马政府的撤军政策很快便遭遇了尴尬。美军从伊拉克撤

---

① Ibid., p. 17.

② The White House, *The National Strategy for Counterterrorism*, Washington, June 2011, pp. 9 - 10.

③ ［美］埃里克·施密特、汤姆·尚卡尔：《反恐秘密战：美国如何打击“基地”组织》，洪漫译，北京：新华出版社，2015 年版，第 132 页。

④ Scott Wilson and Al Kamen, “Global War On Terror' Is Given New Name”, *Washington Post*, March 25, 2009.

出不到两年，“伊斯兰国”组织便出人意料地乘势崛起，迫使美军暂缓了从阿富汗撤军的步伐。同时，由于无法迈出重新派兵的政治门槛，奥巴马政府只能在伊拉克采取空中打击的办法来遏制“伊斯兰国”快速扩张。然而，对于擅长游击战的“伊斯兰国”组织而言，奥巴马这一鸵鸟政策的效果是可想而知的。

三是更加重视包括军事手段在内的综合性措施进行全球反恐战争，比如公共外交、战略传播、社交网络和意识形态等。首先，奥巴马政府为实施综合性反恐战略，扩大了对使用无人机打击境外恐怖分子的授权。奥巴马总统任内虽然减少了地面武装力量的介入，但是加大了使用无人机打击恐怖分子的力度。其次，为了从根本上消除滋生恐怖主义的意识形态和社会土壤，奥巴马政府提出了“打击暴力极端主义”战略，以作为根本性或替代性的反恐政策之一。根据美国国务院的定义，所谓“打击暴力极端主义”是指“打击暴力极端分子对追随者进行招募、煽动和激进化动员以实施暴力活动的行为，同时化解助长暴力极端分子进行招募和激进化的具体因素”。[①] 最后，更为重视经济和政治等非军事手段的功能。在叙利亚和伊拉克反恐问题上，尽管饱受外界的指责和压力，奥巴马政府坚持避免升级军事手段，而是采用了空中打击、网络反击、特别行动等非常规军事方式有限介入。[②] 与此同时，奥巴马政府还坚持“政治方案是结束叙利亚内战和团结世界各国共同打击‘伊斯兰国’的唯一出路”。[③]

四是更加强调多边反恐合作。比如，为了协调国际反恐合作，美国政府在 2011 年推动创建了“全球反恐论坛”（GCTF），并于 2012 年初在国务院内部专门设立反恐局。其中，“全球反恐论坛”拥有 30 个创始成员国（包括欧盟在内），目的是为了“强化和支持联合国的全球反恐战略”。“全球反恐论坛”被一些学者视为国际反恐领域的“二十国集团”，也是美

---

① The Department of State & USAID, *Joint Strategy on Countering Violent Extremism*, Washington, May 2016, p. 4.

② Jeffrey Goldberg, “The Obama Doctrine”, *The Atlantic*, April 2016.

③ The White House Office of the Press Secretary, “Press Conference by President Obama—Antalya, Turkey”, November 16, 2015. https://www.whitehouse.gov/the-press-office/2015/11/16/press-conference-president-obama-antalya-turkey，登录时间：2016 年 3 月 15 日。

国政府为适应“后反恐战争时代”的一项战略性举措。[①]

三、特朗普政府全球反恐战略

2017 年初，有“政治素人”之称的唐纳德·特朗普就任新一届美国总统。作为美国商业大亨的特朗普在此之前没有太多从政经历，却在竞选期间一直强烈指责奥巴马政府的反恐政策。迄今为止，特朗普政府尚未正式出台完整的反恐战略。不过，特朗普上台后所采取的一些新政策却与反恐问题密切相关。其中，最为典型的莫过于“禁穆令”事件。特朗普上任不到一周，即签署了行政命令——《阻止外国恐怖分子进入美国的国家保护计划》。根据这一行政命令，未来 90 天内，美国将禁止伊拉克、叙利亚、伊朗、苏丹、索马里、也门和利比亚等 7 国公民入境。因为该政策所涉及的国家均系以穆斯林为主体的国家，故而又被媒体称为“禁穆令”。这项命令公布以后，在国内外引起了极大争议和反响，不得不进行了修改和调整。在原名单中去掉了苏丹，新增了乍得、朝鲜和委内瑞拉 3 国。2017 年 9 月，美国最高法院裁定支持特朗普政府采取广泛的入境禁令。这一政策表明：一方面特朗普上任后急着要兑现总统大选期间的承诺，另一方面，在特朗普的反恐思路当中，“美国优先”思想可以说是根深蒂固。在他看来，只有加强本土安全，才能为实现“让美国再次伟大”创造条件。

针对在伊拉克和叙利亚盛行一时的“伊斯兰国”组织，特朗普政府也采取了更为务实和大胆的打击“伊斯兰国”政策。其具体做法包括四个层面：一是减少对美军的各种束缚，派出了更多地面军事顾问，乃至特战部队帮助伊拉克政府和库尔德武装打击“伊斯兰国”势力；二是授权美军加大对叙利亚和伊拉克境内“伊斯兰国”组织的空中打击力度；三是加大了对库尔德“人民保卫军”等反“伊斯兰国”武装力量的各种支持；四是以“疑似使用化学武器”为借口，对叙利亚政府军控制区的军事和敏感设施等连续进行空中轰炸。最近的一次轰炸发生在 2018 年 4 月 14 日，美军对

---

① Bureau of Public Affairs, U. S. Department of State, “Ten Things You Should Know About the Global Counter - terrorism Forum”, December 16, 2014. http: //www. state. gov/r/pa/pl/235149. htm, 登录时间：2015 年 10 月 15 日。

位于叙利亚首都大马士革的所谓“化学武器”仓库和科研中心等发射了100多枚导弹。这些政策在很大程度上可以反映特朗普政府的基本政策思路：一方面，通过升级军事手段遏制乃至消除“伊斯兰国”组织在当地继续坐大，为美军最终逐步撤离创造条件。截至2017年底，“伊斯兰国”组织在伊叙两地已经无法大规模地公开存在，据称其头目巴格达迪也已在战斗中被击毙身亡。另一方面，通过对叙利亚政府军的军事轰炸遏制阿萨德政权的快速恢复与扩张，防止其和俄罗斯、伊朗等一起成为这场反恐战争的最终赢家，同时为叙利亚战后的政治安排和重建捞取谈判筹码。不过，美军在战场上极力避免与俄罗斯发生正面冲突，同时也防止深陷叙利亚战争泥沼而不能自拔。换言之，特朗普政府叙利亚战略的要义在于通过加强战术上的空中轰炸和军事打击，为其在战略上最终能够较为体面地抽身逐步创造条件，以便能集中精力实现其“美国优先”和“让美国再次伟大”的承诺。

2017年8月21日，特朗普就阿富汗和南亚政策发布了公开讲话，这是其首次正式提出有关阿富汗的反恐战略。在此之前，美军在阿富汗使用了被称为“炸弹之母”的GBU－43大型空爆炸弹，以打击藏匿于楠格哈尔省阿钦地区的“伊斯兰国”武装分子。在这次讲话中，特朗普将美国在阿富汗的核心利益界定为三点：美国应当在阿富汗获得一个体面的、持久的结局；防止在阿富汗重新出现一个庇护包括“伊斯兰国”和“基地”组织在内的国际恐怖分子的“真空”（因此，美国快速撤军的结果是不可接受的，也是可以预见的）；消除美国在阿富汗和整个地区面临的巨大威胁，目前有20多个“外国恐怖组织”活跃于阿富汗和巴基斯坦地区，这里是“全球恐怖分子最为集中的地区。”简言之，“美国必须阻止阿富汗重新成为恐怖分子的庇护所，并以之攻击美国；必须阻止核武器与核材料落入恐怖分子之手，并被用于反对美国和其他国家”。

为保证这些利益，美国在阿富汗和南亚的战略支柱有四个：一是美国阿富汗政策将会从“基于时间”（time－based）转变为“基于条件”（based on conditions），即美军不会在阿富汗事先设定时间表，而是要根据未来局势决定驻军人数或是否撤军；二是将会在阿富汗问题上整合所有的政策手段，比如外交、经济、军事等；三是改变对巴基斯坦的政策，美国将不再容忍巴基斯坦成为恐怖分子的庇护所；四是进一步发展和印度的战略伙伴关系，美国“赞赏印度为阿富汗稳定发挥作用”。①

这一战略在出台后立即引起了巴基斯坦的强烈不满，国际社会也对此争议不断。巴基斯坦国内普遍认为，美国抹杀了“9·11”以来巴方在全球反恐战争中的努力和贡献，包括为此做出的巨大牺牲。2018 新年伊始，特朗普总统即在其推特上指责巴基斯坦配合美国反恐不力，把美国领导人当成“傻瓜”，“除了谎言和欺骗之外，什么也没有”。1 月 4 日，白宫宣布在巴基斯坦承诺打击该地区所有恐怖分子之前，将停止数亿美元对巴安全援助。有学者指出，阿富汗和巴基斯坦境内的极端暴力武装大致上可以分为三类：第一类对巴基斯坦和美国同时构成了威胁，比如“基地”组织；第二类只对巴基斯坦构成威胁，比如巴基斯坦“塔利班”；第三类是只对美国或印度构成威胁的极端组织，比如“哈卡尼网络”、“虔诚军”和阿富汗“塔利班”。双方对于打击第一类和第二类极端组织没有太大异议，但是对于第三类极端暴力组织，巴基斯坦则有所保留。② 事实上，这一分歧也并非始于近日。“9·11”事件后，时任美国国务卿柯林·鲍威尔在给穆沙拉夫总统的电话中明确表示：“你要么和我们在一起，要么成为我们的敌人。”在巨大压力之下，穆沙拉夫总统同意支持美国在阿富汗的反恐行动。但是，巴基斯坦时任三军情报局局长马哈茂德·艾哈迈德将军也明确地告诉美国驻巴大使温迪·钱伯林：“反恐不能意气用事，真正的胜利只能通过谈判实现。如果塔利班被根除，阿富汗将会回归到军阀时代。”③

从本质上说，美巴之间的分歧并不在于反恐本身，而在于对未来阿富汗局势的认识和理解。在巴基斯坦看来，美国已经在阿富汗击败了本·拉登领导下的“基地”组织。但是，美国无法根除塔利班势力，未来阿富汗的前景取决于政治和解，而塔利班在阿富汗政治和解进程中将是不可或缺

① Donald J. Trump, “Remarks by President Trump on the Strategy in Afghanistan and South Asia”, Fort Myer, Arlington, August 21, 2017. https://www.whitehouse.gov/briefings-statements/remarks-president-trump-strategy-afghanistan-south-asia/，登录时间：2018 年 4 月 15 日。

② Hussain Nadim, *Neither Friend nor Foe: Pakistan, the United State and the War in Afghanistan*, Lowy Institute, September 2017, p. 8.

③ U. S. Embassy (Islamabad), Cable 05337, “Mahmud Plans 2nd Mission to Afghanistan”, September 24, 2001, Secret, pp. 1-3.

的一部分。对美国而言，尽管“基地”组织在阿富汗的影响力已经日薄西山，但是美国始终无法维持阿富汗反恐战争的成果，也即无法建立一个稳定的、可持续的、亲美的阿富汗政权。显然，拥有一定社会根基和武装力量的塔利班恰恰是这一问题的症结所在。小布什以来的历届美国政府均无法接受塔利班在未来阿富汗政治进程中扮演任何角色，因为这将意味着“9·11”以来美国在阿富汗反恐战争中仅存的成果将会拱手与人。这一政策正是当前美国阿富汗政策困境的根源所在：一方面，奥巴马以来的美国政府希望收缩反恐战线，最终从阿富汗撤军，以重新聚焦于国内经济建设；另一方面，美国又无法突破阿富汗目前的政治僵局，更不敢像在伊拉克一样草率地一走了之。因为这极有可能会导致阿富汗局势彻底失控，重新成为全球圣战恐怖分子的乐园，或是引发类似伊拉克“伊斯兰国”组织一样的地区危机。特朗普在 2017 年 8 月的讲话中也表达了这一担忧：“从阿富汗快速撤离所形成的真空将会为‘伊斯兰国’组织扩散、招募、成长并发起攻击提供安全的庇护所。我们不能在阿富汗重复美国领导人在伊拉克所犯下的错误。”①

2017 年 12 月，特朗普总统公布了其任内第一份《美国国家安全战略》。这篇报告对于恐怖主义问题着墨不多，但仍能从中看出特朗普政府在反恐问题上的基本政策思路。关于美国面临的恐怖主义威胁来源，报告认为“圣战恐怖组织对美国构成了最危险的恐怖威胁”。即便伊拉克和叙利亚境内的“伊斯兰国”和“基地”组织被打败，“来自圣战恐怖分子的威胁仍将持续”。许多恐怖分子将会从这里返回家乡，继续对美国和盟国发起恐怖袭击。在反恐战略方面，报告提出了未来美国反恐战争的六大优先事项：破坏恐怖分子的阴谋；对恐怖分子采取直接军事行动；根除恐怖分子的庇护所；断绝恐怖分子的资源来源；与盟友分担反恐责任；打击恐怖分子在社区中的招募和激进化动员。② 由于这并不是一份有关反恐战略

---

① Donald J. Trump, “Remarks by President Trump on the Strategy in Afghanistan and South Asia”, Fort Myer, Arlington, August 21, 2017. https: //www. whitehouse. gov/briefings – statements/remarks – president – trump – strategy – afghanistan – south – asia/，登录时间：2018 年 4 月 15 日。

② The White House, *The National Security Strategy of the United States of America*, Washington, December 2017, pp. 10 – 11.

的全面报告，故而许多政策仍然比较模糊。对于至关重要的阿富汗和叙利亚等问题，报告也没有进行过多阐述。不过，其中透露出来的思想，仍可为我们理解特朗普时期的美国反恐战略提供参考。总的来说，对于特朗普政府的反恐战略，我们还需要更多时间进行观察。

第二节　跨国恐怖活动升级与反恐战争的教训

除了美国全球反恐战略的不断调整和转型之外，推动近年来全球反恐战争转型的因素还包括跨国恐怖活动的快速升级和国际社会对于恐怖主义和反恐战争认识的深化。上述三大因素既是推动全球反恐战争转型的动力，也是推动全球反恐战争转型的时代背景和认识根源。

一、国际恐怖活动的快速升级与扩散

俗话说，“道高一尺，魔高一丈”。“9・11”事件后的全球反恐战争也迫使国际恐怖势力不断进行调适和变异，通过变换生存和发展策略以适应“9・11”事件后的国内外新环境。关于近年来国际恐怖活动升级的探讨，我们在前面章节中已有分析，这里主要强调两个新发展趋势。

第一，国际恐怖势力进一步在全球范围内大面积扩散，恐怖事件在全球各地此起彼伏、全面开花。尤其是在2003年美国入侵伊拉克和2011年阿拉伯世界出现政治动荡后，恐怖活动更是如野草烈火一样迅速蔓延。“9・11”事件以来，全球范围内的恐怖活动先后经历了两波高潮。

第一次恐怖活动高潮发生在“9・11”事件后不久，由于美国境内加强了防范与应对，加之受“9・11”事件的激励和影响，欧洲、东南亚、南亚等存在强大恐怖组织网络的地区旋即出现了一波恐怖报复和恐怖袭击的浪潮。一些轰动全球且造成极大伤亡的著名恐怖袭击案件，比如2002年印尼巴厘岛“10・12”汽车爆炸案和2005年“10・01”连环爆炸案、2004年马德里“3・11”列车爆炸案、2005年伦敦“7・7”地铁爆炸案、

2006年孟买“7·11”连环爆炸案和2008年“11·26”恐怖袭击等基本上都发生在这一时期。

第二波恐怖活动高潮发生2011年“阿拉伯之春”爆发之后，这场不期而至的地区政治与社会动荡撕开了新一轮地缘政治冲突的口子，也为世界各地的恐怖分子从中浑水摸鱼提供了机会。“阿拉伯之春”发生后，由于一些中东阿拉伯国家陷入了社会和政治动荡，全球跨国圣战运动的重心开始从阿富汗和巴基斯坦边境地区逐步向西移动，叙利亚以及与之毗邻的伊拉克北部开始成为全球圣战武装分子的主要战场和活动中心。在2014年春爆发的“伊拉克危机”中，“伊斯兰国”组织更是乘势崛起，彻底改变了“9·11”事件以来的全球跨国圣战运动格局。“伊斯兰国”组织彻底取代了“基地”组织成为全球圣战运动中的新“领袖”。在2017年底遭遇军事溃败之前，全球范围内已有30多个极端暴力组织先后向其宣示效忠，该组织则借势在全球各地设立了一批“海外省”（wilayat），其海外分支遍及阿富汗、阿尔及利亚、埃及、利比亚、尼日利亚、巴基斯坦、沙特、也门和高加索等地。在溃败之前，“伊斯兰国”组织的武装力量也相当客观，仅位于北非地区的最大一个“海外省”就拥有9000多名武装人员。①

值得一提的是，在全球反恐战争所带来的“挤压效应”和“示范效应”的双重影响下，国际恐怖活动开始迅速向落后国家和地区扩散。根据美国国务院反恐协调员办公室每年公布的《恐怖主义国别报告》，自2012年以来，伊拉克、巴基斯坦、阿富汗、印度一直名列全球恐怖袭击的前四名，紧随其后的尼日利亚、也门、叙利亚、埃及、菲律宾等国同样为发展中国家。

第二，为因应全球反恐战争的新形势，国际恐怖势力出现了快速转型与升级的势头。一方面，这些跨国恐怖组织充分利用了全球化和信息技术进步带来的种种便利；另一方面，国际恐怖势力又同时寻求与当地内战势力进行合作，或充分利用当地的种族、宗教乃至社会矛盾借机浑水摸鱼，从而使国际恐怖活动同时呈现出强烈的国际化、内战化和本土化并行发展

---

① Rohan Gunaratna, “Forecast 2016: IS as a Networked Globalised Threat”, *RSIS Commentary*, No. 283, December 30, 2015, p. 2.

的倾向。以“基地”组织为代表的传统跨国圣战组织的主要矛头是被视为“远敌”的美国等西方国家，而以“伊斯兰国”“博科圣地”等为代表的圣战组织则主要以“近敌”——“叛教”的当地世俗政权和“异教徒”什叶派等为袭击目标。前者追求更为广泛意义上的全球圣战联盟；后者则和传统恐怖组织有着很大区别，一方面它们具有一定的宗教和社会基础，另一方面其本身又具备一定的社会治理能力和控制区域。

以“基地”组织为例，“9·11”后“基地”组织在美国全球反恐战争的追剿下，不得不进行了全方位的发展转型。在发展战略层面，“基地”组织的应变举措主要有四点：（1）增加了宣传性媒体的生产和制作，以抵消其训练营被捣毁的损失，同时维系其作为全球圣战组织核心的地位。比如，2002 年该组织只发布了 6 份宣传材料，随后其制作宣传品的数量开始直线上升，2003 年为 11 份，2004 年已达到了 13 份、2005 年为 16 份、2006 年为 58 份、2007 年则高达 97 份。（2）通过查阅公开的文献、资料和档案，以跟踪、识别并利用西方社会中的安全漏洞。“基地”组织的圣战杂志《天启》将这一战术冠以“圣战战略研究”之名，专门就此问题进行探讨。（3）制造美国与盟国之间的裂痕。“9·11”事件后，“基地”组织针对欧洲国家发起了一系列恐怖袭击，其目的旨在削弱这些国家的民众对于伊拉克和叙利亚战争的支持。这些袭击的时间和地点大都经过了精心的选择与策划，比如在领导人大选或议会选举期间发动袭击以影响其选举结果，等等。（4）重视经济圣战，开始考虑以海湾等产油国的石油设施作为袭击目标。①

在意识形态和圣战宣传层面，“基地”组织在“9·11”后开始摆脱“精英主义”色彩，将其宣传的受众扩大至包括非穆斯林在内的普通民众。其做法不外三点：一是表现出“反全球化”的色彩，以博取反全球化势力的认同和支持。比如，2005 年在《天启》杂志上发表的一篇文章中，扎瓦希里曾试图将全球气候变暖归咎于美国，让该组织披上一件反全球化的外衣。二是利用 2003 年美国入侵伊拉克的契机，努力在全球的穆斯林和

① Bill Braniff and Assaf Moghadam, “Towards Global Jihadism: Al – Qaeda’s Strategic, Ideological and Structural Adaptations since 9/11”, *Perspective on Terrorism*, Vol. 5, No. 2, May 2011, pp. 38 – 40.

“异教徒”当中煽动反美主义情绪。三是在开展跨国圣战宣传和动员过程中，将“基地”组织所追求的全球性圣战与也门、高加索、巴基斯坦、索马里、伊拉克、叙利亚、阿富汗、印度等地的地区性武装冲突进行有机融合。“尽管该组织将此类冲突全球化的能力有限，但一些孤立的成功使参加全球圣战的人数不断攀升。”①

在组织架构上，在“9·11”后最初几个月的反恐战争中，美国已经打垮了80%的阿富汗“基地”组织武装力量，包括其核心领导层，但同时也导致本·拉登领导下的“基地”组织从一个等级森严、组织严密的跨国恐怖组织转型为松散而广泛的全球性“基地”伊斯兰圣战运动。② “9·11”事件后，“基地”在组织架构上的适应性改进主要通过三种途径实现：一是与地理上分散的组织建立正式隶属关系；二是和同一地域内的其他激进武装势力建立非正式伙伴关系；三是培育一些进出没有障碍的虚拟庇护所。到2011年，“基地”组织已经形成了以北瓦济里斯坦为中枢和一批自治性区域组织为节点的“多极”（multi - polar）组织架构。在新的组织体系中，一些地方性组织通过向“基地”效忠来获取其在经济、武器和训练方面的支持，“基地”组织则借此扩大在当地的存在和意识形态影响力。③但就实际运作而言，“基地”组织通常并不对这些地区性组织发号施令，二者之间更像是一个松散的跨国联盟。

二、反恐战争的经验教训

自“9·11”以来的全球反恐战争中，无论是美国还是其他国家，都经历了一个不断吸取经验教训并逐步调整反恐政策的过程。简言之，国际社会对于恐怖主义认识的逐渐深化，对于反恐战争经验的总结，以及对有关教训的汲取等，为全球反恐战争转型提供了重要的思想基础和认识来

---

① Bill Braniff and Assaf Moghadam, “Towards Global Jihadism: Al - Qaeda's Strategic, Ideological and Structural Adaptations since 9/11”, *Perspective on Terrorism*, Vol. 5, No. 2, May 2011, pp. 40 - 41.

② Rick Ozzie Nelson, Thomas M. Sanderson, *A Threat Transformed: Al Qaeda and Associated Movements in* 2011, Washington: CSIS Report, February 2011, p. 5.

③ Bill Braniff and Assaf Moghadam, “Towards Global Jihadism: Al - Qaeda's Strategic, Ideological and Structural Adaptations since 9/11”, *Perspective on Terrorism*, Vol. 5, No. 2, May 2011, pp. 40 - 41.

源。这种认识上的变化是多方面的，这里择其要者分述如下。

首先是对于美国及其盟友所发动的伊拉克战争的认识。2003 年 3 月美国及其盟友以“反恐战争”名义发动的伊拉克战争早已被视为“战略上的灾难”。[①] 越来越多的西方民众认为，美英两国应当为 2014 年春以来的“伊拉克危机”承担责任。甚至连当年积极推动伊拉克“政权更迭”的英国前首相托尼·布莱尔也不得不承认，他在 2003 年入侵伊拉克的决策过程中所依赖的情报评估是“错误的”，战争后果比他想象中的“更为血腥和持久”。约翰·奇尔科特（John Chilcot）爵士领导下的英国伊拉克战争独立调查委员会在历时 7 年完成的最终报告中也指出，英美情报部门夸大了萨达姆·侯赛因带来的威胁，伊拉克战争是一次“严重错误”的军事干预，造成的后果贻害至今。[②] 正如詹姆斯·多尔蒂等学者所言：“如果有实质性的确凿证据表明某个国家在赞助和支持恐怖主义，报复性打击可能是合适的。如果缺乏这种证据，对一个主权国家采取军事打击则会引发政治问题，在法律上制造出恶劣的先例。”[③]

其次是对于军事反恐局限性的认识。事实上，小布什政府在“9·11”后不久即已认识到了军事手段的局限性。2003 年《打击恐怖主义国家战略》中曾指出：“反对国际恐怖主义的斗争不同于我国历史上的任何其他战争。我们不能仅仅依靠军事力量，甚至不能主要通过军事力量取得胜利。”[④] “9·11”事件 5 周年的反恐评估报告中也进一步指出：“和传统敌人不同，恐怖分子并不在指定的战场上作战。他们遍及全球各地，甚至是在盟友当中。我们必须增强其他国家打击恐怖分子的意愿和能力，必须在反恐战争中使用一切力量和影响力：外交、信息、军事、经济、金融、情

① ［美］约翰·J. 米尔斯海默、斯蒂芬·M. 沃尔特著：《以色列游说集团与美国对外政策》，王传兴译，上海世纪出版集团，2009 年版，第 4 页。

② Guardian staff：“Chilcot report：key points from the Iraq inquiry”，*The Guardian*，6 July 2016；Peter Hunt，“Chilcot report：Tony Blair's Iraq War case not justified”，*BBC News*，July 6，2016. http：//www.bbc.com/news/uk – politics – 36712735，登录时间，2016 年 7 月 10 日。

③ ［美］詹姆斯·多尔蒂，小罗伯特·普法尔茨格拉夫著：《争论中的国际关系理论》（第五版），阎学通、陈寒溪等译，北京：世界知识出版社，2003 年版，第 420 页。

④ 我们不得不承认，和小布什总统在“9·11”事件后初期的讲话相比，这一看法无疑是一种很大的进步。然而遗憾的是，小布什政府的这一认识进步并未在其反恐战争实践中得到充分体现。参见 The White House，*National Strategy for Combating Terrorism*，Washington，February 2003，p. 1.

报和执法能力。”[①] 奥巴马政府在2015年《美国国家安全战略》中也表示：“一个聪明的国家安全战略不能仅仅依靠军事力量。”[②] 事实上，奥巴马政府之所以在使用“战争”和“恐怖袭击”等表述上慎之又慎，并主张在意识形态领域进行“打击暴力极端主义”等，与此也不无联系。2011年《打击恐怖主义国家战略》曾提出：“美国的反恐工作需要跨部门的、国际性的共同努力，它超越了传统的情报、军事和执法部门。我们正在进行一场广泛的、可持续的全面反恐斗争，它涉及了美国实力的各种要素，包括军事、民事和价值观的力量，以及盟国、伙伴和多边机构的协同行动。”[③]

最后是对于反恐战争局限性的认识。从“9·11”后历届美国政府公布的反恐战略文献可以看出，美国战略界和决策层对于反恐战争局限性的认识也经历了一个不断变化的过程。逐渐认识到反恐不可能通过常规战争方式赢得成功，反恐战争也不是一朝一夕的事情，而是需要“一代人的时间”，需要持续不断地进行努力。更重要的是，反恐战争不可能有一个明确的象征性终点。小布什政府在2003年已经认识到了这一点，即“反恐战争的胜利不会以一个单一的决定性事件为标志。它不会像第二次世界大战的结束那样，以在‘密苏里’号驱逐舰甲板上签署投降书的仪式为标志。”[④] 对于“9·11”后反恐战争的成绩，也开始有了更为客观的认识。比如，美国国土安全委员会在2016年10月的一份报告中坦承：“在布什总统发布第一份国家反恐战略十多年之后，在奥巴马总统发布新的国家反恐战略5年之后，美国仍未赢得这场战争。我们需要立即进行重新调整。”[⑤] 这份报告公开承认，新一轮的国际恐怖主义浪潮既是“美国反恐政策失败所致”，也源于恐怖分子的调整和适应能力。同时，它还与当前美国政府应对恐怖威胁的错误政策有关，因为这些政策“狭隘地聚焦于一个特定的

---

① The Department of State, U. S. , 9/11 *Five Years Later*: *Successes and Challenges*, September, 2006, p. 20.

② White House, *National Security Strategy*, Washington, February 2015, p. 9.

③ The White House, *The National Strategy for Counterterrorism*, Washington, June 2011, pp. 2 – 3.

④ The White House, *National Strategy for Combating Terrorism*, Washington, February 2003, p. 12.

⑤ The Homeland Security Committee, *A National Strategy to Win the War Against Islamist Terror*, September 2016, p. 5.

组织而非更为广泛的伊斯兰恐怖运动”。[①] 特朗普总统在 2017 年 8 月的讲话中也间接地表达了这一点，即这场耗资巨大、旷日持久的反恐战争并未取得预期成果。他指出，“在‘9·11’袭击后将近 16 年时间里，在巨大的流血牺牲和经济投入之后，美国人已经厌倦了这场没有胜利的战争。再没有比阿富汗战争更能证明这一点了，这场持续 17 年的战争是美国历史上最长的战争。”[②]

事实上，正是吸取了小布什政府将反恐目标严重扩大化等教训，奥巴马总统上任后将收缩美国全球反恐战线列为其任内的主要战略目标之一。2015 年公布的《美国国家安全战略》中明确指出：“我们在维持和强化‘9·11’以来形成的反恐手段的同时，也汲取了过去 10 年的反恐经验，对反恐措施进行了实质性变革。”[③] 从某种意义上说，小布什之后的美国当政者之所以能够较为顺利地调整其全球反恐战略，与国际社会的反思和“9·11”后美国在全球反恐战争中所积累的经验教训是密不可分的。

第三节　全球反恐战争转型的表现

所谓“转型”，通常是指事物从一种状态过渡到另一种状态的长期变化趋势。“全球反恐战争转型”则是指国际社会的反恐斗争从“9·11”初期的“应激式”反应逐渐过渡到更为成熟和完善的过程，这同样是一个复杂的长期变化趋势。从近年来全球反恐战争发展趋势来看，其转型特征主要体现在以下几个方面。

---

① The Homeland Security Committee, *A National Strategy to Win the War Against Islamist Terror*, September 2016, p. 7.

② Donald J. Trump, “Remarks by President Trump on the Strategy in Afghanistan and South Asia”, Fort Myer, Arlington, August 21, 2017. https://www.whitehouse.gov/briefings-statements/remarks-president-trump-strategy-afghanistan-south-asia/，登录时间：2018 年 4 月 15 日。

③ White House, *National Security Strategy*, Washington, February 2015, p. 9.

一、反恐理念与认识的深化

通过“9·11”事件以来的反恐战争实践，国际社会的反恐理念开始变得更趋理性和成熟。具体来说，各国反恐战争的目标正在从早期追求在肉体上消灭恐怖分子转变为致力于消除造成恐怖主义和极端主义的社会、宗教与思想根源，反恐手段也从早期单纯依靠军事武力逐渐转变为追求标本兼治的社会综合治理。正如美国学者卡恩斯·洛德所言：“从长远看，不摧毁激进伊斯兰主义，或至少瓦解其关键机构和政治力量的其他来源，是不可能在反恐战争中取得决定性胜利的。任何战略若想达到这一目的，必须跨越多个领域并具备全球视野。”①

以美国为例，2015 年初公布的《美国国家安全战略》提出：“从长期来看，美国和盟国一起打击造成暴力极端主义的根源和意识形态远比在战场上清除恐怖分子的能力更重要。”为此，美国将会更加重视“制止造成恐怖威胁的暴力极端主义和激进化的增长”，消除“有助于滋生暴力极端主义的基本条件，比如贫困、不平等和压迫”。② 2016 年 9 月，国土安全委员会在《关于赢得打击伊斯兰恐怖战争的国家战略》中指出：“美国与盟友面临着‘9·11’以来最为严峻的恐怖威胁环境，在某些方面甚至超过了前一个时期。由于安全措施的改进，我们在应对‘9·11’式袭击面前更为安全，但是敌人已经发生了变化。……威胁首先来自伊斯兰恐怖分子，即那些把一个主要宗教歪曲成一个压迫性的政治意识形态的狂热分子。”③ 当年 5 月，美国国务院与国际开发署联合发布的《打击暴力极端主义战略》中，明确提出了 5 项目标：扩大国际政治意愿和伙伴关系，以更好地理解暴力极端主义的动机；鼓励并援助伙伴国政府在阻止暴力极端主义扩散方面采取更为有效的措施；通过外部援助，包括发展援助等来减少

---

① ［美］奥德丽·库尔思·克罗宁、詹姆斯·M. 卢德斯等：《反恐大战略：美国如何打击恐怖主义》，胡溦、李莎、耿凌楠译，北京：新华出版社，2015 年版，第 188 – 189 页。

② White House, *National Security Strategy*, Washington, February 2015, p. 9.

③ The Homeland Security Committee, *A National Strategy to Win the War Against Islamist Terror*, September 2016, p. 5.

可能导致支持暴力极端主义的政治、经济与社会因素；强化并放大“可信的”声音，改变一些关键目标群体对于暴力极端主义的认知；增强政府与非政府组织在社会隔离和干预方面的功能，促使陷入激进化与暴力循环的个人能够康复并重返社会。①

作为2005年《欧盟反恐战略与行动计划》的一部分，欧盟从2005年起就开始了防止极端化和暴力极端主义的努力。2011年9月，欧盟委员会启动了“激进化觉醒网络”（RAN），这是欧洲各国在制止激进化与暴力极端主义方面的一个“母体组织”，被称为“网络中的网络”。该机制的创立者们认为打击恐怖主义和极端暴力不仅仅是安保措施问题，因为“最好的预防措施是在第一时间内阻止人们参与暴力极端分子的活动，或是说服它们离开宣扬暴力的意识形态”。这一组织下设8个专题工作组，分别探讨警方、监狱管理部门、网络社交媒体、卫生系统等在制止激进化方面的角色，以便使相关从业人员，比如社会工作者、宗教领袖、青年领袖、警察、研究人员之间能够交流思想，分享相关的知识和经验。② 2014年5月，欧盟理事会通过了修订多次的《欧盟关于打击激进化和恐怖主义招募的战略》，这一战略的目的是“制止人们被激进化，或是被恐怖主义所俘获，以阻止新一代恐怖分子的形成”。③ 英国政府在2009年6月公布的《英国国家安全战略》中也指出：“我们当前反恐战略的一项重要内容是应对‘基地’组织背后的意识形态，正是这些意识形态激发了暴力恐怖主义。”④英国前内务大臣特蕾莎·梅⑤在2016年初的一次演讲中更是把阻止“激进化”（radicalization）作为英国反恐政策的四大支柱之一。她表示：“如果

① Bureau of Counterterrorism, Department of State, “Department of State & USAID Joint Strategy on Countering Violent Extremism”, May, 2016. http: //www. state. gov/documents/organization/257913. pdf，登录时间：2016年6月20日。

② European Commission MEMO, “FAQ: The Radicalization Awareness Network”, Brussels, 28 January 2013. europa. eu/rapid/press - release_MEMO - 13 - 40_en. pdf，登录时间：2016年4月19日。

③ Council of the European Union, *Revised EU Strategy for Combating Radicalization and Recruitment to Terrorism*, Brussels, 19 May 2014 (OR. en) 9956/14.

④ Cabinet office, *The National Security Strategy of the United Kingdom: Update* 2009*Security for the Next Generation*, June 2009, p. 78.

⑤ 特蕾莎·梅（Theresa Mary May）于1956年生于英国伊特斯，2010年开始担任英国内政大臣，2016年7月13日接替辞职离任的卡梅伦而成为英国首相。

不能消除造成极端化和恐怖主义猖獗的环境，我们在反恐中就会始终处于被动挨打的地位。”①

值得一提的是，中国政府在国际反恐问题上自始至终坚持标本兼治的原则，明确反对在反恐斗争中过度依赖军事手段。习近平主席2016年春在阿盟开罗总部发表讲话时表示：“没有哪一项政策能够单独完全奏效，反恐必须坚持综合施策、标本兼治。”他认为，经济与社会发展才是消除恐怖主义和极端主义的根本性因素，“只有让青年人在发展中获得生活的尊严，在他们的心中，希望才能跑赢失望，才会自觉拒绝暴力，远离极端思潮和恐怖主义”。②

二、反恐领域的拓展

伴随着国际社会对恐怖主义和反恐战争认识的深化，全球反恐战争开始从“有形的”传统物理空间向“无形的”心理、意识形态和网络空间等领域快速拓展。换言之，全球反恐战争的形态已经从传统军事斗争迅速拓展到了信息战、网络战、心理战等新领域。以色列学者丹尼尔·柯亨指出，当前以“伊斯兰国”组织为代表的国际恐怖主义的演进与现代社会在时空上的压缩同步发生。这些恐怖主义实际上存在于三个层面：首先是地理和物理层面；其次是网络空间；最后是思想和意识形态层面。③ 如果说“9·11”初期国际社会的反恐努力主要集中于物理和地理层面的话，那么这一反恐斗争如今正在向着网络空间和意识形态层面快速拓展。

国际社会在此领域的努力集中体现在两个层面：一是致力于消除形成恐怖主义的极端主义思潮和社会土壤，防止更多人因此而成为恐怖组织的

---

① Home Office and the Rt Hon Theresa May MP, “Home Secretary: International action needed to tackle terrorism”, Theresa May's Presentation in the Center for Strategic and International Studies, Washington DC, 16 February 2016. https: //www. gov. uk/government/speeches/home – secretary – international – action – needed – to – tackle – terrorism，登录时间：2016年5月19日。

② 习近平：“共同开创中阿关系的美好未来——在阿拉伯国家联盟总部的演讲”，新华社开罗2016年1月21日。

③ Daniel Cohen, “Between Imagined Reality and Real Terrorism”, *Military and Strategic Affairs*, Vol. 7, No. 3, December 2015, pp. 3 – 17.

潜在招募者，其做法包括宗教文化领域去极端化，促进族群和谐，以及帮助一些特定群体重新融入社会的社区建设，等等；二是开辟全新的作战领域，比如实施网络战、心理战和信息战等，以更有效地打击以“伊斯兰国”为代表的新一代国际圣战组织。比如，2015 年 7 月，欧盟刑警组织成立了一个由数十人组成的特别部门，专门负责监管与“伊斯兰国”组织存在联系的社交媒体，并对其实施选择性打击。[①]

以美国为例，奥巴马入主白宫后，美国政府内部多次就网络恐怖主义问题召开会议，成立了“关于恐怖分子使用互联网的跨部门战略行动小组”（SOPIG – TUI）和专门的网络反恐力量，并逐渐形成了关于“网络威慑战略”的概念。尽管这些网络作战力量主要是防范来自民族国家的潜在网络攻击，但“恐怖组织和独狼好战分子发动袭击的风险仍然是一个极大的关切”。[②] 这些网络作战力量不仅可以直接对“伊斯兰国”和“基地”等国际圣战组织的网络系统实施攻击，还能渗透到其网络当中发布虚假信息、仿制“网络水印”，对恐怖分子进行误导和挑拨离间。从小布什执政后期开始，美国政府开始对主要的国际恐怖组织实施信息战。这一战略通过选择性地放大温和派穆斯林的理性声音和有关事迹，同时夸大恐怖组织的失误、残忍和威胁来抵消后者在国际社会中的影响力，其根本目标在于“摧毁‘基地’组织的信誉”。[③] 为此，美国政府不惜花费巨资，通过国务院、国防部、中情局、国际开发署等官方机构设立各种平台，借助公共外交、社交媒体、“超播”电台等各种形式对特定的恐怖组织和关键受众群体实施有针对性的定向战略传播。

2016 年 3 月，时任总统奥巴马颁布了 13721 号行政命令，授权国务卿约翰·克里设立“全球接触中心”，由长期负责美军特种作战和低烈度冲突的助理国防部长迈克尔·伦普金担任负责人。该中心的职责在于“协调、整合、统一针对外国听众的政府宣传活动”，以揭穿包括“伊斯兰国”和“基地”组织等在内的暴力极端组织所宣扬的不实之词，“授权和帮助

---

① 睿松：“西方加强对‘伊斯兰国’的网络战”，《中国国防报》2015 年 7 月 28 日。

② ［美］埃里克·施密特、汤姆·尚卡尔：《反恐秘密战：美国如何打击“基地”组织》，洪漫译，北京：新华出版社，2015 年版，第 124 页。

③ 同上，第 133 页。

那些官方和非官方的合作伙伴公开大胆地反对这些暴力极端组织”，进而压制包括“伊斯兰国”“基地”组织等在内的暴力极端组织的国际影响，以减少其潜在的支持者和追随者。①

三、联合国反恐功能的强化

“9 · 11”事件发生后，联合国以最快的速度通过了一系列决议，以支持美国主导下的全球反恐战争。但是，2003 年美国执意绕开联合国攻打伊拉克的行为一度对联合国在全球反恐领域的地位和声望造成了冲击。近年来，随着全球反恐战争的转型，国际社会开始日益重视联合国在反恐领域的职能。这一方面体现为联合国在全球反恐领域的职能进一步得到拓展和强化，另一方面体现为国际社会对联合国在全球反恐战争中的权威和作用的日益重视。目前，除了联合国大会、联合国安理会及其他职能机构外，联合国在全球反恐领域已经创建了三个相关的专门委员会，即反恐怖主义委员会（简称“反恐委员会”）、“基地”组织制裁委员会和 1540 委员会。

“9 · 11”事件发生后，根据安理会第 1373（2001）号决议，联合国于当年 9 月 28 日成立了反恐怖主义委员会，其目的在于推动国际社会禁止为恐怖分子提供庇护、资助或支持，拒绝为恐怖组织提供任何资金支持。2004 年，根据安理会第 1535（2004）号决议，联合国又专门成立了反恐怖主义委员会执行局，以协助反恐委员会的工作。2006 年 9 月，联合国大会根据时任秘书长安南的报告，通过了联合国第一份《全球反恐战略》，提出了全球反恐的四大支柱：消除有利于恐怖主义蔓延的条件；防止和打击恐怖主义；建立各国防止和打击恐怖主义的能力，同时加强联合国系统在这方面的作用；确保尊重所有人的人权和实行法治作为反恐斗争的根基。联合国《全球反恐战略》由一份决议和附带的一份行动计划（A/

① Executive Office of the President, The White House, “Developing an Integrated Global Engagement Center To Support Government - wide Counterterrorism Communications Activities Directed Abroad and Revoking Executive Order 13584”, E. O. 13721 of Mar 14th, 2016.

RES/60/288）组成，联大每两年审查一次反恐战略的实施情况。[①]

2010 年 1 月，根据联大第 64/235 号决议，在联合国政治事务部内设立了反恐执行工作队。执行工作队下设防止和解决冲突工作组、恐怖主义受害者工作组、应对资助恐怖主义工作组、边境反恐管理工作组等 8 个工作组，其主要职能是协助秘书长执行相关任务，推动落实《联合国全球反恐战略》，确保联合国系统内反恐工作的协调和一致。2011 年，反恐执行工作队办公室内又专门设立了联合国反恐中心，时任联合国秘书长潘基文曾专门就联合国反恐中心的职能和前景提出了 6 点期望。该中心旨在进一步推动国际反恐合作，同时为会员国提供反恐能力建设方面的帮助，特别是在恐怖主义威胁最严重的国家和地区，比如非洲、中东和中亚地区，同时推动全面实施联合国全球反恐战略。[②] 作为联合国机构改革的一部分，联合国大会根据古特雷斯秘书长建议，于 2017 年 6 月 15 日通过了设立联合国反恐怖主义办公室的第 71/291 号决议。新设立的反恐办公室由一名副秘书长担任负责人，主要承担 5 项职能：在整个联合国系统内领导联大交付给秘书长的反恐任务；加强 38 个反恐执行工作队实体的协调一致性，以确保平衡实施《联合国全球反恐战略》所确立的四大支柱；加强联合国向会员国完成反恐能力建设方面的援助；提高联合国反恐努力的能见度；确保给予整个联合国系统打击恐怖主义工作应有的重视。反恐办公室还将与安全理事会各机构和会员国发展密切联系，加强现有伙伴关系，并建立新的伙伴关系。[③]

1999 年 10 月 15 日，联合国安理会通过了旨在对塔利班实施有限航空禁运和冻结资产的第 1267（1999）号决议，设立专门委员会以促使塔利班放弃对“基地”组织的支持，故而该委员会也被称为“1267 委员会”。2011 年 6 月 17 日，联合国安理会进一步通过了第 1988（2011）号决议和第 1989（2011）号决议，将遭受制裁的个人和实体的名单一分为二，于是

① 参见联合国网站关于《全球反恐战略》的介绍，https：//www. un. org/counterterrorism/ctitf/zh/un – global – counter – terrorism – strategy，登录时间：2018 年 3 月 20 日。

② 详情请参见联合国反恐怖主义中心网站，https：//www. un. org/counterterrorism/ctitf/zh/uncct，登录时间：2018 年 4 月 20 日。

③ 请参见联合国反恐怖主义办公室网站，http：//www. un. org/zh/counterterrorism/index. shtml

该委员也被称为“基地”组织制裁委员会，主要负责监督针对与“基地”组织有关联的个人和实体的制裁执行情况。2015 年 12 月 17 日，联合国安理会又一致通过了第 2253（2015）号决议，将遭受制裁的名单进一步扩大至所有与“伊斯兰国”“努斯拉阵线”有关联的个人和团体组织，并将“‘基地’组织制裁委员会”更名为“‘伊斯兰国’和‘基地’组织制裁委员会”。截至 2018 年 3 月 6 日，“基地”组织制裁委员会公布的《“伊斯兰国”和“基地”组织制裁名单》上共包括了 257 名个人和 81 个实体。具体制裁范围包括：（1）参与资助、筹划、协助或实施“斯兰国”和“基地”组织所实施、伙同其实施、以其名义实施、代表其实施或为向其提供支持而实施的行动或活动；（2）为其供应、销售或转让军火和有关物资；（3）为“伊斯兰国”“基地”组织或其任何基层组织、下属机构、衍生团体招募人员，或“以其他方式支持其行为或活动”。①

1540 委员会成立于 2004 年 4 月 28 日，是根据联合国安理会第 1540（2004）号决议成立的专职反恐机构，它由安理会全体成员组成，旨在通过监察会员国遵守联合国有关决议的情况，以防止大规模杀伤性武器向包括恐怖组织在内的非国家行为体扩散。联合国安理会分别于 2006、2008、2011 年通过专门决议，以延长 1540 委员会的任务期限，其中 2011 年通过的第 1977（2011）号决议将委员会工作期限延长至 2021 年。② 这 3 个委员会及其专家组相互协调，在各自承担的反恐领域密切合作。此外，联合国还就全球反恐问题召开了一系列高层论坛或专业会议，并在立法、金融、执法、情报、防止大规模杀伤性武器扩散等专业领域向一些发展中国家提供反恐能力援助，在国际上引起了广泛重视。2015 年底在土耳其举行的二十国集团安塔利亚峰会上，与会各国领导人在关于反恐问题的声明中明确表示，将会在未来的反恐斗争中“充分发挥联合国的中心作用，恪守《联

---

① 更多细节可参见联合国安理会附属机构网站，“安全理事会关于伊黎伊斯兰国（达伊沙）、‘基地’组织及有关个人、团体、企业和实体的第 1267（1999）号、第 1989（2011）号和第 2253（2015）号决议所设委员会”，https://www.un.org/sc/suborg/zh/sanctions/1267/aq_sanctions_list，登录时间：2018 年 4 月 20 日。

② 更多信息请参见联合国 1540 委员会网站，http://www.un.org/zh/sc/1540/，登录时间：2016 年 6 月 4 日。

合国宪章》和国际法准则”。[①]

四、多边主义的回归

随着美国在全球反恐战争中逐渐回归多边主义，“9·11”初期建立在美国单边主义霸权基础上的国际反恐合作逐渐被自发的、基于较为平等和自愿基础上的国际反恐合作所取代。在“9·11”初期的全球反恐战争中，美国挟其作为全球唯一超级大国的权威，通过单边主义途径组建了国际反恐联盟。除了自愿参加反恐战争的西方盟友外，有不少发展中国家冒着被国际恐怖组织报复的风险被迫加入到了这场反恐战争当中。比如，“9·11”事件发生后不久，时任美国副国务卿理查德·阿米蒂奇赤裸裸地向当时在美访问的巴基斯坦三军情报局局长马哈茂德表示：如果巴基斯坦选择与恐怖分子站在一起，就要准备好“被炸回石器时代”。[②] 这种“非黑即白”的二元对立政策和单边主义霸权如今显然已经行不通了，无论是美国还是其他大国，都不可能采用以往的单边主义政策推动国际反恐斗争。对美国来说，一方面通过单边主义进行国际反恐战争所依赖的社会支持和国际威望正在急剧下降，特别是“9·11”以来的反恐战争实践已经让美国决策层认识到了自身力量的局限；另一方面，随着国际恐怖活动逐渐向其他发展中国家扩散和转移，国际反恐合作越来越需要发展中国家的积极参与。与此同时，面对日趋猖獗的国际恐怖活动及其危害，国际社会自发地通过各种途径加强了反恐合作，其他国家在全球反恐中的作用和主导性也进一步增强。显然，在缺少主导性力量推动并提供“公共产品”的情况下，国际反恐合作将会更加依赖于自发性的合作平台。此类反恐合作机制或许在短期内推动缓慢、缺乏必要的经验和资源，运作效率低下，但它却代表了各国为因应全球反恐战争转型而做出的尝试和努力，并有望克服以

---

① 参见中华人民共和国外交部网站，“二十国集团领导人安塔利亚峰会关于反恐问题的声明”，2015 年 11 月 19 日，http：//www. fmprc. gov. cn/web/gjhdq_676201/gjhdqzz_681964/ershiguojituan_682134/zywj_682146/t1316332. shtml，登录时间：2016 年 6 月 4 日。

② ［巴基斯坦］佩尔韦兹·穆沙拉夫著：《在火线上：穆沙拉夫回忆录》，张春祥等译，南京：凤凰出版传媒集团、译林出版社，2006 年版，第 197 页。

往国际反恐合作中难以逾越的一些政治与安全障碍。

2014 年 4 月发生在尼日利亚的人质危机中，美、英、法、加拿大和以色列等国自发地向尼日利亚当局提供了各种援助，帮助尼日利亚当局打击猖獗一时的“博科圣地”组织。法国总统奥朗德还专门召集乍得、喀麦隆、贝宁等尼日利亚邻国领导人在巴黎举行非洲反恐峰会，就尼日利亚人质危机与国际反恐合作进行协商。从 2015 年开始，乍得湖流域的西非诸国在非盟和联合国支持下，组建了一支上万人的联合反恐武装部队。类似的国际反恐合作实际上代表了一种与以往不同的反恐合作模式，它是“完全基于自愿基础上的国际反恐合作”，在合作过程中基本上不存在具有绝对主导性的推动力量。①

在打击“伊斯兰国”问题上，奥巴马政府虽然推动组建了打击该组织的国际军事联盟，但其领导地位与“9·11”初期相比已经有了很大不同。美国学者斯蒂芬·沃尔特等甚至撰文指出，在遏制“伊斯兰国”过程中，美国应当采取“放手”（hands - off）政策，因为“并非所有外交悲剧都是美国的威胁，也并非所有问题都需要美国来解决”。② 相比之下，俄罗斯、法国、英国、德国等其他大国，乃至沙特、土耳其、伊朗、伊拉克等有关中东国家则扮演了越来越积极的角色。2015 年 9 月底，俄罗斯以“反恐”名义强势介入叙利亚内战，并在打击“伊斯兰国”组织过程中发挥了前所未有的影响力。2015 年 12 月，沙特官方组建了一个由 34 个伊斯兰国家参与的国际反恐军事联盟，并在其首都利雅得设立了一个“协调中心”。尽管这一国际反恐联盟的实际成效非常有限，并且存在着很大争议和不确定性，但它毕竟是“历史上的第一次”。它在很大程度上代表了有别于美国主导下的国际反恐合作的新尝试。正如有学者在评论中所言：“在穆斯林世界，沙特领导下的反恐军事联盟将比纯粹由美国或西方领导下的反恐行动有着更多合法性。从长远来看，在与恐怖分子争夺民心方面，这一反恐

① 参见拙文：“尼日利亚人质危机或开启国际反恐合作新路径”，《世界知识》2014 年第 11 期；“西非国家‘抱团反恐’”，《世界知识》2015 年第 13 期。

② Stephen M. Walt, “ISIS as Revolutionary State: New Twist on an Old Story”, *Foreign Affairs*, November/December 2015, pp. 49 – 51.

联盟获胜的机会更大。”①

五、国际反恐机制的常态化

“9·11”以来的反恐实践已经使国际社会充分认识到了反恐战争的长期性和复杂性，即反恐战争的胜利不可能一蹴而就，而是需要一代人乃至几代人的时间。于是，在国际恐怖活动威胁短期内难以消失的情况下，世界各国的反恐斗争开始趋于常态化和机制化。

如今，无论是欧美发达国家还是其他发展中国家，大多数国家都已经在近年来的反恐斗争中逐步建立了各自的反恐体系和反恐战略，并在立法、执法、情报、预警、应急、防范和军事打击等领域建立了系统的反恐工作机制。以美国为例，“9·11”后美国创建或重组了263家政府机构以防止发生类似的恐怖袭击，比如国土安全部、国家反恐中心、交通安全管理局等，有51家联邦机构或军方机构负责追踪恐怖分子的资金流动。正如2006年《打击恐怖主义国家战略》结论中所言：美国已经转型了政府机构和组织架构，以开展“一代人的斗争”。②

显然，这种趋势在今后一个相当长时期内不太可能发生改变：一方面，国际社会面临的恐怖威胁短期内不会消失，这就决定了各国对于现有反恐工作机制和反恐能力的需求将在一定时期内继续存在；另一方面，作为国家安全和社会治理机制重要组成部分的反恐工作机制本身具有内在的制度惯性。一旦建成，就会依照自身的制度惯性继续运作下去，并日趋完善和成熟。全球反恐战争的常态化和机制化发展趋势也表明：“9·11”以来的反恐战争实践已经使越来越多的国家和政府逐渐认识到，反恐斗争是一个长期过程，不可能在短期内结束。依靠单一的军事手段不可能从根本上铲除恐怖分子，仅仅从肉体上消灭恐怖分子不过是扬汤止沸，并不能遏制恐怖活动在全球范围内愈演愈烈的势头。

全球反恐战争的上述发展态势既是其转型的重要标志，也是其未来的

---

① Andrew Bowen, “Saudi Arabia’s anti – terror alliance is collective self – defense”, *Al Arabiya*, December 16, 2015.

② The White House, *National Strategy for Combating Terrorism*, Washington, September 2006.

总体发展趋势，它表明国际社会的反恐斗争已经从“9·11”事件初期的被动应对过渡到了一个更加主动，也更为理性和成熟的新阶段。在全球反恐战争的新阶段中，国际社会的反恐理念、反恐方式、反恐目标，以及推动反恐合作的动力和参与合作的主体等都出现了与以往不同的新变化。

第四节　全球反恐战争转型对中国的影响

中国政府在“9·11”事件后积极地参与了国际反恐斗争，中国反恐是全球反恐战争的重要组成部分。因此，如何认识当前全球反恐战争转型，对于未来中国反恐斗争至关重要。简言之，当前全球反恐战争转型既给我们带来了挑战，也蕴藏着重要机遇，需要我们一分为二地看待。

一、全球反恐战争转型对中国的挑战

全球反恐战争转型带给中国的影响和挑战是多方面的，其中一些潜在影响今后将会逐渐显现。就目前而言，其挑战主要体现在三个方面。

1. 全球反恐战争转型使国际反恐形势更趋复杂，不少地区甚至出现了国际恐怖活动强势反弹现象。受此影响，近年来我国海外利益面临的恐怖风险，以及周边地区面临的反恐压力也随之上升。由于美国从全球反恐战线进行战略收缩，其在全球范围内开展反恐战争的意愿和力度大幅下降，特别是美国从伊拉克和阿富汗陆续撤军的政策将会进一步激励全球伊斯兰圣战运动，并为包括“基地”组织、“伊斯兰国”等在内的一些国际恐怖组织提供了难得的喘息机会。2011 年“阿拉伯之春”爆发以来，由于中东阿拉伯世界的政治与社会动荡，非洲马格里布地区，中东利凡特地区的恐怖活动出现了大幅反弹。在阿富汗，塔利班大有卷土重来之势。旷日持久的阿富汗内战为各种跨国圣战恐怖势力提供了天然的庇护所，成为不少国际恐怖组织不断渗透与苦心经营的天堂。与此同时，在这些动荡地区滋生并成长起来的暴力极端分子正在向全球各地快速扩散。这一局面对中国的

影响主要体现在两个层面。

第一，这些动荡地区频频发生的恐怖活动给中国在当地的利益存在造成了一定安全威胁。近年来，中国海外利益正在以前所未有的速度迅速在全球范围内扩张。根据国家旅游数据中心统计，2014 年中国公民出境旅游人数首次突破 1 亿人次，2017 年中国公民出境旅游人数已达到 1.3 亿人次，足迹几乎遍及全球各个角落。① 来自国家发改委的统计则表明，1991 年以前，中国对外投资额每年一般不超过 10 亿美元。2005 年中国对外投资流量突破百亿美元，2013 年超越千亿美元，2015 年对外投资额首次超过利用外资额。2016 年更是达到了 1961.5 亿美元，在全球排名也由 2002 年的第 26 位跃升至 2016 年的第 2 位，同期占全球比重也由 0.5% 提升至 13.5%。2002—2016 年间，中国对外投资流量年均增长率为 35.8%。在投资存量方面，2007 年首次突破千亿美元，2015 年突破万亿美元，2016 年攀升至 13573.9 亿美元，对外投资存量由 2002 年的全球第 25 位上升至 2016 年的第 6 位。截至 2016 年末，中国对外直接投资分布在全球 190 个国家（地区），境内投资者设立对外投资企业 3.72 万家，覆盖全球超过 80% 的国家（地区），境外企业资产总额已达 5 万亿美元。② 显然，这样的扩张速度和规模在十几年前是不可想象的。

与此同时，中国经济高速发展在安全领域的“溢出效应”也正以前所未有的速度凸显。尤其是随着越来越多中国企业和公民“走出去”，我们面临的海外恐怖袭击风险也在不断增加。事实上，近年来中国公民和企业在境外遭受恐怖袭击的事件已屡见不鲜。在非洲、南亚、中东、东南亚和中亚等地，中国公民和企业员工遭受恐怖袭击或在当地恐怖活动中受到连带性伤害的案件已经时有发生。埃利·拉特纳在 2011 年曾指出，未来中国崛起将会面临三大“潜在威胁”，其中“国际恐怖主义”被排在首位。③ 尽管我们未必完全认同埃利·拉特纳这一判断，但未来中国在崛起过程中

① 齐中熙：“2017 年中国公民出境旅游人次超 1.3 亿”，新华社北京 2018 年 2 月 6 日电。

② 国家发展和改革委员会编：《中国对外投资报告》，北京：人民出版社，2017 年 11 月版，第 2 – 4 页。

③ 其他两个“潜在威胁”分别是：失败国家和外部不稳定；反华政权。参见 Ely Ratner, “The Emergent Security Threats Reshaping China's Rise”, *The Washington Quarterly*, Vol. 34, No. 1, Winter 2011, pp. 29 – 44.

将会不可避免地遇到更为棘手的恐怖主义问题，这是由中国经济在未来一个时期内仍将持续扩张的基本发展趋势所决定的。

第二，随着核心动荡地区暴力冲突的快速外溢，以“伊斯兰国”组织为代表的跨国圣战武装也开始在我国周边地区蠢蠢欲动，不断加大对南亚、东南亚、中亚等周边地区的渗透力度，成为威胁我国周边地区安全与战略稳定的重要隐患。据统计，2015 年以来，已有 490 名印尼人因为和“伊斯兰国”“基地”组织存在联系而被土耳其、新加坡及中国香港等地驱逐出境。与此同时，截至 2017 年，从叙利亚地区返回印尼境内的“伊斯兰国”组织成员已多达 95 名。在菲律宾，共有 6 个极端组织与“伊斯兰国”组织存在联系。[①] 其中，与“伊斯兰国”组织有染的极端武装分子固守菲律宾马拉维市达 5 个月之久，菲律宾政府以数百名军警和平民死亡为代价才攻下这座城市，仅仅被击毙的武装分子就达 847 人。据估计，目前在巴基斯坦境内的“伊斯兰国”武装分子约为 2000—3000 人，这还不包括与该组织联系密切的巴基斯坦极端势力——“羌城军”（Lashkar - e - Jhangvi Al - Alami，LeJ - A）和“自由人党”（Jamaat - ul - Ahrar，JuA）。在阿富汗，“伊斯兰国”组织已在其南部的楠格哈尔省、古尔省、朱兹詹省、乌鲁兹甘省、卢格尔省和库纳尔省等地建立了存在。2016 年，“伊斯兰国”组织呼罗珊分支制造了 51 起恐怖袭击，共造成 500 人死亡，这一数字是 2015 年的数倍。[②] 国内学者傅小强也指出：“从费尔干纳谷地、阿富汗、克什米尔、缅甸若开邦到菲律宾南部，中国周边地区的暴恐热点已出现连片成势的危险趋势，而周边地区也是中国‘一带一路’和互联互通建设的重点地区，暴恐威胁和安全维护呈现的新型‘三期叠加’现象已经凸显。”[③]

2. 美国在全球反恐领域的战略调整造成部分西方国家对待中国反恐的立场发生了微妙变化。在当前中国快速崛起和东西方力量对比发生改变的

---

① Angelica Habulan, Muh Taufiqurrohman, et al, “Southeast Asia Philippines, Indonesia, Malaysia, Myanmar, Thailand, Singapore, Online Extremism”, *Counter Terrorist Trends and Analyses*, Volume 10, Issue 1, January 2018, p. 7.

② Abdul Basit, Sara Mahmood, et al, “South Asia: Afghanistan, Pakistan, Bangladesh, India”, *Counter Terrorist Trends and Analyses*, Volume 10, Issue 1, January 2018, pp. 35 – 42.

③ 傅小强：“统筹反恐推进海外利益保护”，《现代国际关系》2017 年第 12 期。

大背景下，尤其不能排除部分西方国家为防范中国崛起而在国际反恐领域推行“祸水东引”的政策。

“9·11”事件后，小布什政府基于全球反恐战争的需要，为了寻求与中国开展反恐合作而暂时搁置了双边关系中的一些分歧和矛盾。即便如此，在涉及中国反恐有关的议题上，包括美国在内的西方国家也往往采取赤裸裸的“双重标准”政策：一方面积极推动中国参与国际反恐战争，劝说中国在阿富汗、巴基斯坦和叙利亚等地的反恐战争中承担更大“国际责任”；另一方面却对中国政府的国内反恐政策和《中华人民共和国反恐怖主义法》等说三道四，同时对中国境外“东突”武装分子与阿富汗、叙利亚等地圣战势力的勾结采取暧昧立场，甚至还逐步加大了对境外各种“东突”分裂势力的暗中支持。这种典型的实用主义和利己主义政策严重阻碍了中国参与国际反恐合作，需要我们给予高度警惕。

所谓“双重标准”，其本质上是对人对己采取两套完全不同的政策尺度。西方国家在恐怖主义问题上的对华“双重标准”政策主要聚焦于两个层面：一是不认同中国政府对于恐怖主义问题的认定。虽然“9·11”后中国并不赞同美国在伊拉克和阿富汗发动战争，但对于美国打击恐怖主义活动本身并无异议，现有的批评主要集中于美国开展反恐的方式和手段，比如单边主义、反恐战争扩大化等。但是，美方并不完全认同中国对于“恐怖主义”的界定。除“东伊运”外，美国不仅拒绝将其他“东突”恐怖组织列入黑名单，甚至还对中国境内的一些暴力恐怖活动说三道四。美国迟迟不愿承认中国境内暴力恐怖活动的态度与中国在“9·11”事件和波士顿马拉松恐怖袭击后的积极表态形成了鲜明对比。正因为如此，一些网友不无愤慨地表示：“如果你们把昆明‘3·01事件’称为‘可怕且毫无意义的暴力行为’，那么纽约的‘9·11’便是‘令人遗憾的交通事故!’”① 二是不认同中国政府对于国内恐怖主义问题的解释和相应的政策举措，简单粗暴地将中国面临的恐怖主义问题与所谓的民族、宗教，乃至人权问题挂钩。2007年9月，美国众议院甚至还通过了一项决议，指责中

---

① 戴维·皮林：“反恐战不好打”，英国《金融时报》中文网2014年3月7日，http://www.ftchinese.com/story/001055131，登录时间：2014年9月28日。

国政府操控了反恐战争，将反恐用于镇压国内的某些民族群体，并认为“7·5”事件凸显了与中国进行军事合作的“风险”。① 美国国务院在2014年4月发布的年度反恐报告中还宣称，中国在涉及恐怖主义问题的新立法中采取了有争议的举措，“此类法律曾被用以羁押持不同政见者、人权分子和宗教人士”。② 这种无端指责中国反恐政策，简单地将中国面临的恐怖主义威胁归结为所谓“民族、宗教压迫”的说法忽视了基本事实，即便不是别有用心，至少也是不准确和不负责任的做法。美国学者杜磊（Dru Gladney）等人也曾指出，作为一个统一的多民族国家，中国境内边疆地区生活着许多少数民族，各种信教群体众多，但新疆之外的其他地区“并没有关于恐怖分子和分裂分子活动的报道”。③ 即便是在新疆境内，也生活着许多不同的少数民族群众和信教群体，参与民族分裂和暴恐活动者只是一小撮极端分子，所谓“民族和宗教压迫”的解释显然说不通。

托德·瑞德等学者也指出，无论从那个角度看，“东突伊斯兰运动”（简称“东伊运”）都是一个恐怖组织，美国理应对其严厉谴责，并予以打击，然而美国实际采取的政策却“复杂而充满争议”。美国政府一方面将“东伊运”列入了财政部和移民局的“黑名单”，却迟迟不愿将其加入国务院的“外国恐怖组织”名单当中。④ “9·11”事件后，臭名昭著的美国民主基金会还不断加大对活跃于中国境外的“东突”组织，如“世维会”“美维会”等的资助力度。不少西方国家甚至包庇并纵容被国际刑警组织“红通”追缉的“东突”要犯多里坤·艾沙到处窜访。美国反华派议员如马克·卢比奥、克里斯托弗·史密斯等人在国会不遗余力地为“世维会”等“东突”组织代言，积极推动“东突”分裂活动的国际化和政治化。2012年，在日本极右翼势力支持下，“世维会”借助“日维会”之力，在

---

① Shirley A. Kan, “U. S. – China Counter – Terrorism Cooperation: Issues for US Policy”, *CRS Report for Congress*, July 15, 2010, p. 34.

② United States Department of State Publication Bureau of Counterterrorism, *Country Reports on Terrorism* 2013, Released April 2014, p. 56.

③ Derek S. Reveron and Jeffery Stevenson Murer edited, *Flashpoints in the War on Terrorism*, New York & London: Routledge, 2006, p. 239.

④ J. Todd Reed and Diana Raschke, *The ETIM: China's Islam Militants and the Global Terrorist Threat*, Santa Barbara, Denver: Praeger, 2010, p. 98.

东京召开了所谓的“第四次代表大会”。日本当局不仅允许此类明目张胆的“东突”分裂活动，还默许了一些被国际刑警组织通缉的“东突”头目入境。事实上，在“日维会”成立之初的30名成员当中，仅有3人为维吾尔人，其余均为日本右翼分子和反华分子。① 二者狼狈为奸、沆瀣一气之丑态于此可见一斑。

“9·11”事件后，美国政府基于全球反恐战争的需要，为了寻求与中国开展反恐合作，暂时搁置了双边关系中存在的一些分歧和矛盾，这便是不少国内学者所谓的“十年战略机遇期”。不过，随着美国逐步调整全球反恐战略，其在全球反恐战争问题上对中国的借重和依赖正在减少。在此新形势下，中国在全球范围内面临的反恐形势将会趋于复杂化。换言之，美国全球反恐战争带给中国的“战略机遇期”已经不复存在。与此同时，中美双边关系中竞争和对抗的一面正在迅速凸显。无论是奥巴马政府时期的“亚太再平衡”战略，还是特朗普政府提出的“印太战略”，中国都已然成为华盛顿眼中的“对手”而非“伙伴”。尽管在阿富汗和叙利亚等全球反恐主战场上，美国仍然存在着对中国参与反恐合作的需求，但这种需求似乎并不足以成为双边关系的压舱石，更不可能阻止美国日益将中国视为战略对手的步伐。

3. 随着境外“东突”恐怖势力与国际圣战组织的合流，将会给中国打击境外“东突”恐怖势力带来新的挑战。“9·11”事件后，在中国反恐政策的严厉打击之下，残余的“东伊运”势力被迫逃往阿富汗和巴基斯坦边境地区，并试图融入全球圣战运动。近年来，由于中国政府加强了与阿富汗、巴基斯坦等周边国家的反恐合作，“东伊运”势力在阿富汗地区的核心组织架构已经遭到重创，迫使其残余势力进一步潜逃至叙利亚和伊拉克动荡地区。② 不难想象，只要这些地区的社会动荡和暴力冲突得不到有效解决，这些“东突”武装分子就会继续在这些地区苟延残喘、为害一方。

根据前述美国苏凡集团估计，截至2014年底在叙利亚和伊拉克战乱地

---

① Yu－Wen Chan, *The Uyghur Lobby: Global Networks, Coalitions, and Strategies of the World Uyghur Congress*, New York & London: Routledge, 2014, pp. 96－97.

② Michael Clarke, "Uyghur Militants in Syria: The Turkish Connection," *Terrorism Monitor*, Vol. 14, Issue 3, February 4, 2016, pp. 8－11.

区活动的“东突”武装分子约为数百人。① 不过，也有消息认为，目前活动于此的“东突”武装分子可能已达上千人。这些“东突”武装分子以叙利亚的伊德利卜省和拉塔基亚省为主要活动据点，混杂于“基地”组织、“伊斯兰国”和“努斯拉阵线”（al－Nusra）② 等国际恐怖组织当中，通过与其他国际圣战武装结盟来获取实战经验、扩大国际影响。③ 随着“伊斯兰国”组织在叙利亚和伊拉克的军事溃败，该组织正在我周边地区加大渗透力度。境外“东突”恐怖势力与其他跨国恐怖组织结盟，及其在全球范围内的不断扩散，或会使未来中国面临的境外反恐形势进一步复杂化。

二、全球反恐战争转型带给中国的机遇

当然，全球反恐战争转型带给中国的不只是挑战，也蕴藏着一些难得的机遇。只要我们能够充分认识并抓住机遇，就能有效地推动打击恐怖主义的斗争，更好地维护国家安全。简言之，这些机遇主要体现在两个层面。

1. 全球反恐战争转型有助于中国在全球范围内打击“东突”武装分子，并借机深化、加强与有关国家的反恐合作。长期以来，中国在参与国际反恐合作过程中始终面临着西方国家的“双重标准”政策，而全球反恐战争转型客观上为中国政府通过联合国和其他国际合作平台，加强与有关国家之间的反恐合作，进一步打击境外“东突”恐怖分子创造了有利条件。

目前活跃在中国境外的“东突”恐怖组织“东伊运”近年来正试图借助阿富汗、叙利亚和伊拉克等地的社会动荡与战乱，进一步融入全球圣战运动。除了与“基地”组织、“乌伊运”、“伊斯兰国”等合作外，“东伊运”势力还试图与一些跨国犯罪集团、地方割据势力等合作。据海外媒体

---

① The Soufan Group, *Foreign Fighters: An Updated Assessment of the Flow of Foreign Fighters into Syria and Iraq*, New York, December 2015, p. 8.

② 该组织现已改名为“征服沙姆阵线”或“解放沙姆联盟”（Hayat Tahrir al－Sham）。

③ Mohanad Hage Ali, China's proxy war in Syria: Revealing the role of Uighur fighters, *Al Arabiya*, March 2, 2016; Nodirbek Soliev, “China: Xinjiang Province”, *Counter Terrorist Trends and Analyses*, Volume 10, Issue 1, January 2018, pp. 53－56.

报道，2014—2016 年印尼警方在反恐行动中击毙或逮捕了至少 12 名“东突”恐怖分子，原因即在于这些“东突”恐怖分子与当地的亲“伊斯兰国”组织，如“印尼东帝汶圣战者组织”（MIT）等存在联系。[①] 2015 年 8 月 17 日，泰国曼谷市中心著名旅游景点四面佛附近发生爆炸，造成 20 人遇难，其中包括 7 名中国公民。泰国警方事后查明，本次袭击是人口走私集团的报复行为，嫌犯中有 2 人为“东突”恐怖分子。2016 年 8 月 30 日，活跃于叙利亚境内的“东突”恐怖分子与来自土耳其、吉尔吉斯斯坦的恐怖分子联手，对我国驻吉尔吉斯斯坦大使馆发动汽车炸弹袭击，造成 1 人死亡，3 人受伤，馆舍受损严重。境外“东伊运”势力通过与其他国际恐怖组织合作，虽然在短期内获得了一定的资源和影响力，并引起了部分国际圣战组织对“涉疆”议题的更大关注，但也同时让国际社会越来越多地认识到了其反人类、反社会的罪恶行径，使越来越多的民众更加理解并认同中国政府打击“东突”恐怖势力的举措，为中国进一步开展境外反恐和反分裂斗争创造了有利的国际舆论和外部环境。

2. 全球反恐战争转型为中国量力而行地推动国际反恐领域的全球治理，破解西方的话语霸权和行为霸权创造了一定机遇。在“9·11”以来的全球反恐战争中，美国为首的西方国家凭借强大军事实力和话语霸权，以西方核心利益和主流价值为中心，构建了一整套国际反恐话语体系。在“反恐战争”名义下，西方大国根据自身的利益和偏好设定国际反恐战争的目标、议程和路径，并对整个国际社会进行分类划线。一方面迫使广大发展中国家不得不加入美国主导下的全球反恐战争；另一方面又无视众多发展中国家的正当利益与合理诉求。这种极端利己主义的“双重标准”政策引起了不少发展中国家的警惕和反对，也严重削弱了这些发展中国家开展国际反恐合作的意愿和动力。

随着美国在全球反恐战争中主导性作用的下降，中国和其他大国在全球反恐战争中的作用将会进一步上升。作为安理会常任理事国和全球最大发展中国家，长期遭受恐怖主义危害的中国理应在全球反恐战争中发出更

---

① Nodirbek Soliev, “China: Xinjiang Province”, *Counter Terrorist Trends and Analyses*, Volume 10, Issue 1, January 2018, pp. 53 – 56.

多中和、理性的声音，进一步推动国际反恐领域的全球治理，比如促成国际社会在全球反恐领域达成更多共识、形成新的反恐合作机制和国际规范，乃至最终改变西方国家长期操控全球反恐战争话语体系的局面。

三、全球反恐战争转型：中国何为?

全球反恐战争转型作为一种客观发展趋势，需要我们顺势而为，使之向着有利于中国和全球反恐的方向发展。未来10—20年将是中国进一步成长为全球性大国的关键时期，拥有和平稳定的国内外发展环境则是关键中的关键。如果我们在应对恐怖主义问题上稍有不慎，就有可能使民族复兴和国家强盛的梦想毁于一旦；如果我们不能妥善地解决未来发展进程中面临的恐怖主义问题，那么未来中国社会治理的成本以及中国企业向海外“走出去”过程中面临的安全风险也会大大增加，甚至还有可能使中国陷入到一场与极端暴力分子的长期缠斗中去，进而改变未来中国发展的战略重心，白白地耗尽极为宝贵和有限的战略资源。应对全球反恐战争转型，需要我们从国际、国内两个层面扎扎实实地做好反恐工作。

首先，要逐步建立一个科学、理性的综合性国内反恐政策体系，并加快国内边疆民族地区的发展转型。反恐工作从来都不是孤立的，它需要社会各个层面的协作与配合。我们既要通过军事和法律手段严厉打击那些残害无辜民众的暴恐分子，更要通过大力发展落后地区的教育文化和社会经济，消除滋生恐怖主义的社会土壤。同时，还要努力为少数民族地区的社会发展和宗教文化生活创造一个健康、和谐的社会生态，使各个民族群体都能切身感受到中国社会经济发展所带来的正能量，进而推动民族关系的和谐发展。在开展反恐斗争过程中，人们对于恐怖分子之残忍和凶狠的愤怒固然可以理解，但将其与某个民族或宗教群体进行挂钩却是绝对不可取的。这种做法只会带来更多的民族仇恨和歧视，只会陷入“以怨报怨”乃至“以暴易暴”的恶性循环，只会让亲者痛、仇者快，而这无疑会正中恐怖分子和民族分裂分子的圈套。

换言之，我们既要消除现有的暴恐分子，更要消除滋生恐怖分子的社会土壤，将导致恐怖主义的极端暴力思想消灭于萌芽状态。对于中国这样的统一的多民族国家来说，我们更要警惕恐怖分子通过制造事端绑架民族关系。对于恐怖分子和民族分裂分子来说，通过恐怖暴力来放大民族矛盾，进而绑架民族关系和民族政策是其梦寐以求的目标。然而这种后果只能让极少数民族分裂分子从中获益，并不会给广大少数民族群众带来一丝一毫的好处。事实上，无论恐怖分子何等凶残，他们终究都只是我们这个社会中的一个极小群体，代表不了任何民族和宗教群体。对于广大民众来说，我们既要有嫉恶如仇的民族血性，更要有明白是非的理性智慧和海纳百川的胸襟气度。对任何一个境内民族群体来说，只有一个强大的祖国才能让各个民族在国际社会中共享平等与尊荣，只有一个稳定有力的中央政府才能持续不断地推进大规模援助和开发边疆少数民族地区的政策，才能让每一位公民在祖国各地共享中国现代化发展所带来的开放与繁荣。反之则不然。只要我们戳破了恐怖分子和民族分裂分子编织的各种谎言和神话，一切极端暴力都会消弭于无形。

其次，要在全球反恐战争转型过程中推出具有“中国特色”的反恐话语和反恐立场，尽快形成自身的国际反恐话语体系和道义优势。为因应全球反恐战争的进一步发展和转型，我们既要对内深化改革，加快国内社会转型和反恐机制建设，形成一套能够与全球反恐战争转型趋势相适应的反恐政策体系。同时，还要向外部世界提出一套能够被更多国家接受的反恐话语体系和中国立场。未来中国的反恐政策和反恐话语建设既要学习和借鉴其他国家的成功经验，但又不能简单地照搬别国的做法，而是要具备鲜明的“中国特色”，能够体现东方人的政治智慧和优秀文化传统。

笔者以为，在构建中国国际反恐话语体系的过程中，以下几点内容应当给予足够重视：（1）坚决反对西方国家在全球反恐战争中继续采取利己主义的“双重标准”政策；（2）坚持联合国在全球反恐战争中的权威和主导作用；（3）在全球反恐战争中，要充分尊重别国的主权和领土完整，反对任何国家以“反恐战争”或“国际反恐合作”等名义干涉别国内政；（4）要始终坚持任何反恐斗争的努力都不应与特定的民族或宗教挂钩；（5）坚持在全球反恐领域的综合治理和标本兼治，反对在国际反恐斗争中滥用武力或过于依赖军事手段；（6）要始终强调在反对国际恐怖活动和暴力极端主义过程中，发达国家负有特殊的义务和责任；（7）把坚持构建人类命运共同体作为消除国际恐怖主义、实现有效全球治理的重要途径；（8）将反恐领域的国际治理与构建未来国际政治与安全新秩序结合起来，以国际反恐治理推动未来国际秩序的合理化变革。

2014年9月，王毅外长在联合国反恐峰会的发言中明确强调了反对“双重标准”，坚持综合治理以及发挥联合国的主导作用等重要内容。[①] 外交部在2016年初公布的首份《中国对阿拉伯国家政策文件》中也再次强调：“有关反恐行动应遵守《联合国宪章》的宗旨和原则及国际法准则，尊重各国主权、独立和领土完整”。与此同时，“坚决反对和谴责一切形式的恐怖主义，反对将恐怖主义同特定的民族、宗教挂钩，反对双重标准。”[②] 在全球反恐战争转型的背景下，中国政府关于国际反恐政策原则的表述无疑有着强大的政治和道义优势，其意义不仅在于提出了有别于西方国家在反恐问题上所奉行的“非黑即白”的立场，还代表了人类社会在后“9·11”时代对于国际反恐、地区安全乃至国际安全秩序等问题的新思考。不过，这些原则性内容还需要进一步细化和扩充，还需要更加深入和系统的学理化探讨，并通过更多途径在国际社会进行有效传播。

最后，要在全球反恐战争转型过程中积极推进反恐领域的全球治理，并将其与塑造未来国际安全新秩序有机结合起来。新世纪以来的全球反恐战争加速了当今世界多极化进程，全球反恐战争转型正是当今国际格局发生转换的一个重要体现，它还将进一步推动现存国际格局的发展和转型。这是因为：其一，未来全球反恐战争离不开广大发展中国家的积极参与，而这将有助于广大发展中国家更为积极平等地参与国际事务；其二，全球反恐战争转型有助于推动国际反恐领域的全球治理，进而为其他领域的全球治理积累经验，创造更多机会和共识；其三，全球反恐战争转型有助于改变当前不合理的国际安全秩序。当前国际恐怖活动的猖獗与某些西方大国的霸权主义、单边主义和军事干预，以及不合理的国际政治、经济和安全秩序存在很大关联。要想在全球范围内根除国际恐怖主义及其滋生的社

---

① 王毅：“共同应对恐怖主义新威胁——在联合国安理会反恐峰会上的发言”，新华网联合国2014年9月24日，http：//news. xinhuanet. com/2014 －09/25/c_1112625335. htm，登录时间：2015年12月20日。

② 中华人民共和国外交部：《中国对阿拉伯国家政策文件》，2016年1月。

会土壤，就必须破除长期以来西方国家在全球反恐领域的话语霸权和行为霸权，改变不合理的国际政治经济秩序，尤其是摒弃某些西方国家长期奉行的“双重标准”政策和单边主义霸权，在反恐合作、打击暴力极端主义等国际事务中充分尊重广大发展中国家的意愿和诉求，乃至承担起帮助发展中国家构建并提升反恐能力的国际责任，以调动更多发展中国家参与国际反恐合作的积极性。这种努力既是在国际反恐领域实现全球治理的重要组成部分，也是未来建立公正、合理的国际安全新秩序，以及推动世界多极化发展的应有之义。

第五节　余论：全球反恐战争转型的前景

正如本书前文所述，“9·11”事件发生近20年来的全球反恐战争并未取得预期效果，反而出现了“越反越恐”的局面。然而，值得欣慰的是，国际社会对于恐怖主义和反恐战争的认识却在不断深化。一方面，世界各国的反恐努力正在从早期追求从肉体上消灭恐怖分子进一步拓展到在意识形态领域消除造成暴力极端主义的文化和思想根源，在社会经济领域减少滋生极端主义和恐怖主义的社会土壤，同时在网络空间对抗极端主义、恐怖主义的蛊惑和宣传；另一方面，国际社会的反恐合作也从早期追随美国转变为更加平等自发地开展各种国际反恐协作，从美国单边主义推动下的反恐战争转向以联合国等各种国际合作机制为依托，各大国和主要当事国共同参与的全球性反恐斗争。不过，同样需要指出的是，世界各国围绕“反恐战争”或是在“反恐战争”名义下的博弈也更趋激烈。比如，伊朗和沙特等海湾国家围绕也门局势的对抗，俄罗斯与美国及其西方盟友在叙利亚问题上的竞争等都已经远远超出了“反恐战争”的范畴，如今已更像是一种代理人战争或地缘政治竞争。

2011年底美国从伊拉克撤军并未让世界进入到“后反恐战争时代”，它只是全球反恐战争转型的一个重要标志。随着美国近年来不断淡化全球反恐中的“战争”色彩，未来美国在全球反恐斗争中的作用和影响力或将继续下降。与此同时，联合国和其他区域性国际合作机制，以及其他大国和发展中国家在全球反恐中的作用则会进一步加强。目前看来，全球反恐战争转型过程还存在着很大的争议和不确定性，但推动全球反恐战争转型的动力短期内不会轻易消失，这就决定了反恐战争转型的总体发展趋势也将会持续下去。

从历史经验来看，国际恐怖活动往往具有明显的“洼地效应”和“示范效应”。前者是指在一定地域范围内，恐怖势力就像无形的流水一样，总是更容易流向安全防范薄弱，极端思想浓厚，同情者和支持者较多的“反恐洼地”。在当前全球化快速发展的情况下，任何一个国家无论其境内是否“滋生”恐怖分子，都有可能成为国际恐怖分子过境、藏身、策划或发动袭击的目标；后者是指媒体对于反恐行动和恐怖暴力活动连篇累牍的报道会潜移默化地诱使一些潜在的社会群体进行学习和模仿。“9·11”事件以来，正是在全球反恐战争和国际恐怖活动“示范效应”的双重影响下，一些发展中国家内部的社会转型矛盾、部族冲突、教派纷争等也开始通过恐怖暴力形式进行释放，成为近年来国际恐怖活动向发展中国家，尤其是“破碎地带”和所谓“失败国家”快速转移的一个重要诱因。

全球反恐战争转型将是国际社会合力减少恐怖活动“示范效应”和“洼地效应”的重要契机。一方面，只有通过更新反恐理念，推动标本兼治的综合治理，才能减少乃至消除暴力极端主义的滋生土壤和潜在招募来源，并降低暴力恐怖活动所带来的“示范效应”；另一方面，只有在国际反恐领域实现了真正有效的全球治理，才能切断国际恐怖主义滋生、发展和扩散的链条，最大限度地减少国际恐怖活动中的“洼地效应”。为此，西方国家首先要摒弃以往的单边主义和利己主义做法，承担起帮助发展中国家构建并提升国际反恐能力的义务，推动平等互利的新型国际反恐合作，充分调动发展中国家参与国际反恐合作的积极性。在一个你中有我、我中有你的地球村中，在面临相同的国际恐怖威胁时，无论是发达国家还是发展中国家，都需要加强国际反恐合作，很难想象还有哪个国家可以置身事外。历史经验早已告诉我们，在国际恐怖主义问题上，任何试图祸水东引或以邻为壑的企图与做法，最终都会走向自食其果的结局。

对中国来说，全球反恐战争转型是一个难以回避的发展趋势，它既给我们带来了压力和挑战，也提供了若干难得机遇。面对当前全球反恐战争转型的大趋势，中国反恐战略也应顺势而为，一方面努力塑造并推动反恐战争转型进程向着有利于中国的方向发展，另一方面努力化解其中可能带来的潜在风险。简言之，我们既要通过参与国际反恐斗争有效地消除威胁自身安全的国际恐怖主义势力，更要在全球反恐战争转型过程中打破西方的话语霸权和行为霸权。一方面要借机完善自身的国内反恐政策体系，另一方面积极塑造出具有“中国特色”的国际反恐话语体系、道义优势和国际规范，进而为中国未来的和平发展创造一个良好的国内外安全环境，并在国际反恐斗争中做出应有的贡献。

附　　录

附录一　布热津斯基致卡特总统的备忘录“关于苏联入侵阿富汗的思考”

时间：1979 年 12 月 26 日

来自：国家安全事务特别助理

我会向您另外呈递一份关于周五国家安全委员会的建议议程，该议程将会聚焦于阿富汗和伊朗问题。同时，您今天还会收到特别协调委员会（SCC）有关这两方面内容的汇报。本备忘录仅只是为您思考这一问题提供参考。

正如我一周前向您汇报时所说，我们当前正面临一场地区危机。伊朗和阿富汗都处于混乱之中，巴基斯坦不仅内部局势不稳，对外也非常忧虑。一旦苏联人在阿富汗获得成功，巴基斯坦也默认这一事实，莫斯科将会实现其长期以来进入印度洋的梦想。

从历史上看，大英帝国为苏联人的这一诉求提供了屏障，阿富汗正是它们之间的缓冲国。我们在 1945 年扮演了这一角色，但是伊朗危机造成了西南亚地区力量均衡的崩溃，使得苏联人能够很快地在阿拉伯海和阿曼湾边缘地区建立存在。

因此，苏联入侵阿富汗在国内和国际两个层面上给我们带来了一个极其严峻的挑战（extremely grave challenge）。尽管阿富汗可以成为一个苏联人的越南（Soviet Vietnam），但苏联入侵对于我们的最初影响却是负面的，其原因包括国内和国际两个层面：

国内影响

A. 苏联的入侵很可能会激发美国国内要求在伊朗采取更多军事行动的呼声。与此同时，苏联的决断将会与我们的克制形成鲜明对比，因为我们的克制未必会被看作“谨慎”，而是会更多地被视为“胆小、懦弱”。

B. 与此同时，地区不稳定性将会使我们在寻求伊朗问题的解决方案时变得更加困难，它可能会让我们卷入一场与苏联人的正面对抗。

C. 限制战略武器谈判可能会受到损害，而且是无法弥补的损害，因为苏联的军事侵略是如此赤裸裸。

D. 更加普遍的情形是，我们处理苏联事务的政策将会同时遭到来自左翼和右翼政治势力的抨击。

国际影响

A. 除非我们设法向该地区提供信心和实力，巴基斯坦很可能会受到威吓，最终默认苏联以某种形式主导该地区。

B. 在伊朗局势不稳的情况下，西南亚地区将不再有抵制苏联进入印度洋的坚强堡垒。

C. 中国人肯定也会注意到苏联在阿富汗和柬埔寨的侵略性，并且此类行为得不到美国的有效制约。

补偿性/抵消性因素

毫无疑问，这一事件还将存在一些抵消性因素。

A. 世界公共舆论将会对苏联的入侵表示愤怒。当然，穆斯林国家将会对此表示关注，美国或许可以利用这一点。

B. 巴基斯坦境内已经滞留了30万来自阿富汗的难民，美国可以借机对苏联造成这一大规模人道主义灾难的行为进行指责。毫无疑问，难民的数字肯定还会上升，而苏联已经为其支持柬埔寨的行动付出了代价。

C. 在美国盟友当中，将会出现更多重视自身防务需求的意识。

一个苏联人的越南?

无论如何，我们对于阿富汗成为一个“苏联人的越南”不应过于乐观。

A. 阿富汗游击战士群龙无首，其组织和领导状况非常糟糕。

B. 阿富汗游击战士没有中央政府，也没有组织良好的军队，并且缺少庇护所，而当年的越南北方政权曾经具备所有这些条件。

C. 与越南人当年从中国和苏联获得的大量装备相比，阿富汗游击战士得到的外国支持非常有限。

D. 苏联人可能会采取决定性的行动，这完全不同于美国在越南所采取的“预防性”对敌政策。

其结果是，苏联人能够有效地自吹自擂。在国际政治中，故且不论道德因素，再没有什么比这更成功的了。

如何去做?

以下是一个初步的想法，需要进行更加充分的讨论。

A. 阿富汗抵抗运动坚持下去非常重要，这意味着要给它们提供更多的金钱，向叛军输送更多的武器和一些技术性建议。

B. 要实现上述目标，美国必须重新确保并鼓励巴基斯坦帮助阿富汗反叛力量。这需要重新评估美国对巴基斯坦的政策，为其提供更多的保证和武器援助。与此同时，我们还应做出决定，不能使对巴基斯坦的安全政策受制于我们的不扩散政策。

C. 美国还应鼓励中国人帮助阿富汗反对派。

D. 美国应当与伊斯兰国家开展协作，在宣传活动和秘密行动方面帮助阿富汗的反叛武装力量。

E. 美国应当告诉苏联人，其入侵阿富汗的行动已经使限制战略武器谈判岌岌可危，并将影响到国防部长布朗访问中国的内容。毫无疑问，作为苏联的近邻，中国人尤其关注苏联侵略性对自身的涵义。如果我们没有明白无误地直接告诉苏联人双方关系因此所受到的损害，我担心苏联人不会把我们的关切当成一回事儿，也会让苏联人今后无需担心此类局部冒险是否会损害苏美长期关系。

F. 最后，我们应当把苏联在阿富汗的行动作为对世界和平的一个威胁提交给联合国。

附录二　第166号国家安全决策指令：美国在阿富汗的项目、政策与战略

第166号国家安全决策指令

时间：1985年3月27日

苏联在阿富汗的战争已经进入了第六个年头。美国阿富汗战略有两个主要内容：一是支持阿富汗武装抵抗的秘密行动项目；二是通过外交/政治战略增加对阿富汗抵抗武装的国际支持，进而对苏联施加压力并迫使其从阿富汗撤军。本指令将确立这些项目的目标。

Ⅰ. 美国的主要利益与政策目标

我们的最终政策目标是让苏联军队离开阿富汗，恢复阿富汗的独立地位。在中期内（1985—1990年），美国将追求一个中期目标。一旦这一目标得以实现，它将使我们更加接近最终目标。无论在阿富汗战争的最终结果如何，实现这些中期目标都符合美国利益。这些中期目标包括：

——向苏联人证明，其吞并阿富汗的长期战略不会发生作用。如果阿富汗战争持续恶化，苏联领导人对于是否能实现其最终目标将会失去信心。实现这一目标是对苏联施加压力的最好办法，进而有助于苏联调整其政策，使之向着有利于美国和阿富汗人民的方向发展。

——阻止阿富汗成为一个苏联的基地。我们的秘密行动旨在阻止阿富汗成为苏联向该地区投射军事实力和影响力的一个安全基地。一旦苏联人在阿富汗的地位得到巩固，其势必会利用霍梅尼革命后伊朗的混乱，并会给巴基斯坦政府制造困难。

——在阿富汗问题上，进一步扩大苏联在第三世界和伊斯兰世界的孤立。苏联人已经为其继续占领阿富汗而在第三世界付出了代价。我们一定

不能让苏联的有关活动从第三世界和伊斯兰国家的议程当中消失。我们应竭尽所能，加强在这一问题上对苏联的谴责。

——阻止那些自发地抵抗苏联入侵运动的失败。苏联对于阿富汗的持续占领向第三世界国家证明：苏联是一个帝国主义者，它会为了自身利益而使用军事手段吞并第三世界国家。事实上，这些国家此前曾倾向于将苏联作为其“天然的”盟友。对美国利益而言，确保此类自发的抵抗运动不被苏联平叛行动所击败至关重要。

——展示美国威慑苏联入侵第三世界的坚定性（firmness）。我们对于阿富汗抵抗运动的支持证实了我们对于抵制苏联入侵的承诺。撤销对这些抵抗运动的支持将会同时向苏联人和中美洲、非洲及亚洲的抗苏活动发出信号，即我们在应对苏联帝国主义的立场上并不坚定。我们对阿富汗抵抗运动的支持将会告诉苏联人，美国在追求军备控制的同时，也将继续抵制苏联的低级入侵活动。通过恢复在日内瓦的军控谈判，美国向苏联人发出了重要的信号，那就是美国将会继续反对苏联在其他领域内令人无法接受的举动。

——如有可能，将阿富汗战争的有关消息传递给苏联境内的民众，使之对苏联军事力量和对外政策失去信心。

Ⅱ. 实现我们的政策目标

为了实现上述目标，美国政府机构和有关部门负责人应当：

——加强对秘密行动的情报支持力度。及时、详尽的战争进程信息将能够使我们判定美国是否在正确地执行一个打败苏联的长期战略，进而调整我们的战略，使之更为有效。

——利用情报信息寻找苏联在占领阿富汗过程中所出现的敏感点和脆弱性，并加以利用。

——提升阿富汗抵抗运动的军事效能，以便维持不利于苏联的战争发展势头。这需要设定一些性能目标，并衡量相关政策的成效。

——通过跟踪援助供给路线，请阿富汗抵抗组织确认它们收到了更多援助并将其用之于抗苏战场等来改进对援助阿富汗物资的管理，并将其与应对腐败问题进行挂钩。

——与巴基斯坦保持良好的工作关系。在缺少援助阿富汗的替代路线的情况下，这一关系对于美国援助阿富汗的项目至关重要。此一政策包括回应巴基斯坦在支持阿富汗抵抗运动过程中的安全需求。

——鼓励阿富汗境内的抵抗组织在人道主义名义下，积极开展社会服务工作，减少巴基斯坦境内的难民问题，维持阿富汗抵抗运动的民用补给系统。

——通过公共外交、双边关系，以及支持联合国主导下的苏联完全撤军谈判等增加对苏联的国际政治压力。

——如有可能，鼓励阿富汗抵抗组织之间开展更多政治协调。尽管期待抵抗运动之间通过联合来应对国际社会阻力是不切实际的，然而各种圣战派系之间达成协议，建立一个能够在国际上为抵抗运动联合发声的架构是可能的。而这将增加对苏联的压力，提升阿富汗抵抗运动的政治和外交成效。

签字：罗纳德·里根

附录三　第277号国家安全决策指令：低烈度冲突战略与国家政策(U)

第277号国家安全决策指令

时间：1987年6月15日

Ⅰ. 目标

本项国家安全决策指令（NSDD）旨在明确有关低烈度冲突（Low Intensity Conflict）的国家政策和战略，实施这一战略的资源，并为跨部委协调与筹划制订一项持续的长期政策。

范围与威胁

低烈度冲突是竞争中（contending）的国家或组织之间的政治和军事对抗，其程度低于传统战争，高于国家间的常规和平竞争。它涉及规则竞争和意识形态领域的长期斗争，其范围从颠覆活动到武力的使用。低烈度冲突往往融合了政治、经济、信息和军事各种手段。它通常发生在第三世界，这些冲突虽然是局部性的，但却会对地区和全球安全产生影响。

当这一战略要素被用以攻击美国及其盟友的国家利益、价值观和政治基础时，低烈度冲突便会成为美国的首要关注所在。其战略后果是将美国与其盟友和主要贸易伙伴孤立起来，并削弱自由世界的政治和经济制度。美国对这一战争形式的回应要求我们具有保持长期承诺的国家意志。美国已经通过其反恐政策、支持抵抗运动，在政治和经济上支持发展中国家，帮助有关国家反击低烈度入侵，打击非法毒品走私，以及维和行动和应急行动等对此做出了回应。

低烈度冲突对美国利益的主要威胁在于其累积性特征。其不利后果是能够将美国与其盟友和第三世界的主要贸易伙伴互相孤立起来。此类冲突可能会导致无法获得战略性矿产和能源资源；失去军事基地、过境和进入的权利；增加对海上交通线的威胁；使盟友从互相默契的立场逐渐转向敌对；攻击民主原则；在一个日益敌视美国利益的世界中让苏联获得优势。

被支持政府面临的威胁包括公然的和秘密的低烈度入侵，这既可能是自发的，也可能是受外部资助的团体所为。对手所使用的武器包括信息、颠覆、资源限制、恐怖主义、游击战和入侵。当反对派的常规武装力量开始采用标准的进攻和防御理论时，其行为已经超越了低烈度冲突的上限。

美国对于低烈度冲突的参与还包括支持选定的抵抗组织。此外，发展国际金融网络也是辅助性的手段，但这会促成不稳定，故而必须将其作为低烈度冲突战略中不可或缺的要素加以应对。

Ⅱ. 政策

美国对低烈度冲突局势的回应必须基于既定标准：战略利益、自由和民主价值观、反对苏联扩张主义/冒险主义，以及受支持组织或政府的斗争承诺。美国还必须认识到低烈度冲突的长期性特征，国会的参与、有关国家和国际支持的氛围往往是成功的最终决定因素。最后，执行低烈度冲突的政策必须与美国法律相一致，同时还要接受公认的国际法原则的规范和界定。这些原则肯定了各国以武力单独或集体进行自卫反对武装袭击的固有权利，并在打击叛乱、革命、游击活动、恐怖主义和维持内部秩序等具有低烈度特征的活动方面相互协助。为维护国家利益起见，美国应采取以下举措：

——通过与盟友之间的协调，采取政治、经济、信息和军事手段等各种措施，加强有关国家应对危及其独立和稳定的威胁的能力，在不稳定所导致的暴力发生之前采取行动。

——通过推行促进经济发展，完善人道的社会与政治秩序的政策，减少造成第三世界不稳定和冲突的根源。

——根据有关国际法，支持选定的旨在寻求自由或自决的抵抗运动，这一政策也是为了反对那些敌视美国利益的政权。

——采取措施阻止苏联和其他敌对国家所资助的恐怖主义和冒险主义，并增加其开展相关活动的成本。

Ⅲ. 战略

1. 支持第三世界国家的政府

美国必须帮助被支持的政府制定一项全面战略，以隔离反民主的和不稳定的因素，并实现有意义的经济、政治和安全目标。在其他对外援助目标和美国总体对外政策框架下，美国的援助计划必须进行调整以满足这一战略的要求。这将需要广泛的跨机构间协调。为此目标，美国的战略指南包括：

——推行适当的战略，帮助有关政府满足在经济、社会和政治正义方面的基本要求。这一战略的设计应当能够使之实现下列目标：均衡的、可持续的经济发展；改善基本政治制度；援助司法改革；促进教育。美国的安全援助应该鼓励发展职业的武装力量和民事执法队伍。

——在冲突早期阶段之前，或冲突过程中推行援助计划，以最大限度地减少美国直接参与的可能性。

——确保东道国的军事战略中包含有社会、经济、信息和政治等补充性举措。

——确保美国的援助计划在受援国能够承受的财政和技术能力范围之内。

——一旦东道国军队无法获取特定能力时，或许需要美军提供直接的有限支持或援助。美国可以在后勤、空运、医疗支持、工程支援以及情报收集和分析等方面提供支援。

——向受援国提供有关国家或私人信息项目建设方面的帮助。

——鼓励受援国发展专业情报机构，并整合其内部的情报系统。

2. 支持抵抗运动

美国的行动战略指南包括：

——利用选定的抵抗运动的优势来获取应对敌对政权的杠杆。

——避免抵抗运动“美国化”（Americanizing），调整援助项目并使之适应抵抗运动的接受能力。抵抗运动不能长期依赖于外部支持。

——设计出侧重抵抗运动基本架构和军事能力长期发展的综合性方案，以强化其未来的国家建设能力。

——向抵抗运动及其对手传递出美国将致力于取得有利于抵抗运动结果的长期承诺。

——根据每个抵抗运动的具体需要定制方案，并为具有不同政治计划的团体提供支持。

——在筹划之前，整合信息项目以加强对这些抵抗运动的支持。

3. 毒品走私和国际金融网络开发的作用

国家药品政策委员会和关于跨部门毒品项目的既定政策、战略和授权责任将会保持不变。但是，国家药品政策委员会和低烈度冲突委员会之间必须有充分的筹划与协调，以确保美国政策的一致性。

4. 反恐政策和战略

现有的跨部门反恐架构（包括秘密计划）将会继续成为应对恐怖主义的理想手段。现有反恐机构和低烈度冲突委员会之间必须进行充分的对话，以确保美国政策的一致性。

5. 直接使用美国军队作战

动用美国军队应当符合第 238 号国家安全决策指令中的有关规定。

Ⅳ. 行动与执行

必须建立一个能够尽早识别低烈度冲突的程序，必须找到确保美国可以连续有效地应对此种情形的办法。应当认识到在政策规划和协调机制方面的需求，国会已经修订了 1947 年的《国家安全法》，指示总统“在国家安全委员会内部设立一个被称为‘低烈度冲突委员会’的机构”。

为了满足这些要求，根据第 276 号国家安全决策指令（NSDD－276）而建立的高级评估小组（SRG），应当在处理低烈度冲突相关事务或进行政策协调时召开专门的低烈度冲突委员会会议。除高级评估小组的成员外，司法部长、财政部长、商务部长和美国新闻署署长均应出席委员会的会议。国家安全顾问应当主持低烈度冲突委员会成员或其本人所请求召开的会议。作为委员会主席，国家安全顾问可根据需要创建一个高级别的跨机构小组以实现其目标。

根据第276号国家安全决策指令（NSDD－276），执行和实施总统所批准的有关低烈度冲突政策并非总统国家安全事务助理或国家安全委员会工作人员的职责，除非总统另有专门指示。

作为第一优先事项，委员会将致力于解决以下事务：

——就低烈度冲突和特种部队事宜准备总统向国会所提交的报告，并根据需要开展相应的跨机构协调。

——与低烈度冲突有关的对外援助。

——与低烈度冲突有关的情报要求。

委员会还应致力于解决以下事务：

——如何通过技术创新和竞争战略提高美国，或被支持的组织与国家有效实施低烈度冲突战略的能力。

——如何促进改善后的通信互操作性。

——低烈度冲突机制如何与区域和国家的特定政策规划及协调机制协同工作。

——如何完善情报与低烈度冲突战略其他方面之间的对接问题。

——是否有足够的能力来执行此项国家安全决策指令中所包含的战略要素，以及如何消除其中的不足。

本项国家安全决策指令签发后90天内，委员会应当拟定并审议一份包含有合理日程和重要事件节点的工作计划。为起草本项国家安全决策指令而制定的文件及所界定的术语亦应作为委员会的指导。

审核日期

本项指令签发6个月后，委员会应就本项指令的现状和执行情况进行审议。

附录四　打击恐怖主义国家战略（2003）

白宫

2003 年 2 月

目　录

前言

当今恐怖威胁的本质

恐怖组织的架构

恐怖主义本质的演变

新的国际环境

相互关联的恐怖组织

大规模杀伤性武器的可获取性

小结

战略意图

反恐战争的胜利

战略目标和任务

目标：击败恐怖分子及其组织

禁止为恐怖主义提供赞助、支持和庇护所

消除恐怖分子试图利用的“基本条件”

保护国内外美国公民和利益的安全

结语

前　言

“任何组织或国家都不应误解美国的意图：在世界各地的恐怖组织被发现、被制止以及被击败之前，我们不会善罢甘休。”

2001 年 11 月 6 日　乔治·W. 布什总统

2001 年 9 月 11 日在华盛顿特区、纽约市和宾夕法尼亚州发生的恐怖袭击是针对美利坚合众国及其盟国的战争行为，也是对文明社会理念的攻击。没有任何理由可以为恐怖主义辩护。全世界必须作出反应，同这一旨在威胁、破坏我们的基本自由和生活方式的邪恶势力作斗争。自由和恐惧正在进行一场战争。

敌人并不是一个人，也不是某个单一的政权。当然，它也不是一种宗教。我们的敌人是恐怖主义，即次国家团体或秘密代理人基于政治动机对非战斗目标所采取的有预谋的暴力行为。那些使用恐怖主义的人，无论其具体的世俗或宗教诉求是什么，都力图通过暴力和恐惧破坏法治并实现变革。这些恐怖分子有着被误入歧途的信念，即将杀戮、绑架、敲诈、抢劫和暴虐以恐吓民众看成是合法的政治行为模式。

反对国际恐怖主义的斗争不同于我国历史上的任何其他战争，我们不能仅仅依靠军事力量，甚至不能主要通过军事力量取得胜利。我们必须利用国家权力中的一切手段，包括外交、经济、执法、金融、信息、情报和军事等手段来打击恐怖主义网络，以及所有支持恐怖主义在世界各地传播的人。反恐事业的进展将来自成果的持续积累，有的成果是可见的，有的则看不见。我们会对新的恐怖主义威胁时刻保持警惕。当美国民众和世界其他文明社会的人们，能够在没有恐怖袭击的恐惧笼罩下生活时，我们的目标就实现了。

这场冲突不会轻而易举地很快结束。同时，美国不会允许自己被恐怖分子当成人质。打击恐怖主义和确保美国国土不受袭击是我们的首要任务，但它们不会成为我们唯一的优先事项。本战略支持美国《国家安全战略》，正如《国家安全战略》所强调的那样，我们生活在一个坐拥无数机遇的时代。在这个时代，我们可以培育一个与美国和全世界热爱自由的人民所共同信奉的利益和价值观相一致的世界，我们将抓住这些机会。

本战略进一步阐述了《国家安全战略》中第三节的相关内容，它阐述了我们必须摧毁恐怖组织，打赢“观念之战”，加强美国本土和海外安全。《国土安全国家战略》的重点是防止美国境内的恐怖袭击，而《国家反恐战略》的重点是在威胁到达美国边界之前识别和消除这些威胁。

我们清楚地知道眼前面临的艰难挑战，但我们的战略基于这样一种信念，即有时最困难的任务是通过最直接的手段完成的。

我们的战略是对恐怖主义组织采取直接和持续的打击行动，其累积效果从最初的破坏开始、随着时间推移进而削弱恐怖组织，最终彻底摧毁恐怖组织。我们越是频繁地、不遗余力地打击各方面的恐怖分子，利用一切治国手段，我们反恐的成效就会越显著。

美国以其建立伙伴关系和投射力量的独一无二能力，将领导打击具有全球影响力的恐怖组织的斗争。通过不断打击恐怖组织，并确保恐怖分子无处藏身，我们将削弱这些组织的能力，使其规模不断缩小。通过调整旧的联盟关系，建立新的伙伴关系，我们将改进孤立恐怖主义蔓延的区域性应对策略。同时，随着恐怖主义蔓延的趋势变得更加地方化和无组织化，并且常常和刑事犯罪相联结，我们将依靠并协助其他国家铲除恐怖主义产生的根源。

美国将在打击共同敌人的斗争中不断争取国际社会的支持。但是，如有必要，我们将会毫不犹豫地采取单独行动以行使自卫权，包括先发制人地打击恐怖分子，防止其伤害美国民众和国家安全。

从本质上来说，反恐战争是不对称的。但优势属于我们，而不是恐怖分子。我们要利用自己的长处来对付敌人的弱点。我们将利用价值观的力量来塑造一个更加繁荣的自由世界。我们将利用政府合法性和反恐事业，来建立牢固、灵活的伙伴关系。我们的经济实力将有助于帮助那些失败的国家，并使一些弱国摆脱恐怖主义。我们的技术将帮助识别和定位恐怖组织，我们的全球影响力将消除其藏身之处。我们将一如既往地依靠美国人民的力量，在逆境中保持坚定。

我们永远不会忘记开展反恐斗争的目的所在，即捍卫基本的民主价值观和生活方式。在领导打击恐怖主义的斗争中，我们正在建立新的国际关系体系，并以适应21世纪跨国挑战的方式重新界定现有的国际关系。

我们将寻求使世界各国及其民众融入民主的互利关系当中，以应对暴力和无序的力量。通过借助人性的力量，战胜一切形式的恐怖主义。我们将建立一个更加自由、繁荣和更为安全的世界，给我们的子孙后代带来希望。最后，我们打击恐怖主义的斗争将有助于创造一种国际环境，使我们的民主利益得到保障，自由的价值在全世界得到尊重。

当今恐怖威胁的本质

> “我们遭遇过此类威胁。他们是20世纪以来所有凶残意识形态的继承者。通过牺牲人的生命，放弃除了权力意志以外的一切价值来服务于其激进的目标，他们追随的是法西斯主义、纳粹主义和极权主义的道路。他们将沿着这条道路一路走下去，直到它的终点：充满谎言且被遗弃的历史坟墓。”
>
> 乔治·W. 布什总统对美国民众和国会联席会议的讲话
>
> 2001年9月20日

美国人知道，恐怖主义并非始于2001年9月11日。令人遗憾的是，它的历史很长，而且为人们所熟知。例如，纽约市金融区的第一次重大恐怖袭击并不是“9·11”事件，甚至也不是1993年发生在世贸中心的卡车爆炸事件。事件发生在1920年9月16日，当时无政府主义者在华尔街和布劳德大街交叉口附近引爆了一辆装满炸药的马车，炸死40人，炸伤约300人。从美国总统威廉·麦金利在1901年遇刺，到1998美国驻坦桑尼亚和肯尼亚大使馆被炸，再到2000年美国“科尔”号驱逐舰在也门遭遇自杀式爆炸袭击，20世纪的美国历史不时被恐怖主义所打断。

美国人同样明白，在反恐斗争中我们并非孤军奋战。恐怖分子以某种方式在世界各国留下了他们的印记。大约90个国家的公民在“9·11”袭击中丧生。几十年来，美国和我们的国外盟友对恐怖主义威胁进行了长期斗争。我们从这些反恐斗争中学到了很多东西。

即使我们赢得了对恐怖主义的战争，或许还会有新的敌人出现。因此，在可预见的未来，美国仍将面临恐怖主义的威胁。为此，我们必须继续采取积极行动，发现那些从恐怖活动的个人和组织，分析恐怖分子的共同特征，以便了解敌人的长处和短处。

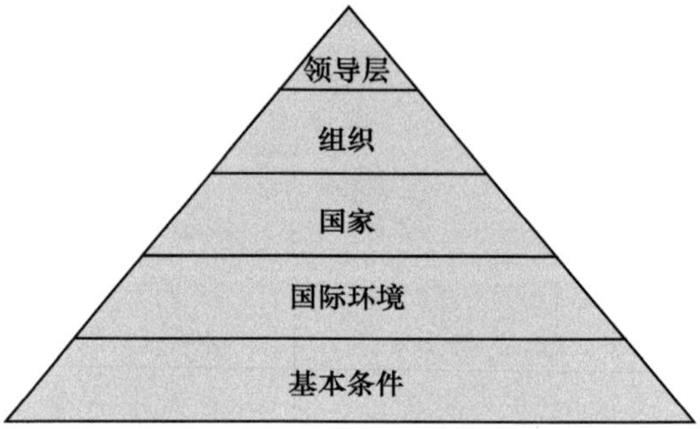

图1　恐怖组织架构

恐怖组织的架构

尽管恐怖组织的动机、组织的复杂程度和实力各不相同，但它们有着共同的基本结构。这一金字塔状的结构自上而下依次为领导层、组织、国家、国际环境和基本条件。

位于“金字塔”结构底部的基本条件，即贫穷、腐败、宗教冲突和种族冲突等因素为恐怖分子创造了可乘之机。这些因素有的是真实的，有的是人为制造的。恐怖分子利用这些条件为其恐怖行为辩护并扩大其支持面。将恐怖行为作为解决上述情况并影响政治变革的合法手段，这是造成恐怖主义发展和扩张的一个根本问题。

国际环境确定了恐怖分子战略形成的框架。由于目前的国家边界较之前更加自由和开放，从而在无形中为恐怖分子获取庇护所、获得相应能力和其他必须的支持提供了便利。但仅仅获取这些是不够的，恐怖分子还必须有一个现实中的行动基地。不管是出于无知、无能，还是有意为之，世界上有些国家仍在为恐怖分子提供庇护所，以满足恐怖分子策划、组织、培训和开展恐怖活动之所需。在这些庇护所当中，有些是现实的，如安全屋、训练场，有些是虚拟的，如可靠的通信和金融网络等。一旦在安全的运作环境中站稳脚跟，该组织就可以开始巩固和扩大。恐怖组织的结构、成员、资源和自身安全将会决定其能力和影响范围。

在“金字塔”结构的顶端，恐怖组织的领导层提供了将所有这些因素联系在一起的总体方向和战略，从而为恐怖活动注入了活力。领导层成为恐怖主义行动的催化剂。领导能力的丧失会导致许多组织崩溃。然而，有些恐怖组织具有更强的复原力，可以在原来的领导层失败或被剪除后确立新的领导层。另一些团体则采取更加去中心化的组织形式，其各个机构在很大程度上是自主运转的，这将使我们面临更为艰巨的挑战。

恐怖主义本质的演变

在维持这一基本结构的同时，来自恐怖分子的挑战在过去 10 年中发生了很大变化，很可能还将继续演变。具有讽刺意味的是，我们今天所面临的恐怖威胁的一些特征，在很大程度上源于我们过去所取得的成功。

在 20 世纪七八十年代，美国及其盟国主要打击世俗化的民族主义恐怖组织，其中许多团体依靠一些国家的积极资助而存活。虽然国家资助恐怖主义的问题仍在继续，但多年来持续的反恐行动，包括运用外交和经济孤立等手段，使一些国家的政府减少甚至放弃了将支持恐怖主义作为国家政策的工具。苏联解体加速了恐怖主义国家资助者的减少，因为苏联曾为恐怖组织和某些“资恐”国家提供了重要支持。许多恐怖组织被有效地摧毁或消灭，包括欧洲的“红军派”、直接行动队和“共产主义战斗小组”，以及亚洲的日本“赤军”。以往这些成功为我们未来反恐行动提供了宝贵的经验教训。

随着冷战结束，跨国交流、商务和旅行的便利程度也得到显著改善。不幸的是，恐怖分子适应了这一新的国际环境，把 20 世纪的进步成果变成了 21 世纪的破坏性助力。

新的国际环境

“基地”组织向人们展示了恐怖分子网络是如何利用我们日益开放、一体化和现代化的世界所带来的便利与好处，为其破坏性议程服务。“基地”组织网络是一个“跨国企业”，在60多个国家开展业务。“基地”组织在阿富汗的营地为恐怖分子提供庇护，其银行账户上是恐怖主义的信托基金。该组织的全球性活动是通过使用个人邮递和极具时代特色的通信技术来协调的，其中包括使用移动电话和卫星电话、加密电子邮件、互联网聊天室、录像带和光盘等。本·拉登和“基地”组织像熟练的公关人员一样，利用国际媒体向全世界宣传其形象和信息。

“基地”组织成员从一个大陆向另一个大陆流窜，就像度假或商务旅行一样轻松自如。尽管我们的联军在阿富汗和世界各地取得了军事上的成功，但一些“基地”组织成员逃脱了打击，并策划了更多的恐怖袭击。在一个以空前的流动性和移徙为特点的时代，无论走到哪里，他们都很容易融入当地社区。

“基地”组织通过“幌子生意”、贩毒、信用卡诈骗、敲诈和秘密支持者的金钱来维持运转。他们利用慈善组织和非政府组织等伪装机构进行筹资和招募活动。其用于恐怖活动的资金往往会通过许多银行、货币兑换所和备用汇款系统进行秘密转移。这些汇款系统通常被称为“哈瓦拉”（Hawala），其中有些系统是合法的，且对恐怖分子的金融活动并不知情，有些则并非如此。

作为这些恐怖活动的受害者们同样是跨国性的。“9·11”事件造成来自澳大利亚、巴西、中国、埃及、萨尔瓦多、法国、德国、印度、以色列、约旦、日本、巴基斯坦、俄罗斯、南非、瑞士、土耳其、英国等几十个国家的公民死亡。

正如“基地”组织网络所展现的那样，今天的恐怖威胁正演变成与其前辈完全不同的东西。如今，恐怖分子可以利用技术优势来分散其领导层、训练议程和后勤工作。这种分散不只是在本区域内，而是在全球范围内。在一个1.4亿多人侨居海外，且每天都有数百万人跨越国境线的世界上，在任何国家建立和转移恐怖分子的窝点都是相对容易的。

此外，恐怖组织还借助际环境来支持其行动，使其自给自足的能力变得越来越强。无论是“哥伦比亚革命武装力量”参与当地可卡因贸易，“基地”组织从阿富汗的罂粟田获利，还是阿布·沙耶夫组织在菲律宾通过绑架牟利，恐怖分子正在越来越多地利用犯罪活动来支持并资助其恐怖活动。恐怖分子除了在“资助恐怖主义”的国家中寻求庇护外，还经常寻找可以不受约束地开展活动的国家，因为这些国家的中央政府无法阻止他们。这些地区分布在美洲、欧洲、中东、非洲和亚洲。更加肆无忌惮的是，一些外国恐怖分子甚至还在其计划发动攻击的国家，即那些非常开放、自由和宽容的社会中建立窝点和细胞组织。

相互关联的恐怖组织

恐怖威胁是一种灵活的、跨国的网络结构，这是由现代技术所促成的，其特点是恐怖组织内部和恐怖组织之间的联系较为松散。在这种环境下，恐怖分子在筹集资金、共享情报、培训、后勤、策划袭击和实施袭击方面能够开展协作。以某一个国家或地区为目标的恐怖组织，可以从其他国家或地区的恐怖组织当中获得力量和支持。例如，3 名爱尔兰共和军成员 2001 年在哥伦比亚被捕，他们涉嫌训练“哥伦比亚革命武装力量”从事城市爆炸行动。“基地”组织和整个东南亚的恐怖组织之间的联系也进一步突出了这一现实。正是由于这种相互支援且充满活力的网络结构，今天的恐怖威胁既具有复原性，又具有扩散性。

下面图 2 反映了恐怖分子和恐怖组织在三个层面上的运作情况。第一级主要是在一个国家内部活动的恐怖组织。其影响是有限的，但在全球环境中，此类恐怖组织的行动可能会产生国际后果。如果允许这些国家层面的恐怖组织的野心和能力不受限制地增长，它们可能会在地理范围上有所扩张。

第二级是在区域内活动的恐怖组织。这些区域内的恐怖活动至少跨越了一条国际边界。

第三级是指具有全球影响力的恐怖组织。它们的恐怖活动可以跨越几个区域，其野心可以是跨国性的，甚至是全球性的。

这三类不同级别的恐怖组织以两种方式联系在一起。首先，它们可以通过共享情报、人员、专门知识、资源和安全庇护所等方式进行直接合作。其次，他们可以通过不太直接的方式相互支持，比如推动共同的意识形态议程，支援彼此的行动来为各自的“事业”树立良好的国际形象等。通过利用美国的技术优势，恐怖组织掌握和分享从网站上收集而来的信

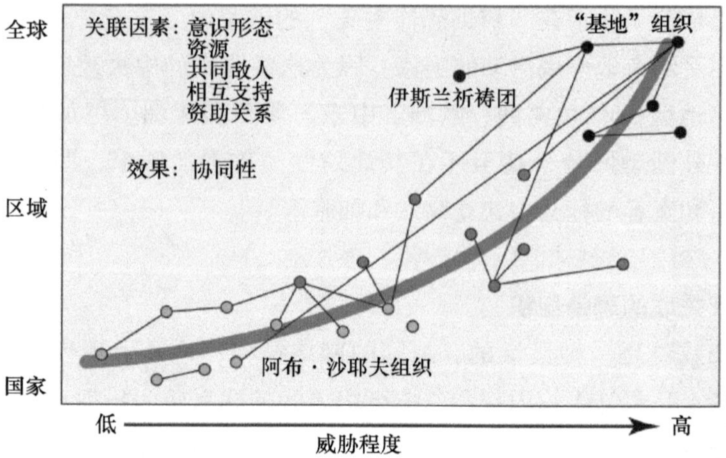

图 2　跨国恐怖分子网络

息，利用关键基础设施中的漏洞，并通过日常使用的互联网路径进行交流。由于恐怖组织的相互关联性，我们必须在全球范围内打击恐怖主义组织，以确保强大的恐怖组织和弱小的恐怖组织之间的所有联系都被切断，使每一个恐怖组织都能被孤立、被暴露且脆弱不堪，直到被打败。

大规模杀伤性武器的可获取性

大规模杀伤性武器对美国和整个国际社会都将构成直接的严重威胁。在过去 10 年中，恐怖组织使用化学武器、生物武器、放射性武器甚至核武器，或高爆性炸药的可能性大大增加。关键技术的可获得性、一些科学家及相关人员与恐怖分子合作的意愿，以及洲际运输的便利性，使恐怖组织能够更容易在美国本土或国外获取、制造、部署和发动大规模杀伤性武器攻击。

虽然网络攻击等新的恐怖手段在增加，然而其他传统的恐怖手段并没有因此而减少，获取并使用大规模杀伤性武器的潜在可能就是其中一个单独门类。

我们知道，一些恐怖组织试图发展以大规模杀伤性武器攻击美国及其盟友的能力。在一些极端的，甚至是“天启式”的意识形态驱使下，一些恐怖分子制造混乱的野心似乎被无限放大。“奥姆真理教”虽然没有成功地部署生物武器，但却在日本东京地铁站内发动了致命的1995年沙林毒气袭击案。这足以提醒人们，要关注恐怖组织获取和使用大规模杀伤性武器的意愿。1998年，本·拉登宣布获取大规模杀伤性武器是一项“宗教义务”。在阿富汗收集的证据表明，“基地”组织正试图完成这一“义务”。恐怖分子获取和使用大规模杀伤性武器的威胁是一个显而易见的现实危险。反恐斗争的一个核心目标，正是防止恐怖分子获取或制造大规模杀伤性武器，以避免其最恶劣的野心得逞。

小　结

虽然恐怖主义并不是新出现的事物，但我们今天面临的恐怖主义威胁与过去截然不同。现代技术使恐怖分子能够史无前例地在全世界策划和推进恐怖活动。有了先进的远程通讯设备，他们就能在分散的组织之间协调行动，同时又能躲在暗处。今天的恐怖分子通过与全球其他“臭味相投”的组织建立联系，正逐渐受益于一种力量乘数效应。如今，有了大规模杀伤性武器的能力，他们就有可能将其行动的影响放大许多倍。新的国际环境及其导致的恐怖组织之间的联结，以及大规模杀伤性武器的扩散正在改变恐怖主义的性质。美国反恐战略的效力最终取决于我们如何处理恐怖主义威胁的这些关键方面。

战略意图

> “我们必须向敌人开战，打乱敌人的计划，在最严重的威胁出现之前对付他们。在我们所处的世界中，获得安全的唯一办法是积极行动。我们美国也将有所行动。”
>
> 乔治·W. 布什总统，2002年6月1日

美国反恐战略的主要目的是制止恐怖分子对美国、美国公民、美国利益及其在世界各地的盟友发动恐怖袭击，并最终创造一个不利于恐怖分子及其支持者存在的国际环境。为了完成这些任务，我们将同时在四个方面采取行动。

美国及其伙伴将击败（defeat）具有全球影响力的恐怖组织，攻击其庇护所；领导层；指挥、控制和通信系统；物质支持和财政系统。这种做法将会对更大范围内的恐怖分子产生连锁效应，破坏恐怖分子策划和执行袭击的能力。由此，这些组织将会被迫分散开来，然后试图沿着地域边界线重新凝聚起来，以改善它们之间的沟通与合作。

当这种分散和组织机构退化的情况发生时，我们将与区域伙伴合作，采取协调一致的行动以压迫、约束和孤立恐怖分子。一旦区域内反恐斗争确定了威胁所在，我们将帮助各国发展那些完成任务所需的军事、执法、政治和金融工具（见图3）。然而，这场战役不一定要按部就班地进行才能奏效；所有区域性反恐成果的累积效应将有助于实现我们所追求的目标。

我们将通过确保其他国家承担应有责任，即在其主权领土内对这些国际性威胁采取行动，以此来拒止（deny）对恐怖分子的进一步赞助、支持和庇护。联合国安理会第1373号决议和12项联合国反恐公约与协定，确立了美国及其国际伙伴期望其他国家在言行上都能达到的标准。

只要各国愿意并有能力参与反恐斗争，我们将重振旧的伙伴关系，建立新的伙伴关系以打击恐怖主义，协调我们的行动以确保各国之间的反恐工作能够相辅相成，并产生累积效应。

如果一些弱小国家愿意参与反恐斗争，我们将大力支持其建立必要反恐机构和反恐能力方面的工作，以便在其所有领土上行使权力，并打击当地恐怖主义。

对于一些不情愿参加反恐斗争的国家，美国将与伙伴密切合作，以说服这些国家改变政策路线，履行其国际义务。

对于一些不愿参加反恐斗争的国家，我们将采取果断行动，以应对其所带来的威胁，并最终迫使其停止对恐怖主义的支持。

我们将通过动员国际社会将其工作重心和资源集中在风险最大的地区，以此来减少（diminish）恐怖分子试图利用的“基本条件”。我们将与国外的伙伴和各种国际论坛密切合作，继续把打击恐怖主义放在国际议程的首要位置，以此保持由应对“9·11”袭击所形成的全球反恐势头。

最为重要的是，我们将采取积极主动的策略来捍卫（defend）我们的家园，同时扩大我们的防御阵线，以确保尽早识别并消除恐怖威胁，以此

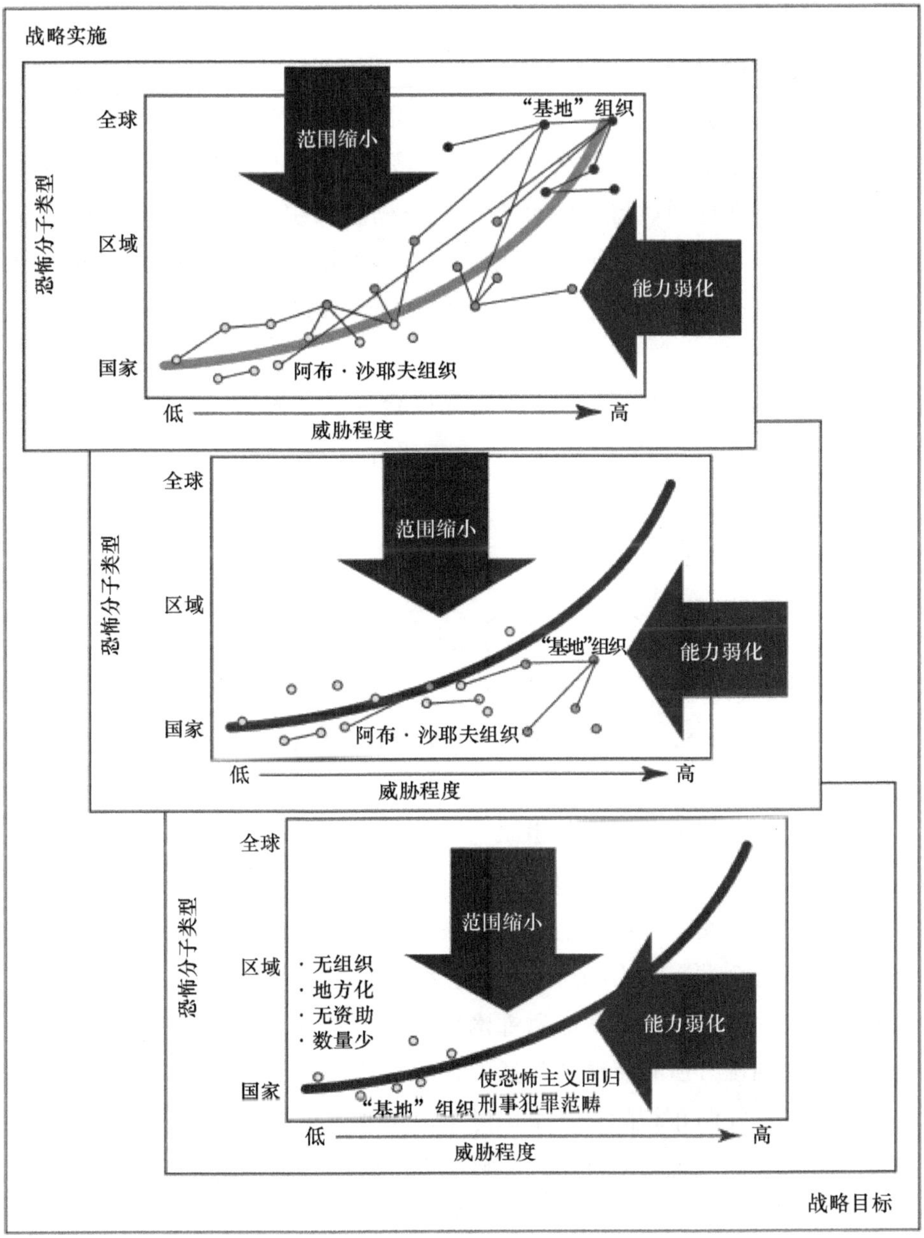
战略实施
全球
区域
国家
恐怖分子类型
范围缩小
能力弱化
"基地"组织
阿布·沙耶夫组织
低
高
威胁程度
全球
区域
国家
恐怖分子类型
范围缩小
能力弱化
"基地"组织
阿布·沙耶夫组织
低
高
威胁程度
全球
区域
国家
恐怖分子类型
范围缩小
能力弱化
· 无组织
· 地方化
· 无资助
· 数量少
使恐怖主义回归
刑事犯罪范畴
"基地"组织
低
高
威胁程度
战略目标

图 3　战略效果

来保卫美国和美国公民的安全，以及美国在海内外的利益。

反恐战争的胜利

反恐战争的胜利不会以某个单一的决定性事件为标志。它不会像第二次世界大战的结束那样，以在“密苏里”号驱逐舰甲板上签署投降书的仪式为标志。然而，通过持续的反恐行动压缩恐怖组织的行动范围和能力，在区域内孤立它们，并在国境内摧毁它们，美国及其盟友将确保未来的人们能够生活在一个没有恐惧，一个恐怖袭击不再影响我们日常生活的世界上。

因此，只有美国和国际社会保持高度警惕和不懈努力，并防止恐怖分子制造“9·11”那样的恐怖事件，才能确保反恐战争的胜利。

战略目标和任务

> “美国不再被浩瀚的海洋所保护。只有在海外采取有力行动，在国内提高警惕，才能保护我们不受攻击。”
>
> 乔治·W. 布什总统，2002 年 1 月 29 日

目标：击败恐怖分子及其组织

“4D 战略”（即 Defeat、Deny、Diminish、Defend）的第一条，要求直接或间接使用外交、经济、信息、执法、军事、金融、情报和其他权力工具来击溃具有全球影响力的恐怖组织。随着恐怖组织演变成由小型的非正式团体组成的既松散又灵活的恐怖网络，打击恐怖主义的任务变得更加复杂。美国将利用其所有资源，包括引领和维持国际联盟的能力，以挫败恐怖组织网络，并防止新的恐怖组织滋生。美国及其伙伴将以支持恐怖主义的个人、国家和使恐怖主义得以猖獗活动的跨国恐怖网络为打击目标。

对反恐历史的分析表明，打败恐怖主义的最佳办法是孤立其活动并使之地方化，然后通过密集、持续的反恐行动将其摧毁。政治压力和经济制裁减少了一些国家资助恐怖主义的行为，但这对于那些能够维持独立存在的恐怖组织来说影响甚微。由于其中一些全球性恐怖组织的庞大规模和复

杂性，我们必须首先采取行动来缩小其行动范围和能力。这一行动要求我们识别恐怖分子的身份、找到其庇护所，并摧毁其策划和执行恐怖活动的能力。

我们不能坐待恐怖分子发动袭击后再作出反应。美国及其伙伴将打击和削弱恐怖分子的行动能力，迫使恐怖分子支持者中止资助活动。防止恐怖组织获得技术，特别是大规模杀伤性武器的相关技术，这将是我们的最优先事项之一。

任务一：识别恐怖分子和恐怖组织。“了解你的敌人”是战争中最受用的格言之一。不幸的是，我们对一些恐怖组织内部运作的了解仍然不完整。因此，情报部门和执法机构将继续积极开展行动，查明恐怖分子及其组织，绘制其指挥和控制链，并掌握支持其运作的基础设施，然后确保我们向联邦、州和地方各级机构，以及我们的国际盟友广泛但适度地分发情报。我们的具体行动和情报工作将侧重于最危险的恐怖组织，即那些具有全球影响力或希望获取和使用大规模杀伤性武器的恐怖组织，同时，我们也不会忽视地区性的，或新出现的恐怖主义威胁。

我们将根据当下的威胁和国家利益所在，确定我们工作的优先事项。根据恐怖组织的威胁程度和地理区位，我们将确定在何处部署部队和情报资源，及时、准确地查明恐怖分子在地面、空中、海上和网络空间的活动。对于一些关键行动来说，及时、准确地进行反恐资产定位对于此类行动所需的情报获取和政策制订至关重要。

武装力量和情报资源密切合作的一个关键要素是通过相关技术和文献利用了解恐怖意图的能力，这将需要大幅度增加对语言人才的支持力度。因此，所有政府机构都要审查其语言项目，以确保有足够的人力资源来满足这一需求。

情报部门将继续加强与恐怖分子获得大规模杀伤性武器能力有关的信息收集，包括对农业和粮食供应构成威胁的“生物恐怖主义”。

任务二：锁定恐怖分子及其组织的所在地。恐怖组织的隐蔽性加大了我们分析其能力或意图的难度。根据坦克、飞机或舰船的数量对敌人进行传统的净评估并不适用于这些非国家行为体。为了使情报在这场反恐战争中取得成功，美国不仅需要依靠技术情报，而且还必须重新重视进入这些组织内部、找到其庇护所和破坏其计划与行动所需的其他类型情报。

情报部门将审查其目前收集恐怖组织人力和技术情报的能力，并在必要时提出建议，以加强情报部门的招募、培训和业务能力。情报部门将继续全面投入以获取新的情报资源，然后利用这些资源向特定的恐怖组织进行渗透，以提供有关该组织的领导层、计划、意图、工作方式、财务、通信和招募等方面的信息。执法部门将利用美国刑事司法系统所提供的手段，继续致力于查明并定位在国内外活动的恐怖组织。

在获取信息和情报方面，我们的区域伙伴往往比美国拥有更好的条件。因此，情报和执法部门将继续扩大和改善与外国同行之间的关系，以便更好地利用其情报资源。

任务三：消灭恐怖分子及其组织。一旦我们查明并找到恐怖分子，美国及其盟友将利用一切可资利用的工具来破坏、瓦解和摧毁其进行恐怖活动的能力。击败目标的最后一个要素是运用激进的进攻性战略来消除恐怖分子生存和活动的能力，即攻击他们的庇护所；领导层；指挥、控制和通信系统；物质支持；以及财政系统。

或许透露本战略中的上述细节并非审慎的决定，但我们将会把未来的工作集中在三大方向：第一，我们将加强执法工作，抓捕、拘留和起诉已知和涉嫌犯罪的恐怖分子；第二，美国将把压倒性的军事力量和专门的情报资源集中在打击全球恐怖主义网络上；第三，在与美国盟友和有关国际组织的合作下，我们将继续推进一些积极的倡议，以消除恐怖主义筹资的来源。

为了使这些行动同步进行，国务院将带头制定具体的区域性反恐战略。我们将进一步利用区域性关系，确保本区域内的指挥官在对恐怖分子开战时，能够使盟军适当参与其中。

禁止为恐怖主义提供赞助、支持和庇护所

《国家反恐战略》构筑的第二条战线强调不让恐怖分子获得任何赞助、支持和庇护，使之无法生存、无法获得力量、无法进行训练、策划和实施袭击等。美国长期以来一直致力于追究恐怖分子及其庇护人的责任。选择庇护恐怖分子的国家就像是为罪犯提供庇护的同谋，他们将对其“客人”

的行为负责。

禁止对恐怖主义提供赞助、支持和庇护的策略有三个方面：第一，强调所有国家在国内外履行其打击恐怖主义的义务和责任；第二，帮助美国援助那些愿意打击恐怖主义但可能不具备相关能力的国家；第三，当一些国家被证明不愿或无意履行拒绝支持和庇护恐怖分子的国际义务时，美国将会与盟友合作，采取适当的步骤去说服其改变政策。如有必要，美国还会独立采取行动。

这条战线的目标是切断恐怖组织的命脉，即阻止其获得领土、资金、武器装备、培训、技术，以及畅通无阻的流动。因此，这种做法将削弱恐怖组织及其开展行动的能力。尤其重要的是，要努力防止恐怖分子获得使用化学武器、生物武器、放射性武器、核武器或高爆性炸药的能力。

非国家行为体在国际环境中发挥着重要作用。非政府组织在打击国际恐怖主义方面非常重要，我们将与之合作，防止恐怖分子从他们提供的服务中“借题发挥”。

任务一：制止国家资助恐怖主义。美国将采取明确和务实的策略来对恐怖主义进行打击，包括鼓励相关国家结束对恐怖主义的资助。当一个国家选择不对这些激励措施作出回应时，就会面临艰难的决定。在处理这一新情况时，我们将始终权衡一个国家的近期行动对长远的影响和后果。

美国目前列出了 7 个支持恐怖主义的国家：伊朗、伊拉克、叙利亚、利比亚、古巴、朝鲜和苏丹。我们郑重地承诺，一旦各国根据美国的法律和政策采取必要步骤，拒绝对恐怖主义提供支持，美国就会将其从这个名单上删除。犯有“前科”并不妨碍这些国家未来加入反恐联盟。

重要的是，各国必须对本国境内的恐怖主义活动采取“零容忍”政策。在新的国际环境下，各国也必须了解恐怖分子及其支持者如何利用合法的通讯、商业和运输手段从事非法活动。

每一个拒绝继续资助恐怖主义的国家都向前迈出了重要一步，并为反恐斗争的成功提供了切实的衡量标准。同时，美国绝不会通过降低门槛来将这些国家从“支持恐怖主义”的名单上除名；相反，我们应该鼓励，或者迫使这些国家跨过这道门槛。

我们不会采取单一、僵化的办法来处理公认的“资助恐怖主义”国家。因为每个案例都是独特的，涉及不同的利益和历史遗留问题。每一种情况都需要专门的应对之道。

我们对那些放弃资助恐怖主义的国家保持开放态度，但是我们不会在一些实质性原则问题上进行妥协，因为这世上不存在“好的”或“正义的”恐怖分子。我们将毫不留情地挞伐将恐怖主义视为表达不满的合法手段的行为。

为了确保我们有一项精心安排和同步展开的政策，国务院将带头制定政策行动计划，既采用奖励措施，也采取抑制措施，以结束某些国家对于恐怖主义的支持。所有相关部门和机构将会与主要盟友合作，制定共同或互补的战略，以支持上述计划。为了让所有国家认清美国的决心，我们将通过适当的公共和外交渠道阐明这些政策目标。

任务二：建立和维护打击恐怖主义的国际问责标准。除了美国要求一些国家终止资助恐怖主义的压力外，我们将坚决支持所有国家在全球反恐战争中严格遵守新的标准。拥有主权的国家也负有相应的主权责任。安理会第 1373 号决议已经明确规定了各国打击恐怖主义的义务。

该决议呼吁所有会员国开展合作，通过一系列活动防止恐怖主义袭击，包括制止和冻结恐怖分子的金融活动，禁止会员国的国民资助恐怖分子，拒绝为恐怖分子提供安全庇护，并采取措施防止恐怖分子流窜。此外，12 项国际反恐公约和协定，以及安理会第 1373 号决议共同规定了一系列与反恐有关的强制性国际义务。我们将继续敦促所有国家加入公约，并充分执行这些公约和协定中的条款。

联合国安理会第 1373 号决议、国际反恐公约和协定，以及国际法规定的个人和集体自卫的固有权利，共同确认了国际社会消除恐怖主义斗争的合法性。我们将利用安理会第 1373 号决议和各项国际反恐公约和协定来促进国际合作，并争取各方的支持来追究那些不履行其国际责任的国家。

国际社会这一反恐基线具备四项基本优势：第一，它重申本土反恐工作的首要地位，这是关于每个国家对其境内反恐负有首要责任的重要原则；第二，它提供了一个国际公认的基准，所有国家，包括美国的反恐行动都可以根据这一基准进行评估；第三，这一基准并不妨碍愿意承担上述决议、公约和协定要求之外的特殊任务的国家组成联盟；第四，美国仍然可以自由地强调其反恐政策的互惠性。虽然我们将坚持履行我们的基本责任，但美国的反恐活动可以优先支持我们的盟友，保护至关重要的利益，并帮助那些在反恐斗争中有强烈合作意愿的国际伙伴。

因此，全面执行安理会第 1373 号决议的国家数目的稳步增加，将为今后几年取得反恐进展提供切实的衡量标准。

此外，我们将鼓励国际、区域和次区域组织呼吁其成员通过并充分执行反恐公约、协定和安理会第 1373 号决议，随后我们将支持它们的工作。为了帮助各国遵守约定并对履约过程进行监督，美国政府将制定一项全面计划，以监测并酌情公布各国的反恐活动进展。

为了保持“9・11”以来的反恐势头，并把全球反恐战争放在首位，美国政府各部门和机构将会把打击恐怖主义作为双边和多边讨论的标准议程项目。

任务三：加强和维持打击恐怖主义的国际合作。打击恐怖主义是美国首要的当务之急。正如布什总统所说，这是“我们的使命”。但这不仅仅是美国面临的挑战。和冷战不同，其时超级大国领导下的两个对立阵营争夺权力，而我们现在进行的是文明世界和那些打算摧毁文明世界的国家之间的战争。独木难成林，我们需要通过国际反恐联盟来建立一个强大的、团结的国际反恐阵线。

与有意愿和能力反恐的国家合作：本战略的一个基本要素仍然是与其他国家合作，调整现有伙伴关系的方向，并在世界各地有反恐意愿和能力的国家之间建立新的合作机制。对美国反恐而言，没有任何支持比其他具备反恐意愿和资源的国家和美国一道在国家、地区甚至全球层面合作反恐更为重要的事情了。

在“9・11”袭击之后，我们对美国最重要的军事联盟所作的投资终于获得了回报。北约史无前例地援引《北约宪章》第五条，澳大利亚援引《澳新美安全条约》第四条，北约和澳新同盟在反恐战争的每一条战线上都不遗余力地遵守条约义务，这些都体现了美国对同盟体系投入所带来的回报。

由北美、欧洲、中东和大洋洲国家组成的联合部队参加了在阿富汗的重要行动。日本还为反恐战争提供了前所未有的支持。我们位于西半球的那些邻国通过援引《里约条约》和2002年达成的《美洲国家反恐公约》，表明了它们打击恐怖主义的承诺。当然，我们不能认为这些联盟是理所当然的，或是一成不变的。我们将努力与时俱进，以满足这个新时代的要求。

与此同时，通过共同反恐行动，我们正在重塑与俄罗斯、中国、巴基斯坦和印度的关系。美国在反恐战争中与这些国家建立的合作表明，我们未来的关系不必受以往分歧的羁绊。

国际反恐合作是当今世界的一个持久特征，确保这一合作水平则是这个时代面临的重大挑战。

扶持弱国：一些国家致力于打击恐怖主义，但缺乏履行其主权责任的能力。例如，一些国家的政府缺乏打击洗钱活动所需的法律框架、培训内容或技术能力，另一些国家的政府则没有相应的执法、情报或军事能力，无法对其整个领土实行有效控制。“9·11”事件后，我们加倍努力制定方案来帮助他们通过各种手段获得打击恐怖主义的必要能力，包括改进立法、技术援助、新的调查技术、情报分享以及执法和军事培训等。例如，我们正在巴尔干地区加紧努力，帮助各国政府确保边界安全，并重新利用我们的援助，将推进法治社会的工作放在更加优先位置。此外，我们正在通过强有力的培训和专业教育方案，帮助菲律宾武装部队构建打击恐怖主义的能力。

美国将继续制定全面计划以建立牢固和灵活的伙伴关系，特别是在历史上难以接触的地区。我们将共同制定计划，在反恐战术、技术和程序方面对外国政府进行培训。我们将审查为国际反恐培训和援助方案提供的资金，并确保有足够的资源来加强一些关键国家的反恐能力。

我们将继续就引渡问题和《司法互助协定》进行谈判，并扩大支持反恐战争的国际联盟。我们将进行大范围的审查，验证建立新机构以打击恐怖主义的可行性。我们将不遗余力地通过进一步扩大和分享情报和执法信息，继续加强国际反恐合作。在聚焦恐怖主义的同时，这项工作将加强我们的战略联盟，并逐渐改变国际环境。

说服不情愿的国家：在开展反恐斗争时，美国还将面临一些困难的情况，这些国家虽然有能力，但却不愿意履行其在反恐斗争中的责任。一些国家将在某些方面进行合作，但其他方面则不予合作。造成这些国家不愿参与反恐斗争的因素有很多，例如外部威胁，或因内部分裂导致其中一个派别对恐怖分子表示默认或进行支持，或因为文化和政治领域的分歧导致对滋生恐怖主义或犯罪活动的因素产生分歧。

这些将是最为棘手的问题。我们承认，一些国家的政府可能会因为切实参与了反恐战争，从而将自己置于“众矢之的”的位置。因此，美国将通过持续的外交努力和有针对性的援助与这些政权进行建设性接触，以提高其参与反恐斗争的意愿，最终使之能够履行打击恐怖主义的国际义务。

强迫不愿意的国家：不愿意参加反恐斗争的国家是那些资助恐怖分子，或积极为恐怖分子提供庇护的国家。这些继续支持恐怖组织的国家将会对其行为负责。

任务四：禁止和中断对恐怖分子的物质支持。国家主权的一个关键组成部分是对其边界的控制。每个国家都要对通过其境内的人员和货物承担责任。

虽然我们期望各国履行其义务，但我们仍将准备通过部署武装力量和情报资源来阻止恐怖分子在地面、空中、海上和网络空间内的迁移和交流，使恐怖分子无法招募人员，获得资金、设备、武器和信息。作为这项工作的一部分，美国出台了《打击大规模杀伤性武器国家战略》来对付这一最为严重的威胁，并罗列出了及时、有效阻断大规模杀伤性武器相关材料、技术和专门知识的计划和政策。

一些不负责任的政府，或政府中的极端主义派别试图推进自己的议程，这可能会为恐怖分子提供获取大规模杀伤性武器的途径。美国不能接受这种行为。我们准备采取果断行动，制止恐怖分子获取大规模杀伤性武器或相关材料。

无论是切断恐怖分子物质支持的行动，还是禁止恐怖分子获得大规模杀伤性武器的行动，都需要认真协调以确保情报的优先性和资源的优化分配，并在必要时采取迅速、果断的行动。我们绝不允许世界上最危险的政权和恐怖分子以世界上最具破坏性的武器威胁我们。

毒品贩运和围绕毒品贸易的保护计划，为国际有组织犯罪集团和恐怖组织带来了巨额收入。这些资金通过国际金融系统进行“洗白”，为腐败官员提供了几乎无法追查的巨额资金来源。它绕过了既定的金融管制，并进一步用于其他非法活动，包括贩运武器和偷渡移民。这些活动不仅可以确保恐怖组织获得稳定的武器和现金供应，而且为其在世界各地的行动提供了便利。打破毒品和恐怖活动之间的联系是美国反恐战争和《毒品控制国家战略》当中的一个关键目标。

美国将继续与盟友合作，制止恐怖主义的金融活动。我们将识别并锁定其资金来源，冻结恐怖分子及其支持者的资产，不让恐怖分子进入国际金融体系，保护合法的慈善机构不被恐怖分子滥用，并防止恐怖分子的资产通过其他金融网络进行转移。

恐怖分子手中的敏感技术可能与武器和资金一样，将对我们的反恐斗争造成破坏。因此，我们将继续奉行一项积极的战略，确定敏感的信息和技术，并列出防止恐怖分子获取和利用这些信息和技术的适当步骤。

任务五：消除恐怖分子的庇护所和避风港。恐怖主义不能拥有可供庇护之地，必须根除和摧毁恐怖主义的庇护所。美国和国际社会必须制定相应的程序和机制，消除恐怖主义的存在。这场斗争的一个重要部分将是完善消除恐怖分子庇护所的国际行为标准和国家法律制度。

美国将与国际和区域伙伴一道努力，确保对可能为恐怖分子提供庇护的失控领土进行有效治理。如果这些地区有明显的恐怖主义活动迹象，美国将与盟友一道，努力消除这些恐怖分子的庇护所，并阻止恐怖组织重新进入这些地区。

情报部门将与国防部、国务院和其他部门一道，对国际恐怖主义庇护所进行年度审查和评估，然后制定相应计划，以解决这些地区如何拒止恐怖主义的问题。

消除恐怖分子试图利用的“基本条件”

“4D 战略”的第三个要素需要集体努力，以消除恐怖分子可资利用的一些条件。尽管我们知道，许多国家和民众依旧生活在贫困和剥削之下，不仅公民权利被剥夺，还身处尚未解决的政治和地区争端之中，但这并不能成为使用恐怖手段的借口。然而，许多与这些穷人和赤贫群众毫无共通之处的恐怖组织，却利用这些条件为自己谋利。例如，“9·11”恐怖分子主要来自受过教育的中产阶级，服务于一个由一名百万富翁杀人犯领导下的组织。

这些旨在减少“基本条件”的工作既有可见的物质层面，也有不可见的层面。美国正在努力解决地区争端，促进经济、社会和政治发展，培育市场经济，推动良治和法治环境。这些工作不一定把重点放在打击恐怖主义上，而是通过解决恐怖分子试图操纵和用来为自己谋利的潜在条件，为这场反恐斗争做出贡献。此外，减少这些条件要求美国及其盟友赢得“观念之战”，以支持民主价值观，并促进经济自由。

美国并不打算独自承担这一艰巨的挑战。美国既没有资源，也没有专门知识在世界每一个地方打击恐怖分子。此外，打击恐怖主义也不仅仅是美国的斗争。美国的盟友们也面临许多类似的威胁。在这场反恐战争中，美国与盟友的合作至关重要。

任务一：与国际社会合作，加强弱小国家的力量，防止（再次）出现恐怖主义。弱小国家和失败国家是国际社会不稳定的根源。这些国家往往可能成为恐怖主义的庇护所。因此，美国外交政策的核心目标之一便是识别并减少造成国家虚弱和失败的因素。我们集体反应的主要目标将是重建一个能够照顾本国人民，包括为人民提供福利、健康、繁荣和自由，并能控制其边界的国家。美国愿意协助文明世界——政府、非政府组织和公私伙伴关系——开展这些工作。

我们将继续扩大双边和多边行动，如“美国—中东伙伴关系”倡议，以促进善政、法治、尊重人权和地方司法系统的专业化。尤其是美国将扩大和加强国际执法学院的作用，战斗指挥部将在“战区安全合作计划”的指导下处理军地关系和人道主义援助问题。此外，驻外使节们将支持和报告美国和当地政府为减少恐怖主义滋生的“基本条件”所做的工作，并鼓励所有国家根据多边、区域或双边协定执行反腐败措施。在向该国提供援助时，美国将事先考虑这一国家在恐怖主义问题上的立场。

任务二：赢得“观念之战”。我们将与国际社会一道发动一场观念之战，以表明所有恐怖主义行为都是非法的，确保滋生恐怖主义的条件和意识形态不会在任何国家找到肥沃的土壤，减少恐怖分子试图在最危险地区利用的“基本条件”，并点燃那些在“资助恐怖主义”国家统治下的人们对自由的希望和意愿。

我们必须充分利用美国的影响力，使恐怖主义非法化，并明确指出所有恐怖主义行为都将与奴隶制、海盗行为或种族灭绝行为视为一类：任何有威望的政府都不能容忍或支持这种行为，所有人都必须对此表示反对。简言之，美国要与盟友一道建立一种新的国际准则，要求不支持、不容忍并积极反对恐怖分子。

美国将寻求支持温和的现代政府，特别是在穆斯林世界。我们将继续向穆斯林保证：美国的价值观和伊斯兰教之间并无冲突。事实上，美国过去曾在阿富汗、科威特、波斯尼亚和科索沃等地援助过许多穆斯林。美国将与这些温和的现代政府合作，扭转极端主义意识形态蔓延的趋势，并打击那些企图将极权主义意识形态强加给美国穆斯林盟友的势力。

寻求以巴冲突的解决方案是打赢这场“观念之战”的关键因素。在穆斯林世界，没有其他问题能如此影响人们对美国的看法。巴以冲突之所以至关重要，是因为其所付出的苦难代价，是因为美国与以色列和主要阿拉伯国家之间的密切关系，以及该地区相对于美国其他全球优先事项的重要性。没有双方的自由，就不可能有任何一方的和平。美国致力于建立一个独立、民主的巴勒斯坦，在和平与安全的环境中与以色列共存。像所有其他人一样，巴勒斯坦人应该有一个为他们的利益服务，并倾听其声音的政府。在我们寻求公正和全面解决冲突的过程中，美国将继续鼓励所有各方承担起其相应的责任。美国可以发挥关键作用，但只有当以色列人和巴勒斯坦人之间的问题得到最终解决、冲突走向结束时，永久和平才会到来。

此外，我们还将利用及时、有效的公共外交和政府支持下的媒体，促进信息和思想的自由流动，以点燃全球恐怖主义支持者统治下的人们对自由的希望和向往。

保护国内外美国公民和利益的安全

“4D 战略”的最后一条，主要是在国内外捍卫美国主权、领土及国家利益的集体行动。这一战略包含了实体和网络空间两个层面，对美国和美国民众的财产、利益，及其民主原则进行保护。

我们面对的是一个具有适应性的敌人。在现代技术的支持和成功实施恐怖活动的鼓舞下，恐怖分子试图掌控其行动的时机，以避开我们的优势领域，并利用我们的弱点。在一个日益联通和技术日渐成熟的世界中，时间和距离为我们提供的保护越来越少，作为一个国家和公民，我们必须做好准备以捍卫我们的利益。

这个策略印证了一句古老的格言：最好的防守就是进攻。通过改进和协调我们对可疑迹象和威胁的警报体系，我们将能够在恐怖计划成熟之前发现它们。通过执法部门、情报部门和军队对恐怖组织进行持续打击，我们将破坏恐怖组织在国内外实施袭击的能力；通过提升我们对物理空间和网络的保护与威胁感知，我们将降低美国人员、关键基础设施和其他美国利益的脆弱性。

我们对这一复杂任务的响应，需要整个社会，包括联邦、州和地方政府、私营部门和美国民众同心协力。这项计划与美国《国土安全国家战略》《保障网络空间安全国家战略》和《保护关键基础设施和资产国家战略》相配合，这将有助于为今后的反恐工作做好准备。

“9·11”袭击表明，美国的敌人将会在国内外开展非对称性作战。他们将利用全球商业、运输、通信和其他系统，制造恐惧、破坏和死亡，危害美国国家安全，削弱公众信心，降低我们的战斗意愿。其进攻可以被协调起来，以对付美国在海外的反恐活动。因为美国是一个自由、开放的民主社会，现在以至将来都很容易受到这些危险的影响。因此，在我们寻求全球参与的同时，必须确保建立一个全方位的无缝防御网络，以保护国内外的美国公民和利益。

任务一：执行《国土安全国家战略》。新成立的国土安全部将有助于使整个国家动员和组织起来，确保美国本土免于恐怖袭击。这项任务的关键即在于美国《国土安全国家战略》。《国土安全国家战略》和《打击恐怖主义国家战略》中的措施相辅相成，从加强联邦调查局的分析能力，加大对美国海岸警卫队的投入，到通过更好的传感器和程序防止恐怖分子使用大规模杀伤性武器，再到联邦政府内部的信息共享，这些国家战略的目标对今后反恐战争的成功至关重要。

任务二：形成“领域意识”。当今世界已经因时间和距离的压缩而被重新定义。保卫美国的关键在于有效地掌握在任何特定领域（空中、陆地、海洋、网络空间）内可能威胁到美国及其民众安全或生活环境的所有活动、事件和趋势。这种“领域意识”使我们能够尽早察觉威胁的存在，以及尽可能使威胁远离我们的边界，包括领土和海外设施，以便为确定最佳行动方针提供足够的时间。

领域意识需要通过融合所有机构的情报、信息和数据，以此来获得对手的详细知识。这意味着要向我们的作战部队，包括海上、空中、岸上，以及境内外的武装力量提供一个在其具体职责范围内的、可供综合运作的相关信息矩阵。领域意识支持美国利用各种权力工具来与敌人进行有协调的、一体化的和持续的接触。

总统已指示联邦调查局、中央情报局、国土安全部和国防部的领导人建立一个恐怖威胁综合情报中心，将所有威胁信息合并在一个地点进行分析。该中心的建立是因为我们的政府必须获得最精准和最有价值的信息，以确保美国民众的安全能够得到及时有效的保护。

《国土安全国家战略》主要解决美国境内的信息共享和相关技术。这种信息共享的各个组成部分在国内外同样适用。这些程序和系统将促进机构之间、政府之间，以及私人信息的共享，以便使我们的海外机构在必要时能够获得并输入相关信息。这一举措不仅包括数据库融合，以及横向和纵向的信息流动，还将优化信息披露政策，并在各个机构和盟友之间建立协同一致的报告标准。此外，实施《保障网络空间安全国家战略》和《保护关键基础设施和资产国家战略》中的国内外举措，尽一切努力保护关键的信息网络，无论其是否位于美国境内。

任务三：强化保证国内外关键物理和信息基础设施完整性、可靠性与可用性的措施。作为一个国家，我们的力量在很大程度上建立在广泛而高效的运输系统，以及相关物流和信息系统之上。这些系统使美国在参与全球商业活动时具有无与伦比的优势。支持美国经济和国家利益的基础设施系统是完全一体化的，并且依赖于我们在国境之外，甚至是在全球范围内的基础设施系统。在长期的大规模激烈冲突时期，即使美国军队也必须依靠一部分全球基础设施来支持其在国外的持续行动。

保护这些重要系统是美国公私机构的共同责任，需要这些系统的所有者、经营者和客户共同努力。必须确保关键基础设施的完整性，以便在和平与冲突时期都能进行国家安全动员和全球事务参与。在许多情况下，美国海外企业与国内关键基础设施相联系或联网，海外发生的恐怖事件会对国内基础设施的可靠性产生连锁影响。为了减少这种可能性，国务院将带头与有关机构合作，确定海外关键基础设施的重要性和优先次序，并与工业界一同制定符合成本效益的最佳措施和标准，以最大限度地保障基础设施安全。我们将酌情与东道国协调，以确保东道国的安全系统和反应网络充分有效。

充分有效的防御，需要我们适应“低风险、高数量”的人员与货物流动需求，这对保持美国经济活力至关重要。与此同时，还要抽出精力和资源来集中打击犯罪分子、敌对力量和少数诈骗犯。并在二者之间维持一种平衡。这需要我们进行有效的“领域意识”活动，例如在集装箱货物离开码头前往美国之前，准确识别这些货物。

美国与加拿大、墨西哥之间的“智能边界倡议”，以及加勒比地区“第三边界倡议”的实施，解决了美国与两个北美盟友在许多关键的物理和信息基础设施方面的潜在脆弱性。此外，美国政府的全面边境管理战略将大大提高美国检查、核实、处理人员及货物入境的能力。

任务四：整合对海外美国公民的保护措施。为保障我们的经济活力，必须加强对海外美国公民的安全保护。美国公民面临的威胁性质已经扩大。在国外生活或旅行的美国公民，作为潜在的恐怖分子袭击目标，现在面临的风险可能更大。保护措施必须使美国企业的海外私有设施，以及驻外使馆和军事设施可以从中受益。同样，必须向旅居国外的美国游客和公民提供有意义的、最新的和协调一致的人身威胁信息。美国国务院将致力于加强现有的保护计划，让在国外旅行或生活的美国公民了解潜在的恐怖主义威胁。

随着在全球范围内对恐怖组织的追捕持续展开，在海外被劫持的人质数目可能会有所增加。美国国务院于 2002 年 2 月颁布了关于美国公民在国外被劫持为人质的新政策，确保每一起事件都将在联邦一级得到认真审查。该政策还呼吁开展积极的执法行动，通过化解危机和武装保护措施，逮捕、起诉并惩治恐怖分子。所有相关机构都应具备足够的资源和权力，以便在需要时协助营救在国外被劫持为人质的美国公民。

为确保大使馆和东道国之间能够妥善处理美国的执法问题，司法部将与国务院合作，酌情扩大美国执法力量在国外的存在，以进一步制止恐怖主义，并对恐怖分子进行调查和起诉。此外，美国政府还将与东道国政府协调，通过培训和援助来帮助东道国政府构建法律基础，以加强东道国的法治。

任务五：确保事件管理能力的一体化。最后，要防止灾难性恐怖主义袭击发生，关键在于阻截涉恐人员和相关材料。然而，详实的计划、周全的准备和快速反应仍然是减少恐怖活动的关键。各部门统一行动不仅需要在联邦政府最高层进行协调，而且需要在行动或战术一级进行协调，在行动或战术层面，不同部门可以单独或相互协调，以采取反应和干预行动。高效全面的应对措施需要事件管理规划和较强的协同配合能力，并以快速有效的决策作为基础和支撑。

为确保迅速应对危机的能力，美国将与东道国政府和区域伙伴协调，共同制定预警、遏制和在必要时打败恐怖袭击的计划，同时确保有足够资源可用于减轻损失。在危机伊始，组建一支跨机构团队至关重要，该团队将能帮助受到恐怖袭击的美国使馆对事件进行评估，并提出处理意见。因此，国务院、国防部和其他有关机构应确保为“外国紧急情况支援小组”提供充足的人员、培训、设备和运输资源。所有相关部门和机构将审查并酌情修订相关事件的管理程序，以应对那些关乎美国国家安全利益的关键基础设施和场所的海外恐怖事件。

结　语

政治暴力可能是人类特有的状况，但我们不能容忍恐怖分子企图将现代技术和大规模杀伤性武器的力量结合起来，用以威胁文明社会的理念。因此，反对恐怖主义的战争不是某种“文明冲突”；相反，它是文明与破坏者之间的冲突。

鉴于这些利害关系，我们必须坚持不懈地努力，直到美国和盟友将恐怖主义对我们生活方式的威胁消除为止。当我们的敌人利用全球化的好处在世界各地运作时，我们的应对也必须是全球性的。当他们逃跑时，我们会追踪他们；当他们藏匿时，我们会找到他们的。有些战场是已知的，另一些是未知的。今后的战争将是漫长而艰苦的，在这场非传统战争中，我们不能指望冲突能够轻而易举地完全结束。

本项国家战略反映了这样一个现实，即只有在4个方面同时持续、坚定和系统地运用国家权力的所有要素（外交、经济、信息、金融、执法、情报和军事）时，才能取得成功。我们将通过不懈的行动，击败全球范围内的恐怖组织。我们将拒绝恐怖分子生存所需的资助、支持和庇护。我们将赢得“观念之战”，消除助长绝望的“基本条件”，包括造成人们拥抱而非拒绝恐怖主义的破坏性政治变革愿景。在此过程中，我们将使用一切手段来防范针对美国、美国公民及其全球利益的恐怖袭击。

我们还将随机应变。因为这一战略依赖于美国民众的智慧、创新和力量。我们将动员其他人支持这一共同事业。今天，我们不仅会建立一个强大、多元的反恐联盟，而且还将与我们的国际伙伴合作，建立长久的反恐协调与合作机制。我们将与那些有愿意和能力成为这场反恐战争正式伙伴的国家合作，直接和间接地打击恐怖组织，帮助弱小但具有反恐意愿的国家构建反恐能力，并说服不情愿反恐的国家在这场斗争中履行其对国际社会的义务。此外，我们还将利用所有的资源和智慧来迫使那些不愿参与反恐斗争的国家停止支持恐怖主义。

我们的决心是坚定的。其他人可能会在面对反恐战争时朝秦暮楚，出现动摇和犹豫。但是美国民众不会。我们知道，我们不能选择脱离世界，因为在这个全球化时代，无论如何我们都会与世界产生交集。真正的选择在于我们想要生活在一个什么样的世界里。

因此，在发动这场战争时，我们将同样坚定地遵守我们对最终目标的承诺。战胜恐怖本身就是一个有价值的必要目标。但是，要实现更广泛的目标，就必须在世界范围内消除恐怖主义。我们努力构建一个国际秩序，使更多有着与美国及其盟友一样利益和价值观的国家和人民能够融入其中，这些价值观包括人的尊严、法治，尊重个人自由，开放和自由经济，以及宗教宽容等。我们知道，在一个把这些价值观作为标准而非例外的世界中，恐怖主义的蔓延将会得到有效制止。这正是今天我们必须建设的世界。

附录五　全球反恐战争进展报告（2003）

白宫

2003 年 9 月

目　录

内容摘要

前言

打击国内外的恐怖网络

击败恐怖分子头目及人员

拒绝庇护和资助恐怖分子

消除恐怖融资来源

保护国土

重组联邦政府

减少美国对恐怖主义的脆弱性

加强应急准备和响应能力

加强和维持打击恐怖主义的国际斗争

打击恐怖主义的全球努力

打击恐怖主义的地区性努力

减少恐怖分子利用的基础条件

结论

内容摘要

打击国内外的恐怖网络

自2001年9月11日以来，美国在盟国和伙伴国帮助下，摧毁了压迫性的塔利班政权，拒绝使阿富汗成为“基地”组织的庇护所，并打败了萨达姆·侯赛因政权。美国在国内外的反恐行动产生了以下结果：

美国政府一直在追查“基地”组织高层头目、行动主管和主要帮助者，已有近2/3的“基地”组织相关人员被抓捕或被击毙。

在对恐怖分子调查过程中，司法部已对260多人提起了诉讼，其中140多人已经认罪并被定罪。与此同时，美国政府还摧毁了布法罗、西雅图、波特兰、底特律、北卡罗莱纳和坦帕的恐怖网络分支。

恐怖网络失去了将近2亿美元的资金。

保证国土安全

国土安全部的创立及其与其他部门和机构之间的合作，扩大了美国的情报和执法能力，促进了信息共享，并加快了有关威胁信息在前线快速传递。正是由于这些举措，美国本土比两年前更为安全。

美国政府正在努力打造“智能边界”，一方面促进合法的商业与人员快速流动，另一方面在恐怖分子及其武器进入美国之前进行检测。

建立恐怖威胁综合中心（TTIC）以整合并分析从国内外收集的恐怖威胁信息，确保情报部门和执法机构能够为了共同目的携手合作。

《美国爱国者法案》赋予当局加强执法人员在预防、调查和起诉恐怖行为方面的能力，这有助于促进司法部挫败美国境内潜在的恐怖活动。

加强和维持打击恐怖主义的国际斗争

通过监禁恐怖分子、冻结恐怖分子资产、提供军事力量和其他支持，已有170多个国家参与了反恐战争。为了应对这一威胁，国际组织进行了相应调整。此外，为消除滋生恐怖主义的环境，国际社会还采取了许多步骤：

八国集团所采取的行动将会加强运输安全、扩大反恐训练和援助，并有助于减少地空导弹对民航的威胁。

美国与合作伙伴一起，正在为伊拉克和阿富汗的人道主义援助和重建提供帮助。除了那些旨在促进全球经济增长和发展的举措外，这些政策还将杜绝恐怖分子招募新人，并获取安全庇护。

美国及其盟友在全球反恐战争中取得了重大进展，但只有通过全球反恐联盟的持续努力才能取得胜利。我们必须继续开展攻势，先发制人地制止恐怖分子伤害美国，以及美国公民和合作伙伴，并创造一个不利于恐怖主义的国际环境。

前　言

> “2001 年 9 月 11 日的恐怖袭击是对美利坚合众国及其盟友的战争行为，也是针对文明社会观念的战争。没有什么理由可以证明恐怖主义的正当性。全世界必须回应和打击这种邪恶，因为它试图威胁并摧毁我们的基本自由与生活方式。自由和恐惧正处于战争当中。敌人并非一个人，也不是一个单一的政治体制。当然，它并不是一种宗教。敌人就是恐怖主义。”
>
> ——《打击恐怖主义国家战略》，2003 年 2 月

美国正在全力打败恐怖主义，保护和捍卫国土。美国与盟友动用了一切国家力量来打击国内外的恐怖分子，拒绝向恐怖分子提供庇护和支持，阻止资助恐怖活动，并建立和维护了一个统一的全球反恐战线。

在盟友帮助下，美国已经拔除了“基地”组织在阿富汗的庇护所，破坏了其遍布全球的分支机构。如今，伊拉克已成为反恐战争的核心前沿。在美国与盟友击败萨达姆·侯赛因政权的同时，“自由的敌人”正竭尽全力地夺走这个已被解放的国家以建立其暴政，这些人包括来自旧政权的成员和来到伊拉克的外国恐怖分子。他们将会被击败。过去，恐怖分子往往援引贝鲁特和索马里作为案例，认为美国在受到伤害后将回避这些挑战。就此而言，总统是坚定不移的。这些人是错误的，因为我们决心赢得全球

反恐战争。

美国和所有自由国家正在进行一场战争，对手是采取无差别恐怖手段的敌人。它们一方面削弱我们的决心，另一方面又利用了使我们国家既强大又脆弱的生活方式。我们对付恐怖分子的最佳防御方法是将其从任何藏身之处清除，比如伊拉克、阿富汗和世界各地的战场。与此同时，我们还将通过使用各种治国手段防患于未然。我们将继续激励传统的盟友，并建立新的伙伴关系来推动这一努力。

对美国政府而言，再没有比保护祖国免遭未来恐怖袭击更为重要的使命。我们正在改革和完善我们的威胁预警和情报系统，扩大我们的执法能力，增加交通、边境和港口等关键部门以及其他关键基础设施的安全性，开发新的疫苗和技术来应对潜在威胁，并确保联邦、各州和地方能够有效地应对和管理危机。美国已经进行了大规模的组织变革，其规模之大为50年来所仅见。

这份报告强调了政府为打败恐怖主义和保障国土安全所作的努力。它还强调了持续威胁的性质，以及政府将那些密谋反对美国的人绳之以法的努力。尽管反恐战争已经屡建奇功，有些可以看到，有些则看不见，然而恐怖分子仍在继续对文明世界发动战争。在巴厘岛、雅加达、蒙巴萨、利雅得、卡萨布兰卡、耶路撒冷、巴格达和纳杰夫的凶残袭击凸显了恐怖分子们继续蔑视无辜、畏惧进步、仇恨和平。文明世界必须保持警惕，并致力于这一长期的重要斗争，直到美国和全球民众能够过上免于恐怖主义恐惧的生活。

打击国内外的恐怖网络

美国及其伙伴正在打击国内外恐怖网络的领导层和基础设施。我们处于攻势当中，我们剥夺了恐怖分子的庇护所、融资渠道、物质支持和行动自由。我们和盟国的努力破坏了恐怖分子的阴谋，使其领导层陷于瘫痪。

击败恐怖分子头目及人员

恐怖分子头目为其所有的恐怖活动提供全面指导。尽管丧失领导层会迫使一些恐怖组织瓦解，但另一些恐怖组织则选出了新的领导层，还有一些下放了权力，这给我们带来了更大挑战。

——美国政府一直在追查“基地”组织高层头目、行动主管和主要支持者，已有近2/3的“基地”组织成员被拘留或被击毙。针对“基地”组织头目的反恐活动已经削弱了其领导层，降低了该组织策划并实施袭击的能力。

——针对“基地”组织高层头目的努力给该组织造成了至今尚未填补的空缺。这些高层头目包括“9·11”事件的主谋哈立德·谢赫·穆罕默德和穆罕默德·阿特夫，后者直到2001年底去世前都是奥萨马·本·拉登的第二号指挥官。同样重要的是，在盟国的帮助下，我们已经能够打击恐怖主义的支持者。这些人充当了把全球“基地”组织粘合在一起的胶合剂，其支持内容包括金钱、人员、信息、物资供给等。

国际行动：逮捕和调查

巴基斯坦已经拘留了500多名极端分子，包括“基地”组织和塔利班成员。其中还有“基地”组织高层头目哈立德·谢赫·穆罕默德，以及“9·11”事件的共谋者拉姆齐·本·希布赫和袭击美国海军“科尔”号驱逐舰的策划者哈拉德·巴阿塔什。

美国与沙特阿拉伯的反恐合作显著增强。联合反恐机构已经建立，信息分享的范围比以前更为广泛。沙特安全部队已经使众多“基地”组织头目和支持者身陷囹圄，其中许多人参与了5月份针对利雅得的袭击，数十名恐怖分子已被拘捕。两名最著名的恐怖分子分别是：6月1日被打死的优素福·法赫德·阿亚里和6月26日被拘留的阿布·巴克尔·阿兹迪。

在亚洲，2003年8月抓获恐怖分子头目汉巴利后进一步打乱了“基地”组织的领导层。汉巴里是一位知名杀手，与哈立德·谢赫·穆罕默德关系密切。此人还是一位臭名昭著的恐怖分子，涉嫌参与了印尼巴厘岛和近期发生的其他恐怖袭击案件。

约旦仍在继续其强硬的反恐举措，逮捕了两名与“基地”组织有联系的个人。后者承认2002年10月在安曼谋杀了美国国际开发署外交官劳伦斯·弗雷。约旦人正在积极地反对我们的敌人——恐怖分子。

2002年6月，摩洛哥拘捕了“基地”组织的行动人员，后者计划在直布罗陀海峡中袭击美国和北约的船只。他们也在为反对恐怖主义这个共同敌人做出巨大努力。

美国和东南亚盟国已经在打击本地区的恐怖主义组织“伊斯兰祈祷团”（JI）方面取得了重大进展，该组织对去年10月针对印尼巴厘岛的袭击承担负责，这一恐怖袭击曾造成200多人丧生。2003年8月初，一家印度尼西亚法庭对爆炸案中的一名“伊斯兰祈祷团”重要成员判处死刑。柬埔寨当局关闭了一个正在向“伊斯兰祈祷团”提供支持的组织。今年初，新加坡通过了一部将支持恐怖分子行为“非法化”的法律。这部法律部分是为了针对“伊斯兰祈祷团”，但适用于任何试图以新加坡为基地来开展恐怖活动的组织。

新加坡、印度尼西亚、菲律宾、泰国和其他东南亚国家对一些恐怖分子头目和行动人员实施了拘禁，这些人或来自“基地”组织相关机构，或是正在过境的“基地”组织成员。

法国、德国、英国、意大利、西班牙和其他欧洲国家不仅破坏了“基地”组织的分支机构，还大力追捕其他恐怖分子头目。

国内行动：逮捕和调查

利用《爱国者法案》提供的授权，美国司法部与其他部门和机构合作，进行了历史上最大规模的调查，挫败了美国境内的潜在恐怖活动。

2001年9月11日以来，司法部在恐怖主义调查过程中已对超过260人提出指控，其中140多人认罪并被定罪，其中包括有“鞋子炸弹客”之称的理查德·里德，此人因试图摧毁美国航空公司63号航班而被判处终身监禁。

美国政府瓦解了布法罗、西雅图、底特律和北卡罗来纳的恐怖分子细胞组织，并在波特兰和坦帕发现了恐怖分子细胞组织成员。

——在布法罗，6名美国公民最近承认为“基地”组织提供物质支持，并承认曾在阿富汗的“基地”组织营地接受了培训。

——在西雅图，恩斯特·詹姆斯·尤加马承认为塔利班提供了物质支持。

——在波特兰，7名人士被指控参与了一个试图加入“基地”组织和塔利班武装以打击阿富汗联军的阴谋。

——底特律的2名人士因密谋支持伊斯兰极端分子策划针对美国、约旦和土耳其的恐怖袭击而被定罪。

——在北卡罗来纳州，1名细胞组织成员因为向真主党提供物质支持而被定罪，其主要被告被判处155年有期徒刑。

——在佛罗里达州的坦帕，有8人因涉嫌支持巴勒斯坦伊斯兰圣战组织（PIJ）而被起诉。

——在弗吉尼亚州北部，11名男子因涉嫌密谋违反《中立法》和枪支法律而被起诉。他们参加了美国境内的军事训练，并与一些准备参加克什米尔等地暴力圣战的巴基斯坦“虔诚军”成员存在联系。

——在圣地亚哥和休斯顿发生的两起恐怖案件中，一些人被指控与“武器换毒品”交易有关。

拒绝庇护和资助恐怖分子

我们正在努力阻止为恐怖分子提供能使之存活、汲取力量，并进行筹备和策划恐怖活动的支持与庇护。

在“持久自由”行动期间，美国建立了一个由70个国家组成的全球联盟，瓦解了压迫性的塔利班政权，并拒绝使阿富汗成为“基地”组织的庇护所。

——2003年7月，美国军队与阿富汗国民军武装一道发起了“勇士横扫”行动，俘获了大约100名敌方战斗人员，并收缴了大约25吨炸药。

——2003年8月和9月，美国军队与阿富汗民兵武装联手发起了“山蝰”行动，将塔利班武装驱离其所藏身的偏远山区并离开阿富汗，击毙了200多名塔利班武装人员。

伊拉克如今已经成为反恐战争的核心阵地。通过“伊拉克自由”行动，美国及其盟友击败了萨达姆·侯赛因政权，有效地根除了这个恐怖主义的国家支持者和曾经拥有并使用过大规模杀伤性武器的政权。虽然旧政权的成员和外籍恐怖分子试图夺回伊拉克以恢复暴政，但我们对伊拉克战区内的敌人采取了进攻行动。这些反恐成就包括：

消除了阿布·穆萨布·扎卡维网络在伊拉克境内的庇护所，该网络曾协助在伊拉克东北部建立了一个毒素和爆炸物训练营。扎卡维网络中的人员还利用巴格达作为行动基地，以协调该组织的人员、资金和物资流动。扎卡维本人与“基地”组织高层头目有着长期联系，似乎对“基地”组织抱有一定信任。

关闭了位于萨勒曼·帕克（Salman Pak）的训练营，这里是许多恐怖组织成员的训练场所。

截至目前，击毙或捕获了55名前萨达姆政权通缉犯中的42名，其中包括萨达姆的儿子乌代和库赛。

消除恐怖融资来源

美国继续与盟友合作，通过查明和阻止资金来源，冻结恐怖分子及其支持者的资产，阻止恐怖分子进入国际金融体系，保护合法慈善机构免遭恐怖分子利用，并通过其他替代性金融网络阻止资产流动。

2001年9月23日，布什总统签署了第13224号行政命令，冻结涉及恐怖主义的个人和组织的在美资产，并授权国务卿和财政部识别、指定并冻结恐怖分子及其支持者在美国的资产。

自2001年9月11日以来，全球212个国家和地区中已有209个国家表示支持金融反恐战争，有173个国家发布了冻结恐怖分子资产的命令，恐怖网络已经失去了将近2亿美元的资金，这些被冻结或被扣押的资金来自全球1400多个与恐怖分子有关的账户。由于美国的努力，其中已有7300多万美元被扣押或冻结。与此同时，100多个国家出台了与恐怖主义有关的新立法，84个国家建立了金融情报机构。

美国当局针对300多名恐怖组织和恐怖分子支持者的资产发布了冻结令，有效地拒绝他们进入美国金融体系。对于主要金融支持者和筹款人的逮捕导致恐怖组织的货币收入大幅减少。

美国欢迎欧盟外长在2003年9月6日做出的政治决定，将哈马斯组织及其领导层认定为“恐怖组织”，并冻结了其金融资产。

2001年9月28日以来，所有191个联合国会员国都向联合国安理会反恐委员会提交了第一轮报告，说明它们按照联合国安理会第1373号决议要求所采取的打击国际恐怖主义行动，包括阻止恐怖融资的行为。

2002年11月7日，美国财政部为美国所有慈善机构发布了自愿性的最佳活动指南，以解决国外慈善资金分配可能进入与恐怖组织有关的机构的问题，从而避免引发财政部的冻结行动。

联邦调查局积极追踪为全球恐怖主义提供资助的团体、个人和网络。联邦调查局披露的事实显示，仁爱国际基金会（BIF）、全球救济基金会（GRF）及伊斯兰慈善机构坚持认为它们直接援助了伊斯兰世界的穷困人群。实际上，它们的资金被用以资助在世界各地进行战斗的伊斯兰武装分子，包括车臣在内。仁爱国际基金会和全球救济基金会已被认定为全球性恐怖机构，其国际组织已被成功地破坏并瓦解。

保护国土

美国与盟友继续对恐怖分子及其在国外的基础设施采取直接行动，同时还加强了美国本土安全。总统签署的新的重要立法推进了反恐战争，扩大了我们的情报和执法能力，加强了运输安全、储备了疫苗，为一线急救人员提供了设备和培训，并重组联邦政府以应对当今的安全挑战。

自2001年9月11日以来，总统签署了许多重要的立法法案，其中包括：

2002年《国土安全法》；

2001年《美国爱国者法案》；

2001年《航空和运输安全法》；

2002年《公共健康安全和生物恐怖主义准备与反应法案》；

2002年《加强边境安全和签证入境改革法案》；

2002年《海上运输安全法》。

这些法律和联邦调查局重新定位并聚焦于恐怖主义，以及卫生部强化反恐努力改善识别、应对生物恐怖主义的政策一起，不仅重组了联邦政府机构，也为美国反恐武器库提供了重要资源。为了继续迎接21世纪的新威胁，2004年的预算中包括了继续用于国土安全的410亿美元，比2002年的资金翻了一番还多。

重组联邦政府

国土安全部

2002年11月25日，总统签署了《2002年国土安全法》。该法案设立了一个内阁层级的国土安全部，并将22个致力于预防、减少并应对美国境内恐怖袭击的现有联邦机构转移到该机构中。为执行该法案，联邦政府进行了过去50年来最为广泛的重组，以确保拥有一个以保护美国本土为主要使命的部门。

国土安全部正在确保我们的边界、运输系统、港口和关键基础设施的安全，它分析相关情报、增强各州和地方政府的应对能力，并就下一代反恐对策问题开展研究。

情报和信息共享

在总统指示下，中央情报局局长、联邦调查局局长、国防部长、国土安全部长、司法部长和国务卿共同设立了恐怖威胁综合中心（TTIC），以整合并分析从国内外收集而来的恐怖威胁信息。恐怖威胁综合中心主要专注于恐怖威胁情报的“连接点”。自2003年5月1日投入使用以来，该中心已发布了数百种与恐怖威胁相关的产品。该中心从合作机构中抽调了100多名官员，预计明年这个时候将会增加到数百人。在总统指导下，中央情报局的反恐中心（CTC）和联邦调查局下属反恐部门（CTD）的关键业务将会在2004年与恐怖威胁综合中心合署办公，以便进一步加强协调。

为确保国土安全部和其他需要有关威胁信息的组织迅速收到所有此类信息，国土安全部长汤姆·里奇、中央情报局长乔治·特内特、司法部长约翰·阿什克罗夫特于2003年3月签署了谅解备忘录。根据这份谅解备忘录所采取的行动，以及其他跨机构协议与合作进程，美国政府正在实施一种新的、系统的跨机构信息共享路径。

“9·11”事件后，中央情报局所属反恐中心的规模翻了一番，从事反恐分析的人员数量增加了2倍。尤其值得一提的是，反恐中心增加了从事化学、生物、放射性与核问题的分析师的数量，大大增加了向政府高级官员提供战略和战术分析报告的数量与范围。这些报告的内容主要涉及恐怖分子的基本架构、能力及网络方面的分析，以及恐怖分子档案信息等。与此同时，反恐中心与国外情报部门之间的反恐合作也急剧增加。

执法

反恐战争中最为重要的执法工具之一是《爱国者法案》。该法案以压倒性多数在国会通过，它增加了我们通过改进的工具来探测并破坏恐怖组织细胞，以预防、调查和起诉恐怖行为的能力。法案删除了妨碍执法部门、情报部门和国防机构在保护美国民众过程中进行协调的主要法律障碍。如今，警察、联邦调查局特工、联邦检察官和情报官员在宪法所保障的范围内开展工作时，可以在恐怖分子实施阴谋前揭露并阻止他们，以便更好地保护我们的社区。该法案还更新了法律，以适应新技术和新威胁，使我们能够运用现代工具进行数字时代的战斗。法案赋予执法部门打击恐怖主义的许多工具在过去几十年来一直被用于打击有组织犯罪和毒品交易，此次又经过了法院的重新审议和再度批准。

在司法部长领导下，联邦调查局在保留其他国家安全与执法责任的同时，正在转变为一个致力于阻止恐怖主义的机构。

——根据修订后的司法部长调查指南和其他改革，联邦调查局提高了分析能力，加强了执法协调，增加了信息共享，并彻底改变了其信息技术系统。

——司法部长在联邦调查局总部建立了国家联合反恐工作组，并扩大到66个全面运作的联合反恐工作组（JTTF）。联邦调查局每56个外地办事处中就会有一个联合反恐工作组，即便是人数较少的联邦调查局常驻地方机构，人数也在增加。这些跨机构组织专注于恐怖主义，汇集了来自联邦、州和地方执法机构，国土安全部、情报部门及其他联邦机构的人员、情报与能力。

——联邦调查局集中了其情报收集和分析工作，并首次创建了一个24小时值班的反恐监视办公室，作为所有新近恐怖威胁信息的联络中心。反恐监视办公室会迅速地将信息分发给情报机构和有关执法部门。

——联邦调查局通过“法律专员”计划在世界各地设立了45家办公室，大大增强了美国发动反恐战争的能力。在一个日益全球化的世界上，它还有助于应对针对美国的全方位犯罪威胁。“9·11”事件发生后和整个翌年，在联邦调查局“法律专员”协助下，美国得以在海外迅速部署了大约700名联邦调查局人员，以从事针对美国和盟国利益的恐怖袭击事件调查。

——在总统指示下，司法部成立了外国恐怖分子追踪工作组（FTTTF），这是联邦机构识别那些试图进入或滞留在美国的潜在恐怖分子的一项措施。外国恐怖分子追踪工作组由联邦调查局负责管理，国土安全部、国防部和其他政府机构也参与其中，该工作组所进行的分析已有300多次被转呈执法部门和情报机构。

在司法部长指导下，检察官们在各自辖区内组建并领导了反恐工作组（ATTF），协调了众多反恐举措、信息共享计划和培训课程，并将州和地方执法部门之间的合作推到了一个前所未有的程度。

分析和警告

国土安全部向联邦、州、地方当局，以及公共和私营部门传递有关恐怖袭击风险的信息。此外，有关恐怖袭击风险的信息，包括国土安全部提供的此类信息都会通过联邦调查局的国家联合反恐工作组向所有联邦调查局联合反恐工作组发送。

国土安全部下属信息分析与基础设施保护局（IAIP）的信息分析部门在评估恐怖分子对美国本土威胁的性质和范围方面做了前所未有的工作。国土安全部在此领域的一些工作部分由信息分析部门的分析师来完成，他们是恐怖威胁整合中心倡议中的正式伙伴和参与者，其工作场所即位于恐怖威胁整合中心。其他威胁分析由位于总部的信息分析与基础设施保护局分析员与恐怖威胁整合中心密切合作完成。信息分析与基础设施保护局还将为国土安全部的所有部门提供全面的情报支持，包括对美国本土面临的威胁进行独立分析，以及国土安全部分析师试图通过像恐怖分子一样思考来预测潜在攻击的“红色团队”。国土安全部依靠信息分析部门的研判，帮助确定优先的保护和支持措施，并向联邦政府、各州和地方政府机构以及私营部门提供信息。

恐怖威胁整合中心中的跨机构伙伴会整合并分析从国内外收集的有关恐怖威胁信息，以形成一个全面的恐怖威胁图像，并将这些信息传递给那些采取预防措施的接受者。

2001 年 9 月 11 日以来，联邦调查局收到并评估了约 3600 次针对美国的威胁的可信程度。国家威胁预警系统已发布了 62 个威胁警告，55 个关于警戒（BOLO）警报和 82 个情报公告。这些警告被散发给美国 1.8 万多个州和地方执法机构，60 多个联邦机构、下属组织以及所有检察官。

军事

为了加强美国军队从事国土安全的有效性，总统授权成立了美国北方司令部。北方司令部已于 2002 年 10 月 1 日启用，并将于 2003 年 10 月全面投入运行。它消除了目前承担国土防务责任的不同军事组织之间的盲点，并加强了对民事机构的军事支持。

减少美国对恐怖主义的脆弱性

国土安全部正在维护开放的美国陆、海、空边界，促进合法的商业和人员流动，同时在恐怖分子及其武器进入美国之前发现并拦截它们。政府还通过协调负责基础设施保护的联邦机构的活动，综合来自情报部门、联邦、州、地方执法机构以及私营部门的信息，并利用这些威胁来比对关键基础设施的已知漏洞。

“自由盾牌”行动

国土安全部与联邦政府的众多部门和机构一道，在 2003 年 3 月的高度警戒期间实施了“自由盾牌行动”，以加强保护措施。这项保护美国本土的全面计划增加了边界安全，加强了对运输部门的保护，提高了关键基础设施安全，改善了公共卫生应急准备，并确保所有联邦应急资产能够迅速被部署。它为美国关键基础设施保护计划奠定了基础。

边境安全

证件安全：国务院开发出了新的防篡改签证，扩大了签证申请审查流程，加强了签证监督系统，并改善了美国执法机构与情报机构之间的信息共享。2003 年，签证审查要求更加严格，几乎所有申请人都需要接受面对面的访谈。

国务院制定了恐怖分子拦截计划（TIP），通过提供计算机数据库系统来帮助那些恐怖分子过境风险较高的国家，使边境管制官员能够迅速识别企图进入或离开该国的嫌犯。该系统目前已被 12 个国家采用，到 2003 年底将会扩大到 18 个国家。

跟踪、监测和拦截：2001 年 12 月，美国和加拿大签署了《智能边界宣言》，其中包括 30 个旨在增加安全性、加强联合执法、改善物理和技术层面的基础设施，以及促进两国贸易和民众流动的行动项目。2002 年 3 月签署的“美墨边界伙伴关系”也包含了类似的 22 点行动计划。

美国、加拿大和墨西哥之间强有力的合作已经促成了多项成果，使国土安全部能够将其安全工作和检查重点放在高风险的商业和旅行者身上。这些成果包括：《自由和安全贸易倡议》（FAST）、《美国—加拿大 NEXUS 计划》，以及针对旅行者快速检查的“安全电子网络”。

国土安全部正在运营学生与访客信息系统（SEVIS），该系统通过跟踪进入美国境内的外国学生，确保他们在事实上入学并参加课程，同时方便合法学生入学。

美国访客和移民身份指示技术系统旨在使合法的游客、学生和商务旅客更容易进入美国，同时借助生物鉴定使非法进入美国变得更加困难。该系统将利用生物识别标识，比如照片和指纹，为来美工作、学习或访问的人建立电子入住/退房系统。美国访客和移民身份指示技术系统将取代目前的 NSEERS 计划，整合学生与访客信息系统，完成自动进出系统的要求。该系统还会扫描旅行证件，使检查人员能够查验数据库信息，以确定是否应该进一步拘留或询问有关人员。2003 年底之前，访客和移民身份指示技术系统将会在国际航空和海上入境口岸开始第一阶段运营。

约有 1 万名边境巡逻人员正在我们的边界地区巡逻。到 2004 年 1 月，约有 1000 人将会被派驻到加拿大边境地区，这一人数在过去 12 个月内增加了 50% 以上。

港口安全：在加强海外安全措施后，国土安全部所属的海关与边境保护局启动了“集装箱安全倡议”（CSI），针对驶向美国港口的高风险货物集装箱制定了严格的新程序。截至 2003 年 8 月，办理全球 2/3 运往美国货柜的 19 家主要港口已经同意参加“集装箱安全倡议”。这一计划还将进一步扩大到位于全球战略要冲的其他 27 家大型港口。

“安全商务行动”是一个公私伙伴关系计划，它通过资助相关计划来强化对集装箱货物的跟踪和安全措施，这些货物通过国际运输系统到达美国境内。安全商务行动有助于促进合法商业的有效流动。

目前，国土安全部要求在外国港口装货前24小时向海运承运商提供电子预付货物舱单，以便官员有更多时间检查潜在危险货物。

非侵入式检查技术还会检查由美国自动瞄准系统确定为“高风险”的货运集装箱。先进的大型放射性探测门和手持探测技术大大增加了核材料，或放射性材料与武器被查获的可能性。

“9·11”事件以来，海岸警卫队一直致力于履行“二战”以来对港口安全的承诺，其中包括12.4万多次港口保安巡逻和1.33万次空中巡逻。海岸警卫队登上过9.2万多艘船只，拦截了9473名非法进入美国的人员，创建并维护了超过94个海上安全区。

在执行2002年《海上运输安全法》时，海岸警卫队将会要求港口、船只和设施进行安全评估，进而制定计划并解决安全缺陷。国内法规和国际规范都要求所有国家在2004年7月1日之前制定并实施港口与船舶安全计划。

航空安保：大约4.8万名新接受培训的联邦安检员被部署在我们国家的机场，新的行李检查设备帮助运输安全管理局实施100%托运行李检查。如今，所有机场人员都必须接受背景调查。

国土安全部和国务院暂停了“无签证过境计划”以及国际间过境计划，消除了恐怖分子利用这些计划进入美国或登上美国航班的能力。

“联邦空警计划”已被扩展，如今成千上万的保护空警正乘坐商业航班飞行。

所有飞往美国或在美国境内飞行的大型商用客机如今都拥有被加固的驾驶舱门，以防止被人恶意占据。接受联邦政府训练的武装飞行员也可以保卫他们的飞机。

国土安全部和其他机构正在与外国、机场、地方和联邦执法机构合作，以阻止可被用于商用飞机的肩扛式导弹扩散。国土安全部正在对美国境内的主要机场进行漏洞评估。

关键基础设施保护：“关键基础设施保护”是指加强对国家安全、国家经济安全，或公共健康安全至关重要的物理和网络系统及资产的安全性。这些保护行动包括旨在减少关键基础设施脆弱性以制止、消除或减少恐怖袭击的各种活动。

国土安全部定期就信息共享、经验教训和最佳实践与业界会面。国土安全部一直与经济和产业部门合作，以开发一系列漏洞评估工具，满足企业界独特的安全挑战和需求。为增强关键基础设施安全，这些安全计划将已确定的漏洞纳入到了创建基于社区的方法中去。最近的努力包括：

——美国国土安全部最近开始了一项综合培训计划，涉及化学设施操作员、场地安全管理员和当地执法人员。这些培训将使那些参与阻止设施遭受恐怖袭击的人接受培训，并确保每个人都了解其设施的脆弱性、潜在风险和保护措施。这项培训将会使用真实的恐怖威胁信息，并使公共/私人团队更好地装备自己，以防止恐怖分子使用这些化学设施作为攻击美国民众的工具。

——美国化工界与国土安全部及其他部门合作，评估其自身存在的薄弱环节，并采取强化措施确保其设施和邻近社区安全。

——国土安全部制定了关于关键基础设施常见漏洞的报告，有关设施内部或周围恐怖活动指标的报告，包括地方和州执法人员以及私营部门所使用的安全计划模板。国土安全部正在开展一项全国性努力，通过执行量身定制的安保计划来提供技术援助。

国土安全部最近成立了一个设有保护安全部的“软目标”部门，以协助各州和地方执法机构减少购物商场、娱乐场所、体育场馆和其他公共聚集场地遭受攻击的脆弱性。

2002年通过的《安全爆炸物法案》增强了酒精、烟草、枪支和炸药局（ATF）在阻止恐怖分子或其他人获取爆炸物并误用方面的能力。除此而外，它增加了联邦政府关于爆炸物的许可要求，以确保所有获得爆炸物的人都已经通过背景检查，并获得了相关许可证。

国土安全部所属信息分析与基础设施保护部门建立了一个关键基础设施信息计划办公室，以处理自愿提交的有关威胁和漏洞方面的信息。该机构在今年春天发布了关于实施“关键基础设施信息法”的法规草案，目前正在制定最终指导方针。

网络安全：2003年6月，国土安全部成立了国家网络安全办公室（NCSD），作为联邦政府与州、地方政府、私营部门以及国际社会就减少网络空间脆弱性工作进行互动的联络人。

国家网络安全办公室的核心部分是网络安全跟踪分析与响应中心，该中心负责检查网络安全事件并协调减轻损害的工作。

在近期互联网上蠕虫病毒大量涌现的情况下，国家网络安全办公室在协调举国应对方面发挥了核心作用。它迅速召集来自政府、行业和学术界的技术专家进行分析并制定指导性意见，以促进联邦、州、地方政府、基础设施运营商以及个人计算机用户之间的信息共享。

通过联邦计算机事件响应中心（FedCIRC）计划，国家网络安全办公室还在病毒和蠕虫事件爆发期间为联邦机构提供了广泛的指导和帮助。这种援助大大减少了这些事件对政府系统的影响。

加强生物和化学恐怖主义的检测、反应和恢复：通过多项平行、互补的努力，美国政府加强了应对生物或化学武器攻击的国家防御能力。国土安全部、卫生部，以及其他机构都致力于检测、响应、以及研究和开发。

自 2001 年 9 月 11 日以来，政府向州和地方公共卫生机构，医院和其他医疗保健机构发放了大约 25 亿美元的资金，主要用于改进规划，实施快速安全的通信，提高实验室能力，并提升检测、诊断、调查乃至应对以生物制剂发动恐怖袭击的能力，同时为受到影响的人提供临床护理和治疗。

作为“生物盾牌”计划的一部分，总统已要求拨款 56 亿美元用于加快开发和收购下一代疫苗和其他产品，以应对生物恐怖威胁。“生物盾牌”项目将会促进美国国立卫生研究院（NIH）的对策研究，允许食品与药物管理局在紧急情况下迅速提供有意义的治疗，同时允许美国政府尽快购买可行的急需产品。

美国国立卫生研究院的民用生物防御研究预算已从 2001 年 9 月 11 日前的 1 亿美元左右增加到 2003 年的 15 亿美元。总统已经提出，2004 年还将提供额外的 16 亿美元。美国国立卫生研究院的投资重点是新药物和疫苗，以及炭疽热、天花、埃博拉等高危生物制剂的诊断。

国土安全部“生物监测”（BioWatch）计划已将检测器放置在 30 多个城市，提供检测各种生物制剂的能力。这些检测器的样品在联邦支持的当地实验室进行测试，并在 12—36 小时内提供结果。

战略性国家储备已扩大到 12 个预置的 50 吨药品、疫苗、医疗用品和设备，它们可在12小时内立即部署到美国境内任意地方。在过去一年，该库存已经扩大到可以治疗1200万名接触过炭疽热的病人，并在化学袭击后进行伤害治疗。

国防部已经为超过49万名士兵和支持人员接种了天花疫苗。虽然政府当前并未向公众推荐接种天花疫苗，但卫生部已经获得了足够的天花疫苗，在遭受天花病毒袭击后可以为每一名美国人提供接种（如果需要的话），并已开始对管理疫苗的卫生保健人员进行免疫接种。

农业和粮食安全：食品与药物管理局（FDA）已经将从事食品安全检查的人数增加了655人，使食品系统的安全检查能力翻了一番。

在2000年的基础上，农业部将边境检查人员增加了50%，以加强防止外国农业病虫害进入美国的努力。配置有食品与药物管理局工作人员的入境口岸数量已从40个增加到了90个。

根据2002年《公共卫生安全和生物恐怖主义准备和反应法案》，农业部和卫生部颁布了补充条例，为控制可能构成威胁的特定制剂建立新的保障措施。

全国动物卫生实验室网络、国家植物诊断实验室网络与全国各地的地方性大学和国家兽医诊断实验室合作，建立了植物和动物健康实验室网络，增强了我们在紧急情况下的应对能力。

食品监管机构——食品安全检验局（FSIS）和食品与药品管理局已对超过35种不同的国内食品、进口食品和产品类别进行了评估，以发现恐怖袭击的脆弱性。政府正在评估并实施有关计划和新的技术，以阻止针对食品供应的潜在攻击。

加强应急准备和响应能力

尽管我们已经尽最大努力预防未来的袭击，但恐怖主义仍将是一种威胁，我们必须始终做好应对袭击的准备。通过装备和培训一线应急人员与公共卫生人员，我们可以最大限度地减少伤害，并从未来的任何恐怖袭击中恢复过来。

第一响应者

2002—2003年，美国政府提供了79亿美元拨款以帮助各州和地方应急人员、公共卫生机构和应急管理人员为恐怖袭击做好准备。总统2004年的预算请求包括额外的52亿美元，以确保第一响应者、公共卫生和医疗人员接受适当培训和装备以应对恐怖主义。这包括购买用于在危险环境中工作的防护装备，以及用于检测和拆除爆炸物及其他危险材料设备的资金。

美国政府各部门和机构已采取行动，通过向急救人员提供培训和锻炼机会来加强准备。2001年9月以来，约有34.6万名应急人员获得了基本的应急准备知识认证。

在联邦层面，最近的一次大规模杀伤性武器演习被命名为"TOPOFF2"，主要涉及两个主要城市（芝加哥和西雅图），包括美国政府内阁层面的主要相关部门，以及加拿大政府的部分应急机构。这次演习为分析联邦、州和地方响应机制应对复杂的恐怖袭击能力提供了机会。2003年8月，国防部进行了一次多层面的演习，以测试北方司令部应对多个同时发生的国土安全及联邦救灾事件的能力。

2003财年，国土安全部提供援助的能力进一步升级，能够处理大规模杀伤性武器的城市搜索与救援队数量从6个增加到28个。

社区、各州和地方建立了700多个公民委员会，以便更好地为社区应对恐怖主义、犯罪、公共卫生问题和其他灾难威胁做好准备。目前，已有46个州的417个地区可以提供社区应急响应小组（CERT）培训。

国家应对计划

国土安全部正在创建一个全面的国家综合应急系统，以适应任何恐怖袭击或自然灾害。与此同时，该部还正在就事故管理强化联邦应急计划，并构建一个国家体系。

在国土安全部长指导下，该部还制定了国家应对计划，以协调和整合所有联邦层面的国内事故预防、准备、响应和恢复计划。

总统指导制定了国家事故管理系统（NIMS），以便使联邦、州和地方机构在事故发生期间可以共同操作。开发该系统将需要各州、地方组织、私营部门和其他联邦机构之间的协调。

加强和维持打击恐怖主义的国际斗争

全球反恐战争的成功取决于一个维持联合反恐战线的强大国家联盟的反恐行动。通过监禁恐怖分子、冻结恐怖分子资产，提供军事力量和其他支持，已有超过170个国家继续参与反恐战争。国际组织变得更为敏捷，正在调整其架构以适应不断变化的威胁。我们支持伙伴国在国际、地区和当地层面解决恐怖主义挑战的行动。

打击恐怖主义的全球努力

2001年9月11日，只有2个国家加入了所有12项国际反恐公约和议定书。如今有30多个国家都加入了这些反恐公约，更多国家已经成为大多数公约和议定书的缔约国，并通过了将其付诸实施的立法。

联合国安理会通过其下属反恐委员会（CTC），并根据第1373号决议发挥了新的重要作用。安理会作为成员国之间的协调员，致力于提高全球层面的反恐能力、反恐合作及其成效。

2002年6月26日，布什总统就美国资助的八国集团运输安全行动计划达成了协议。八国集团承诺加快对人员和货物的预先筛选行动，增加船只、飞机和卡车的安全性，并加强机场和海港安全。八国集团倡议还通过更好的情报、协调国的努力，及国际反恐合作加强运输安全。

2003年在埃维昂召开的八国集团首脑会议上，领导人成立了一个捐助国“反恐行动小组”，以扩大和协调对一些国家的培训和援助，重点关注诸如恐怖融资、海关和移民管制、非法武器贩运，以及警察和执法等关键领域。这些国家虽然拥有反恐意愿，但缺少相应的能力。

2003年6月2日，布什总统在埃维昂峰会上与其他八国集团领导人就威胁民航安全的导弹问题达成了一系列共识。内容主要涉及由个人携带并发射的便携式防空系统、地空导弹系统的控制问题，此类导弹是对民用航空的主要威胁。此外，国务院正致力于加强2000年《瓦圣纳协定》中关于肩扛式导弹系统的指南，并通过提供双边援助以帮助消除有风险的武器储存，改善这些库存武器的安全。

2002 年 6 月，“防止大规模杀伤性武器和材料全球伙伴关系”正式启动。在第一年内，八国集团领导人采取了重大步骤以扩大“防止大规模杀伤性武器扩散项目”领域的国际合作。该伙伴关系已扩大到芬兰、荷兰、挪威、波兰、瑞典和瑞士等国。八国集团还发起了一项倡议，以提高放射源的安全性，并防止恐怖分子在所谓的“脏弹”中使用它们。

2003 年 5 月 31 日，总统宣布了《防扩散安全倡议》（PSI），旨在打击大规模杀伤性武器、运载系统和相关材料在国家与非国家行为体之间的交易。这种扩散与恐怖主义一起构成对了国际安全的最大威胁。2003 年 9 月 4 日，澳大利亚、法国、德国、意大利、日本、荷兰、波兰、葡萄牙、西班牙、英国和美国共同表示，《防扩散安全倡议》中的“阻截原则”符合本国法律和国际法。

国际原子能机构通过《核安全行动计划》向 136 个会员国提供咨询、培训和设备，以打击核恐怖主义。该计划自 2002 年 3 月启动以来，美国已经捐助了 1590 万美元。国际原子能机构与美国和其他捐助国进行协调，以共同强化核安全领域的目标。

包括澳大利亚化学/生物武器小组、《瓦圣纳协定》、导弹技术管制制度和核供应国集团在内的国际武器出口管制制度，在其准则中增加了防止恐怖分子获取受控制条款中的武器的内容，并正在采取其他措施来实现这一目标。

《降低放射性威胁计划》通过识别和采取行动来减少针对美国的放射性攻击威胁。该计划与国际原子能机构一起，旨在帮助那些在技术上或经济上无法保障其高风险材料或剩余资源安全的国家。

国防部建立了《区域防务反恐研究计划》，每年资助 2000 万美元，为来自盟国的同行提供必要的培训和教育，以帮助其在本国建立并维持有效的反恐计划。

国务院的《外国军事资助计划》着重于军事专业化，在世界各地装备那些时常陷入困境的武装部队，并为那些急需资源用于反恐斗争的国家提供直接帮助。

打击恐怖主义的地区性努力

2003 年 6 月 26 日，总统宣布了一项 1 亿美元的《东非反恐倡议》，以扩大并促进美国与肯尼亚、埃塞俄比亚、吉布提、乌干达、坦桑尼亚和其他有关国家的反恐努力。

2002 年 10 月 26 日，布什总统与亚太经合组织（APEC）成员国领导人签署了《关于打击恐怖主义和促进增长的计划协议》，其中包含了确保主要环太平洋地区基础设施，比如运输、金融和通信等，免遭利用或被恐怖分子袭击的具体承诺。

北约批准了一项雄心勃勃的改革议程，旨在通过提高部署速度和敏捷性来应对新的恐怖威胁，从而提高其反恐能力。其他组织包括美洲国家组织、欧盟、欧洲安全与合作组织、东盟、《澳大利亚—新西兰和美国条约》成员、APEC 论坛和其他机构也采取了具体步骤，以更有效地打击恐怖主义，并在反恐斗争中互相合作。

国务院与巴基斯坦建立了反恐与执法联合工作组，并大力加强与印度、日本和中国的反恐合作。它还为危机应对小组中的巴基斯坦反恐部队和调查技术进行了强化培训。

哥伦比亚制定了一个民主的安全战略，作为针对哥伦比亚革命武装力量、民族解放军（ELN）、哥伦比亚联合自卫军（AUC）和其他被认定为“外国恐怖组织”的非法武装团体等进行主动打击的蓝图。2002 年 7 月，美国国会为哥伦比亚当局进行了政策调整，以增强美国援助其打击非法毒品和恐怖主义的灵活性。我们已注意到，哥伦比亚摆脱“外国恐怖组织”排行榜的概率正在快速上升。2002 年 12 月，哥伦比亚联合自卫军已宣布停火。当年 7 月，哥伦比亚联合自卫军和哥政府同意正式进行和平谈判。

去年，阿根廷、巴西、巴拉圭和美国建立了一个区域反恐机制，重点关注加强金融和边界控制、反恐立法，以及加强执法和情报共享的切实步骤。该机制建立在“三边三方委员会”框架之上，创造了“3 + 1”模式。

国务院通过双边反恐工作组加强了与俄罗斯的反恐合作，该工作组在美国和俄罗斯定期举行会议，处理全球大多数地区的恐怖主义问题。

利用外交鼓励和行动支持（包括我们的“格鲁吉亚训练和军事装备援

助计划”)，美国支持格鲁吉亚在潘基西峡谷成功地对付恐怖分子。这些努力使俄罗斯和西欧的恐怖嫌犯被成功抓捕。

减少恐怖分子利用的基础条件

许多恐怖组织利用贫困、社会权利剥夺、未解决的政治和地区争端，以及国家虚弱等谋取优势。为此，美国开展了一系列旨在促进建立在广泛基础之上的经济增长和发展，开放社会以促进全球贸易和投资，以及促进全球民众健康和教育的举措。随着更多国家成为全球经济的积极参与者，并为其人民提供善政、经济机会、健康和教育，恐怖分子将无法获得新成员和庇护所。

全球和区域

根据总统指示，美国已制定并开始实施“中东和平路线图”，以鼓励朝着解决阿以长期争端的方向取得进展。

今年春天，总统发起了《中东倡议》，其中包含一系列经济和贸易行动，包括一个拟议中的《中东自由贸易协定》，以减少引起不满、反美暴力和恐怖主义的经济差距。

2002 年 2 月和 9 月，布什总统两次向巴基斯坦总统穆沙拉夫做出提供额外援助的承诺。其中包括 200 万美元民主援助中的技术支持，包括为 2002 年 10 月立法选举培训选举专员、观察员和政党监督员；为期多年的 1 亿美元教育支持计划；劳工部打击童工和提供职业培训的专款；启动扩大科学与技术合作的讨论；并建立联合经济论坛来扩大合作。2003 年 6 月，在穆沙拉夫总统参加戴维营会议期间，布什总统宣布将与国会合作向巴基斯坦提供为期 5 年的 30 亿美元“一揽子”全面援助计划，以增强巴基斯坦的反恐能力，减少滋生恐怖分子的贫困条件。

2002 年 3 月，总统发起了《千年挑战账户倡议》（MCA），三年来美国官方的发展援助增长了 50%，并对全球捐助者提高对外援助成效提出了挑战。《千年挑战账户倡议》只将资金投向那些执政公平、以民为本、鼓励经济自由的发展中国家。其援助重点是明显增加受援国可持续的长期增长，并在整个发展中世界创造稳定与进步的模式。

2002 年 12 月，国务卿启动了《中东伙伴关系倡议》（MEPI），该倡议包括鼓励社会民主成长、促进经济增长的经济自由、减少无助与绝望、向年轻人提供高质量的包容性教育等。

2002 年，美国启动了《非洲发展与企业贸易倡议》（TRADE）。这是一项旨在促进区域一体化与地区合作的长期能力建设倡议。此外，还包括一项旨在为非洲大陆增加优质基础教育机会的《非洲教育倡议》。

美国继续通过《安第斯地区倡议》向安第斯山国家提供援助，该倡议的重点是在该地区建设稳定和民主，向非法贩毒和毒品恐怖主义提供经济替代方案。

阿富汗

在阿富汗重建和提供人道主义援助方面，美国在全球遥遥领先。在2002 财年和 2003 财年，美国每年向阿富汗提供了超过 9 亿美元的援助。美国国会通过了《阿富汗自由支持法》，法案授权在 2003—2006 财年向阿富汗提供 34.7 亿美元援助。为配合美国打击“基地”组织和塔利班残余行动，总统宣布今年美国对阿富汗的援助将会翻番，达到 20 亿美元。阿富汗人正处于制定该国近 40 年来第一部宪法的最后阶段。我们正努力与阿富汗政府合作，从友好国家筹集更多资金，并为 2004 年全国选举提供条件。

自阿富汗行动开始以来，美国已经向阿富汗交付了 40.3 万多吨食品。与此同时，美国还协助修复了 4000 多千米道路，重建了 28 座桥梁，并修复 6000 多口水井，以及运河、水坝和水系统。作为 1.33 亿美元“三年健康计划”的一部分，美国帮助重建了 72 所诊所和医院，并修复了 200 所学校。2002 年，有超过 300 万阿富汗学生回到学校学习，其中女孩占 33%，比以前增加了一倍。美国政府提供了 1000 万美元，以重建阿富汗国家无线电网络。

美国是组建、训练并装备新阿富汗国民军的主要国家，已为此投入 4 亿多美元，并将在今后几年提供同样数额的援助。美国正在资助建设一处训练设施，以根据现代刑事司法和人权原则培训警察、法官和检察官。

伊拉克

除了摧毁恐怖分子外，我们在伊拉克这一反恐战争前沿国家的战略还包括帮助伊拉克人为自己的防务和未来承担起责任。

自从 4 月 9 日伊拉克管理委员会宣布成立以来，盟国临时管理当局短时间内在安全和政治发展领域取得了进展。

司法系统已经开始运作，新伊拉克军队的招募工作已经开始，未经审查的广播、电视和印刷媒体数十年来第一次开始自由传播。

目前，一个警察学院正在巴格达运营，另外两个正在修复和配备人员。伊拉克全国约有 4.6 万名警察正在重新就业，250 人已完成了过渡和一体化项目。此外，民防部队、基础设施保护部门和伊拉克边防部队也将参与捍卫其国家安全。

大学和小学已重新开放。盟国驻伊拉克临时管理当局正在制定一项计划，雇用 30 万名伊拉克人从事公共部门的工作。当地的政治基础设施正在出现，一些小商业正在忙碌起来。

2003 年 5 月 1 日以来，美国已经向阿富汗交付了 2500 吨以上的药品，并在全国各地分销。每周有数千吨食品流入伊拉克，更多旨在增加水供应和改善下水道系统的项目正在进行当中。

结　论

联邦政府正在积极落实总统的《国土安全国家战略》和《打击恐怖主义国家战略》中的目标。比如，在国外铲除恐怖主义，组建国际联盟，为一线应急人员配备额外工具，加强情报能力，切断恐怖主义融资，保护我们的边界和运输系统，提高响应能力，制定医疗对策，为关键基础设施增加保护措施。所有联邦机构正在比以往更好地整合他们的努力，并与州、地方和私营实体进行协调，以防止未来在美国本土发生恐怖袭击。

国内外反恐努力使一些恐怖分子和头目被消灭，众多恐怖活动阴谋被破获。伊拉克和阿富汗不再为恐怖组织提供国家支持，或是提供政府支持下的庇护所和训练场。美国的倡议提供了良治、健康和教育，并使更多国家有机会成为全球经济的积极参与者，从而增强了这些可能会被恐怖分子利用的国家。

美国正积极与地区和国际伙伴合作以打击恐怖主义。恐怖主义威胁是全球性的，美国正通过建立联盟、提高能力和减少脆弱性来协调其应对措施。

美国与盟国在全球反恐战争中取得了重大进展，但我们必须保持奉献和警惕。随着许多恐怖分子被绳之以法，其他人正密谋攻击我们。我们将继续处于攻势之中，先发制人地制止那些寻求伤害美国、美国公民和伙伴国的恐怖分子，并创造一个不利于恐怖分子及其支持者的国际环境。反恐战争的胜利需要一个全球性反恐联盟的持续努力，这个联盟主要致力于消除世界上那些试图破坏我们自由和生活方式的人。

附录六　打击恐怖主义国家战略（2006）

白宫

2006 年 9 月

目　录

美国《打击恐怖主义国家战略》综述

当今反恐战争的现实

成功之处

面临挑战

当前的恐怖分子

反恐战争的战略构想

打赢反恐战争的策略

长期方针：推进有效的民主

短期方针：四个优先行动事项

使长期成功战略制度化

结论

美国《打击恐怖主义国家战略》综述

美国正在与一个由仇恨、压迫和杀戮的激进意识形态所驱动下的跨国恐怖运动进行战争。2003 年 2 月首次发布的《打击恐怖主义国家战略》中指出，美国正处在保护和捍卫家园的战争之中，保护美国民众及其生活是我们首要的也是最庄严的义务。

我们的反恐战略还指出，反恐战争是一场与众不同的战争。这场战争从一开始既是一场武装力量的对抗，也是一场思想之战。我们不仅要在战场上与恐怖主义敌人作战，还要致力于推进自由和人的尊严，并以之作为反对恐怖分子压迫和极权统治的替代品。如今，我们的反恐模式已经涵盖了国家实力和影响力的所有领域。我们不仅使用了军事力量，还利用外交、金融、情报和执法系统来保护国土，扩大防御范围，破坏恐怖分子的行动，剥夺敌人开展行动和赖以生存的条件。我们打破了将反恐努力仅仅局限于刑事司法领域的传统观念。

这份被更新的战略设定了赢得反恐战争的路径。它建立在 2003 年 2 月发布的《打击恐怖主义国家战略》和 2006 年 3 月发布的《国家安全战略》基础之上，并融合了我们对于敌人的进一步了解。我们从一开始便深知：反恐战争不仅仅是将策划和执行 2001 年“9・11”事件的罪犯绳之于法。我们的战略是摧毁更为庞大的“基地”组织网络，对抗引诱其他人参加或支持恐怖活动的激进意识形态。“9・11”事件以来，我们在弱化“基地”组织的网络、击毙或抓获其主要头目、清除其藏匿之地、阻断其支持链条等方面取得了重大进展。通过推进自由的议程，我们已经促进了应对“基地”组织的最佳长期解决方案：当高效的民主制度可以保障人类自由时，我们才能赢得自由和尊严。

为了回应我们的反恐努力，恐怖分子也在进行相应调整。因此，我们必须进一步完善反恐战略，以应对不断变化的威胁。今天，我们正面临全球性的恐怖活动，必须对抗激进的意识形态，它们以宗教名义使对无辜民众的暴力“正当化”。正如本战略中所述，为了赢得反恐战争，我们将采取以下步骤：

（1）推进有效的民主制度，并以之作为应对恐怖主义意识形态的长期药方；

（2）阻止恐怖主义网络的攻击；

（3）拒绝“流氓国家”对恐怖分子的支持和庇护；

（4）拒绝恐怖分子控制任何国家，并以其作为基地和活动平台；

（5）构建反恐所需的基础、制度和机构，并有助于确保最终的成功。

当今反恐战争的现实

2001 年 9 月 11 日的恐怖袭击是针对美利坚合众国、全世界爱好和平的人士，以及人类自由与尊严准则的战争行径。美国将会和盟友一道进行反击，并赢得这场战争。我们将追究肇事者的责任，努力防止任何类似的暴行再次发生——无论其发生在国内还是国外。反恐战争超越了“9·11”事件所引发的武装冲突，涵盖了美国不断努力结束恐怖祸害的各个层面。最终，我们将会赢得这场长期战争，打败恐怖分子及其滥杀无辜的意识形态。

成功之处

我们剥夺了“基地”组织在阿富汗的庇护所，并帮助一个民主的政府取而代之。阿富汗曾经是塔利班统治下的一个恐怖分子庇护所，如今已经成为反恐战争的正式合作伙伴。

伊拉克加入了多国联盟，后者正在积极开展针对伊拉克恐怖分子的战争。我们一道努力建立了一个统一、稳定和民主的伊拉克，该国如今已是我们在中东心脏地区的一个新反恐盟友。

我们大大弱化了“基地”组织的网络。绝大多数在“9·11”袭击中承担责任的“基地”组织成员，包括其主谋哈立德·谢赫·穆罕默德，都已被抓获或是被击毙。我们还击毙了“基地”组织的其他重要成员，比如该组织在伊拉克的指挥官阿布·穆萨卜·扎卡维，此人领导的恐怖活动曾经夺走了无数美国军人和伊拉克无辜平民的生命。

我们领导了一场前所未有的旨在打击恐怖主义融资的国际行动，从而使“基地”组织和相关恐怖组织筹集资金变得更加困难、成本更高、风险也更大。

全球范围内有了一个日益增长的、广泛的共识，即任何借口都无法证明蓄意针对无辜平民的暴力的正当性。

许多国家开始在反恐问题上联合起来，在执法、情报、军事和外交领域进行了前所未有的合作。

通过成立国土安全部、国家情报总监办公室和国家反恐中心来强化我们的反恐架构，我们已经强化了阻止美国本土未来发生恐怖袭击的能力。“9·11”事件以来，美国和盟友已经阻止了数起重大的恐怖阴谋，其中包括“基地”组织试图在美国境内作案的阴谋。

许多在9月11日之前曾经是问题一部分的国家，如今越来多越多地开始成为解决方案的一部分。而且，这一转变的发生并没有造成关键地区友好政权的不稳定。

美国政府与国会合作，通过采纳、实施和延续一些重要改革（如《爱国者法案》）等来促进安全，同时保障了我们的基本自由。

不过，美国虽然已经变得更为安全，但是我们还不安全。敌人依然是我们在国内外面临的严峻挑战。

面临挑战

今天的恐怖分子网络更加分散，集中程度更低。他们更多地依赖于受共同意识形态激励的小型单元，而更少地受到中央指挥系统的指导。

尽管美国政府与盟友阻止了许多恐怖袭击，但我们无法阻止所有这些攻击。恐怖分子在世界各地发起了袭击，从巴厘岛到别斯兰，再到巴格达。

虽然我们有效地改进了空中、陆地、海上和边境安全，但美国本土并未免于遭受恐怖攻击的威胁。

恐怖分子已宣称，他们有意获取并使用大规模杀伤性武器，针对美国、美国的盟友与伙伴，及其在世界各地的其他利益发动更具灾难性的袭击。

诸如叙利亚和伊朗之类的国家，仍在继续包庇藏匿于其境内的恐怖分子，或是资助其境外的恐怖活动。

正在伊拉克境内进行的自由之战已经和恐怖分子的宣传交织在一起。

对于互联网和媒体的娴熟应用使得我们的敌人可以进行沟通、招募、训练、集结、布道、扩大宣传而无需面临个人接触的种种风险。

当前的恐怖分子

美国及其伙伴仍在继续追剿已明显退化但依旧危险的“基地”组织网络。不过，美国今天在反恐战争中面对的敌人，并不是9月11日面对的同一个敌人。我们行之有效的反恐努力已经部分地迫使恐怖分子进行演化，以改变其活动方式。我们对敌人的理解也在发生变化。今天，美国面临的主要恐怖主义敌人是极端主义组织、网络和个人的跨国运动，包括其背后的国家和非国家支持者。它们共同利用伊斯兰教，并将恐怖主义用于其意识形态目的。

这种跨国运动并不是单一的。虽然“基地”组织曾经并依然是此类运动的先锋队，“基地”组织及其附属机构，以及受其启发的附属组织是恐怖主义敌人最为危险的体现，但这一运动并不受任何个人、团体或国家的控制。推动此类跨国运动走向联合的因素是一个共同的愿景，即一个关于世界本质和命运的共同看法，以及一个引入极权统治的共同目标。换言之，驱动这一运动走向联合的动力在于压迫、暴力和仇恨的意识形态。

我们的恐怖主义敌人利用伊斯兰教服务于一个暴力的政治愿景。在激进意识形态和错误信念的推动下，美国被当成了导致今天穆斯林世界大多数问题的根源。我们的敌人试图驱逐穆斯林世界中的西方势力及其影响力，并基于一个暴力的、缺少宽容的、遭到歪曲的伊斯兰教建立政权。正如塔利班统治的阿富汗所表明的那样，这些政权会否认所有的政治和宗教自由，并作为极端分子的庇护所。它不仅向美国及其盟友发起袭击，还向穆斯林世界本身发起进攻。敌人当中的一些人，特别是“基地”组织，拥有更大的领土和地缘政治野心，其旨在建立一个从西班牙到东南亚的单一的泛伊斯兰极权主义政权。

这个敌对运动试图制造并利用穆斯林与非穆斯林之间，以及穆斯林世界内部的分裂。恐怖分子将圣战思想歪曲为对被其认为是“叛教者”或“非信徒”的暴力与谋杀，包括所有不同意他们的人。9 月 11 日以来的大多数恐怖袭击都发生在穆斯林国家，而且大多数受害者都是穆斯林。

除了这个主要的敌人外，其他一些组织和个人也利用对无辜平民的恐怖和暴力来实现其政治目标。他们的动机和目标可能有所不同，比如可能会包括更为狭隘的世俗性领土目标。但是，一旦其试图推翻公民秩序，并以冲突和不宽容取代自由的时候，就会威胁到美国与盟友的利益。其恐怖主义策略使其笃定会成为人类的敌人，无论其身在何处、目标是什么。

对于恐怖主义敌人来说，暴力不仅是正当的，而且是必要的，甚至是荣耀的，因为暴力被认为是实现仇恨、恐惧和压迫所掩盖的世界愿景的唯一手段。他们针对无辜群体使用自杀性爆炸、斩首和其他暴行，并以此作为促进其信仰的手段。这些敌人表现出对人类生活的漠视，对美国及其全球盟友造成灾难性损害的欲望，加剧了其获取大规模杀伤性武器的渴望。我们不能允许世界上最危险的恐怖分子和支持它们的政权用世界上最具破坏性的武器威胁我们。

对敌人来说，与那些不认同其扭曲的、暴力的世界观的人之间无法和平共处。他们不接受异议，也不能容忍别的观点。最终，我们所面临的恐怖分子将会威胁全球和平、威胁国际安全与繁荣，危及高涨的民主浪潮，乃至所有人免于无差别暴力恐惧下生活的权利。

反恐战争的战略构想

从一开始，反恐战争既是一场武装战争，也是一场思想之战——一场反对恐怖分子及其杀戮意识形态的斗争。在短期内，这场斗争涉及了所有国家权力和影响力的手段，以便杀死或俘获恐怖分子；拒绝其控制任何国家，并使之成为恐怖分子庇护所；阻止其获得大规模杀伤性武器；通过加强安全，使潜在的恐怖分子目标不那么有吸引力；切断其经营和生存所需的资金来源和其他资源。从长远来看，赢得反恐战争意味着赢得思想之战。思想可以将沮丧和失望转变为愿意杀害无辜者的凶手，或是变成在多元社会中和睦共处的自由人民。

思想之战有助于界定《打击恐怖主义国家战略》中的战略意图。美国将继续引领国际社会在反恐领域的广泛努力，追求一个双管齐下的愿景：

打败威胁自由、开放社会生活方式的暴力极端主义；

创造一个不适合暴力极端分子及其全部支持者的全球环境。

打赢反恐战争的策略

长期方针：推进有效民主

赢得反恐战争的长期解决方案是通过有效民主促进自由和人的尊严。选举是自由社会最明显的标志，可以在推进有效民主方面发挥关键作用。然而仅靠选举是不够的。有效的民主制度尊重和维护基本人权，包括宗教自由、良知、言论、集会、结社和新闻自由。这些制度将会呼应公民诉求，服从人民意愿。有效的民主制度还将在其边界内行使有效的主权，维持社会秩序，和平地处理导致冲突的原因，保护独立和公正的司法制度，惩治犯罪、拥护法治并抵制腐败。有效的民主制度还将限制政府权力，保护公民社会组织。在有效的民主制度中，自由是不可分割的。它们是当今恐怖主义意识形态的长期解药。这就是思想之战。

为了有效地进行思想领域的斗争，我们必须认识到何者会导致恐怖主义：

恐怖主义并不是贫穷的必然副产品。“9·11”劫机者当中，有许多来自中产阶级，许多像拉登这样的恐怖分子头目来自有教养的特权阶层。

恐怖主义不只是对美国伊拉克政策敌意的结果。美国在9月11日和多年前遭到的恐怖袭击，均早于推翻萨达姆·侯赛因政权。此外，没有参加伊拉克军事联盟的国家也未能幸免于恐怖袭击。

恐怖主义不仅仅是巴以问题的结果。“基地”组织策划的“9·11”袭击始于20世纪90年代，当时正值中东和平进程的活跃时期。

恐怖主义不仅仅是对我们防止恐怖袭击的努力的回应。早在美国瞄准“基地”组织之前，“基地”组织网络就已经瞄准了美国。事实上，恐怖分子的底气更多地源于对弱点而非示强的认知。比如，恐怖分子往往会引诱那些潜在的招募者，告诉他们美国人不仅颓废且容易受到威胁，在受到攻击时会撤退。

我们今天面临的恐怖主义源于：

政治异化。跨国恐怖分子是从那些在本国政府中没有发言权的群体中招募而来，他们找不到促进本国变革的合法途径。如果其与现有秩序无关，他们就很容易受到那些主张基于暴力和破坏的非正当性政治愿景的人所操纵。

可以归咎于他人的冤情。恐怖分子把所感受到的和看到的失败都归咎于其他人，以及近期或遥远的过去所感觉到的不公正。恐怖分子的言辞将会不断地揭开过往的伤疤，而这正是导致复仇和恐怖的强大动力。

关于阴谋和造谣的亚文化。对于那些身处阴谋论盛行、已被虚假信息污染的世界中的人群而言，恐怖分子的招募政策会更为有效。此类扭曲将会过滤出挑战民众偏见的事实，使冤屈情绪继续存在，进而自我服务于恐怖组织的宣传。

使谋杀合法化的意识形态。恐怖主义最终依赖于其意识形态诉求，即借口、甚至美化蓄意滥杀无辜的意识形态。伊斯兰教被扭曲以服务于这一邪恶目的。在其他时间和其他地点，其他宗教也曾遭到类似的滥用。

从长远看，打败恐怖主义要求化解上述因素中的每一个。有效的民主制度为消除上述各个因素提供了机会，它减少了可被恐怖分子利用的基本条件。

作为政治异化的替代者，民主制度使每一个人成为社会的主人，并为之提供了塑造其未来的机会。

作为对腐败怨愤的替代，民主制度提供了法治、和平解决争端，以及通过妥协促进利益的习惯等。

作为阴谋论和造谣文化的替代者，民主制度提供了言论自由、独立媒体和思想市场，使之能够揭露那些虚假的、不诚实的偏见和宣传。

关于使谋杀合法化的意识形态，民主制度尊重人的尊严，憎恶蓄意针对无辜平民的袭击。

民主是恐怖主义暴政的对立面，这就是为什么恐怖分子谴责民主，并试图通过杀死无辜以阻止民主制度的原因。民主以赋权为基础，而恐怖分子的意识形态建立在奴役之上。民主国家扩大公民自由，而恐怖分子试图将一套狭隘的信仰强加给民众。在民主制度下，个人在价值和尊严上是平等的，具有创造、管理自己，以及行使言论和良知等基本自由的内在潜力。恐怖分子把个人看作被剥削对象，然后进行统治和压迫。

民主国家并不能免于恐怖主义。在一些民主国家，一些民族或宗教团体无力或无意抓住自由的好处，尽管自由在这些社会中唾手可得。这些团体可以证明，在非民主国家，跨国恐怖分子是如何利用了这种异化和绝望。这就解释了何以在民主社会中也会出现土生土长的恐怖分子，甚至是在第二代和第三代公民当中。即便如此，长期解决办法仍然是深化民主，使所有公民都能享受到民主的好处。我们将继续防范美国本土出现土生土长的恐怖分子。

打击恐怖分子意识形态背后的谎言，并阻止其进一步招募新人的策略即在于赋予恐怖分子最想利用的民众以力量，这些民众都是伊斯兰教的忠实追随者。我们将继续支持政治改革，使和平的穆斯林能够阐释并践行其宗教信仰。我们将努力破坏伊斯兰暴力极端主义的意识形态基础，争取全球非暴力的穆斯林群体的支持。其中，最为关键的工作在于伊斯兰世界内部，约旦、摩洛哥和印度尼西亚等国已经在这一努力中取得重大进展。负责任的穆斯林领袖需要谴责此类意识形态，它歪曲并利用了伊斯兰教来证明其滥杀无辜的正当性，它玷污了这个令人引以为傲的宗教。

很多穆斯林已经承担了巨大的个人风险。他们知道，自己已经成为此类恐怖主义意识形态的目标。在我们打击恐怖主义的每一个角落，这些穆斯林盟友都和我们站在一起，成为这一重要事业的合作伙伴。他们知道其中的利弊所在，因为这攸关自由的存续、本地区的未来，以及自身传统中的正义和人性。美国自豪地与它们站在一起。我们不仅会继续支持海外穆斯林伙伴反对暴力极端主义，还将继续参与并加强美国境内穆斯林的努力。通过推广计划和公共外交，我们将揭开恐怖分子暴力极端主义意识形态的面纱——它是继法西斯主义和纳粹主义之后的一种极权主义形式。

短期方针：四个优先行动事项

通过民主促进自由、机会和人的尊严是当今跨国恐怖主义运动的长远解决之道。为了创造时间和空间，使这一长期解决方案能够落地生根，我们将在短期内采取四个优先行动事项。

防止恐怖网络攻击

对政府而言，再没有比保护公民生命和生计更为重要的义务。对于恐怖分子当中的那些无法被慑止或无法被改变的死硬分子，我们将会追踪、抓获并击毙他们。他们赖以生存和活动的网络将会被切断，正是这些个人、机构和其他资源为之提供了恐怖活动所需的支持。与此相应，这些网络也将会被破坏和禁用。我们与做出承诺的全球伙伴合作，继续在国内外使用广泛的工具和恐怖分子作斗争。拒绝其进入美国，阻止其跨越国际边界移动，并建立保护措施，以进一步减少我们遭受攻击的脆弱性。

打击恐怖分子及其行动能力。美国与伙伴国将继续对主要的恐怖主义敌人和其他特定的极端暴力组织采取积极有效的措施，后者也构成了持续的严重威胁。我们正在打击这些恐怖分子，及其在国内外有效运作的能力。具体而言，我们将通过使用全部国家力量，阻止并消除恐怖分子生存和运作所需要的东西。

领导者，为其追随者提供奋斗目标的人。他们还提供完成既定目标或任务的必要指导、纪律和动力。大多数恐怖组织都有一个能体现其诉求的核心人物，此外还会有一些基于职能、区域或当地情况提供指导的行动头目或管理人员。领导者的损失会降低恐怖组织的凝聚力，在某些情况下还会导致该组织瓦解。其他恐怖主义组织则通过提拔有经验的干部，或是分散其指挥机构来适应我们的反恐战争，从而使我们面临更大挑战。

士兵，包括恐怖网络中的操作员、协调员和培训人员。他们是恐怖组织的生命线，因为这些人维持着恐怖网络的运行。技术和全球化提高了恐怖组织招募士兵的能力，包括一些受过良好教育的新兵。美国与伙伴国将继续抓捕并击毙这些恐怖组织当中的走卒，还将努力阻止更多新人加入恐怖组织。如果没有新人持续加入并实施攻击，这些恐怖组织最终将停止运作。

武器，这是恐怖分子的工具，也是恐怖分子为实现其诉求进行杀戮的手段。恐怖分子利用各种途径发展和获取武器，包括通过其国家支持者、盗窃、缴获乃至从黑市上购买。恐怖分子利用现有技术，比如炸药、轻型武器、导弹和其他装置，通过常规和非常规的方式进行恐吓，制造大规模恐慌。他们还使用非武器技术作为武器，如“9·11”事件中的飞机。不过，我们最关切的是大规模杀伤性武器掌握在恐怖分子手中。防止其获取并使用大规模杀伤性武器，是本战略的一个重要优先事项。

资金，它提供了便于携带、交换方面的手段，使恐怖组织能够获得生存和行动所需的各种物质支持。恐怖分子通过各种手段筹集资金，包括向支持者、商业活动、非政府组织和慈善机构征集捐款，从事诈骗、敲诈勒索和索取绑架赎金等犯罪活动。恐怖组织通过多种机制转移资金，包括正式的银行系统、电汇、借记卡或智能卡，现金快递、以及“哈瓦拉”系统，后者是建立在信任基础上的替代性汇款系统。有效地切断这些资金来源并中止资金转移机制，可以帮助美国及其伙伴国遏制恐怖网络所需的物质支持。

通信，它使恐怖分子具备了接收、存储、操纵和交换信息的能力。恐怖分子交流信息的方法多种多样。他们依靠信使面对面地交流，并倾向于使用能够在当地接触到的、负担得起的交流方式。恐怖分子还使用了当今日益复杂和敏锐的信息技术。在互联网领域尤其如此，他们利用互联网制造信息、开展宣传、招募新人、筹集资金和其他资源、提供武器与战术指导，并策划恐怖行动。如果没有这些信息交流能力，恐怖组织就无法有效地开展行动，实施攻击或传播其意识形态。美国与盟友将继续瞄准恐怖分子的通信节点。

宣传行动，恐怖分子用它来为其暴力行为辩护，并鼓励个人支持或加入恐怖组织。借助互联网和全天候的世界媒体报道，恐怖分子能够增加自己的知名度。同时，向全球各地的潜在被招募者持续不断地灌输激进意识形态、被扭曲的图像和阴谋论。除了获得全球影响力外，这些技术还可以让恐怖分子迅速宣传其信息，通常在我们针对恐怖主义的信息进行有效反击之前已经完成。可以说，这些技术成了恐怖分子的力量倍增器。

拒绝恐怖分子进入美国并阻止其开展国际旅行。拒绝恐怖分子在美国出入境或使用国际旅行工具将会减少其流动性，降低其开展活动的效能。他们依靠非法网络为旅行提供便利，并经常通过盗窃或内部伪造业务获取虚假身份证件。我们将沿着我们的边界、港口、公路、铁路、天空与国际合作伙伴建立分层保护体系，继续加强美国人民的安全。我们将继续发展和加强安全实践和技术，以减少动态交通网络的脆弱性，抑制恐怖分子越过美国边界，并侦测和防止恐怖分子在美国境内旅行。我们的努力将包括改进航空安全的各个方面；促进安全的旅行和证件识别；改善旅行便利网络；改善边境安全和签证审查；构建国际能力并改善国际信息交流，以确保旅行和打击恐怖分子流动。打击恐怖主义旅行的国家战略和海上国家安全战略将有助于指导我们的努力。

保护潜在的攻击目标。恐怖分子是机会主义者，如果被攻击目标加强了安全举措，他们就会寻找新的替代并利用其脆弱性。至少从“9・11”以来，恐怖袭击目标开始远离了“硬”场所，比如具有强大安全性的官方设施。其袭击目标已经日益转向“软”目标，比如学校、餐馆、礼拜场所和公共交通枢纽，这里都是无辜平民聚集的地方，而且并不总是安全的。尽管具体目标各不相同，但这些目标往往具有象征性。恐怖分子之所以选择袭击这些目标，是因为这会造成大规模伤亡或经济损失，或兼而有之。

尽管不可能始终保护所有潜在目标，但我们可以威慑并破坏此类攻击，包括在国内外改进战略性安全举措，减少恐怖事件发生后所造成的影响。其中，最重要的防御性工作是保护关键基础设施和关键资源，比如能源、食品、农业、水、电信、公共卫生、交通运输、国防工业基地、政府设施、邮政、航运、化学工业、应急设施、纪念碑、地标建筑、信息技术、水坝、商业设施、银行、金融设施、核反应堆、核材料与核废物。这些系统和资产是如此重要，以至于它们一旦被毁或失去功能就会对国家安全造成破坏性影响。我们还将继续保护各种资产，如历史景点或某些影响较大的事件，对这些目标的破坏或袭击不一定会削弱我们的国家安全，但会损害美国民众的士气和信心。除本土外，我们还将继续保护和捍卫海外美国公民、外交使团和军事设施。同时，增强美国盟友与伙伴国保护本国民众和关键基础设施的能力。

拒绝流氓国家及其恐怖主义盟友寻求使用大规模杀伤性武器

恐怖分子手中的大规模杀伤性武器是我们面临的最严重威胁之一。我们将采取主动措施，阻止恐怖分子获得与大规模杀伤性武器相关的材料、设备和专业知识。我们将通过各级政府、私营部门和外国合作伙伴的综合努力来加强这些活动，以抢在这一威胁成为现实之前阻止其发生。2006 年

7月，美国和俄罗斯发起了《打击核恐怖主义全球倡议》，以建立一个深化合作、构建能力并打击全球核恐怖主义威胁的国际架构。这一举措将有助于推动国际合作重点及其行动，以确保国际社会尽一切可能防止核武器、核材料与核知识落入恐怖分子之手。

我们应对大规模杀伤性武器恐怖主义的综合政策取决于6个目标，我们将同时努力实现所有目标，以最大限度地发挥消除威胁的能力。

确定恐怖分子发展或获取大规模杀伤性武器的意图、能力和计划。我们需要了解和评估有关威胁报告的可信度，并对恐怖分子的大规模杀伤性武器能力进行技术评估。

拒绝恐怖分子获得发展大规模杀伤性武器所需的材料、专业知识和其他能力。我们在全球范围内采取了一种积极立场，以拒绝恐怖分子获得与大规模杀伤性武器相关的材料（尤其是武器级核裂变材料）、专业制造知识、运输方法、资金来源，以及有利于造成大规模杀伤性武器攻击的其他能力。除了巩固现有核材料保护措施外，我们正致力于开发融合了传统的反扩散、防扩散和反恐政策的创新路径。

阻止恐怖分子使用大规模杀伤性武器。一项新的核威慑算计应当考虑阻止恐怖分子及其支持者使用大规模杀伤性武器进行攻击的必要性。如果没有成效，则应阻止其发动实际攻击。传统威胁可能行不通，因为恐怖分子漠视无辜者的生命，有时候甚至无视其自身的生命。我们需要针对不同局势和对手量身定制出一系列威慑战略。我们应当明确指出：无论是恐怖分子，还是援助或支持进行大规模杀伤性武器攻击的人，任何使用此类武器者都将面临我们的压倒性反击。我们将通过增强自身能力来劝阻涉及大规模杀伤性武器的恐怖袭击，减轻此类恐怖袭击所造成的危害，比如限制或防止造成大面积伤亡、出现经济中断或社会恐慌。最后，我们将确保具有确定任何袭击来源的能力，以及不容置疑地应对任何恐怖袭击的决心，这一点已经广为人知。

检测并阻止恐怖分子企图转移与大规模杀伤性武器有关的材料、武器和人员。我们将加强在全球范围内侦测非法材料、武器和人员的国际转移，包括流向美国或美国海外利益的能力。我们将充分利用全球伙伴关系、国际协议，持续的边界安全与拦截努力。我们也将继续与其他国家合作，对走私大规模杀伤性武器和相关的可疑活动进行严惩。

防止并应对与大规模杀伤性武器有关的恐怖袭击。一旦探知大规模杀伤性武器袭击美国的可能性，我们将设法遏制、阻止并消除此种威胁。我们将继续发展必要的能力，以消除出现大规模杀伤性武器行动的可能性，并防止可能发生的后续袭击。我们将发展相应的能力，为可能发生的大规模杀伤性武器事件做好准备，以管理针对美国或其全球海外利益的袭击可能导致的一系列后果。

确定恐怖分子所使用的大规模杀伤性武器的性质和来源。一旦发生使用大规模杀伤性武器的恐怖袭击事件，迅速查明恐怖袭击来源和实施者对于有效应急并阻止后续袭击至关重要。通过准确归因，也即技术性地取证数据和情报、执法信息的快速融合，我们将形成认定那些图谋或实际使用大规模杀伤性武器责任的能力。

拒绝流氓国家对恐怖分子的支持和庇护

美国与反恐战争中的盟友和伙伴国并未区分恐怖分子和它们的支持者与庇护者。任何选择与恐怖分子为伍的政府都将成为自由、正义与和平的敌人。世界各国也将会对这些政权另眼相看。为了打破流氓国家与恐怖主义敌人之间的纽带，我们将努力阻止资源从国家向恐怖分子流动，同时致力于终止一些国家对恐怖主义的赞助。

终止国家对恐怖主义的赞助。国家资助者是恐怖分子的一个重要资源，它们经常会为之提供资金、武器、训练、安全通道和庇护所。其中一些国家已经拥有大规模杀伤性武器，或是具备发展此类武器的能力和不稳定的技术，这些都有可能落入恐怖分子之手。美国目前认定了 5 个资助恐怖主义的国家，即伊朗、叙利亚、苏丹、朝鲜和古巴。美国将继续维持对这些国家的制裁，促进其国际孤立，直到它们停止对恐怖分子的支持和庇护。为进一步孤立这些政权，并说服其他国家不赞助恐怖主义，美国将采取一系列努力，包括将恐怖主义“去合法化”作为一种政策工具。任何国际恐怖主义行为，无论其实施者来自国家还是个人，都应遭受谴责，都是对国际和平与安全的一种威胁，都应当被明确、一致地予以拒绝。同样，那些庇护、帮助恐怖分子的国家也和恐怖分子一样罪孽深重，并将被追究责任。

伊朗仍然是支持国际恐怖主义最为积极的国家。德黑兰政权通过其伊斯兰革命卫队和情报与安全部门策划恐怖行动，支持黎巴嫩真主党、哈马斯和巴勒斯坦伊斯兰圣战组织（PIJ）等。伊朗仍然不愿将2003年拘留的“基地”组织高级成员绳之以法。最为令人不安的是，德黑兰与潜在的大规模杀伤性恐怖主义之间存在联系。叙利亚也是一个支持恐怖主义的重要国家，因此是值得关注的优先事项。大马士革政权支持真主党、哈马斯和巴勒斯坦伊斯兰圣战组织，并为之提供了庇护所。我们将继续与伊朗和叙利亚人民站在一起，反对在国内压迫他们而在国外资助恐怖主义的政权。

虽然伊朗和叙利亚的恐怖活动特别令人担忧，但我们正在敦促所有资助恐怖主义的国家采取必要步骤，以撤销对其指控。每种情况都是独一无二的，我们针对每种情况的处理方式也会因地制宜。而且，我们将永远不会取消那些反对暴政和恐怖主义联盟成员的资格。随着伊拉克向民主国家过渡并停止支持恐怖主义，关于其作为资助恐怖主义国家的指控已在2004年被取消。如今，伊拉克已经成为反恐战争中的一个盟友。同样，美国还在2006年6月撤销了对利比亚的指控。9月11日以来，在应对我们共同面临的全球新威胁方面，利比亚与美国和其他国家开展了非常出色的合作。利比亚通过拒绝恐怖主义而重新加入国际社会，堪称世界各国的典范。

阻止资源从流氓国家流向恐怖分子。在我们消除一些国家对恐怖主义的资助之前，我们需要阻止并中断各国向恐怖分子提供支持。我们将继续创造并加强国际意愿，以阻止对恐怖主义的物质支持。这一点类似于我们在防扩散安全倡议方面所做的努力，后者是一项全球性努力，其旨在制止大规模杀伤性武器及其运载系统和相关材料的运输。我们将建立国际合作，在经济上孤立无赖国家及其恐怖分子代理人。我们还将继续揭露这些国家用来支持其恐怖分子代理人的渠道和幌子。

拒绝恐怖分子控制任何国家，并将其用以发动恐怖袭击的基地和平台

恐怖分子正在努力寻求一个战略性国家作为其恐怖活动的庇护所。通过这个基地，恐怖分子能够破坏中东地区的稳定，并利用其基地来袭击美国和其他自由国家。这是我们永远不能允许的。在开展“持久自由”行动之前，我们的敌人已在阿富汗建立了一个庇护所。如今，恐怖分子认为伊

拉克是他们与美国作战的核心阵地。这就是为什么帮助阿富汗和伊拉克人民建立有效民主对于反恐胜利至关重要的原因。我们将继续防止恐怖分子利用未开化地区或治理不善的地区作为庇护所，这些庇护所正是保证恐怖分子进行策划、组织、训练和筹备行动的安全空间。最终，我们将完全消除这些庇护所。

根除现实中的庇护所。这些现实中的庇护所可以跨越整个主权国家，或仅限于其他正常国家内部的特定未开化地区与治理不善地区，乃至超越民族国家疆界。在有些情况下，一些国家的政府希望对其领土行使更加有效的主权，维持其境内的控制权，但是缺乏必要的能力。我们将加强此类反恐战争伙伴的能力，通过高效率的警察、边界和其他安全部队，以及有效的司法制度，来恢复对其领土的全面控制。为了进一步打击恐怖分子，防止其利用这些治理不善的地区，我们将促进有效的经济发展，以确保这些地区的长期稳定与繁荣。在一些失败国家，或是从冲突中产生的国家，风险也非常之大。一些浑水摸鱼者将利用不稳定的局势为恐怖分子营造条件。美国将会与外国伙伴、国际组织继续合作，通过帮助有关国家构建和平行动、经济重建及稳定的能力，以阻止暴力冲突并应对国家治理的失败，从而使这些转型国家能够走上可持续的和平、民主和繁荣之路。如果这些现实中的恐怖分子庇护所跨越了民族国家界限，那么我们将会继续和受到其影响的国家开展合作，以帮助这些国家建立有效的跨境管制。然而，也有一些国家不愿履行其作为主权国家的责任，不愿打击其境内的恐怖主义活动。除了开展合作与可持续的外交之外，我们还将继续与国际社会合作，说服各国遵照联合国安理会第 1373 号决议，履行其打击恐怖主义并拒绝为之提供庇护的义务。

不过，安全庇护所并不限于地理层面。它们也可以是虚拟的、非物理层面的，也可以存在于法律、金融系统和网络空间当中。

法律上的庇护所。一些法律制度缺乏足够的程序性、独立性及国际援助法律，以便对恐怖分子进行有效的调查、起诉和引渡。这种差距使恐怖分子与恐怖组织能够免于被起诉，为其提供了一个法律上的庇护所。在美国，我们在保护个人隐私，维护《宪法》第一修正案中规定的结社权利、宗教自由、言论自由等公民权利的同时，还制定了可以对恐怖活动进行有效调查和起诉的国内法律制度。我们将继续与外国伙伴合作，协助其建立调查、起诉及帮助别国指控各种恐怖活动的法律能力，这些恐怖活动涵盖了从提供物质支持到密谋策划，再到行动计划和执行恐怖袭击等各个环节。

网络中的安全庇护所。互联网为恐怖分子提供了廉价、匿名、没有地理限制，而且基本上不受监管的虚拟天堂。恐怖分子利用互联网开展宣传、招募新人、筹集并转移资金、对其成员进行武器操作与战术培训，并策划行动。无论这些恐怖分子身在何处，他们都可以使用世界上任何地方的虚拟庇护所。不过，使用互联网也为我们提供了可资利用的机会。为了打击恐怖分子以互联网作为虚拟的安全庇护所，我们将通过推广真实、和平的信息来抵消恐怖分子的宣传。我们最终会设法阻止互联网成为恐怖分子的安全庇护所，防止其利用互联网开展宣传、传教、招募、筹款、培训和行动策划等。

金融性的安全庇护所。金融系统也被恐怖组织用作财政庇护所，以存储、转移支持其生存和运营的资金。恐怖组织使用了各种金融系统，包括正规银行、电汇、借记卡和其他储值卡，网上价值储存和转移支付系统，以及非正式的“哈瓦拉”系统和现金快递。恐怖组织之所以能够利用这些金融系统，要么是金融机构蓄意共谋，要么是实践中监管不善的结果。在国内，我们通过颁布有效的管理规定，要求金融机构举报可疑交易，并建立了有效的公私伙伴关系，加强了美国金融体系以防止被恐怖分子滥用。我们将继续与外国伙伴开展合作，确保其制定并实施与我们类似的金融机构管理法规。我们将通过《第 13224 号行政命令》《爱国者法案》第 311 条，联合国安理会《第 1267 号决议》以及其他后续决议，继续执行对国内外恐怖分子的认定及有针对性的制裁制度。这些工具可以识别、隔离那些构成恐怖分子网络或促进其活动的参与者。

使长期成功战略制度化

反恐战争将是一场漫长的战争。不过，我们曾经被动员起来赢得过其他的长期战争，我们能够并且会赢得这场战争。在冷战期间，我们创建了一系列国内和国际机构，以及长期伙伴关系，以打败共产主义的威胁。今天，我们需要类似的结构转型来推进反恐斗争，并确保我们赢得最终成功：

建立和维护国际责任标准。拥有主权权利的国家也同样负有主权责任，包括打击恐怖主义的责任。在打击恐怖主义方面，国际社会已经制定了一系列国际义务。联合国主持制定了12 项反恐怖公约和议定书，以及各种有关反恐的安理会决议。其中包括联合国安理会第1373 号决议，该决议规定所有成员国有义务打击并防范恐怖主义融资、改善边境管制、加强信息共享与执法合作，打击恐怖分子招募并拒绝成为其避难所。

八国集团（G8）以及其他多边和区域合作机构也在制定具有里程碑意义的反恐标准和最佳做法，其中一些做法已被国际标准制定组织所采纳。但是，我们的义务并不是静止不变的。我们将与伙伴国合作，更新并调整国际义务，以适应恐怖分子和威胁特征的演变。美国将努力确保每个国家都愿意并能够履行其反恐责任。最后，我们不仅会持续监测美国与国际社会是否达到了这些标准，而且会评估我们是否通过单独或集体方式实现了目标。

加强联盟和伙伴关系。“9·11”事件以来，通过有效的伙伴关系，美国取得了打击“基地”组织和其他恐怖组织的重要成就。未来反恐成功取决于一个强大的国家间反恐联盟的行动，取决于维持一个各国联合反恐战线，包括国际海事组织、国际民用航空组织等在内的多边组织，以及亚太经济合作组织、美洲国家组织、北约、欧盟、非盟、东盟等区域组织都是这一反恐战线中的关键要素。

我们将确保这种国际合作是长期反恐战争中的一个持久性特征。我们将继续充分利用这些机构和组织的比较优势，发挥各自在反恐方面的优势，比如从制定标准到形成区域战略，再到为培训、教育提供论坛等。事实上，这项努力的一个重要部分在于扩大伙伴关系的能力。我们正在各个反恐领域帮助这些外国合作伙伴建立相应的能力，比如加强其在反恐领域的执法、情报和军事行动能力。通过提供培训、装备和其他援助，美国和那些有能力、有愿意的国家及国际组织一起，加强全球反恐伙伴的各种能力，比如打击恐怖分子、拒绝对恐怖分子的资助、剥夺其行动自由、保护关键基础设施、阻止恐怖分子获得大规模杀伤性武器和庇护所。最终，我们的合作伙伴必须齐心协力，为应对恐怖主义挑战提供适当的国际、区域和当地解决方案。

加强政府部门和机构间协作。“9·11”事件后，通过制定明确的国家优先事项，以及围绕实现这些优先事项的政府转型，美国强化了自身反恐制度和各个政府机构间的合作。我们建立了国土安全部，22 个联邦实体在这一机构下运作。这些机构在阻止美国本土发生恐怖袭击、减少美国对恐怖主义的脆弱性、使恐怖袭击的损失最小化，并在恐怖袭击后快速恢复过程中发挥着重要作用。我们重组了美国情报机构，设立了国家情报总监（DNI），以便使整个情报系统更加统一、协调、高效。国家情报总监还建立了一个新的公开情报来源中心，以协调公开的情报来源，并确保这些信息能够被整合到情报产品中去。

此外，美国还设立了一个国家反恐中心（NCTC），这是一个专门分析、整合所有关于恐怖主义情报，包括美国国内外利益所面临威胁的跨机构中心。国家反恐中心还负责制定、实施和评估实现反恐目标的战略行动计划的有效性。与此同时，美国还建立了一个国家反扩散中心来管理、协调上述领域的规划和活动。

这一转型还扩展到了联邦调查局，后者在诸如《爱国者法案》等新立法的帮助下，与情报部门进行了更好的整合，重新聚焦于预防恐怖主义，《爱国者法案》等则为其完成这一使命提供了重要工具。中央情报局也实现了转型，以便履行为美国情报机构所有海外人力情报行动提供总体指导与协调的职能。此外，财政部还设立了恐怖主义和金融情报办公室，通过相关情报和工具将美国武装起来，以削弱全球恐怖主义的金融基础。

国防部也正在准备迎接一系列更为广泛的非对称性挑战。它采取的措施包括重构相关能力、重新部署全球美军、改组军队，以更好地在反恐战争中进行部署。这些措施还包括大力扩充特种部队，增强部队进行非正规作战行动的能力，并启动了二战结束以来规模最大的全球军事力量重新部署。

国务院正在实施一项新的对外援助框架，以确立更加一致、更为融合的战略方向和战术计划，应对包括恐怖主义在内的短期和长期挑战。国务院正在重新部署其国内外雇员，以更好地推动美国的政策和利益，对当地和地区局势产生更为直接的影响。这种外交转型使国务院能够与世界各地的伙伴国一道，建设并维持民主、良治的国家，回应这些国家民众的需求，并在国际体系中负责任地行事。

我们将继续维持仍在进行当中的这些机构改革。此外，我们还将继续建立并强化一个涵盖整个反恐体系的联合团队，这一努力的关键要素在于促进“联合”。如果可行，我们还将在与反恐有关的职务中增加一些跨部门和跨机构的人事任命。这将有助于打破组织壁垒，促进思想交流，更有效地开展反恐实践。

培养智力和人力资本。为了更好地与恐怖主义和导致恐怖主义的极端主义思想开展长期斗争，我们将组建一个反恐专业人士的专家群体。美国将继续开展系统的计划和项目，促进反恐相关领域专业人士的发展和教育。我们将大大扩展现有的课程计划，使之不仅包括反恐政策、计划、规划、战略和法律方面的培训，还包括适当的区域研究、宗教哲学和语言方面的继续教育。我们将确保各级政府中与反恐有关的所有人员都能受邀参与。

不过，此类教育项目并不局限于目前的反恐人员。我们将支持整个教育系统开展多学科研究，以建立一个关于未来反恐人才招聘的知识库。最近的《国家安全语言倡议》是向前迈出的重要一步，这将有助于强化从幼儿到正规学校，乃至在职期间的美国外语教育。我们培育智力和人力资本的努力还将超越国界。我们将和国际伙伴一起，在各种学术性和非政府论坛中讨论并深化对所面临的重要反恐挑战的认识。

在反恐战争中，从联邦、州、地方政府到私营部门，以及当地的社区和公民等，举国上下都需要在一种“准备文化”当中帮助创建并分担责任。此类“准备文化”适用于所有灾难和威胁，无论其是自然的还是人为的。它主要基于四项原则：共同承认未来发生灾难的确定性，建立一个“准备好”的国家将是一项长期挑战；社会各级倡议和问责制的重要性；公民和社区在准备过程中的角色；最后是各级政府和私营部门在创建一个“准备好”的国家中的作用。在保护和捍卫美国本土的广泛努力当中，基于伙伴关系、共同目标和共同责任而建立的“准备文化”将是最深刻、最持久的转变。

结 论

“9·11”袭击以来，美国已变得更加安全，但我们还不安全。我们已经做出了很多努力，削弱了“基地”组织及其分支机构，降低了恐怖主义的合法性。美国的穆斯林伙伴正在反对那些试图用其宗教来为暴力和极权主义世界观辩护的人。我们大大扩展了反恐联盟，将老对手变成了反恐战争中新的重要合作伙伴。我们已经将5000多万阿富汗人和伊拉克人从专制主义、恐怖主义和压迫之中解放出来，使这两个国家举行了有史以来的第一次自由选举。此外，我们还改变了政府机构和组织架构，以进行一代人的反恐斗争。未来美国仍将面临挑战，但我们将会与伙伴国一道打击恐怖主义及其意识形态，为世界人民带来希望和自由。这就是我们赢得未来反恐战争之道。

附录七　国家反恐战略（2011）

白宫

2011 年 6 月

目　录

序言

前言

国家反恐战略概述

面临的威胁

指导反恐工作的原则

坚持美国的核心价值观

建立安全伙伴关系

合理地利用反恐工具和能力

建立一种抗灾文化

总体目标

重点关注区域

美国本土

南亚："基地"组织及其附属组织和追随者

阿拉伯半岛："基地"组织与阿拉伯半岛"基地"组织

东非地区：东非“基地”组织和“青年党”
欧洲
伊拉克：“基地”组织伊拉克分支
马格里布和萨赫勒地区：伊斯兰马格里布“基地”组织
东南亚：“基地”组织及其附属组织和追随者
中亚：“基地”组织及其附属组织和追随者
信息和观念：“基地”组织的意识形态、信息传播及共鸣

其他值得关注和重视的恐怖主义问题

结语

序　言

在临近“基地”组织对美国发动“9·11”袭击10周年之际，正是我们铭记打击“基地”组织所取得的进展，并致力于迎接未完成的挑战之时。在“9·11”事件发生后的十年里，我们大大加强了自身防御能力，建立了一个牢固的国际反恐联盟。在过去两年半中，我们以迅雷不及掩耳之势清除了许多的“基地”组织头目。反恐效率超过了“9·11”以来的任何时候，其中包括奥萨马·本·拉登，他是“基地”组织唯一公认的领导人。因此，我们现在有机会抓住一个转折点，来打击、瓦解并最终消灭“基地”组织。

尽管我们取得了成功，但我们仍然面临着来自“基地”组织及其附属组织和追随者的重大恐怖威胁。我们的恐怖主义对手已经显示出灵活性和适应性。因此，要击败他们，我们需要制定和采取一种更加灵活和具有适应性的战略。为了击败“基地”组织，我们必须明确和清晰地认识到我们正在与谁战斗，为我们在世界不同地区面临的具体挑战设定具体和现实的目标。当我们运用美国权力的每一个要素来对抗“基地”组织时，还需要一个符合我们作为一个国家和民族的核心价值观的战略，唯此才能取得成功。我很高兴地指出，下面介绍的反恐战略正符合这些要求。事实上，这份文件反映了自我就职以来美国政府所奉行的战略和政策。

然而，任何战略只有依靠负责执行这项战略的人才能发挥效用。在这方面，美国有幸拥有数千名出色的军事、情报、执法、国土安全和其他反恐专业人士，他们保护我们免遭恐怖袭击，帮助我们向“基地”组织发起战斗。近年来，我们在反恐事业中的进步证明了他们的勇气、奉献精神和专业精神。事实上，无论我们在未来几个月和几年里取得什么样的成果，肯定都要归功于他们的技巧和勇气。我谨代表美国人民，祝贺并感谢这些杰出的专业人士在保障所有美国民众安全方面所发挥的作用。同时，我也呼吁他们保持警惕，因为未来还有许多工作要做。

在我看来，作为美国总统，再没有比保护美国人民更大的责任了。尽管我们的国家安全面临着许多潜在威胁，但从“9·11”事件以来的10年中，“基地”组织已成为最大的恐怖威胁。今天，我们可以更加自信地说，我们已经让“基地”组织走上了失败之路。我们将坚定不移地推进当前的反恐任务，并认识到了未来面临的挑战。在完成这项事业之前，我们不会罢休。

巴拉克·奥巴马

2011 年 6 月 28 日

前　言

正如奥巴马总统在其2010年《国家安全战略》中所申明的那样：对他来说，再没有比确保美国民众安全更大的责任了。这份《国家反恐战略》阐述了我们对总统最高国家安全优先事项之一的处理方法：打击、瓦解，并最终消灭“基地”组织及其附属组织和追随者，以确保美国公民和利益的安全。

针对2001年9月的恐怖袭击，美国开始对策划和实施此次袭击的跨国恐怖组织“基地”组织进行全面打击。在“9·11”事件10周年纪念日临近之时，我们可以满怀信心地回顾我们的成就，并为美国的坚强感到自豪。我们阻止了又一场灾难性袭击在美国发生；美国公民没有让恐怖主义的幽灵扰乱他们的日常生活和社交活动；联邦政府努力在反恐行动中变得更加一体化、更加卓有成效；我们把反恐活动置于一个既不会主导美国民众生活，也不会阻碍我们追求广泛利益的位置上。

不过，为了回应美国及其全球盟友在反恐斗争中取得的成功，我们面临的最重要的恐怖威胁——“基地”组织及其附属组织和追随者也在不断演变。在阿富汗和巴基斯坦，我们的行动已经摧毁了“基地”组织大部分领导力量，并大大削弱了该组织。与此同时，近年来，对美国及其盟友造成威胁的来源已经部分地转向了外围，即与那些在巴基斯坦和阿富汗的核心组织互不相连的外围组织，包括一些在“基地”组织煽动下对美国境内目标发动袭击的蓄意行为。

因此，《国家反恐战略》提出我们要坚持的重点是向“基地”组织核心施压，同时强调建立国际伙伴关系和海外行动能力，以及增强自身恢复能力的必要性。与此同时，该战略还强调了我们要集中应对与“基地”组织有关的威胁，这些威胁将继续在其核心“庇护所”——南亚地区及其以外的地方出现。

2011年初以来，席卷北非和中东的社会变革，以及奥萨马·本·拉登的死亡，进一步改变了恐怖威胁的性质。尤其是在“基地”组织与其意识形态相关性进一步减弱的情况下。本·拉登不断呼吁通过暴力手段在阿拉伯世界进行政权更迭，并对美国及其盟友持续使用暴力，这和中东与北非地区的非暴力变革运动形成了鲜明对比。在短短几个月内，这些非暴力变革运动所实现的政治变革远远超过“基地”组织多年来的暴力行为。后者的暴力行为还造成了数千人死亡，其中大多数是穆斯林。我们支持中东、北非和世界各地人民希望在代议制政府领导下的和平与繁荣中生活的愿望，因为这和“基地”组织黑暗、失败的世界观形成了鲜明对比。

简言之，我们正在向“基地”组织施加有针对性的压力，其意识形态目前也处在极端压力之下。尽管如此，我们仍然对“基地”组织及其附属组织和追随者对美国的威胁保持高度警惕。正如《国家安全战略》所述，美国面对的是现实的世界，但我们也将采取一种战略来达成我们所寻求的世界。这一战略阐明了我们将如何在未来击败“基地”组织及其附属组织和追随者，他们的意识形态最终将与其创始人和领导人一样遭到同样的厄运。

国家反恐战略概述

这份《国家反恐战略》阐明了美国政府打击恐怖主义的方针，并确定了对于该战略成功至关重要的各种工具。该战略以过去的反恐战略和美国政府一直以来打击恐怖主义的办法为基础。同时，报告提出了一种比以往战略更有重点且更为具体的反恐方式。

美国有意使用“战争”这一词汇来形容我们对“基地”组织的无情打击。然而，本届政府明确表示，我们并不是在与恐怖主义战术或伊斯兰教进行战争。我们正在和一个特定的组织——“基地”组织作战。

美国反恐事业需要跨部门的、国际性的共同努力，它超越了传统的情报、军事和执法部门。我们正在进行一场广泛的、可持续的全面反恐斗争，它涉及了美国实力的各种要素，包括军事、民事和价值观的力量，以及盟国、伙伴国和多边机构的协同努力。这些行动还必须辅之以更广泛的能力，例如外交、经济发展、战略沟通和私营部门的力量。此外，根据我们的法律和价值观，行政部门将继续创造机会与国会合作，进一步赋予反恐专业人士必要的工具和资源，以最大限度地发挥我们的行动效力。

战略框架。该战略提出了我们的“总体目标”和实现这些目标的步骤。同时，还指出了一些“重点领域”，专门针对某些地区、领域和群体。这些领域和群体对于实现总统的反恐目标至关重要，即在保护美国民众的同时，破坏、瓦解和击败“基地”组织及其附属组织和追随者。

本战略中的“总体目标”清楚地表达了我们想要创造的最终成果，并说明了反恐战略的成功需要统一、持久的灵活行动。这项战略的成功还需要一定的耐心：尽管其中的一些成果可能在很多年里都无法实现，但它们仍将是美国实现“总体目标”的重点。

这项战略中的“重点区域”是指一些特定地区，以及本战略优先打击的“基地”组织附属团体。

面临的威胁

美国最突出的安全威胁仍然来自“基地”组织及其附属组织和追随者。

在“9・11”事件10年后，美国仍在与“基地”组织交战。尽管美国没有主动挑起这场冲突，但我们仍然承诺与世界各地的伙伴一起，打击、瓦解并最终消灭“基地”组织及其附属组织和追随者，确保美国公民和利益的安全。

本・拉登之死是我们打击“基地”组织行动中最重要的里程碑事件。我们击毙了“基地”组织的创始人和领导人，后者同时也是攻击美国及其海外利益的最有影响力的倡导者。但正如奥巴马总统所说：本・拉登之死并不意味着反恐工作的结束，也不标志着“基地”组织的消亡，它将继续袭击美国及其海外利益。

2001年以来，美国一直与全球伙伴一道，不断地向“基地”组织施加压力，破坏其恐怖阴谋，大大减少了该组织可获得的财政支持，并使其失去了重要的领导力量。尽管我们取得了许多成功，但“基地”组织仍能对美国构成直接的重大威胁。

除了策划并实施具体的恐怖袭击外，“基地”组织还试图激化针对美国和反恐联盟的更大范围的冲突。为了拉拢个人和团体以支持其恐怖主义诉求，“基地”组织利用了当地民众的不满情绪，宣传一种自说自话的历史和政治套路。该组织还利用对伊斯兰教的歪曲解释，为杀害无辜的穆斯林和非穆斯林群众制造借口。来自世界各地的各种信仰者一再明确地拒绝这种意识形态，这也是我们战略中的一个基本要素。

尽管残酷的战术和对穆斯林的大规模屠杀削弱了其吸引力，但在拉拢个人和其他激进组织以支持其恐怖事业方面，“基地”组织取得了一些成功。在其意识形态引起“共鸣”的地方，美国面临着一些来自团体或个人的不断演变的威胁。这些组织或个人接受了“基地”组织的议程，它们或是通过正式联盟，或是借助松散的隶属关系，乃至仅仅通过意识形态的激励与“基地”组织产生了“共鸣”。在“基地”组织核心领导层所在的阿富汗和巴基斯坦地区之外，隶属于该组织的“基地”组织运动也已扎根，这些地区包括中东、东非、西北非洲的马格里布地区和萨赫勒地区，以及中亚和东南亚等地。尽管这些组织千差万别，但它们都渴望推进“基地”组织的地区和全球议程，通过攻击美国和其他西方国家在该地区的利益，破坏其进行训练和行动所在的国家的稳定。在某些情况下，它们甚至还会策划针对美国本土的袭击。

沉溺于“基地”组织的意识形态，或许并不需要效忠于“基地”组织本身。那些同情或积极支持“基地”组织的个人可能会受到暴力行为的鼓舞，从而构成持续的威胁，即使他们很少或根本没有与“基地”组织进行过正式接触。全球通讯和连通使得“基地”组织可以轻而易举地煽动数百万人进行暴力活动，并为他们提供实施暴力活动的指导。正因为其领导层在阿富汗和巴基斯坦承受着巨大压力，“基地”组织开始越来越多地激励其他组织和个人以它的名义发动攻击。那些以往曾试图在美国发动攻击的人来自各种背景和出身，包括美国公民和具有不同程度海外关系和亲缘关系的个人。

除“基地”组织外，其他外国恐怖组织也威胁到了美国的国家安全利益。这些组织企图破坏美国盟友和伙伴国政府的安全与稳定、煽动区域冲突、走私毒品，或以其他方式推行不利于美国利益的议程。无论这些组织是否在全球开展活动，就像真主党或哈马斯那样，也不管其是否是针对国内目标的地方性恐怖组织，我们都将不遗余力地打击它们的活动，虽然我们避免将其与“基地”组织混为一谈。

指导反恐工作的原则

虽然那些威胁美国的恐怖组织远非铁板一块，但我们的反恐工作是以以下核心原则为指导的：坚持美国的核心价值观；建立安全伙伴关系；合理应用反恐工具和各项能力；建立抗灾文化。

作为一个国家，我们致力于维护我们最为珍视的价值观。这不仅是因为这样做是正确的，还因为这样做加强了国家的安全。遵守这些核心价值观，即尊重人权、促进良治、尊重隐私和公民自由、致力于安全和决策透明，以及维护法治等，使我们能够建立广泛的国际反恐联盟，以应对共同威胁。同时，进一步将恐怖分子的活动“去合法化”，进而孤立并削弱它们。美国致力于维护法治，为反恐工作营造一个持久、有效的法律框架，并将恐怖分子绳之于法。美国与合作伙伴的共同努力是实现我们反恐目标的核心，我们将致力于建立安全伙伴关系。尽管美国与伙伴国的合作中还存在不足，但我们已认识到问题并努力改善。

我们的反恐工作还必须兼顾短期和长期的战略考量，即在采取及时行动保护美国人民的同时，确保我们的工作符合美国长期安全利益。我们应对中东和北非政治变革的政策表明，促进代议制和可问责的治理是美国外交政策的核心原则，它直接服务于美国的反恐目标。

与此同时，我们还认识到，无论多么强大的国家，都无法完全阻止威胁的产生。这就是为什么我们将重点放在建立一种能够防止、应对，或是能够从任何针对美国的潜在恐怖袭击中全面恢复的抗灾文化。

坚持美国的核心价值观

美国建立在围绕一种核心价值观所产生的信仰的基础之上，这套核心价值观被写入了建国文献之中，并被融入了我们的社会结构。在恐怖分子造成不公正、混乱和破坏的地方，美国就必须捍卫自由、公平、平等、尊严、希望和机遇。美国价值观的力量和吸引力使其能够建立一个广泛的联盟，并通过集体行动对付恐怖分子构成的威胁，使恐怖分子进一步失去合法性，进而孤立和削弱它们。

尊重人权。我们对普世权利的尊重，与“基地”组织及其附属组织和追随者以及其他恐怖组织的行动形成了鲜明对比。如果把美国支持言论、集会自由和民主权利的积极议程与恐怖分子所呈现出的死亡和破坏性相对照，就会削弱恐怖分子的吸引力，将其与赖以支持的群体隔离开来。我们对普世权利的尊重，必须包含我们自身对这些权利和价值的践行。残酷和不人道的审讯方法不仅不符合美国的价值观，也破坏了法治。哪怕是在获取打击我们所面临恐怖威胁的情报时，这种手段也是无效的。我们将依靠最有效的工具，即我方人员的专业技能、专门知识和专业精神，使我们从在押嫌犯那里收集情报的能力最大化。

鼓励回应性治理。促进代议制的回应型治理是美国外交政策核心之一，它直接服务于美国的反恐目标。那些把民众的意愿放在第一位，并鼓励和平变革的政府，与“基地”组织的意识形态直接相悖。对公民诉求作出快速反应的政府能够减少人民的不满情绪，以及与之相关的怨愤情绪和其他因素，这些都是“基地”组织试图积极加以利用的因素。有效的治理能减少“基地”组织的吸引力和活动空间，减少其与民众之间的共鸣。进而形成“基地”组织最为担心的问题，即它与这些目标群体之间的不相干性。

尊重隐私权、公民自由和公民权利。尊重隐私权、公民自由和公民权利是美国反恐战略的一个关键组成部分。事实上，维护这些权利和自由对于确保美国人民对反恐工作的支持至关重要。美国将确保对反恐政策和反恐工具进行仔细的调整和针对性应用，以实现具体的特定安全收益，从而优化美国的安全环境并维护其公民自由。

平衡安全和政府透明度问题。只有在那些可以透明、公开讨论国家问题的环境中，民主制度才能发挥最佳作用。只要有可能，美国将会向民众提供有关我们面临的威胁，以及为减轻这些威胁而采取相关步骤的信息。一个能够掌握足够信息的美国公民是我们力量的源泉。这些信息使公众能够对自己的安全状况做出有效判断，在面对逆境或攻击时能采取负责任的和有韧性的行动，并对国家的集体安全保持警惕。不过，有时则必须防止某些信息被披露，以保护有关人员的安全，以及我们收集信息的来源和方法，保持打击和中断恐怖分子袭击计划的能力。

维护法治。美国对法治的承诺，对于支持建立国际性、区域性和地方性的秩序至关重要。这种秩序能够识别并阻止恐怖主义袭击，将恐怖分子绳之以法，并在世界各国创造一个不适合恐怖分子和恐怖组织生存与活动的环境。

——为反恐行动维持一个持久、有效的法律框架。“9·11”事件后不久，美国政府在一个具有法律不确定性的环境中面临着打击恐怖主义威胁的问题。这是因为，对于美国长期以来所确立的立法规则而言，还从未遇到过类似情形。自那时以来，我们细化并应用了一个法律框架，以确保所有反恐活动和业务都建立在坚实的法律基础之上。展望未来，我们必须确保这一法律框架既有效又持久。为了保持反恐成效，这一框架必须能够提供必要的工具，以击败恐怖分子并维护美国民众安全。为了保证持久性，这一框架必须能够经受住法律挑战，通过审查，并赢得国会、美国民众和盟友的支持。它还必须保持足够的灵活性，以适应不断变化的威胁和环境。

——将恐怖分子绳之以法。成功地起诉恐怖分子将会继续在美国反恐工作中发挥关键作用，使美国能够阻止并威慑恐怖活动；从那些被依法羁押在美国的人当中收集情报；通过监禁关键成员和行动者来瓦解恐怖组织；起诉策划或参与恐怖袭击的人以伸张正义。美国将与外国伙伴合作，帮助他们树立相应的意识和能力，使在其境内活动的恐怖嫌犯能够被绳之以法。当其他国家不愿或无法对威胁美国的恐怖分子采取行动时，应将他们交由美国拘留，由美国民事法庭或军事委员会进行审判。

建立安全伙伴关系

仅仅依靠美国无法根除每一个威胁到我们安全、保障或利益的恐怖分子或恐怖组织。因此，我们必须与主要的伙伴国和盟国一道分担共同安全责任。

接受不同程度的合作关系。美国及其合作伙伴参与了全方位的反恐合作，其内容从情报分享到联合培训和行动，从反激进化到社区抗灾计划。美国与那些拥有共同价值观和类似民主体制，并且为长期以来追求共同安全面携手合作的国家建立了最佳合作关系。美国与这些合作伙伴在其他相关的安全环境中所建立的合作传统，已经有效地扩展到了反恐领域。在某些情况下，美国与几乎没有共同之处的国家也建立了伙伴关系，双方合作的基础仅在于打败“基地”组织及其附属组织和追随者。这些合作伙伴或许并不认同美国的价值观，甚至不认同美国对区域安全和全球安全的看法。然而，与这些伙伴建立反恐合作符合美国利益，我们要努力推动其朝着达成反恐目标的方向发展。同时，通过这些实践和案例展现维护人权和负责任治理的价值。如果这些国家能够遵照上述原则行事的话，它们最终也会变得更加稳定和成功。

利用多边机构。为了打击在全球数十个国家境内活动的暴力极端分子，美国正在利用各种资源，加强多边机构在国际、区域和次区域层面上的活动能力。通过多边机制，以及与多边机构的合作，我们可以达到以下目标：增加伙伴国参与反恐工作的程度，减轻美国的财政负担。在没有美国标签的单边主义情况下，继续推进美国的反恐目标，并增强美国反恐工作的“合法性”。美国致力于通过完善和强化现有多边组织反恐工作框架，以进一步加强全球反恐架构。为此，我们将在反恐工作中力避与合作伙伴的行动产生重复劳动和相互抵消。我们也认识到，许多反恐伙伴能力有限，无法充分参与范围太广的多边合作。

合理地利用反恐工具和能力

随着“基地”组织及其附属组织和追随者的威胁不断演变，美国必须不断评估我们使用的工具和各项能力，以确保美国的行动是正当的，符合美国法律、价值观和长期战略目标。

推行“全政府”行动。要在战术和战略层面上取得成功，我们必须促进协调一致，迅速、有效的反恐行动，以反映整个美国政府的全部能力和资源。这就是为何本战略要整合每个部门和机构的能力与权限的原因所在，以确保能在合适的时间、合适的情形下，使用符合美国法律的合适工具。

权衡短期和长期的反恐目标。我们需要最终击败“基地”组织及其附属组织，而不是通过损害我们的能力来诋毁其意识形态的方式行事。美国在行使应对恐怖威胁的权力时，必须以一种深思熟虑的、合理的、相称的方式行事，既要加强美国的安全，又要使那些使用恐怖主义的个体的行为非法化。美国必须始终谨慎地权衡其行动的成本与风险，以及无所作为的代价与风险，认识到某些战术上的成功可能会产生意想不到的后果，有时会在战略层面付出代价。

建立一种抗灾文化

为了实现反恐目标，美国还必须创造一种备灾和抗灾的文化，这将使美国能够预防，或在必要时能够对任何威胁美国的潜在恐怖行为做出反应并成功恢复。

建设抗灾复原力的关键要素。“基地”组织认为，它可以通过恐怖袭击造成的经济和心理损害，使美国改变外交和国家安全政策方向。因此，否认“基地”组织的成功意味着，或在一定程度上表明，美国已经并将继续建造有效的防御系统，以保护我们的重要资产。无论这些资产是关键的基础设施、标志性的国家地标，还是对我们而言最为重要的民众安全。将美国塑造成一个“铜墙铁壁”般的目标，不太可能导致“基地”组织及其附属组织和追随者放弃恐怖主义，但却可以威慑其攻击特定目标，或者使之清楚其行动不太可能成功。通过向“基地”组织展示美国具备化解、重建，以及从任何灾难性事件中恢复的人力、社区和经济实力，从而为集体抗灾文化做出贡献。

总体目标

以核心原则作为我们工作的基础，美国计划实现 8 项总体反恐目标。总而言之，这些目标将为美国全球反恐任务的成功提供一个明晰的框架。

保护美国民众、美国本土和美国利益。总统和美国政府最庄严的责任是保护国内外的美国人民。这包括消除对美国公民人身安全的威胁，打击对全球和平与安全的威胁，促进和保护美国在全球的利益。

破坏、削弱、瓦解和消灭“基地”组织及其附属组织与追随者。美国民众和美国利益将会不可避免地受到攻击，除非这种威胁被根除，其主要个体和群体变得软弱无力，其宣传信息也变得无关紧要。

防止恐怖分子发展、获取并使用大规模杀伤性武器。核恐怖主义危险是对全球安全的最大威胁。包括“基地”组织在内的恐怖组织参与了发展和获取大规模杀伤性武器的活动。如果获得成功，它们很可能会使用这些武器。因此，美国将与世界各地的伙伴合作，遏制恐怖分子盗窃、走私和使用大规模杀伤性武器；打击和破坏从事有关大规模杀伤性武器活动的恐怖网络；确保核、生、化材料的安全；防止非法走私与大规模杀伤性武器有关的材料；向从事核不扩散的多边组织提供有效的资源、能力和授权；深化国际合作，加强有关制度和伙伴关系，避免大规模杀伤性武器与核材料落入恐怖分子之手。为成功实现这些目标，我们必须在每一个领域与国际社会合作，同时制定与威胁相对应的安全措施，加强反走私措施，并确保所有这些工作能长期有效推进。

消除“庇护所”。“基地”组织及其附属组织和追随者，依靠位于未开化地区或治理不善地区的实际“庇护所”而生存。由于这些地区没有国家控制，当地恐怖分子可以与境外恐怖分子密切合作，包括共同迁移、训练并策划恐怖活动等。美国将继续采取配套行动来防止“基地”组织向这些未开化地区渗透，以此打击和缩小“基地”组织的活动空间。那些存在着可被“基地”组织利用的弱点的国家，我们还将帮助构建其反恐意愿和能力。不过，一些地区持续的危险和混乱破坏了美国加强当地政府的政治参与和能力建设，包括为其提供援助的工作，从而加剧了社会的混乱和不安。我们的挑战在于打破这种“失败国家”面临的恶性循环，以此来压缩恐怖网络的活动空间。

建立持久的反恐伙伴关系和能力。外国伙伴对美国反恐工作的成功至关重要；这些国家本身往往是恐怖威胁的目标，而且又位于打击恐怖主义的前线。美国将继续依赖和利用外国伙伴的能力。不过，这需要我们首先提高其反恐能力和反恐意愿。为了实现这些目标，伙伴国必须表现出独立运作的意愿和能力，及其对各自国家和地区的独特洞察和能力，来加强和补充美国的反恐工作。在基于对威胁和目标共识的基础上，建立强有力的长期伙伴关系，这对于每一个反恐目标都至关重要。在某些情况下，协助伙伴国改善并扩大治理也至关重要，包括加强法治，以便在尊重法治和透明的制度内将恐怖嫌犯绳之以法。这一目标的成功将取决于我们与各个伙伴国的双边合作，这种合作将通过实现更大区域的一体化，以及通过多边组织和国际机构来达成。

削弱“基地”组织及其附属组织和追随者之间的联系。巴基斯坦“基地”组织的高层头目继续通过正式和非正式联盟的形式，利用当地和其他区域分支机构，以及世界各地的追随者推进其全球议程。“基地”组织利用当地的不满来进行招募活动，并扩大其行动范围，破坏地方政府稳定，还建立了包括“基地”组织在内的其他可能对美国发起攻击的恐怖组织的庇护所。美国还将与合作伙伴一道，削弱“基地”组织在当地和其他地区的分支机构与追随者的能力。比如，监测其与“基地”组织头目的通讯，加剧这些组织之间的裂痕，动摇其对“基地”组织的支持，并将“基地”组织与当地和其他地区的分支机构，以及能够增强其能力并推进其议程的追随者隔离开来。

反对“基地”组织的意识形态及其共鸣，减少“基地”组织用于推动暴力的具体因素。这项战略的重点是通过美国和伙伴国的共同努力，削弱“基地”组织捏造的暴力合法性，及其传播极端意识形态的活动。正如我们在中东和北非看到的那样，“基地”组织呼吁以不间断的暴力活动来解决民众的长期不满，在通过扩大个人权利寻求解决办法的非暴力群众运动面前遭到了强烈谴责。美国将会与所有宗教和文化传统下的绝大多数民众一起，建立一个所有民众普遍抛弃“基地”组织的世界，因为“基地”组织与他们的愿望和关切毫不相干。我们还将建立一个“基地”组织的意识形态不再影响人们对于世界和当地事件认知、不再煽动暴力且不再成为其招募工具的世界。尽管实现这一目标可能需要长期协调一致的努力，但我们必须把重点放在解决近期的挑战上，即防止那些已经濒临绝境的人接受“基地”组织的意识形态并诉诸暴力。我们将与地方政府和全球伙伴，以及非政府组织密切合作，以削弱人们对“基地”组织意识形态的认同和迷信，并减少其反响。我们将提出与外国公众接触和支持普世权利的积极愿景，这表明美国的目标是建设，而“基地”组织只会破坏。我们将在国外提供有重点的对外援助和发展援助。同时，我们将继续协助、参与并联系各种社区，以提高其在国内外的集体抗灾能力。这些努力加强了反对那些以“基地”组织名义煽动民众激进化、进行暴力活动招募和动员的阵营，并将特别关注那些已知的被“基地”组织所利用的因素。

剥夺恐怖分子的扶持手段。“基地”组织及其附属组织和追随者仍旧从海湾国家和其他地方的捐助者那里获得大量财政支持，包括绑架勒索赎金，利用或控制当地的经济命脉等。为恐怖主义提供便利的范围不仅限于金融领域，还包括那些帮助恐怖组织新成员和恐怖活动执行者进行跨境迁移、物资采购和转移，以及进行电子和非电子通信的人。美国将与世界各地的伙伴国合作，提高集体行动能力以查明恐怖分子的身份，并防止其在国内或国与国之间进行迁移活动和物资运送。美国还将继续扩大并加强旨在阻止资金流入恐怖组织，或是恐怖组织之间的资金流转行为，并取缔那些为恐怖分子提供便利和支持的活动。通过制裁或起诉，以强制执行和劝阻其他人资助恐怖组织。美国将会继续把重点放在打击绑架勒索方面。对于“基地”组织及其附属组织和追随者来说，这是一个日益重要的资金来源。通过外交活动，美国将继续鼓励各国，特别是欧洲国家采取一项政策，反对单方面使用特定信息来换取绑架者作出让步的行为，并鼓励各国与美国伙伴国一道将劫持人质认定为非法行为。大众媒体，特别是互联网，已经成为恐怖分子策划、协助和传播恐怖主义的载体，因此我们将继续打击恐怖分子利用大众媒体和互联网的能力。

重点关注区域

为了确定优先次序，调整我们的工作以实现上述总体目标，本战略就重点区域进行了更为详细、更加具体和更本土化的阐述。从当地情况出发是实现反恐目标的最佳路径，因为反恐需要在特定的地区和组织框架内解决。比如，努力减少不满情绪和其他因素的滋生，这些因素往往会被“基地”组织用来进行激进主义宣传、招募和暴力活动动员。

美国本土

在过去10年中，美国反恐工作的重点在于防止由“基地”组织指挥的恐怖袭击再次发生。这些努力包括破获恐怖袭击阴谋，减少其庇护所的规模和安全性，以限制“基地”组织策划袭击和训练袭击者的能力。打击恐怖主义以保护美国本土的努力，得到了同样强有力的国内防御工作的配合，后者旨在防止恐怖分子进入美国或在美国境内自由活动。为了加强国内防御，我们在建设航空、海上和边境安全能力以及信息共享方面进行了大量投资，使美国拥有恐怖分子难以渗透的“铜墙铁壁”。

这些工作必须继续下去，我们知道“基地”组织及其附属组织仍在尝试寻找美国境外的行动人员，并开发新的攻击方法，以逃避美国防御措施。与此同时，来自海外的威胁并不是我们所面临的唯一恐怖主义威胁，还有受“基地”组织启发但与之没有直接联系的个人在美国本土所从事的恐怖活动威胁。其他潜在的极端分子可能会效仿这些人，因此我们必须保持警惕。

我们认识到，美国国土安全的运作环境与其他任何国家或地区都大不相同。首先，美国在行使主权控制时可以运用美国法律体系的全部力量，利用美国执法和国土安全机构的一切手段和能力来发现、打击和摧毁恐怖主义威胁。其次，在美国国土上，各州、地方和部落实体的能力和资源对联邦政府的反恐工作起着强大的乘数作用。

统筹和协调联邦、州、地方和部落实体的反恐行动仍然是一项挑战。随着威胁继续演变，我们防范这些威胁的努力也必须不断发展。

美国将依靠大量的工具和能力，因为这对我们构建关于侦查、挫败和打击袭击本土阴谋的能力至关重要，尽管并非所有这些工具和能力都是以反恐为目的开发的。这些工具包括：边境保护和安全；航空安全和审查；航空管制；海事/港口安全；货运安全；网络安全；核材料、放射性材料、生物和化学材料的安全，以及对其非法使用进行侦测的能力；生物识别技术；关键基础设施保护；部队保护；对所有危险的防范；社区参与；以及各级执法部门之间的信息共享能力。

我们正在努力发挥这些工具和能力的作用，在国内社区中构建抗灾能力，以抵制“基地”组织感召下的思想激进化、人员招募和暴力煽动活动。虽然加强与社区的接触和伙伴关系，可以帮助保护其不受“基地”组织及其附属组织和追随者的影响，但我们必须确保能继续介入社区利益和民众关切。美国面临的恐怖主义威胁是多方面的，不能归因为某个单一的组织或群体，因此我们应对恐怖主义的工作也不应简化为“一刀切”的方式。支持社区领袖和有影响力的当地利益攸关者制定符合实地情况的解决方案，这是我们“全政府”路径的关键部分，有助于实现美国的反恐目标。随着不断完善对社区、州和地方政府，以及整个联邦政府反恐行动的支持，我们将继续推进优秀实践的制度化进程，并酌情提供相关咨询和指导，目的是防止“基地”组织煽动激进化的活动。

虽然本战略主要侧重于“基地”组织和那些与其存在联系并受其煽动的威胁来源，但我们也需要关注那些被评估为构成潜在恐怖威胁的海内外团体和个人，包括那些在美国境内开展活动以推进其海外议程的团体和个人，对其进行仔细审查。我们必须警惕所有针对美国本土的海外威胁，就像我们必须警惕以美国为基地的恐怖活动一样，无论这种活动是专注于国内目标还是密谋攻击海外目标。

为了确保我们能不断克服反恐系统中的任何缺陷或弱点，总统下令在袭击未遂后立即进行全面审查并采取纠正行动。胡德堡惨案之后，尤其是在飞往底特律的客机爆炸未遂案和纽约时代广场爆炸未遂案件后，我们已经采取了许多措施来解决政府内部信息共享不足的问题，加强情报分析和整合，并加强航空安全管制，包括对所有飞往美国的国际航班实施新的、实时的、基于威胁的筛查政策。这样的审查和相应的纠正措施是我们反恐工作中必不可少的一部分。

南亚：“基地”组织及其附属组织和追随者

在“9·11”事件后，美国的一个明确目标就是要铲除“基地”组织的庇护所，使其无法对美国及其盟国发动攻击。目前，我们的重点是消灭“基地”组织在巴基斯坦的安全庇护所。同时，削弱塔利班并建立一支阿富汗安全部队，这样阿富汗就再也不会成为“基地”组织的藏身之所了。

“基地”组织在巴基斯坦联邦直辖部落区（FATA）的行动基地继续对美国本土和美国利益，以及巴基斯坦、阿富汗、印度、欧洲和其他潜在目标构成持续的和不断演变的威胁。特别是2008年以来，巴基斯坦对境内“基地”组织的持续压力迫使其经历了自2001年以来最为重大的指挥结构变更，使“基地”组织走上了失败之路。尽管损失惨重，但“基地”组织正在适应。它正在利用其“安全港”继续策划袭击并进行宣传；与本区域内和国外的附属组织或行动小组进行沟通，并向其提供指导；请求后勤和财政支助；向新的，包括向美国和其他西方国家境内的行动人员提供培训并灌输极端思想。

巴基斯坦反恐工作对美国全球反恐事业有着深远的影响。“基地”组织仍在利用其庇护所与附属组织和追随者保持联系，并呼吁他们使用暴力来追求其意识形态目标。对巴基斯坦境内“基地”组织进行军事打击，并不能完全消除其对美国的威胁，因为我们很可能还面临着来自已经受过训练的人员，以及该组织在南亚和世界其他地区分支机构和追随者造成的威胁。2009 年和 2010 年破获的恐怖袭击，包括阿拉伯半岛“基地”组织在 2009 年 12 月 25 日航空炸弹袭击未遂案件中所扮演的角色，以及 2010 年 5 月 1 日巴基斯坦塔利班运动所参与的纽约时代广场未遂袭击案。这些案件表明：即使阿富汗和巴基斯坦境内的“基地”组织最终被击败，该组织所构建的恐怖网络在这两个地区之外进行活动的决心仍将持续下去，这个网络更为广泛，也更加多样化。本战略关注的其他重点地区将涉及我们对这些“基地”组织分支机构及其追随者的具体策略。

在巴基斯坦，我们的反恐工作将继续围绕与巴基斯坦政府合作的一系列活动展开，以提高针对“基地”组织及其附属组织的打击行动效率。任何单一事件，即使是该组织唯一公认的头目本·拉登的死亡都不可能导致其在行动上的崩溃。因此，必须持续加强对该组织的压力。美国的反恐活动围绕与伙伴国的协作而展开，以确保“基地”组织的领导架构、指挥和控制体系、组织能力、支援网络和基础设施的迅速退化，并使其退化速度快于该组织的恢复速度。同时，进一步减少其庇护所，并限制其进入巴基斯坦境内的其他庇护所。

只有通过与巴基斯坦建立一种持续的伙伴关系，美国才能打败“基地”组织。只有通过当地持续存在的反对“基地”组织力量，该组织维持其庇护所和进行恢复再生的基本条件，包括其利用与军事盟友之间关系的能力才能得以解决。随着“基地”组织及其在巴基斯坦的盟友变得越来越残暴，巴基斯坦也表现出更多打击该组织的决心。但是，要想击败位于巴基斯坦和阿富汗境内的“基地”组织，就必须在更为广泛的政治、军事和经济议题上加强美巴战略合作。

在阿富汗，美国军方和北约国际安全援助部队致力于防止“基地”组织的回流，并摧毁当地任何有能力策划并发起跨国恐怖袭击的恐怖分子网络。美军和安全部队还采取行动削弱塔利班，支持阿富汗政府，加强阿富汗军事和民事机构的能力，以确保民众安全和有效治理，这也有助于保护美国的国土安全，促进美国在南亚的总体反恐目标。

即使我们在阿富汗和巴基斯坦战区最终击败了“基地”组织，一个专注于在地区外进行恐怖活动，且日益扩大化、多样化的恐怖组织网络很可能会继续存在。在南亚，“虔诚军”对印度、美国和其他西方国家在该地区的利益造成了巨大威胁。“虔诚军”是2008年孟买恐怖暴力事件的罪魁祸首，该事件共造成100多人死亡，其中包括6名美国人。此外，美国针对“虔诚军”的反恐行动将继续侧重于打击该组织开展或支持有损于美国利益或地区稳定的行动的能力，包括避免巴基斯坦和印度之间紧张局势的升级。美国打击“虔诚军”的大部分活动将继续侧重于协调、扶持和提高伙伴国，包括南亚、欧洲和波斯湾国家打击该组织及其恐怖活动的意愿和能力。

阿拉伯半岛：“基地”组织与阿拉伯半岛“基地”组织

美国在阿拉伯半岛面临两大反恐挑战，首先是阿拉伯半岛“基地”组织构成的直接威胁，其次是来自该地区的个人和慈善机构向“基地”组织及其在世界各地的附属组织和追随者所提供的大量财政支持。在应对这两项挑战时，我们将主要依靠该地区的合作伙伴，包括沙特阿拉伯、阿拉伯联合酋长国、科威特、巴林、阿曼、也门和其他国家，它们在美国的支持和援助下发挥着主导性作用。美国在阿拉伯半岛的反恐活动是中东总体战略的一部分，后者还包括其他目标，比如促进负责任的治理和尊重公民权利等，这将减少“基地”组织在当地获得共鸣和关注。

阿拉伯半岛“基地”组织。美国面临着以也门为据点的“基地”组织的持续威胁，该组织已经流露出计划袭击美国本土和美国盟友的意图与能力。也门在前所未有的安全、政治和经济挑战中，努力遏制本土“基地”组织。也门的不稳定对美国有着直接影响。即使我们努力支持也门维持局势稳定并达成民众的政治愿景，击败阿拉伯半岛“基地”组织仍将是我们在该地区的首要任务，我们将继续利用并加强伙伴关系以实现这一目标。

美国在也门的反恐工作是其更大范围努力的一部分，这些努力包括稳定也门局势并防止其出现“国家失败”，此种前景将会对美国和本地区产生重大不利影响。美国正与本地区内其他国际伙伴合作，推动一系列政治和经济发展举措，以应对可能会使也门成为“基地”组织庇护所的因素。这些更为广泛的努力是对也门反恐政策的补充，后者仅侧重于也门安全部门的能力建设。这些努力最终将使也门当局能够在美国有限参与的情况下摧毁、肢解并击败阿拉伯半岛“基地”组织。

资助恐怖主义。阿拉伯半岛仍然是“基地”组织及其附属组织和追随者获得财政支持的最重要来源，尽管美国在海湾地区的一些伙伴，特别是沙特阿拉伯和阿联酋在打击恐怖主义融资网络方面取得了重要进展。该地区其他国家没有做出同样的政治承诺，即优先采取行动打击“基地”组织的融资活动，因此，对“基地”组织的资助者和支持者来说，该地区仍然拥有相对宽松的行动环境。美国将继续重视打击恐怖分子，特别是“基地”组织及其附属组织和追随者获得资金支持的渠道。美国还将继续加强这些国家单方面开展行动的能力，并推动其与美国之间的合作，同时也确保美国具备采取单方面行动的能力。

东非地区：东非“基地”组织和“青年党”

在东非地区，美国的战略重点是消除“基地”组织存在的条件，同时构建国家和地方行政当局的能力，使其成为“基地”组织支持者和不稳定制造者的抵消性力量，因为后者才是跨国恐怖威胁得以持续存在的因素。

索马里的混乱和不稳定局势已经对东非安全环境构成了持续一代人的挑战。它不仅破坏了区域稳定，还造成了人道主义危机，这一挑战未来很可能还会持续。由于这种持续的不稳定和混乱局势，美国在东非面临严峻的恐怖威胁。它不仅威胁到美国民众和利益的安全，还威胁到了美国盟友的安全。

“基地”组织仍将是美国在这一区域反恐工作的重点。有迹象表明，该组织仍在进行恐怖袭击。“基地”组织在“青年党”内的存在，使之成为本地区的一大威胁。“青年党”与“基地”组织其他分支机构之间的跨区域联系越来越紧密，一些人参与“基地”组织煽动下的暴力活动的意愿开始增强。在“基地”组织的影响下，“青年党”在索马里叛乱活动中使用了恐怖主义战术。这很可能是出于推进其叛乱活动的动机，或是为了推动“基地”组织的议程，或是两者兼而有之。“青年党”还有可能在索马里以外的东非国家发动袭击，就像其在乌干达和本地区之外其他地方的行为一样。

欧洲

欧洲仍然是“基地”组织及其附属组织和追随者的目标，也是恐怖分子袭击美国本土的一个潜在门户。2004 年在马德里、2005 年和 2006 年在伦敦、2007 年在苏格兰和德国等地一再发生或未遂的恐怖袭击表明，“基地”组织及其附属组织和追随者一直专注于对欧洲的袭击。尽管近年来，许多组织、策划并反对欧洲国家的恐怖嫌犯被抓捕，但“基地”组织及其附属组织和追随者将继续在欧洲维持并建立基础设施，这些基础设施有可能为将来的恐怖袭击计划提供支持，包括后勤支持和筹款。欧洲也面临着被“基地”组织意识形态渗透的激进主义者的威胁，尽管他们与“基地”组织或其附属组织没有正式联系，在行动上也没有接受其指导。

美国在欧洲反恐的基础仍然是双方牢固、持久的盟友网络体系。由于大多数欧洲盟国具有很强的意愿和能力应对其境内的恐怖威胁，美国将主要提供咨询和援助。不过，如有需要，美国也将与东道国密切合作，帮助其提高反恐能力。此外，美国还将继续与欧洲议会和欧盟合作，维持并推进反恐工作，为所有欧洲国家的公民提供安全和保护，同时维护个人权利。在欧洲以外的重要区域，美国和特定的欧洲盟友将继续加强反恐伙伴关系。这些合作的基础在于对威胁的共识，美欧将积极开展合作，利用相对优势遏制和削弱恐怖威胁。这些共同努力的重点方向在于增强南亚、非洲和阿拉伯半岛主要国家的反恐意愿和能力。

伊拉克：“基地”组织伊拉克分支

伊拉克的安全和政治局势在经历了多年不稳定之后正在改善。正是这种不稳定局势，使得“基地”组织伊拉克分支等组织可以在当地制造混乱，传播教派冲突。“基地”组织仍然是美国在伊拉克反恐工作的重点，因为它不仅对伊拉克稳定构成威胁，而且对美国军队构成威胁。此外，“基地”组织伊拉克分支还在继续策划攻击美国在该地区及其他地区的利益和存在。

伊拉克领导的反恐行动已经打散了“基地”组织伊拉克分支机构的领导层，但是其新头目又重新控制了局势。而且，该组织还在继续进行高调的袭击活动。美国的反恐目标是建设伊拉克的反恐能力，以击败“基地”组织伊拉克分支，并为伊拉克的持久和平与安全做出贡献。伊拉克安全部队仍然受到腐败问题，以及司法和监狱系统不完善的困扰，其现行司法制度和监狱系统似乎不足以管理被拘禁的恐怖分子。因此，我们在反恐过程中需要解决这些不足。美国将继续关注“基地”组织伊拉克分支试图死灰复燃的趋势，包括目前仍然较为庞大的“基地”组织的附属组织网络，后者几乎遍布伊拉克周边地区。同时，我们还要关注“基地”组织在美国境内的同伙。

马格里布和萨赫勒地区：伊斯兰马格里布“基地”组织

伊斯兰马格里布“基地”组织起源于阿尔及利亚，但近年来其重心开始向南转移。这是因为在马里北部存在着一些理想的庇护所，并且萨赫勒地区国家的反恐能力有限。利用这一据点，“基地”组织训练了与之结盟的其他组织的武装分子。比如，活跃于尼日利亚的“博科圣地”等。毫无疑问，它还试图利用北非地区的不稳定局势扩大其活动范围，包括获得武器和新兵的机会。马格里布“基地”组织还高调地绑架西方人，这通常是为了索取赎金或交换囚犯。此类行径不仅危及了该地区西方游客的安全，还为其提供了大量用以支持恐怖活动的现金。这些现金还有可能被用于“基地”组织的其他分支和追随者的恐怖活动。近年来，该组织不断袭击美国和西方国家的公民。2009 年，马格里布“基地”组织在毛里塔尼亚的努瓦克肖特（Nouakchott）杀害了一名美国人，并瞄准了该地区的其他美国公民和设施。

美国打击马格里布“基地”组织的努力必须与更为广泛的地区战略紧

密结合，这是因为根除马格里布“基地”组织这一长期问题不能仅靠传统的反恐工具来解决。美国的长期反恐能力建设规划支持许多前线国家和次要国家，它们可能会对抗马格里布“基地”组织。美国公民及美国在当地的利益正受到马格里布“基地”组织的威胁，为此我们必须采取短期行动，并适时采取更有针对性的办法，直接化解该组织背后的驱动因素。美国必须努力遏制、破坏、削弱并肢解马格里布“基地”组织，以此作为击败该组织的合理步骤。同时，美国还将酌情利用其反恐工具，根据本地区的发展态势和地区伙伴（地方政府和欧洲盟国）的具体行动和能力，权衡各种做法的成本和效益。美国还将努力加强针对马格里布“基地”组织的区域合作，特别是与阿尔及利亚和萨赫勒地区的毛里塔尼亚、马里和尼日尔之间的合作。这是防止恐怖组织在当地活动的一项重要战略内容，即瓦解并遏制具有高度适应性和流动性的恐怖组织，防止其利用本地区安全和治理能力不足的特点进行活动。

东南亚：“基地”组织及其附属组织和追随者

近年来，东南亚的反恐工作已明显改善。东南亚主要国家在反恐方面取得了重大成功，并对该地区最致命的恐怖组织施加了有效的压力。尽管取得了这些成就，东南亚仍有可能成为当地恐怖组织的沃土，这些组织与“基地”组织有着相同的意识形态和野心。对美国而言，我们旨在确保该地区恐怖组织对美国本土的威胁保持在较低水平，且主要伙伴国有能力继续减轻来自“基地”组织的威胁。

和其他地区一样，美国东南亚反恐战略是在加强美国与东南亚国家经济、政治接触的总体战略基调上形成的，这一战略旨在促进该地区的和平、繁荣和民主。美国东南亚反恐战略的一个关键出发点是，东南亚各国和人民有责任应对该地区恐怖分子构成的挑战。美国随时准备继续协助东南亚各国政府构建反恐能力。这些政府已表现出对打击“基地”组织及其在该区域的附属组织和追随者的一贯承诺。我们与包括印度尼西亚、菲律宾、新加坡、泰国和澳大利亚在内的东南亚主要国家建立了强有力的双边反恐网络。这些国家以及其他重要的地区行为体都可以发挥作用，确保恐怖主义威胁在未来几年内不会再次抬头，使“基地”组织高层头目不得不在东南亚之外寻找资源，寻求支持及潜在的庇护所。

中亚：“基地”组织及其附属组织和追随者

美国没有面临来自中亚的恐怖主义的直接威胁。但是，美国在维护和支持美军阿富汗行动的后勤基础设施、关键战略设施以及防止“基地”组织在中亚建立庇护所等方面具有利益关切。我们对该地区发出的预警信号保持警惕，并继续支持当地工作，以确保中亚恐怖组织对美国及盟国利益的威胁保持在较低水平。

信息和观念：“基地”组织的意识形态、信息传播及共鸣

在21世纪，信息共享和思想传播都是全球性的，“基地”组织及其附属组织和追随者正试图利用媒体和通信系统在世界范围内增加其影响力。无论在传统媒体还是网络空间，一个成功的美国反恐战略都需要削弱并抑制“基地”组织的意识形态，减少使其成为暴力催化剂和从事暴力活动借口的具体因素。我们还必须提出一个与全球穆斯林进行接触的积极愿景，以便将我们正在努力建设的未来愿景与“基地”组织致力于摧毁的目标进行比照。

在全球信息环境中，那些企图在国内实施暴力活动的“基地”组织追随者往往受海外“基地”组织意识形态及其宣传的影响。那些企图在海外实施恐怖活动的人，通常会援引美国国内事件和政策作为其暴力活动的口实。那些被“基地”组织宣传攻势瞄准的民众，也会受到当地各类事件、媒体报道和热点问题的影响。

在信息和思想领域，我们必须把重点放在全球和地区两个层面上，并利用直接和间接的交流途径和方法。我们重申，美国没有也永远不会与伊斯兰开战。我们将重点关注如何打击“基地”组织在各种媒体上传递信息的能力，挑战其思想主张和行为的合法性与准确性，促进人们更好地理解美国的政策与行动，以取代“基地”组织所宣扬的愿景。我们还将努力放大那些破坏“基地”组织及其行动的有影响力的合法信息，并对其世界观提出质疑。在某些情况下，我们将通过人与人之间的接触来传达我们的想法和信息。有时会通过社交媒体的力量，有时候则会通过我们所采取的所有行动来传达积极信息。

其他值得关注和重视的恐怖主义问题

虽然打击“基地”组织是美国反恐战略及战术上的优先事项，其他被认定的恐怖组织也对美国的战略利益构成重大威胁。“真主党”、哈马斯和哥伦比亚革命武装力量（FARC）仍然反对美国外交政策的某些内容，并对美国战略利益构成重大威胁。这些组织既是造成地区不稳定的因素，也是对世界各地的美国公民、设施和盟友的威胁。即使其恐怖活动并非针对美国，一旦这些恐怖组织当中的某一个在其活动的区域断层线附近成功进行了一次恐怖袭击，也会增加区域冲突爆发的可能性。美国仍然致力于掌握这些恐怖组织的意图和能力，并将与伙伴国合作打击恐怖分子的活动，包括那些威胁区域和国际安全，以及威胁美国国家安全目标的其他相关活动。除“基地”组织及其附属组织和追随者构成的威胁外，美国公民和利益有时还会受到其他暴力组织的威胁，这些暴力组织来自美国本土或世界各地。我们将对这些威胁保持警惕，并将定期向美国民众通报当地存在的风险。

伊朗和叙利亚仍然是恐怖主义的积极支持者，我们仍然致力于反对这些“恐怖主义资助国”向那些发动恐怖袭击以破坏区域稳定的组织提供支持。

结　语

美国反恐战略是一项具有延续性和灵活性的战略。作为一个社会，我们一如既往地继续我们的生活，它足以证明我们的信心、决心和韧性，而这些又都来自我们对于和“基地”组织之间最终战争结果的坚定信念。在“9·11”以来的10年中，美国政府在执行反恐任务时变得更加卓有成效。其中一个关键衡量标准体现在美国打击“基地”组织时所联合的众多国家，并培养了各种相关的能力。事实上，没有人比“基地”组织及其附属组织和追随者更清楚我们的反恐成效。因为他们的计划已经被打乱，不仅能力在退化，其组织架构也已被打散。在本·拉登死后的几周里，人们已经清楚地看到，该组织正在艰难地寻找立足点，它面临着来自领导层和组织方面的严峻挑战，其适应和演变能力比以往任何时候都面临更多压力。

我们会继续坚持反恐战略中的成功做法，这些努力已在削弱“基地”组织方面获得了巨大成功。与此同时，我们还必须做好调整战略的准备，以应对此前反恐措施成功所引发的恐怖威胁演进。显然，“基地”组织已被严重削弱。由于其核心组织能力不足，该组织开始呼吁那些受其意识形态蛊惑的个人以其名义发起暴力活动。在新反恐战略中，美国将努力削弱“基地”组织宣传所产生的共鸣，同时化解“基地”组织用以招募和动员的具体因素。在巴基斯坦和阿富汗，“基地”组织的核心在系统的反恐行动中已被逐渐摧毁。在本战略中，我们扩大了重点关注领域，阐明了美国必须采取具体措施以打击外围的“基地”组织附属组织和追随者。无论其是位于也门或索马里的附属组织，还是在美国本土上受到煽动并以“基地”组织名义实施暴力的个人追随者。虽然美国和盟友的反恐工作取得了无可置疑的成功，并使美国本土免于恐怖袭击，但我们必须清楚地看到依然存在的威胁。随着一些威胁的减少，其他一些威胁则会出现。与此相应的是，我们的措施在某些方面保持不变，其他方面也要不断改进。美国反恐战略将向我们的朋友、伙伴和恐怖分子证明：这是一个打败“基地”组织及其附属组织和追随者的行动计划。这就是我们所追求的结果，而且是我们能接受的唯一结果。

参考文献（征引文献）

一、英文专著

Ahmad S. Moussalli, *Radical Islamic Fundamentalism: the Ideological and Political Discourse of Sayyid Qutb*, Beirut, American University of Beirut, 1992.

Akbar Ahmed, *The Thistle and the Drone: How America's War on Terror Became a Global War on Tribal Islam*, Washington, D. C. , Brookings Institution Press, 2013.

Ali Ahmad Jalali & Lester W. Grau, *The Other Side of the Mountain: Mujahiden Tactics in the Soviet – Afghan War*, Quantico: the United States Marine Corps Studies and Analysis Division, 1995.

Anne Aldis and Graeme P. Herd eds. , *The Ideological War on Terror: Worldwide Strategies for Counter – Terrorism*, London & New York: Routledge, 2007.

Assaf Moghadam, *The Globalization of Martyrdom: Al Qaeda, Salafi Jihad, and the Diffusion of Suicide Attacks*, Baltimore: The John Hopkins University Press, 2008.

Audrey Kurth Cronin & James M. Ludes eds. , *Attacking Terrorism: Elements of a Grand Strategy*, Washington, DC: Georgetown University Press, 2004.

Avery Plaw, Matthew S. Fricker and Carlos Colon, *The Drone Debate: A Primer on the U. S. Use of Unmanned Aircraft Outside Conventional Battlefields*,

London, Rowman & Littlefield Publishers, 2015.

Barry Rubin and Judith Colp Rubin eds. , *Anti – American Terrorism and the Middle East: A Documentary Reader*, Oxford and New York: Oxford University Press, 2002.

Bernard Lewis, *The Crisis of Islam: Holy War and Unholy Terror*, New York, Random House Trade Paperbacks, 2003.

Boaz Ganor, *The counter – Terrorism Puzzle: A Guide for Decision Makers*, ICT, New Brunswick and London, 2005.

Brian Michael Jenkins, *Will Terrorists go Nuclear*, Amherst, NY: Prometheus Books, 2008.

Bruce Homan, *Inside Terrorism*, New York: Columbia University Press, 2006.

Bruce Riedel, *Deadly Embrace: Pakistan, America, and the Future of the Global Jihad*, New Delhi: HarperCollins Publishers India, 2011.

Bruno S. Frey, *Dealing With Terrorism: Stick or Carrot?* Cheltenham and Northampton: Edward Elgar Pub, 2004.

Charles P. Webel and John A. Arnaldi eds. , *The Ethics and Efficacy of the Global War on Terrorism: Fighting Terror with Terror*, New York: Palgrave Macmillan, 2011.

Chris Abbott, Matthew Clarke, Steve Hathorn and Scott Hickie, *Hostile Drones: the Hostile Use of Drones by Non – State Actors against British Targets*, Remote Control Project Oxford Research Group, January 2016.

Daniel Byman, Peter Chalk, et al. , *Trends in Outside Support for Insurgent Movements*, Santa Monica, RAND, 2001.

Daniel P. Bolger, *Why We Lost: A General's inside Account of the Iraq and Afghanistan War*, Boston & New York, 2014.

Derek S. Reveron and Jeffery Stevenson Murer eds. , *Flashpoints in the War on Terrorism*, New York & London: Routledge, 2006.

Elena Mastors and Alyssa Deffenbaugh, *The Lesser Jihad: Recruits and the al – Qaida Network*, New York and Toronto: Rowman & Littlefield Publishing

Inc. , 2007.

Federal Research Division, Library of Congress, *The Sociology and Psychology of Terrorism: Who Becomes a Terrorist and Why?* San Bernardina, CA, April 17, 2015.

Hans Köchler ed. , *The "Global War on Terror" and the Question of World Order*, Vienna: International Progress Organization, 2008.

Ibrahim A. Karawan, Wayne McCormack & Stephen E. Reynolds eds. , V*alue and Violence: Intangible Aspects of Terrorism*, Springer, 2009.

James M. Poland, *Understanding Terrorism: Groups, Strategies, and Responses* (2nd Edition), Boston, New York and London, Prentice Hall, 2011.

Jean E. Rosenfeld ed. , *Terrorism, Identity and Legitimacy—the Four Waves Theory and Political Violence*, Oxon: Rouledge, 2011.

Jeffrey D. Simon, *Lone Wolf Terrorism: Understanding the Growing Threat*, New York: Prometheus Books, 2013.

J. Todd Reed and Diana Raschke, *The ETIM: China's Islam Militants and the Global Terrorist Threat*, Santa Barbara, Denver: Praeger, 2010.

Joint Military Intelligence College, *Global War on Terrorism: Analyzing the Strategic Threat*, Discussion Paper No. 13, Washington, DC, November 2004.

Malcolm Nance, *Defeating ISIS: Who They Are, How They Fight, What They Believe*, New York: Skyhorse Publishing, 2016.

Mark Juergensmeyer, *Terror in the Mind of God: the Global Rise of Religious Violence* (Third edition), Berkeley, London & Los Angeles: University of California Press, 2003.

Martin I. Wayne, *China's War on Terrorism: Counter – Insurgency, Politics and Internal Security*, New York: Routledge, 2008.

Mary R. Habeck, *Knowing the Enemy, Jihadist Ideology and the War on Terror*, New Haven & London: Yale University Press, 2006.

Michel Chossudovsky, *America's 'War on Terrorism'* (Second Edition), Global Research, 2005.

Michel Weiss and Hassan Hassan, *ISIS: Inside the Army of Terror*, New

York: Ragan Arts, 2015.

Patrick Cockburn, *The Rise of Islamic States: ISIS and the New Sunni Revolution*, New York & London: Verso, 2015.

Paul R. Pillar, *Terrorism and U. S. Foreign Policy*, Washington, D. C.: Brookings Institute Press, 2001.

Petere H. Merkl, *Political Violence and Terror: Motifs and Motivations*, Berkely, Los Angeles, London, 1986.

R. Hrair Dekmejian, *Islam in Revolution: Fundamentalism in the Arab World* (2nd edition), Syracuse: Syracuse University Press, 1995.

Robert A. Pape, *Dying to Win, the Strategic Logic of Suicide Terrorism*, New York: Random House, 2005.

Robert M. Cassidy, *Counterinsurgency and the Global War on Terror: Military Culture and Irregular War*, Stanford, California: Stanford University Press, 2008.

Scott Poynting and David Whyte eds., *Counter – Terrorism and State Political Violence: the 'War on Terror' as Terror*, New York & London: Routledge, 2012.

Shaul Shay, *The Shahids: Islam and Suicide Attacks*, New Brunswick and London, Transaction Publishers, 2004.

Tushar K. Ghosh, Mark A. Prelas, et al, eds., *Science and Technology of Terrorism and Counter – terrorism*, New York & Basel: Marcel Dekker Inc., 2002.

United Nations Office on Drugs and Crime, United Nations Counter – Terrorism Implementation Task Force, *The Use of the Internet for Terrorist Purposes*, Vienna & New York, 2012.

Walter Reich ed., *Origins of Terrorism: Psychologies, Ideologies, Theologies, States of Mind*, Washington, D. C.: Woodrow Wilson Center Press, 1998.

Walter Laqueur ed., *The Terrorism Reader: A History Anthology*, New York, London and Scarborough, Ontario, 1978.

Yu – Wen Chan, *The Uyghur Lobby: Global Networks, Coalitions, and*

Strategies of the World Uyghur Congress, New York & London: Routledge, 2014.

二、英文论文及报告等

Aaron Y. Zelin, "The War between ISIS and al – Qaeda for Supremacy of the Global Jihadist Movement", The Washington Institute for Near East Policy *Research Note*, No. 20, June 2014.

Anthony Loyd, "Foreign Jihadists Hide in Deserts of Syria and Iraq to Evade Justice", *The Times*, December 27, 2017.

Anthony N. Celso, "The Islamic State and Boko Haram: Fifth Wave Jihadist Terror Groups", *Orbis*, Volume 59, Issue 2, 2015.

Arab Center for Research and Policy Studies, *The Middle East in the Final Year of the Obama Administration* (Assessment Report), Policy Analysis Unit – ACRPS, Doha, Qatar, January, 2016.

Arab Center for Research & Policy Studies, *The* 2015 *Arab Opinion Index*: *Results in Brief*, December 21, 2015.

Audrey Kurth Cronin, "ISIS Is Not a Terrorist Group: Why Counterterrorism Won't Stop the Latest Jihadist Threat", *Foreign Affairs*, Vol. 94, No. 2, March/April 2015.

Aymenn Jawad Al – Tamimi, "ISIS and al – Qaeda Compete for Supremacy in Global Jihad", *Al – Monitor*, February 11, 2014.

Bill Braniff and Assaf Moghadam, "Towards Global Jihadism: Al – Qaeda's Strategic, Ideological and Structural Adaptations since 9/11", *Perspective on Terrorism*, Vol. 5, No. 2, May 2011.

Brian Fishman, "Al – Qaeda and the Rise of China: Jihadi Geopolitics in a Post – Hegemonic World", *The Washington Quarterly*, Vol. 34, No. 3, Summer 2011.

Bruce R. Scott, "The Great Divide in the Global Village", *Foreign Affairs*, Vol. 80, No. 1, January/February 2001.

Cabinet office, *The National Security Strategy of the United Kingdom*: *Up-*

date 2009 *Security for the Next Generation*, June 2009.

Charlie Winter, *Media Jihad*: *The Islamic State's Doctrine for Information Warfare*, ICSR, London, February 2017.

Chris Abbott, Matthew Clarke, Steve Hathorn and Scott Hickie, *Hostile Drones*: *the Hostile Use of Drones by Non – State Actors against British Targets*, Remote Control Project Oxford Research Group, January 2016.

Council of the European Union, *Revised EU Strategy for Combating Radicalization and Recruitment to Terrorism*, Brussels, 19 May 2014 (OR. en) 9956/14.

Cole Bunzel, "From Paper State to Caliphate: The Ideology of the Islamic State", The Brookings Project on U. S. Relations with the Islamic World Analysis Paper, No. 19, March 2015.

Counter – Terrorism Implementation Task Force (CTITF), UN, *Report of the Working Group on Countering the Use of the Internet for Terrorist Purposes*, February 2009.

Cynthia Lum, Lslie W. Kennedy, Alison J. Sherley, "The Effectiveness of Counter – Terrorism Strategy", *Campbell Systematic Review*, January, 2006.

Damien McElroy, "Iraq's Nouri al – Maliki 'copies Saddam Hussein'", *The Telegraph*, September 28, 2007.

Daniel Byman, "ISIS Goes Global, Fight the Islamic State by Targeting Its Affiliates", *Foreign Affairs*, Vol. 95, No. 2, March/April 2016.

Daniel Byman and Jennifer Williams, "Jihadism's Global Civil War", *National Interest*, March – April 2015.

Daniel Cohen, "Between Imagined Reality and Real Terrorism", *Military and Strategic Affairs*, Vol. 7, No. 3, December 2015

David Malet, "Why Foreign Fighters? Historical Perspectives and Solutions", *Orbis* (January 2010), Vol. 54, No. 1.

David C. Rapoport, "The Four Waves of Rebel Terror and September 11", *Anthropoetics*, Vol. Ⅷ, No. 1, Spring/ Summer 2002.

Ely Ratner, "The Emergent Security Threats Reshaping China's Rise", *The*

Washington Quarterly, Vol. 34, No. 1, Winter 2011.

Faisal J. Abbas, "Maliki is a new Saddam, and its America's fault", *Al Arabiya*, June 23, 2014.

Fawaz A. Gerges, "ISIS and the Third Wave of Jihadism", *Current History*, December 2014.

Glenn E. Robinson, "The Four Waves of Global Jihad: 1979 – 2017", *Middle East Policy* (Fall 2017), Vol. 24, No. 3.

H. Sidky, "War, Changing Patterns of Warfare, State Collapse, and Transnational Violence in Afghanistan: 1978 – 2001", *Modern Asia Studies* (2007), Vol. 41, No. 4.

Hal Brands and Peter Feaver, "Trump and Terrorism: U. S. Strategy after ISIS", *Foreign Affairs*, Vol. 96, No. 2, March/April 2017.

Hussain Nadim, *Neither Friend nor Foe: Pakistan, the United State and the War in Afghanistan*, Lowy Institute, September 2017.

James D. Fearon, "Civil War & the Current International System", *Daedalus* (Fall 2017), Vol. 146, No. 4.

Janelynn Njuki, "Ramming and Stabbing: The 5th Wave of Modern Terrorism?" *API Research Notes*, Issue 20, August 2017.

Jean – Charles Brisard and Damien Martinez, *Islamic States: the Economy – based Terrorism Funding*, Thomson Reuters, October 2014.

Jeffrey Kaplan, "The Fifth Wave: The New Tribalism?" *Terrorism and Political Violence* (2007), Vol. 19, No. 4.

Jeffrey Kaplan, "Terrorism's Fifth Wave: A Theory, a Conundrum and a Dilemma", *Perspectives on Terrorism* (2008), Volume II, Issue 2.

Jerrold M. Post, "Terrorism and Right – Wing Extremism: The Changing Face of Terrorism and Political Violence in the 21st Century: The Virtual Community of Hatred," *International Journal of Group Psychotherapy* (2015), Volume 65, No. 2.

John Prados, "Notes on the CIA's Secret War in Afghanistan", *The Journal of American History* (September 2002), Vol. 89, No. 2.

Lydia Khalil, Rodger Shanahan, *Foreign Fighters in Syria and Iraq: The Day After*, Sydney: The Lowy Institute, September 2016.

Matthew Bunn and Anthony Wier, *Securing the Bomb: An Agenda for Action*, Nuclear Threat Initiative and the Project on Managing the Atom, Harvard University, May 2004.

Michael Clarke, "Uyghur Militants in Syria: The Turkish Connection", *Terrorism Monitor*, Vol. 14, Issue 3, February 4, 2016.

Michael Morell, "ISIS Will Strike America", *Time*, November 30 – December 7, 2015.

Mohamed Nawab Mohamed Osman, "ISIS' Caliphate Utopia", *RSIS Commentary*, No. 143, July 16, 2014.

Navin A. Bapat, "The Internationalization of Terrorist Campaigns", *Conflict Management and Peace Science* (September 2007), Vol. 24, No. 4.

Or Honig & Ido Yahel, "A Fifth Wave of Terrorism? The Emergence of Terrorist Semi – States", *Terrorism and Political Violence*, Volume 29, No. 3, June 2017.

Paul Kearney, "Assessment of the Counter – Terrorism Committee: Analysis of the Effectiveness of the CTC and the International Regime on Terrorism", *Journal of International Affairs*, Towson University, Vol. 49, NO. 1, Fall 2015.

Paul R. Pillar, "Messy Realities and the Unhelpful Debate on U. S. Foreign Policy", *The National Interest*, August 11, 2014.

Peter Bergen and Bruce Hoffman, *Assessing the Terrorist Threat: A Report of the Bipartisan Policy Center's National Security Preparedness Group*, September 10, 2010.

Richard Barrett, *Beyond the Calphate: Foreign Fighters and the Threat of Returnees*, The Soufan Center (TSC), October 2017.

Rick Ozzie Nelson, Thomas M. Sanderson, *A Threat Transformed: Al Qaeda and Associated Movements in* 2011, Washington: CSIS Report, February 2011.

R. Kim Cragin, "Early History of Al – Qa'ida", *The Historical Journal* (2008), Vol. 51, No. 4.

Rohan Gunaratna, "Forecast 2016: IS as a Networked Globalised Threat", *RSIS Commentary*, No. 283, December 30, 2015.

Rohan Gunaratna et al, "Annual Threat Assessment", *Counter Terrorist Trends and Analyses*, Volume 10, Issue 1, January 2018.

Risa A. Brooks, "Muslim 'Homegrown' Terrorism in the United States, How Serious Is the Threat?" *International Security* (Fall 2011), Vol. 36, No. 2.

Sebastian von Einsiedel, "Assessing the UN's Efforts to Counter Terrorism", *United Nations University Centre for Policy Research Occasional Paper* 8, October 2016.

Stephen M. Walt, "ISIS as Revolutionary State: New Twist on an Old Story", *Foreign Affairs*, Vol. 94, No. 6, November/December 2015.

The Soufan Center (TSC), *Foreign Fighters: An Updated Assessment of the Flow of Foreign Fighters into Syria and Iraq*, December 2015.

The Department of Defense, *Quadrennial Defense Review Report*, Washington, September 30, 2001.

The White House, *The National Security Strategy of the United States of America*, Washington, September 2002.

The White House, *National Strategy for Combating Terrorism*, Washington, February 2003.

The White House, *Progress Report on the Global War on Terrorism*, Washington, September 2003.

The White House, *The National Security Strategy of the United States of America*, Washington, March 2006.

The White House, *National Strategy for Combating Terrorism*, Washington, September 2006.

The White House, 9/11 *Five Years Later: Successes and Challenges*, Washington, September 2006.

The White House, *The National Security Strategy*, Washington, May 2010.

The White House, *The National Strategy for Counterterrorism*, Washington,

June 2011.

The Department of State & USAID, *Joint Strategy on Countering Violent Extremism*, Washington, May 2016.

The Homeland Security Committee, *A National Strategy to Win the War Against Islamist Terror*, September 2016.

The Department of Homeland Security (DHS), *Security Strategy for Countering Violent Extremism*, Washington, October 28, 2016.

The White House, *The National Security Strategy of the United States of America*, Washington, December 2017.

Thomas Hegghammer, "The Rise of Muslim Foreign Fighters: Islam and the Globalization of Jihad", *International Security*, Vol. 35, No. 3 (Winter 2010/11).

Tom Parker & Nick Sitter, "The Four Horsemen of Terrorism: It's Not Waves, It's Strains", *Terrorism and Political Violence* (2016), Vol. 28, No. 2.

United Nations Office of Counter – Terrorism, *Enhancing the Understanding of the Foreign: Terrorist Fighters Phenomenon in Syria*, New York, July 2017.

三、中文专著和译著

［俄］A·利亚霍夫斯基著：《阿富汗战争的悲剧》，刘宪平译，北京：社会科学文献出版社，2004 年版。

［美］奥德丽·库尔思·克罗宁、詹姆斯·M. 卢德斯等著：《反恐大战略：美国如何打击恐怖主义》，胡溦、李莎、耿凌楠译，北京：新华出版社，2015 年版。

［巴基斯坦］艾哈迈德·拉希德著：《塔利班：宗教极端主义在阿富汗及其周边地区》，钟鹰翔译，重庆：重庆出版社，2015 年版。

［美］埃里克·施密特、汤姆·尚卡尔著：《反恐秘密战：美国如何打击"基地"组织》，洪漫译，北京：新华出版社，2015 年版。

［德］Andre Richardt, Birgit Hülseweh, Bernd Niemeyer and Frank Sabath,《CBRN 防护—化学、生物、放射性和核器威胁的管理》，裴承新、

夏治强、习海玲译，北京：国防工业出版社，2014 年版。

［美］布雷特·金著：《智能浪潮：增强时代来临》，刘林德、冯斌等译，北京：中信出版社，2017 年版。

曹兴著：《全球化时代的民族宗教问题》，北京：中国政法大学出版社，2011 年版。

［英］查尔斯·利斯特著：《“伊斯兰国”简论》，姜奕晖译，北京：中信出版社，2016 年版。

［美］戴维·S. 兰德斯著：《国富国穷》，门洪华等译，北京：新华出版社，2010 年版。

方金英著：《穆斯林激进主义：历史与现实——政治伊斯兰与国际安全研究》，北京：时事出版社，2015 年版。

国家发展和改革委员会编：《中国对外投资报告》，北京：人民出版社，2017 年 11 月出版。

［美］亨利·基辛格著：《世界秩序》，胡利平等译，北京：中信出版社，2015 年版。

黄民兴著：《中东国家通史：伊拉克卷》，北京：商务印书馆，2004 年版。

［美］詹姆斯·多尔蒂，小罗伯特·普法尔茨格拉夫著：《争论中的国际关系理论》（第五版），阎学通、陈寒溪等译，北京：世界知识出版社，2003 年版。

金宜久主编：《伊斯兰教史》，南京：江苏人民出版社，2006 年版。

［德］克劳斯·施瓦布著：《第四次工业革命：转型的力量》，李菁译，北京：中信出版社，2016 年版。

［美］肯尼斯·华尔兹著：《国际政治理论》，信强译，上海：上海人民出版社，2003 年版。

［德］克劳塞维茨著：《战争论》第一卷，中国人民解放军军事科学院译，北京：商务印书馆，1995 年版。

［美］劳伦斯·赖特著：《巨塔杀机：“基地”组织与“9·11”之路》，张鲲、蒋莉译，上海：上海译文出版社，2009 年版。

［法］雷蒙·阿隆著：《战争与和平：国际关系理论》，朱孔彦译，北

京：中央编译出版社，2013 年版。

［新西兰］Lech J. Janczewski，［美］Andrew M. Colarik 等著，《赛博战与赛博恐怖主义》，北京：电子工业出版社，2013 年版。

廉长刚主编：《反恐理论与实务研究》，北京：中国人民公安大学出版社，2016 年版。

廉长刚主编：《反恐怖情报研究》，北京：中国人民公安大学出版社，2017 年版。

［埃及］穆罕默德·巴拉迪著：《谎言与交锋：解密全球核较量的真实世界》，蒋宗强译，北京：中信出版社，2011 年版。

马克斯·布特著：《战争改变历史：1500 年以来的军事技术、战争及历史进程》，石祥译，上海：上海科学技术文献出版社，2011 年版。

美国“9·11”独立调查委员会著：《9/11 委员会报告》，史禺等译，北京：世界知识出版社，2005 年版。

［英］保罗·吉尔伯特著：《新恐怖与新战争》，王易、傅强等译，北京：中国人民大学出版社，2010 年版。

［巴基斯坦］佩尔韦兹·穆沙拉夫著：《在火线上：穆沙拉夫回忆录》，张春祥等译，南京：凤凰出版传媒集团、译林出版社，2006 年版。

彭树智、黄杨文著：《中东国家通史：阿富汗卷》，北京：商务印书馆，2009 年版。

［美］乔治·索罗斯著：《这个时代的无知与傲慢：索罗斯给开放社会的建言》，欧阳卉译，北京：中信出版社，2012 年版。

［印度］S. 温卡塔拉曼主编：《媒体与恐怖主义》，赵雪波主译，北京：中国传媒大学出版社，2006 年版。

上海市社会科学界联合会主编《全面深化改革与现代国家治理》，上海：上海人民出版社，2014 年版。

［埃及］萨米尔·阿明著：《人民的春天：阿拉伯革命的未来》，嵇飞译，北京：社会科学文献出版社，2017 年版。

［美］塞缪尔·亨廷顿著：《文明的冲突与世界秩序的重建》，周琪等译，北京：新华出版社，2002 年版。

沈志华主编：《苏联历史档案选编》第 32 卷，北京：社会科学文献出版社，2002 年版。

四川大学南亚研究所课题组：《阿富汗后冲突时期的稳定与重建》，北京：时事出版社，2015 年版。

[法] 托马斯·皮凯蒂著：《21 世纪资本论》，巴曙松、陈剑等译，北京：中信出版社，2014 年版。

王绳祖主编：《国际关系史（1970—1979）》第十卷，北京：世界知识出版社，1995 年版。

王逸舟主编：《全球化时代的国际安全》，上海：上海人民出版社，1999 年版。

王逸舟主编：《恐怖主义溯源》，北京：社会科学文献出版社，2002 年版。

汪毓玮著：《恐怖主义威胁及反恐政策与作为》（上、下册），台北：元照出版有限公司，2016 年版。

[美] 薛理泰著：《中国和平崛起与国家安全》，香港：香港世纪风出版社，2013 年版。

[英] 依高·普里莫拉兹著：《恐怖主义研究：哲学上的定义》，周展、曹瑞涛等译，杭州：浙江大学出版社，2010 年版。

《“一带一路”沿线国家安全风险评估》编委会编著：《“一带一路”沿线国家安全风险评估》，北京：中国发展出版社，2015 年版。

殷罡等著：《阿以冲突：问题与出路》，北京：国际文化出版公司，2002 年版。

袁鹏著：《四百年未有之变局：中国、美国与世界新秩序》，北京：中信出版社，2016 年版。

俞可平、黄卫平主编《全球化的悖论》，北京：中央编译出版社，1998 年版。

余建华等著：《恐怖主义的历史演变》，上海：世纪出版集团，2015 年版。

[美] 约翰·J. 米尔斯海默、斯蒂芬·M. 沃尔特著：《以色列游说集团与美国对外政策》，王传兴译，上海：世纪出版集团，2009 年版。

[美] 约瑟夫·S. 奈著：《美国霸权的困惑：为什么美国不能独断专

行》，郑志国等译，北京：世界知识出版社，2002 年版。

［美］小约瑟夫·奈著：《理解国际冲突：理论与历史》，张小明译，上海：上海人民出版社，2002 年版。

张家栋：《恐怖主义与反恐怖：历史、理论与实践》，上海：上海人民出版社，2012 年版。

张家栋：《美国反恐怖战略调整及其对中国的影响》，北京：时事出版社，2013 年版。

张维为著：《国际视野下的中国道路与中国梦》，北京：学习出版社，2015 年版。

赵永琛、李建主编：《联合国反对恐怖主义文献汇编》，北京：群众出版社，2006 年版。

中国国际战略研究基金会主编：《应对核恐怖主义：非国家行为体的核扩散与核安全》，北京：社会科学文献出版社，2012 年版。

中国国际关系学会主编：《国际关系史：1990—1999》（第十二卷），北京：世界知识出版社，2006 年版。

周建明、张曙光著：《美国安全解读》，北京：新华出版社，2002 年版。

周建明主编：《美国的国防转型及其对中国的影响》，济南：山东人民出版社，2006 年版。

朱云汉著：《高思在云：中国兴起与全球秩序重组》，北京：中国人民大学出版社，2015 年版。

朱威烈等著：《中东反恐怖主义研究》，北京：时事出版社，2010 年版。

四、中文论文或媒体文章

蔡拓：“被误解的全球化与异军突起的民粹主义”，载《国际政治研究》2017 年第 1 期。

崔立如：“国际格局演变与多极时代的秩序建构（上）”，载《现代国际关系》2016 年第 1 期。

崔立如："国际格局转变与中国外交转型"，载《国际关系研究》2014年第4期。

傅小强："统筹反恐推进海外利益保护"，载《现代国际关系》2017年第12期。

何倩："关于世界格局演变趋势与'无极化'世界的思考与探讨"，载《当代世界》2008年12期。

胡雨："赛义德·库特卜极端主义思想探微"，载《西亚非洲》2010年第7期。

刘中民："伊斯兰的国际体系观：传统理念、当代体现及现实困境"，载《世界经济与政治》2014年第5期。

刘中民、俞海杰："'伊斯兰国'的极端主义意识形态探析"，载《西亚非洲》2016年第3期。

刘建飞："国际格局演进与国际秩序重塑"，载《当代世界与社会主义》2015年第5期。

刘强："'越反越恐'：反恐理念和方式的缺失"，载《国际观察》2006年第5期。

刘杨钺、刘戟锋、吴承富："武器化视角下国际生化安全态势分析"，载《南京政治学院学报》2016年第1期。

鲁世宗："网络恐怖主义的演化及治理"，载《新闻知识》2016年第12期。

马小京、璩静："论多边主义框架下国际反恐合作的有效性"，载《延安大学学报（社会科学版）》，2007年第2期。

潘光、王震："国际反恐怖合作：新态势、新发展和绩效评估"，载《社会科学》2010年第11期。

潘光、王震："以色列反恐战略研究"，载《现代国际关系》2007年第8期。

清华大学国家战略研究院："'伊斯兰国'问题中国学者见解录"，清华国家战略研究报告2016年第2期，总第9期。

沈骥如："'越反越恐'，原因何在?"，载《现代国际关系》2006年第9期。

王震：“当前国际恐怖活动猖獗的科学技术维度考察”，载《国际展望》2018 年第 4 期。

王震：“后‘伊斯兰国’时代全球反恐态势略论”，载《西亚非洲》2018 年第 1 期。

王震：“‘9 · 11’以来全球反恐战略困境探析”，载《社会科学》2017 年第 9 期。

王震：“关于全球反恐战争转型问题的再认识”，载《阿拉伯世界研究》2016 年第 5 期。

王震：“土耳其：玩火自焚还是引火烧身?”，载《世界知识》2015 年第 21 期。

王震：“‘用网络打败网络’——信息化时代的反恐困境”，载《世界知识》2016 年第 14 期。

王震：“‘伊斯兰国’的崛起与伊拉克乱局”，载《社会观察》2014 年第 9 期。

王震：“尼日利亚人质危机或开启国际反恐合作新路径”，载《世界知识》2014 年第 11 期。

王震：“西非国家‘抱团反恐’”，载《世界知识》2015 年第 13 期。

王震：“从‘伊拉克危机’看当前美国全球反恐战略困境”，载上海市社会科学界联合会编《全面深化改革与现代国家治理》，上海：上海人民出版社，2014 年版。

王震：“中亚恐怖活动新发展与反恐合作绩效评估——以上海合作组织为例”，载《外国问题研究》2012 年第 1 期。

王志祥、刘婷：“网络恐怖主义犯罪及其法律规制”，载《国家检察官学院学报》，2016 年第 5 期。

吴冰冰：“圣战观念与当代伊斯兰恐怖主义”，载《阿拉伯世界研究》2006 年第 1 期。

徐蓝：“20 世纪国际格局的演变：一种宏观论述”，载《历史教学》2013 年第 20 期。

徐明棋：“论经济全球化的动力、效应与趋势”，载《社会科学》2017 年第 7 期。

许涛："对冷战后第三次极端主义浪潮兴起的反思"，载《新疆社会科学》2015 年第 1 期。

袁鹏："'反恐时代'的终结及其对美国的战略意义"，载《现代国际关系》2011 年第 9 期。

余建华、王震："现代世界恐怖主义浪潮兴起的国际背景论析"，载《历史教学问题》2013 年第 4 期。

曾向红："全球化、逆全球化与恐怖主义新浪潮"，载《外交评论》2017 年第 3 期。

中国信息通信研究院：《互联网发展趋势报告（2017—2018 年）》，北京，2017 年 12 月。

周建明、焦世新："从东西矛盾到西方与多元文明的矛盾：对当今世界基本矛盾的一种理解"，载《世界经济与政治》2008 年第 6 期。

翟海晓、刘玉书："'独狼'恐怖主义研究：基于犯罪特征及新媒体传播的双面视角"，载《中国刑警学院学报》2017 年第 3 期。

后记

本书是作者近年来有关国际恐怖主义与全球反恐战争问题思考的一个小结。

2001年的“9·11”事件深刻地影响了冷战后的国际格局，也在一定程度上改变了我的人生轨迹。也许是好奇心和求知欲使然，此后我关注这一现象的兴趣和热情始终未减。不过，兴趣归兴趣，我之所以幸运地走上这条学术研究之路，要归功于我的导师们。远在河南的巨永明教授，当年逐字批改了我非常稚嫩的学业论文；我的研究生导师潘光先生带领我参加了许多前沿问题的研究和讨论，他总是以极大的耐心包容了我的种种“怪异”念头；我的博士生导师张曙光先生、汪宁先生总是在谈笑风生间引领我思考一些“宏大”的学术命题，鼓励我进行一些具有挑战性的尝试，使我在学术研究的激情与彷徨中找到一种平衡。能够受教于诸位先生，未尝不是一种幸运和缘分。

本书也是我从事相关研究的阶段性成果。这些研究得益于国家哲学社会科学基金会、上海市教委“曙光学者”计划以及中信改革发展研究基金会和上海社会科学院“创新工程”等所提供的资助。其中，一些阶段性成果已经在《社会科学》《西亚非洲》《阿拉伯世界研究》《国际展望》《世界知识》《中美聚焦》等学刊和媒体发表，或是在一些国内外学术会议上进行了交流。通过这些交流，其中一些观点能够在不断的讨论和激荡后得到进一步完善。借此机会，我也要对资助方、学刊媒体和各位学界朋友提供的各种帮助表示衷心感谢。

在上海社会科学院求学和工作期间，院有关领导同志，以及中国学所和国际问题研究所的各位领导，无论是对我个人的成长，还是对我的学术研究工作都给予了许多支持和帮助。王志平、黄仁伟、周建明、余建华、梅俊杰、姚勤华、王健、胡键、刘鸣、葛壮、丁佩华等诸多前辈师友曾给予过许多无私的指导和帮助。希望借此机会，向他们表达最为诚挚的感谢。此外，还要感谢朱威烈、杨光、殷罡、李伟、丁一凡、张文木、刘中民、李伟建、王林聪、张维为、林广、王平、汪毓玮等学界前辈多年来在学术上给予的鼓励和关爱，以及牛培源、田文林、叶青、金良翔、孙德刚、郑华、向丽华等诸位师友的各种关心和帮助。

本书之所以能顺利出版，还要归功于上海市美国问题研究所胡华常务所长的鼓励和支持，张焮、王天禅助理研究员和龙菲博士也在本书写作过程中提供了重要帮助。时事出版社责任编辑马燕冰女士也为本书的编辑、出版付出了大量心血。在此，也要向他（她）们表示诚挚的谢意。

最后，同样不能忘记的是一直陪伴并支持我的家人。我的妻子张娜在繁忙的工作之余，还要照看幼小的孩子，并帮我整理资料。儿子霖霖从记事开始，就已经习惯了我独坐书桌前阅读和写作。没有他（她）们的理解、支持和帮助，很难想象本书能够如期顺利完成，他（她）们同样是值得感谢的最可爱的人。

是为记。

王　震

2018 年春于上海寓所

图书在版编目（CIP）数据

全球反恐战争问题新论/王震著. —北京：时事出版社，2018.9（2021.11 重印）

ISBN 978-7-5195-0044-3

Ⅰ. ①全…　Ⅱ. ①王…　Ⅲ. ①反恐怖活动—研究—世界
Ⅳ. ①D815.5

中国版本图书馆 CIP 数据核字（2018）第 159418 号

出版发行：时事出版社
地　　址：北京市海淀区彰化路 138 号西荣阁 B 座 G2 层
邮　　编：100097
发行热线：（010）88869831　88869832
传　　真：（010）88869875
电子邮箱：shishichubanshe@sina.com
网　　址：www.shishishe.com
印　　刷：北京建宏印刷有限公司

开本：787×1092　1/16　印张：22　字数：360 千字
2018 年 9 月第 1 版　2021 年 11 月第 2 次印刷
定价：130.00 元